Heinz Heitzer / Günther Schmerbach

Illustrierte Geschichte
der Deutschen Demokratischen Republik

Illustrierte Geschichte

Heinz Heitzer / Günther Schmerbach

der
Deutschen
Demokratischen
Republik

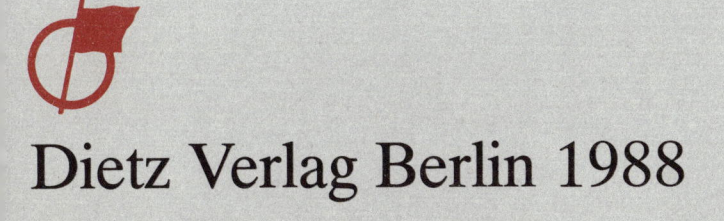

Dietz Verlag Berlin 1988

Inhalt

1
Die antifaschistisch-
demokratische Umwälzung
1945–1949
Seite 9

2
Die Errichtung der Grundlagen
des Sozialismus
1949–1961
Seite 97

3
Auf dem Wege zur entwickelten
sozialistischen Gesellschaft
1961–1970
Seite 187

4
Die weitere Gestaltung der entwickelten
sozialistischen Gesellschaft
1971–1984
Seite 259

Anmerkungen
Seite 368

Bildnachweis
Seite 369

Die antifaschistisch-demokratische Umwälzung 1945–1949

Die Befreiung

Die letzte Entscheidungsschlacht des zweiten Weltkrieges in Europa endete am 2. Mai 1945 mit der Kapitulation der Reste der faschistischen Truppen in Berlin. Als auf dem schwer zerstörten Reichstagsgebäude die rote Fahne des Sieges gehißt wurde, waren der faschistische Staat und seine Armee in völliger Auflösung begriffen. Am 8. Mai 1945 mußten die Vertreter des Oberkommandos der Wehrmacht in Berlin-Karlshorst die Urkunde über die bedingungslose Kapitulation unterzeichnen.

Der Sieg der Sowjetunion und ihrer Verbündeten in der Antihitlerkoalition brachte die Befreiung des deutschen Volkes von der zwölfjährigen barbarischen Diktatur des faschistischen deutschen Imperialismus. Das seit 1871 bestehende Deutsche Reich, dessen herrschende Klassen zweimal angetreten waren, die Weltherrschaft zu erobern, ging unter, wie es entstanden war: in ‹Eisen und Blut›.

55 Millionen Tote, darunter allein 20 Millionen Sowjetbürger und 6 Millionen Polen, hatte der vom deutschen Imperialismus entfesselte zweite Weltkrieg gefordert. Unübersehbare Trümmer, Not und Elend, unermeßliche Leiden hatten die faschistischen Aggressoren den Völkern hinterlassen, unschätzbare materielle Werte waren vernichtet. Nie vorher in der Menschheitsgeschichte hatte es solch furchtbare Kriegsverheerungen und Verluste an Menschenleben gegeben. Auch das deutsche Volk hatte gewaltige Blutopfer und schwere Verwüstungen zu beklagen. 6,5 Millionen Männer und Frauen, Kinder und Greise waren auf den Schlachtfeldern und in den Bombennächten, in den Konzentrationslagern und Zuchthäusern umgekommen. Die Industrieproduktion, das Transport- und Verkehrswesen, in vielen Gebieten auch die landwirtschaftliche Produktion lagen völlig darnieder. Viele Städte glichen riesigen Trümmerwüsten. Überall mangelte es am Notwendigsten; an Nahrung, Kleidung und Medikamenten, an Wasser, Strom und Gas. Ungezählte Menschen zogen obdachlos auf den Landstraßen umher. Hungersnot und Seuchen drohten.

Nicht minder verheerend war die geistige Hinterlassenschaft des Faschismus. Mit dem Zusammenbruch des Faschismus war keineswegs seine Ideologie vernichtet. Chauvinismus und Antikommunismus beherrschten nach wie vor die Hirne zahlloser Menschen. Viele hatten den Lügen der Naziclique bis zuletzt Glauben geschenkt. Jetzt waren sie verzweifelt und hoffnungslos.

‹Wir fanden ein Volk in Agonie vor. Das ist die Wahrheit›, berichtete Anton Ackermann. ‹Es war vom Gift einer Verzweiflung gelähmt, die einer Mischung der Schocks der Bombennächte und Kriegsereignisse, des eingebleuten Bolschewistenschrecks und dem Bewußtwerden eigener Mitschuld an all dem, was über Deutschland gekommen war, gleichkam.›/1/

Die materiellen und geistigen Verwüstungen, die der Faschismus zurückließ, waren katastrophal. Aber mit der Niederlage des Faschismus bot sich dem deutschen Volk nunmehr die Chance, für immer mit der imperialistischen Vergangenheit zu brechen und den Weg der Demokratie und des Sozialismus zu gehen. Das ist jenen bürgerlichen Historikern entgegenzuhalten, die die Niederlage des Faschismus auf eine nationale Katastrophe schlechthin reduzieren wollen.

Die Chance, eine Wende in der deutschen Geschichte einzuleiten, ergab sich zum einen aus der grundlegenden Veränderung der internationalen Kräftekonstellation, die der zweite Weltkrieg, insbesondere die Befreiungstat der Sowjetarmee, zur Folge hatte: aus dem Erstarken des Sozialismus, vor allem dem Machtzuwachs und der gefestigten internationalen Autorität der Sowjetunion; aus der neuen Welle von Revolutionen, die zur Herausbildung eines aus mehreren Staaten bestehenden sozialistischen Weltsystems führte; aus dem Aufschwung der nationalen Befreiungsbewegung und der revolutionären Arbeiterbewegung in zahlreichen Ländern; aus der Schwächung des imperialistischen Systems, das in eine neue Etappe seiner allgemeinen Krise eintrat.

Für das deutsche Volk war es von geschichtlicher Bedeutung, daß sich unter den Siegermächten, die nach der Befreiung die oberste Regierungsgewalt in Deutschland übernahmen, die sozialistische Sowjetunion befand, die die gemeinsamen Beschlüsse der Antihitlerkoalition mit aller Konsequenz verwirklichte. Die Lebensinteressen des ersten Arbeiter-und-Bauern-Staates der Welt stimmten mit denen des deutschen Volkes überein. Die Sowjetunion ließ den demokratischen Kräften des deutschen Volkes jedwede Hilfe zuteil werden. Das unterschied die Situation grundsätzlich von der nach dem ersten Weltkrieg.

Die Chance für eine geschichtliche Wende ergab sich zum anderen aus dem Kräfteverhältnis in Deutschland selbst. Der deutsche Imperialismus hatte die schwerste Niederlage seiner Geschichte erlitten. Seine militärische Macht war zerschmettert, sein politischer Herrschaftsmechanismus weitgehend funktionsunfähig, seine ökonomische Macht gelähmt.

Hingegen hatte die Kommunistische Partei Deutschlands, der konsequenteste Gegner des deutschen Faschismus und Imperialismus, die schwerste Prüfung ihrer Geschichte in Ehren bestanden. Sie hatte als einzige politische Kraft einen ununterbrochenen und organisierten Widerstandskampf gegen die faschistische Diktatur geführt. Mit der KPD, obwohl sie viele ihrer Besten verloren hatte, verfügte die deutsche Arbeiterklasse am Ende des zweiten Weltkrieges über eine bewährte Partei mit großen Erfahrungen und kampferprobten Kadern, die sich umsichtig und gründlich auf die Arbeit im befreiten Deutschland vorbereitet hatte. Das unterschied die Situation ebenfalls grundlegend von der Lage nach dem ersten Weltkrieg. Die Kommunisten waren fest entschlossen, die historische Chance zu nutzen, um auch im Geburtsland von Karl Marx und Friedrich Engels den Übergang vom Kapitalismus zum Sozialismus einzuleiten. Sie wußten, daß dies vor allem davon abhing, wie es gelang, die Partei zu festigen, die Arbeiterklasse zu mobilisieren und deren Einheit herzustellen. Nur so konnte die Arbeiterklasse zur führenden Kraft der gesellschaftlichen Entwicklung werden.

Ein großer Aktivposten im Ringen um eine geschichtliche Wende war der aufopferungsvolle Kampf der antifaschistischen deutschen Widerstandsbewegung, an der die KPD den größten Anteil gehabt hatte. Zwar hatte es das deutsche Volk nicht vermocht, den Faschismus aus eigener Kraft zu stürzen oder einen wesentlichen eigenen Beitrag zu seiner Befreiung zu leisten, doch das Zusammenwirken von Kommunisten, Sozialdemokraten und bürgerlichen Hitlergegnern im antifaschistischen Widerstand hatte den Boden bereitet für eine breite antifaschistische Volksfront nach dem Sieg der Antihitlerkoalition.

Im engen Zusammenwirken mit den Stäben und Kommandanturen der Roten Armee ergriffen Kommunisten, klassenbewußte Sozialdemokraten und Gewerkschafter, aus der Illegalität tretend, aus Konzentrationslagern und Zuchthäusern befreit, als erste die Initiative, bildeten Aktionsausschüsse und begannen den demokratischen Neuaufbau. Ihnen schlossen sich aufbauwillige Werktätige und bürgerliche Hitlergegner an. In einer Reihe von Orten hatten Widerstandsgruppen, an deren Spitze meist Kommunisten standen, schon vor der Befreiung die faschistischen Verwaltungen beseitigt und neue, demokratische Verwaltungen, antifaschistische Ausschüsse und Aktivs gebildet. Durch mutige Aktionen konnte die kampflose Übergabe einiger Städte und Orte erzwungen, konnten Menschenleben und Sachwerte gerettet werden.

In Berlin, Sachsen und Mecklenburg wirkten von Walter Ulbricht, Anton Ackermann und Gustav Sobottka geleitete Gruppen des Zentralkomitees der KPD, die schon vor Abschluß der Kriegshandlungen von der Parteiführung, die ihren Sitz in Moskau hatte, nach Deutschland entsandt worden waren. Im engen Kontakt mit dem Vorsitzenden der KPD, Wilhelm Pieck, sorgten sie gemeinsam mit den aus der Illegalität tretenden und aus den Konzentrationslagern befreiten Kommunisten für die Normalisierung des Lebens, bereiteten sie den Wiederaufbau der legalen Parteiorganisation vor und nahmen Verbindung zu Sozialdemokraten und bürgerlichen Hitlergegnern auf, um sie für den demokratischen Neuaufbau zu gewinnen. Im gleichen Sinne wirkten die noch im Exil tätigen Kommunisten.

Der Zusammenbruch des Faschismus war also keine ‹Stunde Null›, wie bürgerliche Historiker behaupten. Unter neuen, veränderten Bedingungen traten die Kommunisten gemeinsam mit klassenbewußten Sozialdemokraten und Antifaschisten aus allen Schichten des Volkes an, um jene Ziele zu verwirklichen, für die die revolutionäre deutsche Arbeiterbewegung seit hundert Jahren gekämpft, für die sie Opfer über Opfer gebracht hatte.

Die Formierung der Kräfte für die antifaschistisch-demokratische Umwälzung

Nachdem das Deutsche Reich mit der totalen Niederlage des faschistischen Regimes aufgehört hatte zu existieren, entstanden entsprechend den Vereinbarungen der Antihitlerkoalition vier Besatzungszonen: eine sowjetische, eine amerikanische, eine britische und eine französische. Die Oberbefehlshaber der Streitkräfte der vier Besatzungsmächte bildeten einen Alliierten Kontrollrat mit Sitz in der Hauptstadt Berlin. Im Zusammenhang damit wurden Truppen der USA, Großbritanniens und Frankreichs in den westlichen Verwaltungsbezirken Berlins stationiert und eine Alliierte Militärkommandantur für Berlin gebildet. Der Kontrollrat sollte das Vorgehen der Besatzungsmächte koordinieren und die alle Zonen betreffenden Fragen regeln. Die Oberbefehlshaber übten in der jeweiligen Besatzungszone die oberste Gewalt aus. Sie sollten die gemeinsamen Beschlüsse der Antihitlerkoalition verwirklichen.

Am 9. Juni 1945 wurde die Sowjetische Militäradministration in Deutschland (SMAD) gebildet. Ihr Oberster Chef war Marschall G. K. Shukow, dem im April 1946 Marschall W. D. Sokolowski und Ende März 1949 Armeegeneral W. I. Tschuikow folgten. In ihrem Befehl Nr. 2 vom 10. Juni 1945 gestattete die SMAD die Bildung und die Tätigkeit antifaschistisch-demokratischer Parteien und freier Gewerkschaften.

Als erste Partei trat die KPD wieder an die Öffentlichkeit. In ihrem Aufruf vom 11. Juni 1945, den der Parteivorsitzende, Wilhelm Pieck, sowie Anton Ackermann, Franz Dahlem, Walter Ulbricht und weitere führende Politiker im Namen des Zentralkomitees unterzeichnet hatten, legte sie ihr Aktionsprogramm für die antifaschistisch-demokratische Umwälzung dar.

Ausgehend von den Lehren der Geschichte, erklärte die KPD: ‹Keine Wiederholung der Fehler von 1918!

Schluß mit der Spaltung des schaffenden Volkes!

Keinerlei Nachsicht gegenüber dem Nazismus und der Reaktion!

Nie wieder Hetze und Feindschaft gegenüber der Sowjetunion; denn wo diese Hetze auftaucht, da erhebt die imperialistische Reaktion ihr Haupt!›/2/ Die KPD forderte dazu auf, Faschismus und Militarismus restlos zu vernichten, die Monopole und den Großgrundbesitz zu beseitigen. Vertreter des werktätigen Volkes sollten die staatlichen und die wirtschaftlichen Kommandohöhen übernehmen. Die KPD sprach sich dafür aus, eine parlamentarisch-demokratische Republik mit allen Rechten und Freiheiten für das Volk zu schaffen. Zur Überwindung der Kriegsfolgen machte sie konkrete Vorschläge für die Beseitigung von Hunger, Arbeitslosigkeit und Obdachlosigkeit und für die Sicherung der sozialen Rechte der Werktätigen. Die KPD rief zum Zusammenschluß aller aufbauwilligen Kräfte unter Führung der geeinten Arbeiterklasse auf.

Der Aufruf der KPD zeigte, daß die Partei von der Leninschen Revolutionstheorie ausging, insbesondere von den Erkenntnissen Lenins über den Zusammenhang zwischen dem Kampf um Demokratie und um den Sozialismus. Er hatte viele Gemeinsamkeiten mit den Aktionsprogrammen der Bruderparteien in zahlreichen anderen Ländern. In ihm fanden die Beschlüsse des VII. Weltkongresses der Kommunistischen Internationale im Jahre 1935 sowie der Brüsseler und der Berner Parteikonferenz der KPD in den Jahren 1935 und 1939 ihren Niederschlag. Die KPD richtete den Hauptstoß ihrer Politik gegen Faschismus und Militarismus und deren gesellschaftliche Grundlagen. Sie mobilisierte die Werktätigen für die Lösung der brennendsten Probleme mit dem Blick auf das große Ziel: Überwindung des Imperialismus, Schaffung antifaschistisch-demokratischer Verhältnisse, um auf diese Weise dem deutschen Volk den Weg zum Sozialismus zu öffnen. Die konsequente Durchführung der antifaschistisch-demokratischen Umwälzung war unter den damaligen Bedingungen gleichbedeutend mit dem ersten und einzig möglichen Schritt in Richtung auf den Sozialismus.

Der Aufruf der KPD, der in allen Besatzungszonen rasch Verbreitung fand, gab vielen Menschen neue Hoffnung. In der ‹Deutschen Volkszeitung›, dem Zentralorgan der KPD, schrieb Thomas Mann am 16. Juni 1945:

‹Das Unglück ist groß. Aber darum zu rufen ‹Mit Deutschland ist's aus!› ist törichter Kleinglaube. Deutschland kann leben und glücklich sein ohne Generalstab und Rüstungsindustrie. Es kann ohne sie sogar richtiger und ehrenhafter leben. Es kann auch leben und glücklich sein ohne die Gebietsteile in Ost und West, die ihm bei der Katastrophe des Kriegsreiches verlorengehen. Es bleibt auch ohne sie ein weites, herrliches, zu jeder Kultur fähiges Land, das auf die Tüchtigkeit seiner Menschen sowohl wie auch auf die Hilfe der Welt zählen kann und dem, ist erst das Schwerste vorüber, ein neues, an Leistungen und Ansehen reiches Leben vorbehalten sein mag.›

Die Mehrheit der Sozialdemokraten hatte aus bitteren Erfahrungen die Lehre gezogen, daß ein neuer Weg beschritten werden müsse, daß insbesondere die Einheit der Arbeiterklasse das Gebot der Stunde sei. Von diesen Erkenntnissen war der Aufruf geprägt, den der von Otto Grotewohl und Max Fechner geleitete Berliner Zentralausschuß der SPD am 15. Juni 1945 beschloß. Viele Forderungen des Aufrufs entsprachen dem Aktionsprogramm der KPD oder kamen ihm nahe.

Die weitgehende Übereinstimmung in grundlegenden Zielen und Forderungen ermöglichte es, am 19. Juni ein Aktionsabkommen zwischen den Führungen von KPD und SPD abzuschließen. Darin verpflichteten sich beide Parteien, beim antifaschistisch-demokratischen Aufbau eng zusammenzuarbeiten, gemeinsame Veranstaltungen und Beratungen zur Klärung ideologischer Fragen durchzuführen. Den Empfehlungen des Abkommens folgend, entstanden nunmehr auf allen Ebenen – von den Grundeinheiten in Betrieben und Wohngebieten bis zu den Landesvorständen – Aktionsausschüsse von KPD und SPD. Auch in zahlreichen Städten und Gebieten der Westzonen kam es zu Aktionsvereinbarungen zwischen Organisationen beider Parteien.

Zu den Grundsätzen des antifaschistisch-demokratischen Neuaufbaus bekannten sich der Freie Deutsche Gewerkschaftsbund (FDGB), der zur Zeit seines 1. Kongresses im Februar 1946 schon über zwei Millionen Werktätige in seinen Reihen vereinte, die antifaschistischen Jugendausschüsse, aus denen im März 1946 die Freie Deutsche Jugend (FDJ) hervorging, die Frauenausschüsse, an deren Stelle im März 1947 der Demokratische Frauenbund Deutschlands (DFD) trat, und weitere Massenorganisationen. Besonders in den Gewerkschaften und in der FDJ, deren erste Vorsitzende die Kommunisten Hans Jendretzky und Erich Honecker waren, arbeiteten Kommunisten und Sozialdemokraten eng zusammen.

Antifaschistisch-demokratische Forderungen erhoben auch die neugebildeten bürgerlich-demokratischen Parteien, die Christlich-Demokratische Union Deutschlands (CDU) und die Liberal-Demokratische Partei Deutschlands (LDPD). In diesen Forderungen, die auf örtlicher Ebene teilweise noch entschiedener gestellt wurden, und im Wirken aufrechter Demokraten in CDU und LDPD, wie Otto Nuschke und Wilhelm Külz, sahen KPD und SPD die Basis für eine Zusammenarbeit, wenngleich reaktionäre Politiker, denen lediglich eine Art Neuauflage der Weimarer Republik vorschwebte, anfangs in den bürgerlich-demokratischen Parteien entscheidende Positionen innehatten.

Am 14. Juli 1945 beschlossen KPD, SPD, CDU und LDPD auf Initiative der Kommunisten die Bildung einer festen Einheitsfront. Bei Wahrung ihrer Selbständigkeit erklärten die vier Parteien den antifaschistisch-demokratischen Neuaufbau und ein freundschaftliches Verhältnis zu allen Völkern zum gemeinsamen Ziel. Koordinierungszentrum der Zusammenarbeit wurde ein aus fünf Mitgliedern jeder Partei bestehender Zentraler Ausschuß. Es wurde vereinbart, daß Beschlüsse und Empfehlungen nur einstimmig verabschiedet werden sollten. Das Gründungskommuniqué empfahl, auf allen Ebenen Blockausschüsse zu bilden. In diesen Ausschüssen, die in der Folgezeit entstanden, hatte die in Aktionseinheit handelnde Arbeiterklasse die führende Rolle inne.

Mit der Blockpolitik verwirklichte die KPD Grundsätze der Volksfrontpolitik, die vom VII. Weltkongreß der Kommunistischen Internationale entwickelt worden waren und von zahlreichen marxistisch-leninistischen Parteien in verschiedenen Formen angewandt wurden. Die Zusammenarbeit im Block der antifaschistisch-demokratischen Parteien trug wesentlich dazu bei, die führende Rolle der Arbeiterklasse durchzusetzen und die werktätigen Bauern, die Intelligenz sowie Teile der nichtmonopolistischen Bourgeoisie in die antifaschistisch-demokratische Umwälzung einzubeziehen. Sie schuf günstige Möglichkeiten, die fortschrittlichen Kräfte in den bürgerlich-demokratischen Parteien zu unterstützen und die reaktionären Politiker zu isolieren.

So begannen sich in der sowjetischen Besatzungszone die Kräfte für die antifaschistisch-demokratische Umwälzung zu formieren.

Die Potsdamer Beschlüsse

Anfang Juli 1945 nahmen die Truppen der vier Mächte die gemeinsam festgelegten Besatzungszonen ein, nachdem Streitkräfte der USA und Großbritanniens im Verlauf der Kriegshandlungen bis zur Elbe und zur Zwickauer Mulde vorgedrungen waren. Bei ihrem Rückzug aus den zeitweilig von ihnen besetzten Territorien des sowjetischen Besatzungsgebietes bemächtigten sich die amerikanischen Besatzungsbehörden einer großen Zahl von Maschinen und Ausrüstungen, Patenten und anderen Dokumenten. Die Tätigkeit der deutschen Antifaschisten war von ihnen gehemmt und unterdrückt worden.

Vom 17. Juli bis 2. August 1945 tagten in Schloß Cecilienhof bei Potsdam die Regierungschefs der UdSSR, J. W. Stalin, der USA, Harry S. Truman, und Großbritanniens, Winston Churchill. An die Stelle des letzteren trat nach dem Wahlsieg der Labour Party Clement R. Attlee. Aufgabe der Konferenz war es, anknüpfend an die bisherigen Vereinbarungen der Antihitlerkoalition, Grundlagen für eine stabile Friedensordnung in Europa zu schaffen. Dabei spielten die deutschen Probleme eine zentrale Rolle. Nach langwierigen, von der sowjetischen Delegation mit Prinzipienfestigkeit und Geduld geführten Verhandlungen beschloß die Konferenz grundlegende Maßnahmen zur Entmilitarisierung, Entnazifizierung und Demokratisierung Deutschlands. Die Rüstungsindustrie und die Monopole sollten beseitigt, eine Friedenswirtschaft sollte aufgebaut werden. Die Großmächte sicherten dem deutschen Volk ihre Unterstützung bei der Bildung eines einheitlichen demokratischen Staates zu. Sie erzielten grundsätzliche Einigung über die deutschen Ostgrenzen. Es wurde festgelegt, daß die deutsch-polnische Grenze entlang der Oder und der Lausitzer Neiße verlaufen solle, der nördliche Teil Ostpreußens mit Königsberg wurde der Sowjetunion zugesprochen. Beschlüsse über die Aussiedlung von Deutschen aus Polen, der Tschechoslowakei und Ungarn unterstrichen die Endgültigkeit dieser Regelung.

Das deutsche Volk wurde verpflichtet, durch Reparationen einen Teil der von den faschistischen Aggressoren in seinem Namen angerichteten Schäden wiedergutzumachen. Die faschistischen Hauptkriegsverbrecher sollten von einem Internationalen Militärgerichtshof der vier Mächte abgeurteilt werden. Das Verfahren wurde am 20. November 1945 in Nürnberg eröffnet und am 1. Oktober 1946 mit der Urteilsverkündung abgeschlossen. Gegen 12 Angeklagte lautete das Urteil: Tod durch den Strang.

Die Potsdamer Beschlüsse, denen sich später mit einigen Vorbehalten auch Frankreich anschloß, schufen völkerrechtliche Grundlagen für den Kampf der deutschen Antifaschisten. Der Block der antifaschistisch-demokratischen Parteien in Berlin würdigte deshalb in einer gemeinsamen Erklärung diese Beschlüsse als Beginn eines neuen Weges. Führende Politiker der bürgerlichen Parteien und der Sozialdemokratie in den Westzonen lehnten dagegen von Anfang an die Potsdamer Vereinbarungen ab. Sie wandten sich vor allem gegen die Festlegungen über die Grenzen und die Reparationen und behaupteten, daß das Abkommen allein Sache der Besatzungsmächte und für deutsche Politiker nicht bindend sei – ein dem Völkerrecht kraß widersprechender Standpunkt, den bürgerliche Historiker, Staats- und Völkerrechtler dennoch bis heute vertreten. Die reaktionären Kräfte fürchteten vor allem die Beschlüsse über die Beseitigung der gesellschaftlichen Grundlagen von Faschismus und Militarismus, deren Verwirklichung ihre Pläne zur Wiederherstellung der Herrschaft des deutschen Imperialismus durchkreuzt hätte. Um davon abzulenken, verleumdeten sie die Potsdamer Beschlüsse in antikommunistischem Sinne. ‹Wären diese Beschlüsse wirklich durchgeführt worden›, schrieb Konrad Adenauer später, ‹... wären auch die drei westlichen Zonen, also ganz Deutschland, kommunistisch geworden.›/3/

In der Politik der Sowjetunion und der deutschen Antifaschisten nahm das Potsdamer Abkommen eine zentrale Stellung ein. Es bildete das grundlegende Dokument für den Kampf um die Schaffung einer stabilen Nachkriegsordnung in Europa und für die Regelung der deutschen Probleme. Es formulierte die Ziele, die die Hauptmächte der Antihitlerkoalition mit der Besetzung Deutschlands verfolgen wollten. Von den Westmächten hingegen wurden die Potsdamer Beschlüsse nur inkonsequent durchgeführt, bald mehr und mehr mißachtet und schließlich gänzlich sabotiert. Der Bruch des Potsdamer Abkommens war ein deutliches Signal dafür, daß die USA und ihre Verbündeten zur Politik des kalten Krieges gegen den Sozialismus übergingen.

Die Abkehr von Potsdam ermöglichte die Neugruppierung der reaktionären Kräfte in den westlichen Besatzungszonen. Sie hatte zur Folge, daß die antifaschistisch-demokratische Erneuerung in diesen Zonen über erste Anfänge nicht hinauskam und daß sich bald die Gefahr einer Spaltung des Landes abzeichnete.

Die KPD hob hervor, daß die Verwirklichung der Potsdamer Beschlüsse dem deutschen Volk die Möglichkeit eröffnete, wieder seinen Platz unter den friedliebenden Völkern einzunehmen. Sie verschwieg auch nicht, daß das deutsche Volk einen Teil Mitschuld an Faschismus und Krieg trug, und betonte seine Verpflichtung zur Wiedergutmachung. Unbeugsam, oft gegen den Strom schwimmend, erläuterten die Kommunisten, warum die territorialen Regelungen und die Umsiedlung von Deutschen, die Reparationen und Demontagen und andere mit Härten und Erschwernissen verbundene Festlegungen des Potsdamer Abkommens notwendig und gerechtfertigt waren.

Die KPD war auch die einzige deutsche Partei, die im Sinne der Potsdamer Beschlüsse mit aller Konsequenz dafür eintrat, in allen Besatzungszonen antifaschistisch-demokratische Verhältnisse zu schaffen und so die Bildung eines einheitlichen demokratischen Staates möglich zu machen. Die antifaschistisch-demokratische Erneuerung in ganz Deutschland, erklärte die Anfang März 1946 in Berlin tagende Parteikonferenz der KPD, ‹schafft die Grundlage für die Einheit Deutschlands und für die Sicherung des Friedens›./4/ Die imperialistische Besatzungspolitik, die den reaktionären Kräften in den Westzonen Auftrieb gab und Gefahren für die Einheit des Landes heraufbeschwor, war für die Kommunisten ein Grund, noch energischer für die antifaschistisch-demokratische Umwälzung in allen Besatzungszonen einzutreten und alle separatistischen und partikularistischen Bestrebungen entschieden zu bekämpfen.

Neue, antifaschistisch-demokratische Staatsorgane

Bereits Ende April/Anfang Mai 1945 waren in den von der Roten Armee befreiten Gebieten örtliche zivile Verwaltungsorgane geschaffen worden. Sie entstanden mit tatkräftiger Unterstützung, oft auf Initiative der sowjetischen Ortskommandanten. Diese übertrugen Kommunisten, Sozialdemokraten und anderen Antifaschisten Funktionen als Bürgermeister, Landräte, Beauftragte für Polizei und Justiz. Dabei arbeiteten sie eng mit den deutschen Antifaschisten zusammen und halfen ihnen, die vielen schwierigen Probleme bei der Normalisierung des Lebens zu meistern.

Von Mai bis Juli wurden in der gesamten sowjetischen Besatzungszone neue Staatsorgane aufgebaut – in den Gemeinden, Städten und Kreisen bis zu den Landes- und Provinzialverwaltungen. Am 19. Mai 1945 führte der Stadtkommandant, Generaloberst N. E. Bersarin, den demokratischen Magistrat von Groß-Berlin mit dem parteilosen Ingenieur Dr. Arthur Werner als Oberbürgermeister in sein Amt ein. Die Zusammensetzung des Magistrats – ihm gehörten Kommunisten, Sozialdemokraten und bürgerliche Hitlergegner an – und seine Arbeitsweise waren beispielhaft für die neuen Machtorgane in der sowjetischen Besatzungszone.

Gemeinsam mit den sowjetischen Besatzungsbehörden sorgten die Mitarbeiter der neuen Staatsorgane für die Normalisierung des Lebens und die Wiederaufnahme der Produktion, organisierten sie den Kampf gegen Hunger, Not, Kälte und Obdachlosigkeit. Sie säuberten die Verwaltungen und Betriebe von Nazis und Kriegsverbrechern. Eine grundlegende Reform des Justizwesens wurde eingeleitet, der alte Polizeiapparat völlig zerschlagen und aus klassenbewußten Arbeitern eine demokratische Polizei formiert, die den Interessen der Werktätigen diente.

Im Juli bestätigte der Oberste Chef der SMAD die personelle Zusammensetzung der Landes- beziehungsweise Provinzialverwaltungen von Brandenburg, Mecklenburg, Sachsen, Sachsen-Anhalt und Thüringen, die von den antifaschistisch-demokratischen Parteien vorgeschlagen worden waren. Präsidenten wurden die Sozialdemokraten Karl Steinhoff, Wilhelm Höcker und Rudolf Friedrichs, der Liberaldemokrat Erhard Hübener und der keiner Partei angehörende Rudolf Paul. Von den 18 Vizepräsidenten gehörten 6 der KPD, 4 der SPD, 5 den bürgerlich-demokratischen Parteien an, 3 waren parteilos.

Am 27. Juli 1945 ordnete die SMAD die Bildung von Zentralverwaltungen an, denen die Aufgabe übertragen wurde, die Entwicklung in entscheidenden Bereichen des gesellschaftlichen Lebens für die gesamte Besatzungszone zu koordinieren. Die Zentralverwaltungen für Verkehrswesen, Nachrichtenwesen, Brennstoffindustrie, Handel und Versorgung, Industrie, Landwirtschaft, Finanzen, Arbeit und Sozialfürsorge, Gesundheitswesen, Volksbildung, Justiz – später kamen noch Zentralverwaltungen für Umsiedlerfragen, Außen- und Interzonenhandel sowie die Deutsche Verwaltung des Innern hinzu – waren beratende Organe der SMAD, die im Unterschied zu den Landes- und Provinzialverwaltungen nicht das Recht hatten, Gesetze und Verordnungen zu erlassen. An ihrer Spitze standen neben bewährten Kommunisten, wie Edwin Hoernle (Landwirtschaft) und Paul Wandel (Volksbildung), auch bürgerliche Fachleute, wie der ehemalige Reichsminister Eugen Schiffer (Justiz).

Die KPD ließ sich von der Erkenntnis leiten, daß die Schaffung neuer Staatsorgane die wichtigste politische Aktion und zugleich die entscheidende Voraussetzung der antifaschistisch-demokratischen Umwälzung war. Ihre zielklare Politik und die enge Zusammenarbeit mit der SPD bildeten die Gewähr dafür, daß die Arbeiterklasse gegen den Widerstand reaktionärer bürgerlicher Politiker und Verwaltungsfachleute ihre führende Rolle in diesen Organen durchsetzen konnte.

Die entscheidenden Bestandteile des imperialistischen Staatsapparates, die Armee, die Polizei und die zentrale Staatsbürokratie, waren bereits durch den militärischen Sieg der Roten Armee ausgeschaltet worden. Damit war aber der alte Machtapparat als Ganzes und in seinen vielfältigen Verästelungen noch nicht beseitigt. Nunmehr entstanden qualitativ neue, volksverbundene Machtorgane, die ihrem Charakter nach die revolutionär-demokratische Diktatur der Arbeiter und Bauern unter Beteiligung anderer Schichten der Bevölkerung verkörperten. Der konsequent antiimperialistische Charakter der neuen Staatsmacht eröffnete Möglichkeiten, sie auf friedlichem Wege – ohne Bürgerkrieg und bewaffnete Auseinandersetzungen – zur Diktatur des Proletariats weiterzuentwickeln.

Die Schaffung neuer Staatsorgane war nicht nur wegen der schweren Nachkriegsverhältnisse sehr kompliziert, sondern auch, weil die aus den Reihen der Werktätigen kommenden Staatsfunktionäre meist keine Erfahrungen und Kenntnisse in der Verwaltungsarbeit hatten. Um so notwendiger war ihre Schulung und Qualifizierung. So wurden 1946 unter anderem Verwaltungsschulen in den Ländern und Provinzen und eine Finanzschule eingerichtet.

In der Staatsfrage, der zentralen Frage jeder revolutionären Umwälzung, trat die Gegensätzlichkeit der Entwicklung in der sowjetischen Besatzungszone und in den Westzonen besonders deutlich zutage. Während in der sowjetischen Besatzungszone Kommunisten, Sozialdemokraten und andere Antifaschisten gemeinsam mit der SMAD neue, volksverbundene Machtorgane schufen und diese im Interesse der Werktätigen zur Umgestaltung der gesellschaftlichen Verhältnisse nutzten, sorgten in den Westzonen die Militärbehörden im Zusammenspiel mit reaktionären bürgerlichen Politikern und rechtssozialdemokratischen Führern dafür, daß der alte Beamtenapparat weitgehend erhalten blieb und die leitenden Positionen von Gegnern einer antifaschistisch-demokratischen Entwicklung besetzt wurden. Da die Arbeiterklasse von den Kommandohöhen der Staatsmacht ausgeschlossen blieb, waren auch ihre Aktionen zur Beseitigung der gesellschaftlichen Grundlagen des Faschismus und Militarismus nicht erfolgreich.

Die demokratische Bodenreform

In der werktätigen Bauernschaft sah die KPD den wichtigsten Verbündeten der Arbeiterklasse. Dieses Bündnis zu schaffen, betonten die Kommunisten, ist eine der grundlegenden Voraussetzungen für den Erfolg der antifaschistisch-demokratischen Umwälzung.

Der junkerliche Großgrundbesitz war seit langem ein Hort der Reaktion gewesen. Nur wenige adlige Grundherren hatten auch im Sinne des historischen Fortschritts gewirkt. Die Junker und Großgrundbesitzer hatten zusammen mit den Industriemagnaten und Bankherren, ungeachtet der Vorbehalte mancher, das faschistische Regime getragen und waren seine Nutznießer gewesen. Hinzu kam, daß die faschistische Agrarpolitik und der Krieg die Landwirtschaft an den Rand des Ruins gebracht hatten. All dies erforderte einschneidende Maßnahmen, eine revolutionäre Veränderung der Verhältnisse auf dem Lande.

Ermutigt durch die zielstrebige Agitation der KPD, machte sich eine wachsende Zahl werktätiger Bauern und Landarbeiter die Losung ‹Junkerland in Bauernhand!› zu eigen und forderte eine demokratische Bodenreform. KPD und SPD einigten sich über die Grundsätze einer revolutionären Umgestaltung der Landwirtschaft und gewannen auch Vertreter der bürgerlich-demokratischen Parteien dafür. Reaktionäre Führungskräfte dieser Parteien, die gegen eine durchgreifende Bodenreform auftraten, isolierten sich und wurden von ihren Funktionen abgelöst.

Am 3. September 1945 erließ die Verwaltung der Provinz Sachsen die Verordnung über die Durchführung einer demokratischen Bodenreform. Nach diesem Vorbild verabschiedeten die übrigen Landes- und Provinzialverwaltungen entsprechende Verordnungen. Die Durchführung der Reform oblag demokratisch gewählten Bodenreformkommissionen. Ihnen gehörten rund 52 000 Industriearbeiter, Landarbeiter, Kleinbauern und andere Werktätige, darunter zahlreiche Umsiedler, an. 12 500 waren Kommunisten, über 9000 Sozialdemokraten, annähernd 1000 Mitglieder der CDU und der LDPD, die meisten, nämlich annähernd 30 000, waren parteilos. Von den klassenbewußten Arbeitern und den neuen Staatsorganen, besonders der Zentralverwaltung für Land- und Forstwirtschaft, wurden die Bodenreformkommissionen tatkräftig unterstützt.

Alle Großgrundbesitzer mit Gütern von über 100 Hektar Größe und der Grundbesitz von aktiven Nazis und Kriegsverbrechern mit dem gesamten Vermögen und landwirtschaftlichem Inventar wurden entschädigungslos enteignet. Mit 54 beziehungsweise 41 Prozent war der Anteil des enteigneten Bodens an der landwirtschaftlichen Nutzfläche in Mecklenburg und Brandenburg am höchsten. Aus dem Bodenfonds wurden 2,2 Millionen Hektar Land verteilt, unter anderen an 120 000 Landarbeiter und landlose Bauern, 126 000 landarme Bauern und Kleinpächter und 91 000 Umsiedler. Die Größe der neuen oder erweiterten Bauernstellen betrug 5–10 Hektar.

Etwa ein Drittel des Bodenfonds verblieb in den Händen staatlicher Organe oder wurde der Vereinigung der gegenseitigen Bauernhilfe (VdgB), einer demokratischen Massenorganisation der Bauern, die sich während der Bodenreform bildete, übergeben. Hier entstanden in der Folgezeit Maschinen-Ausleih-Stationen (MAS) und etwa 500 volkseigene Güter (VEG). Sie waren Stützpunkte der Arbeiterklasse auf dem Lande und spielten eine wichtige Rolle bei der Festigung ihres Bündnisses mit den werktätigen Bauern. Die MAS und VEG bildeten eine Keimzelle für den künftigen sozialistischen Sektor in der Landwirtschaft.

Die Bodenreform war ähnlich den Agrarreformen in den volksdemokratischen Ländern eine antiimperialistisch-demokratische Agrarrevolution, die in einer Massenaktion unter Führung der Arbeiterklasse durchgesetzt wurde. Die jahrhundertealte Bauernforderung, das Land denen zu geben, die es bearbeiten, wurde erfüllt. Damit erhielt das Bündnis zwischen Arbeiterklasse und werktätiger Bauernschaft eine feste Grundlage. Einschließlich der Familienangehörigen wurden etwa zwei Millionen Menschen unmittelbar in diese revolutionäre Umwälzung einbezogen. Viele von ihnen fanden Zugang zum politischen Leben, gewannen Vertrauen zur Arbeiterklasse und zu den neuen Staatsorganen.

Die Bodenreform beseitigte das Junkertum als Klasse und zerschlug damit eine Bastion des preußisch-deutschen Militarismus. Der private Großgrundbesitz, der etwa ein Drittel der gesamten Bodenfläche umfaßt hatte, verschwand vollständig. Dagegen erhöhte sich der Anteil der werktätigen Bauernschaft mit Betrieben von 0,5 bis 20 Hektar Größe an der gesamten Bodenfläche von 40 Prozent im Jahre 1939 auf 70 Prozent. Der Mittelbauer nahm nunmehr auf dem Dorfe eine dominierende Stellung ein.

Nach der Durchführung der Bodenreform war die Festigung der Neubauernwirtschaften die wichtigste Aufgabe. Es mangelte an Wohnungen, an Ställen, Vieh und landwirtschaftlichen Geräten. Die örtlichen Staatsorgane, die VdgB und Arbeiter aus Industriebetrieben halfen, wo sie konnten. Tatkräftige Unterstützung leisteten die sowjetischen Besatzungsbehörden. Vielfach stellten sie Pferde, Saatgetreide und -kartoffeln zur Verfügung. Im September 1947 ordnete die SMAD auf Grund von Vorschlägen deutscher Antifaschisten durch den Befehl Nr. 209 an, mindestens 37 000 Wohn- und Wirtschaftsgebäude für die Neubauern zu errichten. Bis Ende 1948 konnte dieses Ziel im wesentlichen erreicht werden. Den Neubauern wurden günstige Kredite gewährt, und umfangreiche Preisstützungen für landwirtschaftliche Erzeugnisse und Düngemittel wurden eingeführt.

Dank angespannter Arbeit der Neubauern und vielfältiger Hilfe festigten sich ihre Wirtschaften, und die Agrarproduktion stieg allmählich an. Der von den Feinden der Bodenreform vorausgesagte ‹Zusammenbruch der Landwirtschaft› trat nicht ein. Doch setzte sich der Klassenkampf auf dem Lande in teilweise scharfen Formen fort. Großbauern nutzten die Schwierigkeiten von Neusiedlern und Kleinbauern aus, um sie von sich abhängig zu machen. Noch Jahre galt beispielsweise in Teilen Thüringens der Satz: ‹Einen Tag den Traktor – eine Woche Arbeit beim Großbauern.› Reaktionäre Großbauern, ehemalige Gutsverwalter und andere fortschrittsfeindliche Elemente beherrschten zum Teil die bäuerlichen Handelsgenossenschaften und hatten auch Einfluß in der VdgB. Deshalb waren große Anstrengungen nötig, um die Errungenschaften der Bodenreform zu festigen und die begonnene Demokratisierung des Dorfes konsequent weiterzuführen.

Anfänge der geistig-kulturellen Erneuerung

Bereits am 28. April 1945 – im Stadtzentrum Berlins tobten noch schwere Kämpfe – gestattete der sowjetische Stadtkommandant, Theater, Kinos und Sportplätze in den befreiten Stadtteilen wieder in Betrieb zu nehmen. Fünf Tage nach der Kapitulation, am 13. Mai 1945, nahm der nunmehr von Antifaschisten geleitete Berliner Rundfunk seine Tätigkeit auf. Bald darauf erschienen die ersten demokratischen Presseorgane. Und das kaum Glaubliche geschah: Inmitten von Trümmern und trotz schwierigster materieller Bedingungen begann sich in der sowjetischen Besatzungszone ein vielfältiges geistig-kulturelles Leben zu entwickeln.

Kommunistische Kulturschaffende ergriffen die Initiative zur Sammlung aller demokratischen und humanistischen Kräfte aus den Reihen der Intelligenz. Sie wirkten dabei eng mit sozialdemokratischen und progressiven bürgerlichen Schriftstellern, Künstlern und Wissenschaftlern zusammen. Im Juli/August 1945 konstituierte sich der Kulturbund zur demokratischen Erneuerung Deutschlands. Sein erster Präsident war Johannes R. Becher.

Angesichts der verheerenden Auswirkungen der jahrzehntelangen Herrschaft imperialistischer Ideologie sahen die Kommunisten in der geistig-kulturellen Erneuerung eine der wichtigsten Aufgaben im Prozeß der antifaschistisch-demokratischen Umwälzung. Sie forderten, die bisher unterdrückte demokratische und sozialistische Kultur zur herrschenden Kultur zu erheben. Alle kulturellen Einrichtungen mußten dem Einfluß der reaktionären Kräfte entzogen und in die Hände des Volkes gegeben werden, die faschistische und militaristische Ideologie mußte aus dem öffentlichen Leben verbannt werden.

Die tiefgreifendste Maßnahme zur geistig-kulturellen Erneuerung war die demokratische Schulreform, die 1945/46 auf Initiative der KPD durchgeführt wurde. Sie säuberte nicht nur das Bildungswesen von den faschistischen und militaristischen Irrlehren und ihren Trägern, sondern beseitigte auch das jahrhundertealte Bildungsprivileg der besitzenden Klassen. Es entstand die demokratische staatliche Einheitsschule als einzige Form der schulischen Bildung und Erziehung in Stadt und Land. Eine Grundforderung der revolutionären Arbeiterbewegung und fortschrittlicher Pädagogen wurde damit erfüllt.

Ein besonders schwieriges Problem war die notwendige Erneuerung des Lehrkörpers. Von 39 000 Lehrerinnen und Lehrern, die es bei Kriegsende im Gebiet der sowjetischen Besatzungszone gab, hatten 28 000 der Nazipartei angehört. Sie wurden aus dem Schuldienst entlassen. An ihre Stelle traten 40 000 Neulehrer aus den Reihen der Arbeiterklasse und der anderen Werktätigen. Ihre Lehrbefähigung erwarben sie sich durch die Praxis des Unterrichts, in Kurzlehrgängen und im Selbststudium. Der überwiegende Teil der Neulehrer bewährte sich bei der revolutionären Umgestaltung nicht nur des Bildungswesens, sondern auch anderer Bereiche des gesellschaftlichen Lebens.

Auch an den wiedereröffneten Universitäten und Hochschulen wurden die Einflüsse des Faschismus ausgemerzt. Der größte Teil der Hochschullehrer – an der Universität Leipzig zum Beispiel 170 Lehrkräfte von 222 – mußte entlassen werden, da er willfährig dem faschistischen Regime gedient hatte. Doch auch die meisten verbliebenen Hochschullehrer waren in bürgerlichen Auffassungen befangen. Nur eine kleine Minderheit der Studierenden hatte bisher der Arbeiterklasse entstammt. Anfang 1946 wurden Lehrgänge eingerichtet, die Werktätigen ohne höhere Schulbildung die Vorbereitung auf das Hochschulstudium ermöglichten.

Auch für ein neues Verlagswesen wurde der Grundstein gelegt. Nach Jahren der Isolierung und der faschistischen Kulturbarbarei konnten sich die Werktätigen wieder mit den Schätzen der Weltkultur vertraut machen, fanden die Werke von Marx, Engels und Lenin, die in der Emigration entstandene antifaschistische deutsche Literatur und die Werke der russischen und der sowjetischen Literatur massenhaft Verbreitung. Viele von den Faschisten verfolgte und ins Exil getriebene hervorragende Kulturschaffende – wie Bertolt Brecht, Willi Bredel, Paul Dessau, Lea Grundig, Wolfgang Langhoff, Ludwig Renn, Anna Seghers, Erich Weinert, Friedrich Wolf, Arnold Zweig – kehrten zurück und stellten ihre Kraft und ihr Talent in den Dienst der geistig-kulturellen Erneuerung. Das von Antifaschisten geleitete Filmunternehmen DEFA nahm seine Tätigkeit auf. Hervorragende Filme wurden gedreht, in denen die Auseinandersetzung mit der faschistisch-militaristischen Vergangenheit im Mittelpunkt stand, so ‹Ehe im Schatten› und ‹Die Buntkarierten› von Kurt Maetzig, ‹Die Mörder sind unter uns› und ‹Rotation› von Wolfgang Staudte.

Am Kampf für die geistig-kulturelle Erneuerung hatte die sowjetische Besatzungsmacht bedeutenden Anteil. Mit ihrer Unterstützung wurden die Museen, die Universitäten und Hochschulen und die Akademie der Wissenschaften wiedereröffnet. Besonders die Kultur- und Bildungsoffiziere und die Mitarbeiter der von S.I.Tulpanow geleiteten Informationsabteilung der SMAD halfen den deutschen Werktätigen, den barbarischen Charakter der faschistischen Ideologie zu erkennen, sich humanistische Ideen und die wissenschaftliche Weltanschauung der Arbeiterklasse anzueigenen. Sie übermittelten ihnen die Erfahrungen der KPdSU (B) und die Errungenschaften der russischen und der sowjetischen Kultur und Kunst. So konnten die tiefverwurzelten antisowjetischen Auffassungen allmählich zurückgedrängt werden. Dazu trug auch die 1947 gegründete Gesellschaft zum Studium der Kultur der Sowjetunion (seit 1949 Gesellschaft für Deutsch-Sowjetische Freundschaft) bei, zu deren erstem Präsidenten Jürgen Kuczynski gewählt wurde.

Die Gründung der Sozialistischen Einheitspartei Deutschlands

Im gemeinsamen Kampf für die antifaschistisch-demokratische Umwälzung festigte sich die Aktionseinheit von KPD und SPD. Die Erfahrungen der Niederlagen einer gespaltenen Arbeiterklasse, die neuen Erfahrungen der revolutionären Praxis, die massenhafte Herausgabe und Propagierung grundlegender Werke der Klassiker des Marxismus-Leninismus durch die KPD und zahlreiche gemeinsame Beratungen und Diskussionen förderten den ideologischen Klärungsprozeß. Eine wachsende Zahl von Sozialdemokraten überzeugte sich von der Untauglichkeit reformistischer Auffassungen und Praktiken. Auch Kommunisten überwanden Vorbehalte, die aus der jahrzehntelangen Spaltung und der unheilvollen Rolle der rechten Führer der Sozialdemokratie herrührten.

Der Kampf um die politisch-organisatorische Einheit der Arbeiterklasse wurde zu einer Massenbewegung, die nicht nur die Mitglieder von KPD und SPD, sondern auch zahlreiche parteilose Werktätige erfaßte. Besonders in den Betrieben und den Gewerkschaften verstärkten sich die Forderungen, eine einheitliche revolutionäre Arbeiterpartei zu schaffen.

Doch auch die unbelehrbaren Gegner der revolutionären Arbeitereinheit in der Sozialdemokratie verstärkten ihren Widerstand. Sie erhielten Unterstützung aus den Westzonen und den Westsektoren Berlins. In den Westzonen war es einer opportunistischen Gruppe um den fanatischen Antikommunisten Kurt Schumacher mit Hilfe der imperialistischen Besatzungsmächte gelungen, die sozialdemokratischen Parteiorganisationen unter ihren Einfluß zu bringen. Auch in den Westsektoren Berlins konnten die rechtsopportunistischen Politiker mit Unterstützung der imperialistischen Besatzungsmächte die Schlüsselpositionen in der Partei an sich reißen. Die Einheitsgegner schlossen jeden Befürworter der Arbeitereinheit rigoros aus den von ihnen beherrschten Parteiorganisationen aus. Gleichzeitig verleumdeten sie den Zusammenschluß von KPD und SPD als ‹Zwangsvereinigung›. Sie lieferten damit das Stichwort für alle späteren Fälschungen der Entstehungsgeschichte der SED durch die bürgerliche Geschichtsschreibung.

In der sowjetischen Besatzungszone setzte sich die Einheitsbewegung gegen alle Widerstände durch. Im März und April 1946 wurde in allen Ländern und Provinzen auf der Grundlage demokratischer Abstimmungen von unten nach oben die Vereinigung vollzogen. Kommunisten und Sozialdemokraten stimmten erst getrennt über die Vereinigung ab, sodann tagten sie gemeinsam, konstituierten die Betriebs-, Orts-, Kreis- und Landesorganisationen und wählten deren Leitungen, die paritätisch aus ehemaligen Mitgliedern der KPD und der SPD gebildet wurden.

Nachdem sich der 15. Parteitag der KPD und der 40. Parteitag der SPD einstimmig für die Vereinigung ausgesprochen hatten, schlossen sich am 21. und 22. April 1946 auf dem Vereinigungsparteitag, der im heutigen Metropol-Theater in Berlin stattfand, KPD und SPD zur Sozialistischen Einheitspartei Deutschlands (SED) zusammen. Die Delegierten vertraten 620 000 Kommunisten und 680 000 Sozialdemokraten. Wilhelm Pieck und Otto Grotewohl wurden zu Parteivorsitzenden gewählt.

Wilhelm Pieck, 1876 in Guben geboren und Tischler von Beruf, hatte sich 1894 der Gewerkschaftsbewegung und ein Jahr später der SPD angeschlossen. Bald bekleidete er verantwortliche Partei- und Gewerkschaftsfunktionen in Bremen. 1910 kam er nach Berlin. An der Seite Karl Liebknechts und Rosa Luxemburgs kämpfte er gegen Imperialismus, Opportunismus und imperialistischen Krieg. Er schloß sich der Spartakusgruppe an und wurde Mitbegründer der KPD, deren Führung er seitdem angehörte. Als Abgeordneter der KPD wirkte er unter anderem im Preußischen Landtag und im Reichstag für die Interessen der Arbeiterklasse. Von 1928 an übte er leitende Funktionen im Exekutivkomitee der Kommunistischen Internationale aus. 1933 emigrierte Wilhelm Pieck auf Beschluß der Partei. Die Brüsseler Konferenz der KPD 1935 wählte ihn für die Dauer der Verhaftung Ernst Thälmanns zum Parteivorsitzenden. 1943 wurde er Mitbegründer des Nationalkomitees ‹Freies Deutschland›. In der Emigration und nach seiner Rückkehr nach Berlin im Juli 1945 setzte sich Wilhelm Pieck unermüdlich für den Zusammenschluß aller Hitlergegner ein. Er hatte entscheidenden Anteil an der Vereinigung von KPD und SPD. Die Arbeiter gaben ihm dafür den Ehrennamen ‹Schmied der Einheit›.

Otto Grotewohl, 1894 in Braunschweig geboren und Buchdrucker von Beruf, war 1912 der SPD beigetreten und Gewerkschaftsmitglied geworden. Das Land Braunschweig, seine engere Heimat, war viele Jahre sein Wirkungsfeld. Nach dem ersten Weltkrieg war er dort als Journalist, Abgeordneter, Minister und Landesvorsitzender der SPD tätig. Seit 1925 gehörte er dem Reichstag an. Von den Faschisten wurde er verfolgt und mehrfach inhaftiert. Er zog aus den bitteren Erfahrungen, die er während der faschistischen Diktatur machte, die Schlußfolgerung, daß die Überwindung der Spaltung der Arbeiterbewegung das dringendste Gebot ist. Als Vorsitzender des Zentralausschusses der SPD setzte er daher seine ganze Kraft für die Einigung der Arbeiterbewegung ein.

Wilhelm Pieck und Otto Grotewohl waren nicht nur durch die gemeinsamen Ziele, sondern auch durch gegenseitige Achtung und Wertschätzung verbunden, die bald zu einer engen Freundschaft wurden. 1954 schrieb Otto Grotewohl in ein Wilhelm Pieck gewidmetes Buch: ‹Alles wäre wohl nicht so gut gelungen, wenn der Weg uns nicht zusammengeführt hätte. Deine Lebenserfahrung, Deine Ruhe und Festigkeit, Deine Güte und Weisheit haben viel dazu beigetragen, mich zu befähigen, unsere Aufgaben zu erfüllen.›/5/

Das erste Programm der SED, die ‹Grundsätze und Ziele der Sozialistischen Einheitspartei Deutschlands›, das der Vereinigungsparteitag beschloß, wies den Weg zum Sozialismus über die konsequente Zuendeführung der antifaschistisch-demokratischen Umwälzung. Die SED erklärte: ‹Das Ziel der Sozialistischen Einheitspartei Deutschlands ist die Befreiung von jeder Ausbeutung und Unterdrückung, von Wirtschaftskrisen, Armut, Arbeitslosigkeit und imperialistischer Kriegsdrohung. Dieses Ziel... kann nur durch den Sozialismus erreicht werden.›/6/ Als grundlegende Voraussetzung für den Aufbau des Sozialismus wurde die Eroberung der politischen Macht durch die Arbeiterklasse bezeichnet. Die SED bekannte sich zum proletarischen Internationalismus.

Die SED ging damit in ihrem ersten Parteiprogramm von Grundprinzipien des Marxismus-Leninismus aus, die in der Sowjetunion ihre praktische Bestätigung gefunden hatten und in den Volksdemokratien mit Erfolg angewandt wurden. ‹Gerade dadurch›, stellte Erich Honecker rückblickend fest, ‹daß die Vereinigung auf der Grundlage eines solchen Programms erfolgte, wurde die systematische Weiterentwicklung der SED als einer revolutionären Kampfpartei des Proletariats gesichert, die sich in jeder Etappe ihrer Entwicklung von den Lehren von Marx, Engels und Lenin leiten ließ.›/7/

Die Gründung der SED war das Ergebnis des jahrzehntelangen Kampfes der deutschen Arbeiterbewegung, vor allem der Kommunisten, um die Wiederherstellung der Einheit der Klasse auf revolutionärer Grundlage. Die Befreiungstat der Sowjetunion ermöglichte es, diesen Kampf erfolgreich zu Ende zu führen. Die Gründung der SED war ein historischer Sieg des Marxismus-Leninismus, die bedeutendste Errungenschaft in der Geschichte der deutschen Arbeiterbewegung seit der Verkündung des Kommunistischen Manifests durch Marx und Engels und seit der Gründung der KPD. Wie die Geschichte bewies, war die vereinigte revolutionäre Partei der Arbeiterklasse die entscheidende Garantie gegen die Wiederherstellung imperialistischer Verhältnisse und die Voraussetzung aller künftigen Siege des werktätigen Volkes.

In der SED fanden die revolutionären Traditionen der KPD und deren marxistisch-leninistische Politik ihre Fortsetzung. Die Kampftraditionen der KPD verbanden sich mit den Erfahrungen der Mitglieder der SPD in der Einheitspartei zu einer noch stärkeren Kraft, zu einer Millionenpartei der Arbeiterklasse und des werktätigen Volkes.

Um die Schaffung der SED haben sich ungezählte Kommunisten und Sozialdemokraten verdient gemacht. Die meisten leben nicht mehr, doch ihre Leistung bleibt für immer unvergessen. Stellvertretend für alle Vorkämpfer der revolutionären Arbeitereinheit seien genannt: Anton Ackermann, Martha Arendsee, Edith Baumann, Werner Bruschke, Otto Buchwitz, Kurt Bürger, Franz Dahlem, Friedrich Ebert, Werner Eggerath, Max Fechner, Kurt Fischer, Rudolf Friedrichs, August Frölich, Ottomar Geschke, Bernhard Göring, Otto Grotewohl, Richard Gyptner, Wilhelm Höcker, Edwin Hoernle, Heinrich Hoffmann, Erich Honecker, Hans Jendretzky, August Karsten, Käthe Kern, Bernard Koenen, Wilhelm Koenen, Helmut Lehmann, Bruno Leuschner, Karl Litke, Karl Maron, Hermann Matern, Otto Meier, Carl Moltmann, Erich Mückenberger, Fred Oelßner, Josef Orlopp, Wilhelm Pieck, Heinrich Rau, Willy Sägebrecht, Hermann Schlimme, Elli Schmidt, Robert Siewert, Gustav Sobottka, Karl Steinhoff, Walter Ulbricht, Paul Verner, Paul Wandel, Herbert Warnke, Otto Winzer, Erich Zeigner.

Der 1. Mai 1946 stand im Zeichen der Arbeitereinheit. Über die Maidemonstration in Berlin schrieb der Mitbegründer des FDGB Roman Chwalek: ‹Im Stadtzentrum stauten sich die Massen. Hunderttausende standen in den Zugangsstraßen zum Berliner Lustgarten. Der Platz hielt diesem Ansturm nicht stand, konnte die Massen nicht fassen. So groß war die Begeisterung. Unbeschreiblich waren die Freude und der Jubel. Viele alte Freunde und Kampfgefährten, die lange Jahre illegal gearbeitet oder in Zuchthäusern und Konzentrationslagern geschmachtet hatten, sahen sich wieder. Sie umarmten sich, vereinten sich mit dem Heer der demonstrierenden Berliner Werktätigen. An ihrer Spitze marschierten die Repräsentanten der vereinigten Arbeiterpartei, unserer Sozialistischen Einheitspartei.›/8/

In den westlichen Besatzungszonen war der Drang zur Einheit der Arbeiterbewegung nicht minder stark als im sowjetischen Besatzungsgebiet. Selbst manche bürgerlichen und rechtssozialdemokratischen Historiker müssen das eingestehen. Trotz großer Anstrengungen der Kommunisten und klassenbewußter Sozialdemokraten führte er jedoch dort nicht zum Erfolg. Der Allianz von imperialistischen Besatzungsmächten, deutscher Monopolbourgeoisie und rechtsopportunistischen Führern gelang es, durch eine Kombination von administrativem Zwang, antikommunistischer Hetze und politischer Demagogie die Ansätze der Aktionseinheit zu zerstören und die Spaltung der Arbeiterbewegung erneut zu vertiefen. Das hatte äußerst schwerwiegende Folgen, die in ihrer Wirkung weit über die Arbeiterbewegung hinausreichten. Damit fiel eine negative Vorentscheidung im Kampf um die Überwindung der Herrschaft des Imperialismus in den westlichen Besatzungszonen und um einen einheitlichen demokratischen deutschen Staat. Wie die weitere Entwicklung erwies, war die Verhinderung der Einheit der Arbeiterbewegung in den Westzonen der erste entscheidende Schritt zur Restauration der Herrschaft des Imperialismus auf diesem Gebiet und zur Spaltung Deutschlands.

Entmachtung der imperialistischen Bourgeoisie und Entstehung des volkseigenen Wirtschaftssektors

Die imperialistische Bourgeoisie, deren Kern die Besitzer der großen Industrie- und Bankunternehmen bildeten, war die herrschende Klasse im deutschen Kaiserreich, in der Weimarer Republik und im faschistischen Deutschland. Sie war hauptschuldig an Faschismus und Krieg. In allen Teilen Deutschlands und in vielen anderen Ländern wurde deshalb in Übereinstimmung mit den Potsdamer Beschlüssen ihre Entmachtung gefordert. Auch die Westmächte und die bürgerlichen Parteien in den Westzonen wagten es anfangs nicht, offen als Fürsprecher der Monopolherrschaft aufzutreten. Das Ahlener Programm der CDU der britischen Besatzungszone vom Februar 1947 sprach sich für eine ‹gemeinwirtschaftliche Ordnung› aus, denn, so hieß es wörtlich: ‹Das kapitalistische Wirtschaftssystem ist den staatlichen und sozialen Lebensinteressen des deutschen Volkes nicht gerecht geworden.›/9/ Später gestanden bürgerliche Politiker ein, daß mit solchen radikalen Erklärungen lediglich radikale Maßnahmen verhindert werden sollten.

Wenngleich die Forderung nach Entmachtung der Monopol- und Bankherren in allen Besatzungszonen laut wurde – entsprochen wurde ihr nur in der sowjetischen Besatzungszone. Hier waren die Voraussetzungen dafür mit der Herstellung der Einheit der Arbeiterbewegung und der konsequent antifaschistischen Politik der UdSSR gegeben. Im Herbst 1945 beschlagnahmte die SMAD das Eigentum des faschistischen Staates und von Kriegsverbrechern, setzte Treuhänder zur einstweiligen Verwaltung ein und ordnete die Schließung der Banken an. Gestützt auf die Aktionseinheit von KPD und SPD, nahmen die Werktätigen ihr Mitbestimmungsrecht in den Betrieben wahr und säuberten diese von Kriegsverbrechern und aktiven Nazis. Damit waren wichtige Vorentscheidungen gegen die imperialistische deutsche Bourgeoisie gefallen. Der entscheidende Schlag gegen sie wurde nach der Gründung der SED geführt.

Am 30. Juni 1946 stimmten bei einem Volksentscheid im Lande Sachsen, in dem etwa zwei Fünftel der Industrieproduktion der sowjetischen Besatzungszone konzentriert waren, 77,62 Prozent der wahlberechtigten Bevölkerung für die entschädigungslose Enteignung der Betriebe der aktiven Nazis und Kriegsverbrecher. Der Volksentscheid – eine aus der Weimarer Republik vielen Werktätigen vertraute Form der Willensäußerung – war von den Blockparteien und vom FDGB im Lande Sachsen auf Initiative der SED bei der Landesverwaltung beantragt und von dieser beschlossen worden. Für die entschädigungslose Enteignung der Kriegsverbrecher sprachen sich Menschen aus allen Klassen und Schichten aus. Auch Vertreter der Kirchen unterstützten diese Forderung. Auf der Grundlage des Volksentscheids wurden in Sachsen und in den anderen Ländern und Provinzen der sowjetischen Besatzungszone entsprechende Gesetze verabschiedet. Die Durchführung dieser Gesetze oblag Sequesterkommissionen, denen Mitglieder aller Blockparteien und des FDGB angehörten. Sie hatten zu entscheiden, welche Betriebe zu enteignen waren. Dabei kam es oft zu Auseinandersetzungen mit reaktionären Kräften in CDU und LDPD, die sich schützend vor manchen belasteten Nazi stellten oder die Endgültigkeit der beschlossenen Maßnahmen bestritten.

Bis zum Frühjahr 1948 wurden insgesamt 9281 gewerbliche Unternehmen von aktiven Nazis und Kriegsverbrechern entschädigungslos enteignet, darunter waren 3843 Industriebetriebe. Ihr Anteil an der gesamten Industrieproduktion betrug zu diesem Zeitpunkt etwa 40 Prozent. Zu den enteigneten Großunternehmen gehörten Betriebe der Elektrokonzerne AEG und Siemens, des Flick-Konzerns, der IG-Farben und anderer Monopole. Die enteigneten Betriebe gingen in das Eigentum des jeweiligen Landes über.

So wurden in der sowjetischen Besatzungszone die ökonomischen Machtgrundlagen des Imperialismus, Militarismus und Faschismus beseitigt. Die imperialistische deutsche Bourgeoisie hörte als Klasse auf zu existieren. Es entstand ein starker volkseigener Sektor in der Industrie, der die entscheidende ökonomische Grundlage der antifaschistisch-demokratischen Verhältnisse bildete. In diesem Sektor mit gesellschaftlichem Eigentum war die Ausbeutung des Menschen durch den Menschen beseitigt. Grundlegend neue Produktionsverhältnisse der gegenseitigen Hilfe und kameradschaftlichen Zusammenarbeit begannen sich zu entwickeln.

In den Westzonen traten die Kommunisten ebenfalls mit aller Konsequenz für die Entmachtung der Monopol- und Bankherren ein. Auch Gewerkschaftsorganisationen erhoben nachdrücklich diese Forderung. Im Dezember 1946 stimmten in Hessen 72 Prozent der Wahlberechtigten für die Überführung der Schlüsselindustrien in Gemeineigentum. Einige Landtage in den Westzonen beschlossen Gesetze zur Enteignung von Monopolunternehmen. Die Besatzungsmächte untersagten jedoch alle Maßnahmen, die sich gegen die ökonomische Macht der imperialistischen deutschen Bourgeoisie richteten.

Dem Potsdamer Abkommen entsprechend, wurden in der sowjetischen Besatzungszone die Maschinen und Ausrüstungen von etwa 600 bisherigen Rüstungsbetrieben als Wiedergutmachungsleistung demontiert und für den Wiederaufbau in der Sowjetunion und Polen verwendet. 200 Betriebe, die ebenfalls auf der Demontageliste standen, wie die Leuna- und die Buna-Werke, Krupp-Gruson und die Neptunwerft, wurden 1946 in Sowjetische Aktiengesellschaften (SAG-Betriebe) umgewandelt. Zahlreichen deutschen Werktätigen blieb so der Arbeitsplatz erhalten. Ein wachsender Teil der Produktion der SAG-Betriebe kam dem wirtschaftlichen Aufbau in der sowjetischen Besatzungszone zugute. Die SAG-Betriebe, die 1948 einen Anteil von 22 Prozent an der industriellen Bruttoproduktion hatten, entwickelten sich durch das Wirken erfahrener sowjetischer

Spezialisten zu Schulen der sozialistischen Wirtschaftsführung und des proletarischen Internationalismus. Die SAG-Betriebe, die bis 1954 alle den deutschen Werktätigen übergeben wurden, waren von großer Bedeutung für die Herausbildung der sozialistischen Volkswirtschaft der DDR.

Nach der Entstehung des volkseigenen Sektors in der Wirtschaft war dessen Festigung die wichtigste Aufgabe. Reaktionäre aller Schattierungen prophezeiten ein wirtschaftliches Chaos, da Arbeiter angeblich nicht fähig seien, die Wirtschaft zu leiten. Doch trotz fehlender Erfahrung und Ausbildung, trotz des offenen und versteckten Widerstandes der enteigneten Monopolherren und ihrer Helfer, trotz der vielen schwierigen Probleme der Nachkriegszeit bewies die von Ausbeutung und Unterdrückung befreite Arbeiterklasse, zu welchen Leistungen sie imstande ist. Der volkseigene Sektor begann sich allmählich zu stabilisieren. Hatte die industrielle Bruttoproduktion, verglichen mit dem Stand von 1936, im Jahre 1946 43 Prozent betragen, so stieg sie 1947 auf 54,4 und 1948 auf 68 Prozent. Die Arbeitsproduktivität indessen erhöhte sich nur langsam, weil die Ausrüstungen veraltet und die materiellen Bedingungen schwierig waren. Sie erreichte 1948 etwa die Hälfte des Vorkriegsstandes.

‹Mehr produzieren, gerechter verteilen, besser leben!›

Im Herbst 1946 fanden in der sowjetischen Besatzungszone erstmals in der deutschen Geschichte demokratische Wahlen statt. Die SED, die führende Kraft der antifaschistisch-demokratischen Umwälzung, ging aus ihnen als stärkste Partei hervor. Bei den Gemeindewahlen stimmten 57,1 Prozent der wahlberechtigten Bevölkerung für die SED, bei den Kreistags- und Landtagswahlen 50,3 beziehungsweise 47,5 Prozent. Die aus den Wahlen hervorgegangenen Länderregierungen verkörperten das Bündnis der Blockparteien unter Führung der SED. 21 Minister der Landesregierungen gehörten der SED an, 9 der LDPD, 8 der CDU, ein Minister war parteilos.

Ende 1946/Anfang 1947 nahmen die Landtage demokratische Verfassungen an, die die wichtigsten Ergebnisse der antifaschistisch-demokratischen Umwälzung fixierten. Nach Auflösung des Staates Preußen durch Beschluß des Kontrollrats im März 1947 wurden die bisherigen Provinzen Brandenburg und Sachsen/Anhalt in Länder umbenannt.

Im Jahre 1947 hatten die SED und die neuen Staatsorgane eine schwere Bewährungsprobe zu bestehen. Sehr ungünstige Witterungsbedingungen vergrößerten die Schwierigkeiten der Nachkriegszeit. Einem unsagbar harten Winter folgte ein langer, heißer Sommer, der schwere Dürreschäden anrichtete. Die Produktion stagnierte in vielen Betrieben, und die Versorgung der Bevölkerung mit den notwendigsten Bedarfsgütern konnte oft nicht gesichert werden. Krankheiten breiteten sich aus, und die Kindersterblichkeit war erschreckend hoch. Arbeitsdisziplin und -moral vieler Werktätiger erreichten einen Tiefstand.

Franz Becker, damals Bürgermeister in Storkow, schrieb über diese schwere Zeit: ‹Der Magen knurrte, und der Hunger peinigte. Die Großstädter gingen aufs Land, um zu ‹organisieren› ... Die Großstädter boten Sachwerte, und die Bauern nahmen und verlangten: Bettwäsche, Teppiche, Uhren, silberne Bestecke, Kleiderstoffe, Fahrräder oder Schuhe. Täglich rollten auf diese Weise mit der Eisenbahn Dutzende Tonnen Kartoffeln ... in die Küchen der hungrigen Großstädter. Was noch bei den Bauern blieb, reichte für eine vergrößerte Anbaufläche schon nicht mehr aus... Eine Katastrophe bahnte sich an.›/10/

Unter der Losung ‹Mehr produzieren, gerechter verteilen, besser leben!› rief der II. Parteitag der SED im September 1947 die Arbeiterklasse und alle anderen Werktätigen zu erhöhten Anstrengungen bei der Festigung der revolutionären Errungenschaften, im Kampf gegen Hunger und Kälte, für die Verbesserung ihrer Lebensbedingungen auf. Um die Produktion zu steigern, führten die Arbeiter einiger volkseigener und SAG-Betriebe die ersten Wettbewerbe durch. Mitglieder der FDJ bildeten Stoßbrigaden. Werktätige unterbreiteten Vorschläge, wie die Produktion gesteigert, Energie und Material eingespart werden könnten. Sie begannen die Arbeiterkontrolle für die Sicherung der Ernährung und die Verteilung von Brennstoffen zu organisieren. Die Staatsorgane, besonders die Polizei, gingen scharf gegen Schieber und Spekulanten vor, die von der Notlage der Massen profitierten.

Nach gemeinsamen Beratungen mit führenden Politikern der SED und des FDGB erließ die SMAD im Oktober 1947 den Befehl Nr. 234, der wichtige Maßnahmen zur Steigerung der Arbeitsproduktivität und zur Verbesserung der Arbeits- und Lebensbedingungen der Werktätigen vorsah. Der Befehl förderte die Initiative der Arbeiter, mehr zu produzieren. Er half, Klarheit darüber zu schaffen, daß derjenige den größten Anspruch auf materielle und moralische Anerkennung hat, der die höchsten Leistungen für die Gesellschaft vollbringt. Seine Verwirklichung schuf Voraussetzungen, um die Lebenslage der Werktätigen allmählich zu verbessern.

Nachdem bereits 1947 begonnen worden war, ein einheitliches System der Sozialversicherung aufzubauen und im Mai der Feriendienst des FDGB seine Tätigkeit aufgenommen hatte, gab der Befehl Nr. 234 den Auftakt für zahlreiche weitere soziale Maßnahmen. Volkseigene Betriebe begannen Polikliniken und Ambulatorien, Werkküchen und Speisesäle, Kulturräume und Bibliotheken sowie Kindergärten und -krippen einzurichten. Trotz der schwierigen materiellen Bedingungen gelang es schon in dieser Zeit, die sozialen Rechte der Werktätigen in einem Maße zu erweitern, wie es nie zuvor in Deutschland der Fall gewesen war.

Im März 1948 beschloß der Landtag von Sachsen das von der SED eingebrachte Gesetz zur Wahrung der Rechte der sorbischen Bevölkerung. Es sicherte der jahrhundertelang unterdrückten, von Germanisierung und Ausrottung bedrohten nationalen Minderheit der Sorben die volle Gleichberechtigung, die Förderung ihrer Sprache und Kultur zu.

Eine besonders schwierige Aufgabe der neuen Staatsorgane

bestand darin, den Millionen deutscher Umsiedler, die in die sowjetische Besatzungszone kamen, eine neue Heimstatt zu geben. Auf Initiative der Zentralverwaltung für deutsche Umsiedler, die von dem Kommunisten Rudi Engel geleitet wurde, waren bis Ende 1945 623 Umsiedlerlager für annähernd eine halbe Million Menschen eingerichtet worden. Mit Hilfe der SMAD und durch Spenden der Bevölkerung konnten Fahrzeuge, Möbel, Kleidung, Nahrung und Medikamente beschafft werden. Bis Januar 1947 kamen 11,6 Millionen Umsiedler in die vier Besatzungszonen, 4,3 Millionen davon in die sowjetische Besatzungszone. Bezogen auf die Bevölkerungszahl, war das der größte Teil. Etwa jeder vierte Einwohner war hier zu diesem Zeitpunkt ein Umsiedler. Am höchsten war ihr Anteil mit über 43 Prozent in Mecklenburg.

Bis Juni 1948 war die Umsiedlung im sowjetischen Besatzungsgebiet im wesentlichen abgeschlossen. Während die Umsiedler hier eine neue Heimat fanden, wurde in den Westzonen ihre Eingliederung als gleichberechtigte Bürger bewußt hintertrieben und verschleppt. Meist von ehemaligen Faschisten beherrschte Landsmannschaften entstanden, die Revanchismus und Nationalismus unter den Umsiedlern schürten. Auf diese Weise wollte sich die Reaktion eine Massenbasis für einen neuen ‹Kreuzzug gen Osten› schaffen.

Die Lage 1948

Mitte 1948 waren in der sowjetischen Besatzungszone entscheidende Aufgaben der antifaschistisch-demokratischen Umwälzung gelöst. Die grundlegenden Beschlüsse des Potsdamer Abkommens über die Entnazifizierung und Entmilitarisierung waren durchgeführt, die Monopol- und Bankherren und die Großgrundbesitzer ökonomisch und politisch entmachtet. Es waren neue Eigentums- und Klassenverhältnisse entstanden. Die Arbeiterklasse war zur führenden Kraft der Gesellschaft geworden. In den neuen Staatsorganen übte sie den bestimmenden Einfluß aus. Bis 1948 waren aus den Ämtern und Dienststellen 520 000 ehemalige Nazis entfernt und durch Antifaschisten, in der Mehrzahl Arbeiter, ersetzt worden. Über die Hälfte der VEB-Direktoren waren Arbeiter. In ihrem Wesen und ihren wichtigsten Ergebnissen entsprach die antifaschistisch-demokratische Umwälzung den revolutionären Prozessen, die sich in den volksdemokratischen Ländern vollzogen. Sie leitete auch in der sowjetischen Besatzungszone die Übergangsperiode vom Kapitalismus zum Sozialismus ein.

Doch hatte hier die revolutionäre Umwälzung 1948 nicht den gleichen Stand erreicht wie in den meisten der volksdemokratischen Länder Europas. Noch gab es einen starken kapitalistischen Sektor in der Industrie und in der Landwirtschaft, der Großhandel gehörte fast ausschließlich dazu. Daneben existierte ein umfangreicher Sektor der kleinen Warenproduktion in Gestalt der zahlreichen einzelbäuerlichen Wirtschaften, der Handwerksbetriebe und des privaten Einzelhandels.

Die kapitalistischen Kräfte, aber auch viele Angehörige der Mittelschichten hatten starke Vorbehalte, teilweise gab es offene Feindschaft gegen die Partei der Arbeiterklasse, gegen den Sozialismus. Antikommunistische, antisowjetische und nationalistische Auffassungen waren verbreitet. Noch verfügten reaktionäre Kräfte über beträchtlichen wirtschaftlichen und politischen Einfluß. Noch war die Gefahr nicht gebannt, daß sich innere Reaktion und äußere Konterrevolution im Zeichen des Antikommunismus und bürgerlichen Nationalismus vereinten und zum Gegenangriff auf die Errungenschaften der Werktätigen übergingen.

Ein beträchtlicher Teil der Bevölkerung stand unter dem Einfluß der imperialistischen Propaganda. Vielen Werktätigen mangelte es an Vertrauen zu dem von der SED gewiesenen Weg des demokratischen Neuaufbaus aus eigener Kraft. Auch in der Arbeiterklasse wirkten opportunistische und andere bürgerliche und kleinbürgerliche Ansichten fort. Sie zu überwinden wurde auch dadurch erschwert, daß im Ergebnis der Entnazifizierung nicht wenige ehemalige Mitglieder der Nazipartei, darunter frühere Beamte, Lehrer und andere, eine Arbeit in der materiellen Produktion aufgenommen hatten. Viele von ihnen änderten ihre reaktionären Auffassungen nicht, blieben Feinde der Arbeiterklasse und des Sozialismus.

Eine gravierende Besonderheit gegenüber den europäischen volksdemokratischen Ländern bestand darin, daß die antifaschistisch-demokratische Umwälzung, die in ganz Deutschland auf der Tagesordnung stand, nur im sowjetischen Besatzungsgebiet erfolgreich durchgeführt werden konnte. In den Westzonen zeichneten sich 1947/1948 immer deutlicher die Konturen eines separaten Staates ab, in dem die imperialistische deutsche Bourgeoisie mit Unterstützung der westlichen Besatzungsmächte ihre Herrschaft wiedererrichtete. Die Demarkationslinie an Elbe und Werra trennte schon wenige Jahre nach Kriegsende zwei Territorien, die sich in ihrer gesellschaftlichen Entwicklung wesentlich voneinander unterschieden.

Die imperialistische Restaurations- und Spaltungspolitik war ein Bestandteil der Politik des kalten Krieges, die sich 1947/1948 unter dem Druck der USA im imperialistischen Lager vollends durchsetzte. Ziel dieser Politik war es, den revolutionären Weltprozeß aufzuhalten, die in einigen Ländern geschwächte Herrschaft der Bourgeoisie zu konsolidieren und in den volksdemokratischen Ländern auf die Wiederherstellung kapitalistischer Verhältnisse hinzuarbeiten.

Das Drohen mit der Atombombe, die Schaffung imperialistischer Militärpakte und das Errichten zahlreicher Militärstützpunkte sowie wirtschaftliche Repressalien und hemmungslose antikommunistische Hetze waren die Waffen im kalten Krieg. Diese Politik bedeutete auf Jahre hinaus schärfste internationale Spannung und Wettrüsten, Terror und Verfolgung für zahllose Gegner des kalten Krieges. Wiederholt brachte sie die Menschheit an den Rand eines atomaren Weltkrieges.

Um das weitere Voranschreiten des revolutionären Prozesses in Europa aufzuhalten, konzentrierten sich die imperialistischen Hauptmächte besonders auf Deutschland. Es war ihr Bestreben, die Westzonen in das imperialistische Bündnissystem einzubeziehen und deren Potential im Kampf gegen den Sozialismus einzusetzen. Um die Erfüllung der Potsdamer Beschlüsse und eine antifaschistisch-demokratische Entwicklung in den Westzonen zu verhindern, nahmen sie Kurs auf die Spaltung Deutschlands. Mit Hilfe eines separaten imperialistischen Westzonenstaates sollten vor allem die antifaschistisch-demokratischen Verhältnisse in der sowjetischen Besatzungszone wieder beseitigt werden.

Die Politik des kalten Krieges war deshalb von Anfang an von zahlreichen aggressiven Maßnahmen gegen die revolutionären Errungenschaften der Werktätigen in der sowjetischen Besatzungszone begleitet. So wurde im Zusammenhang mit einer gegen die sozialistischen Länder verhängten Wirtschaftsblockade im März 1948 auf Weisung der westlichen Besatzungsmächte zwischen den Westzonen und der sowjetischen Besatzungszone der Handel eingestellt, der Bahntransport und der Transitverkehr unterbunden. Diese und andere Aktionen sollten die Wirtschaft der sowjetischen Besatzungszone lahmlegen.

Weiterführung der revolutionären Umwälzung

Die SED zog aus der veränderten Situation die Schlußfolgerung, daß die Errungenschaften der antifaschistisch-demokratischen Umwälzung allseitig gefestigt und weiter ausgebaut werden mußten. Sie faßte grundlegende Beschlüsse über den Zweijahrplan 1949/1950, die Festigung der neuen Staatsorgane und die beschleunigte Entwicklung der SED auf der Grundlage des Marxismus-Leninismus. Erhöhte Anstrengungen waren nötig, um die imperialistische Spaltungspolitik zu durchkreuzen.

Bei der Weiterentwicklung ihrer Politik ging die SED davon aus, ‹daß sich die antifaschistisch-demokratische Umwälzung in dem Maße zur sozialistischen Revolution weiterentwickelt, wie die Arbeiterklasse unter Führung der revolutionären Vorhut ihre Hegemonie verwirklicht, wie sie entscheidende Machtpositionen erobert und dabei das Bündnis mit den anderen werktätigen Klassen und Schichten schmiedet und ausbaut›/11/.

Die Weiterführung des revolutionären Prozesses – und dies in unmittelbarer Konfrontation mit den Hauptmächten des Imperialismus und unter den Bedingungen des kalten Krieges – warf viele schwierige Probleme auf. In dieser Phase der Übergangsperiode vom Kapitalismus zum Sozialismus, in der sich Neues schon entwickelte und Altes noch fortbestand, traten die der Übergangsperiode eigenen gesellschaftlichen Widersprüche schroff hervor, verschärfte sich der Klassenkampf. Letztlich ging es dabei um die Alternative: entweder konsequente Weiterführung der revolutionären Umwälzung auf dem Wege zum Sozialismus oder Preisgabe der revolutionären Errungenschaften und zurück zum Kapitalismus.

Diese geschichtliche Entscheidungssituation stellte neue, höhere Anforderungen an die Arbeiterklasse und ihre revolutionäre Partei. Vor allem war es erforderlich, die Kampfkraft der SED zu erhöhen, ihre Einheit und Geschlossenheit weiter zu festigen. Die Mitglieder verstärkten deshalb ihre Anstrengungen, sich den Marxismus-Leninismus und die Erfahrungen der KPdSU (B) anzueignen und diese in der Praxis anzuwenden. Besonders in den volkseigenen Betrieben, den Staatsorganen und den Gewerkschaften leistete die SED eine beharrliche Arbeit, um die führende Rolle der Arbeiterklasse immer umfassender zu verwirklichen.

Dem diente auch der von der SED vorgeschlagene Zweijahrplan 1949/1950. Er sah die beschleunigte Entwicklung des volkseigenen Sektors in der Wirtschaft, besonders in der Industrie, vor. Der volkseigene Sektor sollte durch Konzentration der zur Verfügung stehenden geringen Investitionsmittel auf den Maschinenbau, die Grundstoff- und Hüttenindustrie und die Energieerzeugung so gestärkt werden, daß er in der Volkswirtschaft eindeutig das Übergewicht erlangte. Das war der Weg, um die Lebenslage der Werktätigen zu verbessern und die führende Rolle der Arbeiterklasse weiter durchzusetzen. Der Plan stellte den kleinen Warenproduzenten, besonders den werktätigen Bauern, ebenfalls hohe Aufgaben und gab auch Unternehmern und Großbauern, die ihren Verpflichtungen nachkamen, eine Perspektive.

Mit dem Zweijahrplan begann in der sowjetischen Besatzungszone die längerfristige zentrale Wirtschaftsplanung. Der 1947 als beratendes Organ der SMAD gebildeten Deutschen Wirtschaftskommission (DWK) wurden deshalb 1948 weitgehende Vollmachten zur Leitung und Planung der Volkswirtschaft übertragen. Die DWK wurde erweitert, Vorsitzender wurde der bewährte Arbeiterfunktionär Heinrich Rau. Die DWK, die sich jetzt zum größten Teil aus gewählten Vertretern der Landtage sowie der Parteien und Massenorganisationen zusammensetzte, hatte maßgeblichen Anteil an der Vorbereitung und Inangriffnahme des Zweijahrplans.

Um die volkseigene Wirtschaft besser leiten zu können, wurden Vereinigungen volkseigener Betriebe (VVB) gebildet. Die Entwicklung der volkseigenen Wirtschaft im Wettbewerb mit dem kapitalistischen Sektor machte es aber auch notwendig, das System der Volkskontrolle auszubauen. Bei der DWK entstanden Ausschüsse zum Schutze des Volkseigentums. Im Juli 1948 nahm die Zentrale Kontrollkommission bei der DWK ihre Tätigkeit auf. Die Schaffung einer einheitlichen zentralen Polizeiverwaltung, der Aufbau von bewaffneten Bereitschaften der Volkspolizei und die verstärkte Sicherung der Grenzen zu den westlichen Besatzungszonen waren grundlegende Maßnahmen zum Schutz der revolutionären Errungenschaften. All dies zeugte vom Ausbau der Machtpositionen und der führenden Rolle der Arbeiterklasse.

Im Kampf um die Weiterführung der revolutionären Umwälzung verstärkte die SED ihre Anstrengungen, den Marxismus-Leninismus zu verbreiten. Der Dietz Verlag, der Parteiverlag der SED, gab zahlreiche Werke von Karl Marx, Friedrich Engels und W. I. Lenin heraus. An der 1946 gebildeten Parteihochschule ‹Karl Marx› beim Parteivorstand der SED nahm eine wachsende Zahl von Kadern das Studium auf. 1949 wurde beim Parteivorstand das Marx-Engels-Lenin-Institut (später Institut für Marxismus-Leninismus) gegründet. Beschlüsse der SED zur Würdigung der Revolution von 1848 und der Novemberrevolution 1918 vermittelten grundlegende Lehren der Geschichte. Zur Verbreitung der wissenschaftlichen Weltanschauung der Arbeiterklasse leisteten Dozenten und Lektoren aus der UdSSR einen bedeutenden Beitrag.

Die sozialistischen Kulturschaffenden, so die Schriftsteller Kurt Barthel (Kuba), Johannes R. Becher, Willi Bredel, Eduard Claudius, Otto Gotsche, Jan Petersen und Anna Seghers, die bildenden Künstler Hans und Lea Grundig, Max Lingner, Otto Nagel und andere, kämpften mit ihren Mitteln gegen den deutschen Imperialismus und gestalteten in ihren besten Werken die Arbeiterklasse als Kämpfer für eine neue, menschliche Ordnung. Bertolt Brecht demonstrierte am Beispiel der Pariser Kommune die historische Notwendigkeit der Diktatur des Proletariats. Die Werke bürgerlich-humanistischer deutscher Schriftsteller, wie Lion Feuchtwanger, Bernhard Kellermann, Heinrich Mann, Thomas Mann und Arnold Zweig, die sich besonders mit dem Entwicklungsweg des deutschen Bürgertums auseinandersetzten, wurden verbreitet. Der 1947 von Hans Fallada veröffentlichte Roman ‹Jeder stirbt für sich allein› machte die demokratischen Potenzen deutlich, die es auch in den nichtproletarischen Klassen und Schichten gab.

Die Weiterführung der revolutionären Umwälzung verstärkte den Differenzierungsprozeß in CDU und LDPD. Während proimperialistische Politiker in den zum Teil heftigen innerparteilichen Auseinandersetzungen weiter zurückgedrängt wurden, konnten die fortschrittlichen Kräfte um Otto Nuschke und Reinhold Lobedanz in der CDU, um Johannes Dieckmann und Hans Loch in der LDPD ihren Einfluß erhöhen. Bei einer wachsenden Zahl von CDU- und LDPD-Mitgliedern begann sich die Erkenntnis durchzusetzen, daß nur an der Seite und unter Führung der Arbeiterklasse der gesellschaftliche Fortschritt zum Wohle des ganzen Volkes gesichert werden kann. Zur weiteren Festigung des antifaschistisch-demokratischen Blocks trugen auch die Demokratische Bauernpartei Deutschlands (DBD) mit Ernst Goldenbaum als Vorsitzendem und die National-Demokratische Partei Deutschlands (NDPD) mit Lothar Bolz als Vorsitzendem bei. Beide Parteien wurden im Jahre 1948 als kleinbürgerlich-demokratische Parteien gegründet und erkannten die führende Rolle der Arbeiterklasse an. Bald darauf wurden auch der FDGB und die FDJ in den Block aufgenommen.

In der komplizierten Situation des Jahres 1948 bestand die Blockpolitik ihre bis dahin schwerste Bewährungsprobe. Das Bündnis der demokratischen Parteien unter Führung der SED wurde fester, ihre Zusammenarbeit bei der Vorbereitung und Durchführung der Wirtschaftspläne und bei der Festigung der neuen Staatsorgane enger.

Am 13. Oktober 1948 erfüllte der der SED angehörende Bergmann Adolf Hennecke in einer Sonderschicht seine Tagesnorm mit 387 Prozent. Um diese Leistung vollbringen zu können, hatte er die Erfahrungen der Stachanow-Bewegung in der Sowjetunion ausgewertet. Henneckes Tat trug wesentlich dazu bei, die Aktivisten- und Wettbewerbsbewegung rasch zu verbreiten. Die diesem Beispiel folgenden Hennecke-Aktivisten – zu den ersten gehörten Fritz und Gerhard Bönisch im Braunkohlentagebau, der Feuerungsmaurer Hans Garbe, der Eisenbahner Paul Heine, der Maurerpolier Paul Sack, der Webmeister Franz Striemann und die Häuer Paul Berndt, Fritz Himpel und Josef Wujciak, letzterer ein Mitglied der CDU – handelten wie Adolf Hennecke im Sinne der Erkenntnis, daß mehr produziert werden muß, damit man besser leben könne. Nur so war es möglich, den ‹Teufelskreis› Hunger – niedrige Arbeitsproduktivität – Hunger zu durchbrechen.

Von der SED, der DWK, der FDJ und dem FDGB sowie von Mitarbeitern der SMAD nachhaltig unterstützt, behaupteten sich die Hennecke-Aktivisten gegen Anfeindungen, Unverständnis und Vorbehalte. Ihre Taten legten Zeugnis dafür ab, daß es gerade unter komplizierten Bedingungen notwendig ist, allen Widerständen zum Trotz dem Neuen eine Bahn zu brechen.

Hervorragende Leistungen vollbrachten neben älteren, erfahrenen Arbeitern auch Mitglieder der FDJ, besonders Jungarbeiter, Studenten und Angehörige der Volkspolizei, so beim Bau der Talsperre Sosa, dem ersten zentralen Jugendobjekt, und der Wasserleitung von der Saale zur Maxhütte Unterwellenborn. Bahnbrecher der Aktivistenbewegung in der Landwirtschaft war der Jungaktivist und Traktorist Bruno Kiesler.

Diese und andere Arbeitstaten und die Bewegung, die sie auslösten, trugen entscheidend zur Erfüllung der Wirtschaftspläne und zur Verbesserung der Lebensbedingungen der Werktätigen bei. Eine neue Einstellung zur Arbeit begann sich durchzusetzen.

Anfänge neuer Beziehungen zur Sowjetunion und zu den Volksdemokratien

Die konsequente Ausrottung des Faschismus und Imperialismus schuf entscheidende Voraussetzungen dafür, daß neue Beziehungen zu den Völkern der Sowjetunion und der volksdemokratischen Länder angebahnt werden konnten. Ihren Kern bildeten die auf dem proletarischen Internationalismus beruhenden Beziehungen zwischen den kommunistischen und Arbeiterparteien.

Die ersten offiziellen Kontakte wurden zur KPdSU(B) hergestellt. 1947/1948 besuchten Delegationen führender Genossen der SED die UdSSR und berieten mit Mitgliedern des Politbüros des Zentralkomitees der KPdSU(B) über Probleme der internationalen Auseinandersetzung zwischen Sozialismus und Imperialismus, über den Kampf um einen einheitlichen demokratischen deutschen Staat, die Festigung der antifaschistisch-demokratischen Verhältnisse und die Entwicklung der SED auf marxistisch-leninistischer Grundlage. In der gleichen Zeit begann sich auch die Zusammenarbeit mit den Bruderparteien in Bulgarien, Polen, der Tschechoslowakei, Ungarn und anderen volksdemokratischen Ländern zu entwickeln.

Mit der Aufnahme politischer Beziehungen zu den kommunistischen und Arbeiterparteien wurde der Anfang gemacht, um die weltweite Isolierung zu überwinden, in die das deutsche Volk durch die verbrecherische Politik des faschistischen Regimes geraten war. Ein entscheidender Faktor war dabei die konsequente ideologische Arbeit der SED, der beharrliche Kampf gegen jeglichen Antisowjetismus und Nationalismus, die Anerkennung der im Potsdamer Abkommen festgelegten Grenzen und der Pflicht des deutschen Volkes zur Wiedergutmachung.

Die Verhandlungen mit den Regierungen und den Führungen der kommunistischen und Arbeiterparteien in den volksdemokratischen Ländern führten auch zur Aufnahme wirtschaftlicher Beziehungen. Im zweiten Halbjahr 1948 wurden mit den meisten europäischen volksdemokratischen Ländern Handelsabkommen abgeschlossen. Sie dienten der außenwirtschaftlichen Vorbereitung und Sicherung des Zweijahrplans und trugen dazu bei, die Lebensverhältnisse der Bevölkerung allmählich zu verbessern. Die UdSSR und die volksdemokratischen Staaten halfen den Werktätigen der sowjetischen Besatzungszone durch Lieferung von Lebensmitteln und Rohstoffen, den Auswirkungen der imperialistischen Wirtschaftsblockade zu begegnen, obwohl sie selbst viele schwierige Probleme zu meistern hatten. Im April 1949 trafen die ersten von insgesamt 1000 Traktoren aus der UdSSR in der sowjetischen Besatzungszone ein. Sie kamen aus dem von der Hitlerwehrmacht zerstörten, wiederaufgebauten Stalingrader Traktorenwerk. Diese 1000 Traktoren sowie 540 LKW, die ebenfalls von der Sowjetunion geliefert wurden, bildeten die Grundlage für die technische Neuausrüstung der MAS.

Die marxistisch-leninistischen Parteien und die Regierungen der Sowjetunion, Polens, der ČSR und der anderen volksdemokratischen Länder unterstützten den Kampf des deutschen Volkes für einen friedliebenden, demokratischen Staat, gegen die imperialistische Spaltungspolitik. Sie wirkten in ihren Ländern dafür, daß das Mißtrauen gegenüber dem deutschen Volk, geboren aus den Erfahrungen mit der Raubpolitik des deutschen Imperialismus, allmählich zurückgedrängt werden konnte.

Die Beziehungen zwischen der SED und anderen kommunistischen und Arbeiterparteien trugen auch wesentlich dazu bei, daß sich die Zusammenarbeit zwischen den Gewerkschaften, den Jugendverbänden und anderen Massenorganisationen zu entwickeln begann. 1948 wurde die FDJ in den Weltbund der Demokratischen Jugend und ein Jahr später der FDGB in den Weltgewerkschaftsbund aufgenommen.

Die Spaltung Deutschlands durch den Imperialismus

Auf Konferenzen der Außenminister der UdSSR, der USA, Großbritanniens und Frankreichs, die im Jahre 1947 in Moskau und London stattfanden, lehnten die Vertreter der Westmächte den sowjetischen Vorschlag ab, umgehend eine demokratische deutsche Regierung zu bilden und mit ihr einen Friedensvertrag abzuschließen. Im gleichen Jahr verkündeten die USA das European Recovery Program (Wiederaufbauprogramm), das nach dem damaligen Außenminister der USA benannt und als Marshall-Plan bekannt wurde. Warenlieferungen und Kredite der USA, die mit politischen und ökonomischen Bedingungen verknüpft wurden, sollten im Sinne der Politik des kalten Krieges das geschwächte kapitalistische System in Europa stabilisieren und den Sozialismus zurückdrängen helfen. Die Einbeziehung der Westzonen in den Marshall-Plan – von den Führungen der bürgerlichen Parteien und der Sozialdemokratie in den Westzonen mit allen Kräften unterstützt – förderte die Wiederherstellung der ökonomischen und politischen Macht des deutschen Imperialismus in diesem Teil des Landes. Sie zeugte davon, daß die USA und ihre Verbündeten Kurs auf die Spaltung Deutschlands nahmen.

Die SED, die anderen Parteien und die Massenorganisationen des antifaschistisch-demokratischen Blocks setzten an der Seite der UdSSR und der volksdemokratischen Staaten alle Kräfte ein, dieser gefahrdrohenden Entwicklung zu begegnen. Die SED unterstützte den aufopferungsvollen Kampf der Kommunisten und anderer Demokraten in den Westzonen. Ende 1947 entstand auf Initiative der SED die Bewegung des Deutschen Volkskongresses für Einheit und gerechten Frieden. Sie vereinigte Bürger aus allen Schichten der Bevölkerung in ihren Reihen und hatte auch in den Westzonen zahlreiche Anhänger.

Der Deutsche Volksrat, das Führungsorgan der Volkskongreßbewegung, ersuchte die Politiker in den Westzonen, eine Verständigung über die Einheit Deutschlands herbeiführen zu helfen. Im Mai/Juni 1948 forderten 14,7 Millionen wahlberechtigter Bürger in einem von der Volkskongreßbewegung durchgeführten Volksbegehren einen Volksentscheid über die Einheit Deutschlands. Trotz Verbots durch die imperialistischen Besatzungsmächte beteiligten sich daran auch 1,5 Millionen Bürger in den Westzonen. Obwohl nach der Verfassung der Weimarer Republik die Bedingungen für einen Volksentscheid erfüllt waren, nahmen die Militärbehörden der Westmächte einen entsprechenden Antrag des Deutschen Volksrates nicht zur Kenntnis.

Unter Führung der SED wurde die Volkskongreßbewegung in der sowjetischen Besatzungszone zu einer starken demokratischen Massenbewegung. Im Kampf gegen den Imperialismus und dessen Spaltungspolitik entstanden, trug sie in wachsendem Maße auch zur Festigung der antifaschistisch-demokratischen Verhältnisse bei. Im Deutschen Volksrat und seinen Organen sowie in den zahlreichen örtlichen Volksausschüssen entwickelte sich die Zusammenarbeit zwischen der Arbeiterklasse und anderen demokratischen Kräften. Dies ermöglichte, die Werktätigen in breiterem Umfang als bisher in die staatliche Tätigkeit einzubeziehen, und förderte auch den Klärungsprozeß in den mit der SED verbündeten Blockparteien.

Trotz aller Anstrengungen konnte das Ziel, einen einheitlichen demokratischen deutschen Staat auf der Grundlage des Potsdamer Abkommens zu schaffen, nicht erreicht werden. Bereits nach der Moskauer Außenministerkonferenz 1947 hatte die USA-Regierung den vorerst streng geheimgehaltenen Beschluß zur Bildung eines separaten westdeutschen Staates gefaßt. In den sogenannten Londoner Empfehlungen vom Juni 1948 kündigten die Westmächte die Bildung eines solchen Staates an. Im gleichen Monat wurde unter Bruch des Potsdamer Abkommens in den Westzonen eine separate Währungsreform durchgeführt, die zur Zerreißung des Landes in zwei Währungsgebiete führte und den Monopolen in den Westzonen riesige Gewinne brachte. Die Wiedererrichtung der ökonomischen und politischen Macht der imperialistischen deutschen Bourgeoisie schritt rasch voran.

Mit der Einführung der separaten Währung in den Berliner Westsektoren entgegen allen Vereinbarungen mit der Sowjetunion lösten die Westmächte die Berlinkrise aus und beschworen damit die Gefahr eines militärischen Konflikts zwischen den Großmächten herauf. Wie später bekannt wurde, forderte Winston Churchill den Einsatz der Atombombe gegen die Sowjetunion, die damals noch nicht über Kernwaffen verfügte. Die Ereignisse in Berlin sollten zugleich die Öffentlichkeit von den Maßnahmen zur Bildung des westdeutschen Staates ablenken. Antikommunistische Politiker erklärten Westberlin zur ‹Frontstadt› gegen den Sozialismus; die Stadt war gespalten. Daraufhin wurde am 30. November 1948 im sowjetischen Sektor Berlins ein neuer, demokratischer Magistrat mit Friedrich Ebert als Oberbürgermeister gebildet.

Im September 1948 hatte sich in Bonn aus delegierten Vertretern der Länderparlamente ein Parlamentarischer Rat konstituiert. Er beschloß im Mai 1949 das unter Ausschluß der Bevölkerung ausgearbeitete ‹Grundgesetz der Bundesrepublik Deutschland›, eine Verfassung, die ungeachtet einiger demokratischer Rechte, die sich die Werktätigen hatten erkämpfen können, das volle Wiedererstehen des Imperialismus in bürgerlich-parlamentarischen Formen ermöglichte. Mit dem Zusammentritt des Bundestages in Bonn und der Bildung einer Regierung aus Vertretern von CDU, CSU, FDP und Deutscher Partei mit Konrad Adenauer als Bundeskanzler im September 1949 war die Spaltung Deutschlands vollzogen.

Die BRD war ein Ergebnis der Restaurations- und Spaltungspolitik der Westmächte, der imperialistischen deutschen Bourgeoisie sowie rechter Führer der SPD. Die deutsche Bourgeoisie vollendete ihren fortgesetzten nationalen Verrat und spaltete Deutschland aus Furcht vor einer offenen politischen Auseinandersetzung mit der geeinten Arbeiterklasse und anderen progressiven Kräften in einem einheitlichen demokratischen deutschen Staat. Ihre Politik wurde von dem Bestreben diktiert, die eigene Klassenherrschaft zu retten und wiederherzustellen und ihre volksfeindlichen Ziele durchzusetzen.

Mit der BRD entstand ein Staat, in dem erneut jene Klassenkräfte die Macht ausübten, die das deutsche Volk zweimal in die Katastrophe eines Weltkrieges gestürzt hatten. Die Regierung der BRD erhob von Anfang an Gebietsforderungen. Ihr erklärtes Ziel war die Wiederherstellung eines imperialistischen deutschen Staates mindestens in den Grenzen von 1937. Sie betrieb bereits zu diesem Zeitpunkt insgeheim die Einbeziehung der BRD in die NATO. Dieser Militärblock war im April 1949 geschaffen worden, um die Kräfte des Imperialismus im Kampf gegen den Sozialismus und alle demokratischen Bewegungen zusammenzufassen. Bei der Bildung der NATO, gestand Adenauer später in seinen Erinnerungen ein, ‹war die Aufnahme einer künftigen deutschen Bundesrepublik in Aussicht genommen›/12/.

Entschiedene Gegenmaßnahmen waren erforderlich, um den Frieden und die revolutionären Errungenschaften der Werktätigen in der sowjetischen Besatzungszone zu sichern. Ende September/Anfang Oktober 1949 forderten zahlreiche Werktätige, eine demokratische Regierung in Berlin zu bilden. Die SED beriet mit der KPdSU(B) die notwendigen Maßnahmen. Sie nahm mit den anderen Blockparteien entsprechende Verhandlungen auf. Am 5. Oktober 1949 beschloß eine gemeinsame Tagung des Präsidiums des Deutschen Volksrates und des Blocks der antifaschistisch-demokratischen Parteien, den Deutschen Volksrat für den 7. Oktober 1949 einzuberufen.

Hitlerdeutschland kapitulierte am 8. Mai 1945 bedingungslos. Der zweite Weltkrieg war in Europa zu Ende. 55 Millionen Menschenleben hatten die faschistischen Weltherrschaftspläne die Völker gekostet. Welches Leid, welche Qualen und welcher Opfermut verbergen sich hinter dieser grausigen Zahl! Nie ist zu ermessen, was der Menschheit verloren ging. Wer weiß, welche Begabungen, welche schöpferischen Potenzen mit den Gefallenen und Gemordeten in das Grab sanken? – Und die Überlebenden? Sie wurden um Jahre ihres Lebens betrogen und ihres Glücks beraubt. Ihnen blieb die Not. Aber das Sterben hörte nun auf

Vor der Ruine des Reichstags in Berlin, Mai 1945

Auf den Feldern des Kreises Seelow im Sommer 1945

Ende des Schreckens

Die letzten Einheiten der faschistischen deutschen Armee ergeben sich in Berlin den siegreichen sowjetischen Truppen

Wie weiterleben?

Vor den Luftangriffen waren sie aus Dresden geflohen. Nun, im Frühjahr 1945, kehrten Frauen, Kinder und wenige alte Männer in ihre Stadt zurück. Die Frauen mußten die größten Lasten des Krieges tragen. Ihnen blieben Sorgen um Kinder, Obdach, Kleidung und Nahrung, Ängste und Schmerzen um Männer und Söhne, Entsetzen und Grauen der Bombennächte. Sirenen zerrissen nun nicht mehr die Nächte. Aber die Sorgen waren ihnen nicht genommen. Wie sollte es weitergehen?

Die beiden Alten in den Trümmern Berlins mußten Arbeitslosigkeit, Krisen und Kriege kennenlernen. Nun waren sie durch den faschistischen Krieg um ihren geruhsamen Lebensabend betrogen. Wer würde sich um sie sorgen?

Tausende Kinder zogen 1945 eltern- und heimatlos durch Dörfer und Städte. Halb verhungert, von Ungeziefer befallen, krank, mißtrauisch und aggressiv gegen ihre Umwelt wurden sie vielerorts aufgelesen. Oft kannten sie nicht einmal ihren Namen. Allein die kleine Gemeinde Storkow (Mark) gab in den ersten Tagen nach Kriegsende etwa 30 solchen Kindern eine Bleibe. Auch viele andere Gemeinden halfen mit einem Dach, einem Strohsack und einer Kelle dünner Suppe. Das war viel für den ersten Augenblick. Wer aber würde diese entwurzelten Kinder liebevoll und geduldig für das Leben rüsten? Wie sollten die Menschen Herr der furchtbaren materiellen und geistigen Verwüstungen werden? – Fragen über Fragen! Wer gab die Antwort?

Hunger

Dumpfe Gleichgültigkeit und Verzweiflung drohten sich auszubreiten. Man hatte überlebt, doch die Ausmaße der Katastrophe ließen sich nicht übersehen. In den Großstädten waren rund 50 Prozent des Wohnraums vernichtet oder schwer beschädigt. Von den landwirtschaftlichen Maschinen überstanden nur etwa 70 Prozent den Krieg. Die Viehverluste führten bei Rindern zu einem Rückgang der Bestände auf rund 65 Prozent gegenüber 1938 und bei Schweinen auf rund 20 Prozent. Die Versorgung mit Strom, Gas und Wasser brach in vielen Orten völlig zusammen. Zahlreiche Fabriken und Werkstätten produzierten nicht mehr. Getreide, Fleisch, Fett und Kartoffeln fehlten. Hunger, Seuchen und Ar-

Vom Hunger entkräftete alte Frau am Rand einer Landstraße bei Meyenburg

beitslosigkeit drohten. So sahen die Folgen imperialistischer Politik aus. Von den Konzernherren, den Bankiers und deren Politikern durfte das deutsche Volk nach den bitteren Erfahrungen zweier Weltkriege keinen Neubeginn erhoffen. Ihr Anspruch auf Führung der Nation war verwirkt. Und was war von den Mächten der Anti-Hitler-Koalition zu erwarten?

Die sowjetischen Soldaten kamen als Sieger, aber nicht als Eroberer. Der Kriegsrat der 1. Belorussischen Front faßte am 12. Mai 1945 den Beschluß Nr. 64. Er sah unter anderem vor, bis 20. Mai 1945 das Kraftwerk Trattendorf in Betrieb zu nehmen, 10 000 Berliner Wohnhäuser mit Elektroenergie zu versorgen, Wasserwerke, Fernsprechämter, U- und Straßenbahnen, Badeanstalten, Theater und Kinos der Hauptstadt instand zu setzen und bis zum 1. Juni 1945 3000 Straßenlaternen aufzustellen. Vom 23. Mai 1945 an konnten die Berliner U-Bahnen täglich 70 000, die Straßenbahnen 38 000 und die Omnibusse 21 000 Personen befördern. In der zweiten Maihälfte erzeugten Berliner Kraftwerke täglich 70 000 kWh

Sowjetische Soldaten verteilen Essen an die hungernde Bevölkerung Berlins

Hoffnung

Die Beschlüsse und Befehle der sowjetischen Militärbehörden weckten Vertrauen. Sie halfen, die schlimmsten Folgen des Hitlerkrieges zu mildern oder abzuwenden. Das bestärkte die Hoffnung auf einen neuen, besseren Weg

Wurzeln der Freundschaft

In der sowjetischen Stadt Puschkin raubten die deutschen Faschisten im Krieg ein Lenin-Denkmal. In Eisleben sollte es verschrottet werden. Arbeiter verbargen es. Als sowjetische Truppen in Eisleben einzogen, stellten Antifaschisten das Standbild auf. Die Stadt Puschkin schenkte das Denkmal den Bürgern Eislebens. Am 8. Mai 1960 enthüllte die Witwe Ernst Thälmanns auf dem Sowjetski Boulevard in Puschkin ein von Professor Walter Arnold geschaffenes Thälmann-Denkmal. Es kam als Gegengeschenk der Stadt Eisleben und der Kumpel des Mansfeld-Kombinats nach Puschkin

Eislebener Lenin-Denkmal im Juli 1945

1928 erhielt die KPD-Betriebsgruppe des Schachtes Gerbstedt von den Kumpeln der Grube ‹Dzierzynski› in Kriwoi Rog ein rotes Banner als Freundschaftsgeschenk. 1933 verbargen Minna und Otto Brosowski dieses Banner vor den Faschisten. Hitlers SA setzte alles daran, die Fahne in die Hände zu bekommen. Doch die Eingeweihten schwiegen. 1945 grüßten die Brosowskis und ihre Genossen die sowjetischen Truppen mit der geretteten Freundschaftsfahne

Minna Brosowski mit der legendären Fahne von Kriwoi Rog

Die erste Zeitung

Am 21. Mai 1945 erschien die erste deutsche Zeitung, die nach der bedingungslosen Kapitulation des faschistischen Deutschlands gedruckt wurde, die ‹Berliner Zeitung›. Ihre Herausgabe glich einer Sensation. Der Hunger nach Informationen war riesengroß, die Auflage im Nu vergriffen. Auf der ersten Seite lasen die Berliner einen Bericht von der feierlichen Gründungsversammlung des Magistrats von Groß-Berlin, der auch die Rede des Militärkommandanten enthielt. Generaloberst Bersarin sagte: ‹Wir sind hierhergekommen, um ein für allemal die Hitlerbande zu vernichten. Von hier aus verübte im Jahre 1941 die deutsche Hitlerarmee den Überfall auf das friedliche Sowjetvolk. Niemals und unter keinen Umständen hat das Sowjetvolk daran gedacht, gegen das deutsche Volk zu Felde zu ziehen. Niemals ist es dem Sowjetvolk eingefallen, fremdes Gebiet erobern zu wollen. Wir haben Land genug... Die Lage hat sich so entwickelt, daß es im Ergebnis der Schläge der Roten Armee und unserer Verbündeten in kurzer Zeit gelungen ist, ins Nest des Faschismus vorzustoßen. Ich wiederhole: Vorzustoßen nur zu dem Zweck, damit sich niemals wieder ein neuer Faschismus bilde. Wir wollen den Frieden in der ganzen Welt... Als ich am 25. April 1945 mit meinen Truppen nach Berlin vorrückte, als Berlin noch gegen uns kämpfte, hatten wir schon Anweisung von Marschall Stalin, Lebensmittel für die Bevölkerung der Stadt Berlin heranzuschaffen.›

Antifaschistische Demokratie

Der Befehl Nr. 2 des Obersten Chefs der Sowjetischen Militäradministration in Deutschland (SMAD) beweist das Vertrauen der Sowjetunion in die antifaschistischen Kräfte Deutschlands. Vier Parteien nahmen ihre Tätigkeit in der sowjetischen Besatzungszone auf: 1. Die Kommunistische Partei Deutschlands (KPD) – Von den Faschisten 1933 verboten, führte sie ihren Kampf gegen Faschismus und Krieg illegal fort. Der Befehl Nr. 2 gab ihr die Legalität wieder. Am 1. Juli 1945 kehrte Wilhelm Pieck, Vorsitzender der Partei, aus der Emigration nach Berlin zurück. 2. Die Sozialdemokratische Partei Deutschlands (SPD). Von den Nazis ebenfalls verboten, wurde sie nach der Befreiung wiedergegründet. Mit dem Zentralausschuß, der sich nach der Verkündung des Befehls Nr. 2 in Berlin bildete, besaß die SPD eine Führung, in der klassenbewußte Arbeiterfunktionäre wie Otto Grotewohl, Max Fechner, Bernhard Göring, Hermann Schlimme oder Josef Orlopp entscheidenden Einfluß hatten. 3. Die Christlich-Demokratische Union Deutschlands (CDU) – Diese Partei wurde am 26. Juni 1945 gegründet. In ihr organisierten sich religiös gebundene kleine und mittlere Unternehmer, Handwerker und Bürger aus anderen Bevölkerungsschichten. In ihrem Gründungsaufruf bekannten sich die Parteimitglieder zur antifaschistischen Demokratie und erkannten die ‹Kraft an, die von der Arbeiterschaft in das Volksganze einströmt›. Vorsitzender wurde Andreas Hermes. 4. Liberal-Demokratische Partei Deutschlands (LDPD) – Gründungstag dieser Partei ist der 5. Juli 1945. Ihre Mitglieder kamen vor allem aus demokratisch gesinnten Schichten des mittleren und kleinen Unternehmertums, der Gewerbetreibenden und der Intellektuellen. Sie bekannten sich zur Zusammenarbeit mit anderen antifaschistisch-demokratischen Parteien und riefen zur Beseitigung der Überreste des Faschismus und des Militarismus in Deutschland auf. Vorsitzender der LDPD wurde Waldemar Koch

Befehl Nr. 2
des Obersten Chefs der Sowjetischen Militärischen Administration

10. Juni 1945 — Berlin

Am 2. Mai d. J. besetzten die Sowjettruppen Berlin. Die Hitlerarmeen, die Berlin verteidigten, haben kapituliert, und einige Tage darauf hat Deutschland die Urkunde über die bedingungslose militärische Kapitulation unterzeichnet. Am 5. Juni wurde im Namen der Regierungen der Union der Sozialistischen Sowjetrepubliken, der Vereinigten Staaten von Amerika, Großbritanniens und Frankreichs die Deklaration über die Niederlage Deutschlands und die Übernahme der Obersten Befehlsgewalt über ganz Deutschland durch die obengenannten Mächte bekanntgegeben. Seit der Besetzung Berlins durch die Sowjettruppen besteht im Gebiet der sowjetischen Besetzungszone in Deutschland feste Ordnung, sind örtliche Organe der Selbstverwaltungen und die nötigen Bedingungen für eine freie gesellschaftliche und politische Betätigung der deutschen Bevölkerung geschaffen worden.

In Anbetracht des oben Ausgeführten befehle ich:

1. Im Bereich der sowjetischen Besetzungszone in Deutschland die Schaffung und Tätigkeit aller antifaschistischen Parteien zu erlauben, die sich die endgültige Ausrottung der Reste des Faschismus und die Festigung der demokratischen Grundlagen und bürgerlichen Freiheiten in Deutschland zum Ziel setzen und in dieser Richtung die Initiative und freie Betätigung der breiten Massen der Bevölkerung fördern.

2. Der werktätigen Bevölkerung in der sowjetischen Besetzungszone in Deutschland das Recht zur Vereinigung in freie Gewerkschaften und Organisationen zur Wahrung der Interessen und Rechte der Werktätigen einzuräumen. Den Gewerkschaften und Vereinigungen das Recht zur Abschließung kollektiver Verträge mit den Unternehmern sowie zur Organisierung von Versicherungskassen und anderen Institutionen gegenseitiger Unterstützung, Kultur-, Aufklärungs- und anderen Bildungs-Vereinigungen und Organisationen zu gewähren.

3. Alle in den Punkten 1 und 2 erwähnten antifaschistischen Parteiorganisationen und freien Gewerkschaften haben ihre Statuten oder die Programme ihrer Tätigkeit in den örtlichen Selbstverwaltungen und bei den militärischen Kommandanten zu registrieren und ihnen gleichzeitig die Listen der Mitglieder ihrer führenden Organe vorzulegen.

4. Festzulegen, daß für die ganze Zeit der Durchführung des Besetzungsregimes die Tätigkeit aller in den Punkten 1 und 2 erwähnten Organisationen unter der Kontrolle der Sowjetischen Militärischen Administration und in Uebereinstimmung mit den von ihr herausgegebenen Instruktionen ausgeübt wird.

5. In Uebereinstimmung mit oben Dargelegtem sind die ganze faschistische Gesetzgebung und alle faschistischen Beschlüsse, Befehle, Verordnungen, Instruktionen usw., die sich auf die Tätigkeit der antifaschistischen politischen Parteien und freien Gewerkschaften beziehen und gegen die demokratischen Freiheiten, bürgerlichen Rechte und Interessen des deutschen Volkes gerichtet sind, aufzuheben.

Der Oberste Chef der Sowjetischen Militärischen Administration
Marschall der Sowjetunion **G. K. Shukow**

Der Stabschef der Sowjetischen Militärischen Administration
Generaloberst **W. W. Kurasow**

Am 19. Mai 1945 führte der sowjetische Militärkommandant der Stadt Berlin, Generaloberst Bersarin, den demokratischen Magistrat Groß-Berlins in sein Amt ein. *Oberbürgermeister wurde Dr. Arthur Werner (stehend)*

Am 5. Juli 1945 setzte die SMAD in Potsdam die Landesverwaltung Brandenburg ein. Marschall der Sowjetunion Shukow hatte am Vortag die Zusammensetzung der Landesverwaltung gleichzeitig mit den Verwaltungen für Mecklenburg-Vorpommern und Sachsen bestätigt. Die Vorschläge für die Provinzialverwaltung Sachsen und die Landesverwaltung Thüringen erhielten am 16. Juli die Zustimmung. Befehl Nr. 17 der SMAD vom 27. Juli 1945 ordnete die Bildung von Deutschen Zentralverwaltungen an

Trümmerbahn in der heutigen Berliner Otto-Nuschke-Straße vor dem damaligen Sitz der ‹Berliner Zeitung› – Die Trümmerbahnen gehörten über Jahre zum Alltag der großen Städte. Sie halfen den Kommunen, Baufreiheit für die neuen Stadtzentren zu schaffen

Gefährliche Hinterlassenschaft

Reste des Krieges erschweren bis in unsere Tage den Aufbau und fordern immer wieder furchtbare Opfer. In Nordhausen wurden von 1954 bis Anfang 1982 209 Fliegerbomben entschärft. Am 25. Mai 1967 tötete in Boizenburg eine explodierende Granate aus dem zweiten Weltkrieg vier Kinder. Am 20. April 1979 meldete die Tagespresse den Tod zweier 14jähriger Jungen aus Frankfurt/Oder. Sie hatten mit Fundmunition gespielt. Das gleiche grausige Schicksal erlitt im August 1981 ein Junge aus dem Kreis Neuruppin. Sein Freund kam mit schweren Verletzungen davon. Die Liste solchen Unglücks ist lang – viel zu lang. Wie groß die Gefahren noch immer sind, belegen Zahlen aus dem Neubaugebiet Berlin-Marzahn. Vom 2. Januar 1975 bis zum Abschluß systematischer Sucharbeiten am 28. April 1980 orteten, bargen und vernichteten die Spezialtrupps über eineinhalb Millionen Stück Kleinkalibermunition, 112 Minen, 54654 Granaten, 2050 Brandbomben, 20 großkalibrige Sprengbomben, 8 Raketen, 366597 Zünder und andere Sprengmittel

Bergungstrupps säuberten 1945/1946 Berliner Gewässer von Minen und Munition

Minensucher 1946 an der Ostseeküste

Neben dem Spielplatz lauert der Tod

Der schwere Anfang 1945 in der Gemeinde Podelzig, Kreis Seelow

Antworten

Wer gibt uns Mut, Kraft, Zuversicht? Wie sollen wir weiterleben? – Millionenfach gestellte Fragen. Antworten gab die Kommunistische Partei Deutschlands in ihrem Aufruf vom 11. Juni 1945

Beratung von Mitgliedern und Mitarbeitern des Zentralkomitees der KPD 1945 im Haus der Partei in der Berliner Wallstraße 76–79. In der hinteren Reihe sitzen (von rechts) Elli Schmidt, Franz Dahlem, Wilhelm Pieck, Anton Ackermann, Walter Ulbricht und Elli Winter

Mitglieder einer Leipziger Parteiorganisation der KPD beginnen mit Aufräumungsarbeiten in den von Luftangriffen betroffenen Stadtteilen

Wir Kommunisten fangen an! Wer schliesst sich an?

Aufruf
der Kommunistischen Partei Deutschlands

Wir veröffentlichen nochmals den Aufruf des Zentralkomitees der KPD. Er ist das Programm der Kommunistischen Partei für die Periode des Neuaufbaues. Lest ihn gründlich zwei-, dreimal, diskutiert über ihn im Betrieb und im Häuserblock, reicht ihn weiter und bringt ihn ans schwarze Brett im Hause und im Betrieb.

Schaffendes Volk in Stadt und Land!

Männer und Frauen!

Deutsche Jugend!

Wohin wir blicken, Ruinen, Schutt und Asche. Unsere Städte sind zerstört, weite ehemals fruchtbare Gebiete verwüstet und verlassen. Die Wirtschaft ist desorganisiert und völlig gelähmt. Millionen und aber Millionen Menschenopfer hat der Krieg verschlungen, den das Hitlerregime verschuldete. Millionen wurden in tiefste Not und größtes Elend gestoßen.

Eine Katastrophe unvorstellbaren Ausmaßes ist über Deutschland hereingebrochen, und aus den Ruinen schaut das Gespenst der Obdachlosigkeit, der Seuchen, der Arbeitslosigkeit, des Hungers.

Und wer trägt daran die Schuld?

Die Schuld und Verantwortung tragen die gewissenlosen Abenteurer und Verbrecher, die die Schuld am Kriege tragen. Es sind die Träger des reaktionären Militarismus, die Keitel, Jodl und Konsorten. Es sind die imperialistischen Auftraggeber der Nazipartei, die Herren der Großbanken und Konzerne, die Krupp und Röchling, Poensgen und Siemens.

Eindeutig ist diese Schuld. Sie wurde von den Naziführern selbst offen bekannt, als sie auf der Höhe ihrer trügerischen Triumphe standen, als ihnen Sieg und Beute gesichert erschienen.

Euch allen, ihr Männer und Frauen des schaffenden Volkes, euch Soldaten und Offizieren klingen noch die Worte in den Ohren:

„Das ist für uns der Sinn des Krieges: Wir kämpfen nicht um Ideale; wir kämpfen um die ukrainischen Weizenfelder, um das kaukasische Erdöl, den Reichtum der Welt. Gesundstoßen wollen wir uns!"

Dafür wurde das nationale Dasein unseres Volkes aufs Spiel gesetzt. Der totale Krieg Hitlers — das war der ungerechteste, wildeste und verbrecherichste Raubkrieg aller Zeiten!

Das Hitlerregime hat sich als Verderben für Deutschland erwiesen; denn durch seine Politik der Aggression und der Gewalt, des Raubes und des Krieges, der Völkervernichtung hat Hitler unser eigenes Volk ins Unglück gestürzt und es vor der gesamten gesitteten Menschheit mit schwerer Schuld und Verantwortung beladen.

Ein Verbrechen war die gewaltsame Annexion Oesterreichs, die Zerstückelung der Tschechoslowakei. Ein Verbrechen war die Eroberung und Unterdrückung Polens, Dänemarks, Norwegens, Belgiens, Hollands und Frankreichs, Jugoslawiens und Griechenlands. Ein Verbrechen, das sich so furchtbar an uns selbst rächte, war die Coventrierung und Ausradierung englischer Städte.

Das größte und verhängnisvollste Kriegsverbrechen Hitlers aber war der heimtückische Ueberfall auf die Sowjetunion, die nie einen Krieg mit Deutschland gewollt hat, aber seit 1917 dem deutschen Volke zahlreiche Beweise ehrlicher Freundschaft erbracht hat.

Deutsche Arbeiter! Konnte es ein größeres Verbrechen als diesen Krieg gegen die Sowjetunion geben?!

Und ungeheuerlich sind die Greueltaten, die von den Hitlerbanditen in fremden Ländern begangen wurden. An den Händen der Hitlerdeutschen klebt das Blut von vielen, vielen Millionen gemordeter Kinder, Frauen und Greise. In den Todeslagern wurde die Menschenvernichtung Tag für Tag fabrikmäßig in Gaskammern und Verbrennungsöfen betrieben. Bei lebendigem Leibe verbrannt, bei lebendigem Leibe verscharrt, bei lebendigem Leibe in Stücke geteilt — so haben die Nazibanditen gehaust!

Millionen Kriegsgefangene und nach Deutschland verschleppte ausländische Arbeiter wurden zu Tode geschunden, starben an Hunger, Kälte und Seuchen.

Die Welt ist erschüttert und zugleich von tiefstem Haß gegenüber Deutschland erfüllt angesichts dieser beispiellosen Verbrechen, dieses grauenerregenden Massenmordens, das von Hitlerdeutschland als System betrieben wurde.

Wäre Gleiches mit Gleichem vergolten worden, deutsches Volk, was wäre mit dir geschehen?

Aber auf der Seite der Vereinten Nationen, mit der Sowjetunion, England und den Vereinigten Staaten an der Spitze, stand die Sache der Gerechtigkeit, der Freiheit und des Fortschritts. Die Rote Armee und die Armeen ihrer Verbündeten haben durch ihre Opfer die Sache der Menschheit vor der Hitlerbarbarei gerettet. Sie haben die Hitlerarmee zerschlagen, den Hitlerstaat zertrümmert und damit auch dir, schaffendes deutsches Volk, Frieden und Befreiung aus den Ketten der Hitlersklaverei gebracht.

Um so mehr muß in jedem deutschen Menschen das Bewußtsein und die Scham brennen, daß das deutsche Volk einen bedeutenden Teil Mitschuld und Mitverantwortung für den Krieg und seine Folgen trägt.

Nicht nur Hitler ist schuld an den Verbrechen, die an der Menschheit begangen wurden! Ihr Teil Schuld tragen auch die zehn Millionen Deutsche, die 1932 bei freien Wahlen für Hitler stimmten, obwohl wir Kommunisten warnten: „Wer Hitler wählt, der wählt den Krieg!"

Ihr Teil Schuld tragen alle jene deutschen Männer und Frauen, die willenlos und widerstandslos zusahen, wie Hitler die Macht an sich riß, wie er alle demokratischen Organisationen, vor allem die Arbeiterorganisationen, zerschlug und die besten Deutschen einsperren, martern und köpfen ließ.

Schuld tragen alle jene Deutschen, die in der Aufrüstung die „Größe Deutschlands" sahen und im wilden Militarismus, im Marschieren und Exerzieren das alleinseligmachende Heil der Nation erblickten.

Unser Unglück war, daß breite Bevölkerungsschichten das elementare Gefühl für Anstand und Gerechtigkeit verloren und Hitler folgten, als er ihnen einen gutgedeckten Mittags- und Abendbrottisch auf Kosten anderer Völker, durch Krieg und Raub versprach.

So wurde das deutsche Volk zum Werkzeug Hitlers und seiner imperialistischen Auftraggeber.

Deutsche Arbeiter und Arbeiterinnen! Deutsche Arbeiterjugend! Schaffendes deutsches Volk!

Gegen den Willen eines geeinten und kampfbereiten Volkes hätte Hitler niemals die Macht ergreifen, sie festigen und seinen verbrecherischen Krieg führen können. Wir deutschen Kommunisten erklären, daß auch wir uns schuldig fühlen, indem wir es trotz der Blutopfer unserer besten Kämpfer infolge einer Reihe unserer Fehler nicht vermocht haben, die antifaschistische Einheit der Arbeiter, Bauern und Intelligenz entgegen allen Widersachern zu schmieden, im werktätigen Volk die Kräfte für den Sturz Hitlers zu sammeln, in den erfolgreichen Kampf zu führen und jene Lage zu vermeiden, in der das deutsche Volk geschichtlich versagte.

Nach all dem Leid und Unglück, der Schmach und Schande, nach der dunkelsten Aera der deutschen Geschichte, heute, am Ende des „Dritten Reiches", wird uns auch der sozialdemokratische Arbeiter recht geben, daß sich die faschistische Pest in Deutschland nur ausbreiten konnte, weil 1918 die Kriegsschuldigen und Kriegsverbrecher ungestraft blieben, weil nicht der Kampf um eine wirkliche Demokratie geführt wurde, weil die Weimarer Republik der Reaktion freies Spiel gewährte, weil die Antisowjethetze einiger demokratischer Führer Hitler den Weg ebnete und die Ablehnung der antifaschistischen Einheitsfront die Kraft des Volkes lähmte.

Daher fordern wir:

Keine Wiederholung der Fehler von 1918!

Schluß mit der Spaltung des schaffenden Volkes!

Keinerlei Nachsicht gegenüber dem Nazismus und der Reaktion,

Nie wieder Hetze und Feindschaft gegenüber der Sowjetunion;

denn wo diese Hetze auftaucht, da erhebt die imperialistische Reaktion ihr Haupt!

Die Kommunistische Partei Deutschlands war und ist die Partei des entschiedenen Kampfes gegen Militarismus, Imperialismus und imperialistischen Krieg. Sie ist nie von diesem Wege abgewichen. Sie hat die Fahne Karl Liebknechts und Rosa Luxemburgs, Ernst Thälmanns und Jonny Schehrs stets reingehalten. Mit Stolz blicken wir Kommunisten auf diesen Kampf zurück, in dem unsere besten und treuesten Genossen fielen. Rechtzeitig und eindringlich haben wir gewarnt, der imperialistische Weg, der Weg des Hitlerfaschismus führt Deutschland unvermeidlich in die Katastrophe.

Im Januar 1933 forderte die Kommunistische Partei zum einmütigen Generalstreik auf, um den Machtantritt Hitlers zu verhindern.

Im Juni 1933 haben wir gewarnt:

„Der Krieg steht vor der Tür! Hitler treibt Deutschland in die Katastrophe!"

Im Januar 1939 hat die Berner Konferenz der KPD dem deutschen Volk zugerufen:

„Im Osten wie im Westen schafft das Hitlerregime eine Lage, wo über Nacht das deutsche Volk in die Katastrophe des Krieges gestürzt werden kann — eines Krieges gegen die gewaltige Front aller von Hitler und der Kriegsachse bedrohten und angegriffenen Völker."

Im Oktober 1941, als Hitler prahlerisch verkündete, Sowjetrußland sei endgültig zu Boden geworfen und werde sich niemals mehr erheben, da erklärte das Zentralkomitee der Kommunistischen Partei Deutschlands in seinem Aufruf an das deutsche Volk und das deutsche Heer:

„Dieser Krieg ist ein für das deutsche Volk hoffnungsloser Krieg. Hitlers Niederlage ist unvermeidlich. Die einzige Rettung für das deutsche Volk besteht darin, mit dem Kriege Schluß zu machen. Um aber mit dem Kriege Schluß zu machen, muß Hitler gestürzt werden. Und wehe unserem Volk, wenn es sein Schicksal bis zuletzt an Hitler bindet!"

Jetzt gilt es, gründlich und für immer die Lehren aus der Vergangenheit zu ziehen. **Ein ganz neuer Weg muß beschritten werden!**

Werde sich jeder Deutsche bewußt, daß der Weg, den unser Volk bisher ging, ein falscher Weg, ein Irrweg war, der in Schuld und Schande, Krieg und Verderben führte!

Nicht nur der Schutt der zerstörten Städte, auch der reaktionäre Schutt aus der Vergangenheit muß gründlich hinweggeräumt werden. Möge der Neubau Deutschlands auf solider Grundlage erfolgen, damit eine dritte Wiederholung der imperialistischen Katastrophenpolitik unmöglich wird.

Mit der Vernichtung des Hitlerismus gilt es gleichzeitig, die Sache der Demokratisierung Deutschlands, die Sache der bürgerlich-demokratischen Umbildung, die 1848 begonnen wurde, zu Ende zu führen, die feudalen Ueberreste völlig zu beseitigen und den reaktionären altpreußischen Militarismus mit allen seinen ökonomischen und politischen Ablegern zu vernichten.

Wir sind der Auffassung, daß der Weg, Deutschland das Sowjetsystem aufzuzwingen, falsch wäre, denn dieser Weg entspricht nicht den gegenwärtigen Entwicklungsbedingungen in Deutschland.

Wir sind vielmehr der Auffassung, daß die entscheidenden Interessen des deutschen Volkes in der gegenwärtigen Lage für Deutschland einen anderen Weg vorschreiben, und zwar den Weg der **Aufrichtung eines antifaschistischen, demokratischen Regimes, einer parlamentarisch-demokratischen Republik mit allen demokratischen Rechten und Freiheiten für das Volk.**

An der gegenwärtigen historischen Wende rufen wir Kommunisten alle Werktätigen, alle demokratischen und fortschrittlichen Kräfte des Volkes zu diesem großen Kampf für die demokratische Erneuerung Deutschlands, für die Wiedergeburt unseres Landes auf!

Die unmittelbarsten und dringendsten Aufgaben auf diesem Wege sind gegenwärtig vor allem:

1. **Vollständige Liquidierung der Ueberreste des Hitlerregimes und der Hitlerpartei.** Mithilfe aller ehrlichen Deutschen bei der Aufspürung der versteckten Naziführer, Gestapoagenten und SS-Banditen. Restlose Säuberung aller öffentlichen Aemter von den aktiven Nazisten. Außer der Bestrafung der großen Kriegsverbrecher, die vor den Gerichten der Vereinten Nationen stehen werden, strengste Bestrafung durch deutsche Gerichte aller jener Nazis, die sich krimineller Verbrechen und der Teilnahme an Hitlers Volksverrat schuldig gemacht haben. Schnellste und härteste Maßnahmen gegen alle Versuche, die verbrecherische nazistische Tätigkeit illegal fortzusetzen, gegen alle Versuche, die Herstellung der Ruhe und Ordnung und eines normalen Lebens der Bevölkerung zu stören.

2. **Kampf gegen Hunger, Arbeitslosigkeit und Obdachlosigkeit.** Allseitige aktive Unterstützung der Selbstverwaltungsorgane in ihrem Bestreben, rasch ein normales Leben zu sichern und die Erzeugung wieder in Gang zu bringen. Völlig ungehinderte Entfaltung des freien Handels und der privaten Unternehmerinitiative auf der Grundlage des Privateigentums. Wirkungsvolle Maßnahmen zum Wiederaufbau der zerstörten Schulen, Wohn- und Arbeitsstätten. Strenge Sparsamkeit in der Verwaltung und bei allen öffentlichen Ausgaben. Umbau des Steuerwesens nach dem Grundsatz der progressiven Steigerung. Sicherung der restlichen Ernteeinbringung auf dem Wege breiter Arbeitshilfe für die Bauern. Gerechte Verteilung der Lebensmittel und der wichtigsten Verbrauchsgegenstände; energischer Kampf gegen die Spekulation.

3. **Herstellung der demokratischen Rechte und Freiheiten des Volkes.** Wiederherstellung der Legalität freier Gewerkschaften der Arbeiter, Angestellten und Beamten sowie der antifaschistischen demokratischen Parteien. Umbau des Gerichtswesens gemäß den neuen demokratischen Lebensformen des Volkes. Gleichheit aller Bürger ohne Unterschied der Rasse vor dem Gesetz und strengste Bestrafung aller Aeußerungen des Rassenhasses. Säuberung des gesamten Erziehungs- und Bildungswesens von dem faschistischen und reaktionären Unrat. Pflege eines wahrhaft demokratischen, fortschrittlichen und freiheitlichen Geistes in allen Schulen und Lehranstalten. Systematische Aufklärung über den barbarischen Charakter der Nazi-Rassen-Theorie, über die Verlogenheit der „Lehre vom Lebensraum", über die katastrophalen Folgen der Hitlerpolitik für das deutsche Volk. Freiheit der wissenschaftlichen Forschung und künstlerischen Gestaltung.

4. **Wiederaufrichtung der auf demokratischer Grundlage beruhenden Selbstverwaltungsorgane in den Gemeinden, Kreisen und Bezirken sowie der Provinzial- beziehungsweise Landesverwaltungen und der entsprechenden Landtage.**

5. **Schutz der Werktätigen gegen Unternehmerwillkür und unbotmäßige Ausbeutung.** Freie demokratische Wahlen der Betriebsvertretungen der Arbeiter, Angestellten und Beamten in allen Betrieben, Büros und bei allen Behörden. Tarifliche Regelung der Lohn- und Arbeitsbedingungen. Oeffentliche Hilfsmaßnahmen für die Opfer des faschistischen Terrors, für Waisenkinder, Invaliden und Kranke. Besonderer Schutz den Müttern.

6. **Enteignung des gesamten Vermögens der Nazibonzen und Kriegsverbrecher.** Uebergabe dieses Vermögens in die Hände des Volkes zur Verfügung der kommunalen oder provinzialen Selbstverwaltungsorgane.

7. **Liquidierung des Großgrundbesitzes, der großen Güter der Junker, Grafen und Fürsten und Uebergabe ihres ganzen Grund und Bodens sowie des lebenden und toten Inventars an die Provinzial- bzw. Landesverwaltungen zur Zuteilung an die durch den Krieg ruinierten und besitzlos gewordenen Bauern.** Es ist selbstverständlich, daß diese Maßnahmen in keiner Weise den Grundbesitz und die Wirtschaft der Großbauern berühren werden.

8. **Uebergabe aller jener Betriebe, die lebenswichtigen öffentlichen Bedürfnissen dienen (Verkehrsbetriebe, Wasser-, Gas- und Elektrizitätswerke usw.) sowie jener Betriebe, die von ihren Besitzern verlassen wurden, in die Hände der Selbstverwaltungsorgane der Gemeinden oder Provinzen bzw. Länder.**

9. **Friedliches und gutnachbarliches Zusammenleben mit den anderen Völkern.** Entschiedener Bruch mit der Politik der Aggression und der Gewalt gegenüber anderen Völkern, der Politik der Eroberung und des Raubes.

10. **Anerkennung der Pflicht zur Wiedergutmachung für die durch die Hitleraggression den anderen Völkern zugefügten Schäden. Gerechte Verteilung der sich daraus ergebenden Lasten auf die verschiedenen Schichten der Bevölkerung nach dem Grundsatz, daß die Reicheren auch eine größere Last tragen.**

Werktätige in Stadt und Land!

Das sind die ersten und dringendsten Aufgaben zum Wiederaufbau Deutschlands, zur Neugeburt unseres Volkes. Diese Aufgaben können nur durch die feste Einheit aller antifaschistischen, demokratischen und fortschrittlichen Volkskräfte verwirklicht werden.

Erfüllt von der Erkenntnis des Ausmaßes der Katastrophe und der verhängnisvollen Folgen der bisherigen Spaltung des Volkes gegenüber Nazismus und Reaktion bricht sich in Stadt und Land immer stärker der Drang zur Einheit Bahn. In Uebereinstimmung mit diesem Willen des Volkes darf den Spaltern und den Saboteuren der Einheit kein Zoll Raum für ihr verräterisches Werk gegeben werden. Notwendig ist

die Schaffung einer festen Einheit der Demokratie für die endgültige Liquidierung des Nazismus und zum Aufbau eines neuen demokratischen Deutschlands!

Das Zentralkomitee der Kommunistischen Partei Deutschlands ist der Auffassung, daß das vorstehende Aktionsprogramm als Grundlage zur Schaffung eines

Blocks der antifaschistischen demokratischen Parteien

(der Kommunistischen Partei, der Sozialdemokratischen Partei, der Zentrumspartei und anderer) dienen kann.

Wir sind der Auffassung, daß ein solcher Block die feste Grundlage im Kampf für die völlige Liquidierung der Ueberreste des Hitlerregimes und für die Aufrichtung eines demokratischen Regimes bilden kann.

Ein neues Blatt in der Geschichte des deutschen Volkes wird aufgeschlagen. Aus den Lehren des Niederbruchs Deutschlands bahnen sich im Volke neue Erkenntnisse den Weg.

Wir erklären:

Feste Einheit, entschlossener Kampf und beharrliche Arbeit bilden die Garantien des Erfolges unserer gerechten Sache!

Fester den Tritt gefaßt! Höher das Haupt erhoben! Mit aller Kraft ans Werk! Dann wird aus Not und Tod, Ruinen und Schmach, die Freiheit des Volkes und ein neues würdiges Leben erstehen.

Zentralkomitee der Kommunistischen Partei Deutschlands

Im Auftrage:

Wilhelm Pieck	Gustav Sabottka	Hans Jendretzky	Bernhard Koenen
Walter Ulbricht	Ottomar Geschke	Michel Niederkirchner	Martha Arendsee
Franz Dahlem	Johannes R. Becher	Hermann Matern	Otto Winzer
Anton Ackermann	Edwin Hörnle	Irene Gärtner	Hans Mahle

Berlin, den 11. Juni 1945.

Verantwortlich: Herbert Bergner, Leipzig. — Druck: Leipziger Verlagsgesellschaft mbH., Leipzig. 168

Ein neuer Begriff tauchte auf: Trümmerfrauen. Diese Frauen bargen viele Millionen Ziegelsteine

Enttrümmerung in Dresden 1946

Die Produktion konnte oft erst beginnen, nachdem Maschinen und Material aus Trümmern geborgen waren

Auf Vorschlag von KPD und SPD fand am 14. Juli 1945 eine erste Beratung der vier Parteien statt. Sie beschlossen, den antifaschistisch-demokratischen Block zu schaffen. Redner der sich anschließenden Kundgebung waren Otto Grotewohl (SPD), Andreas Hermes (CDU), Wilhelm Pieck (KPD), Oberbürgermeister Arthur Werner und Waldemar Koch (LDPD)

Sowjetische Pioniere legen das Goethe-Schiller-Denkmal in Weimar frei

Gemeinsam
den Trümmern
zu Leibe

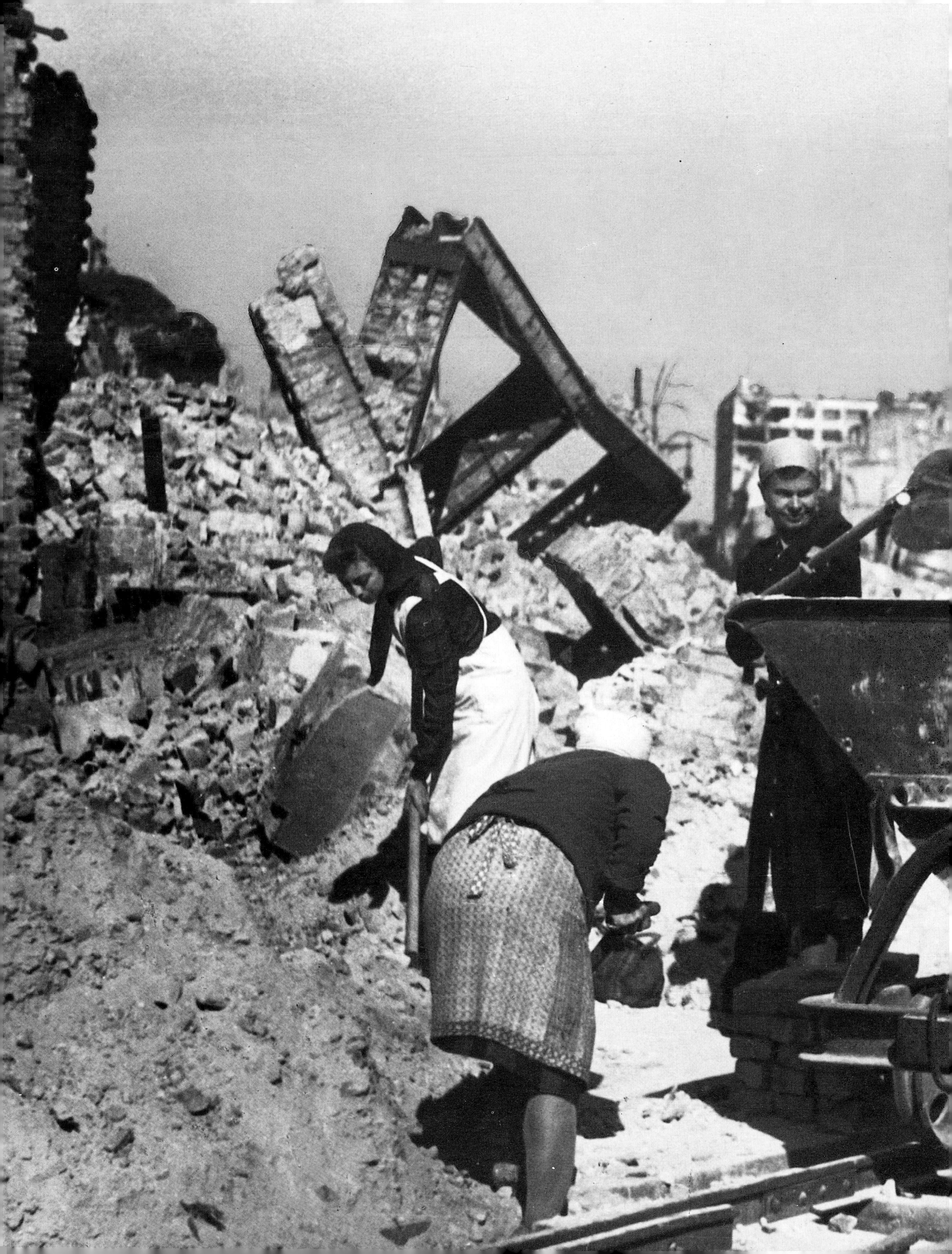

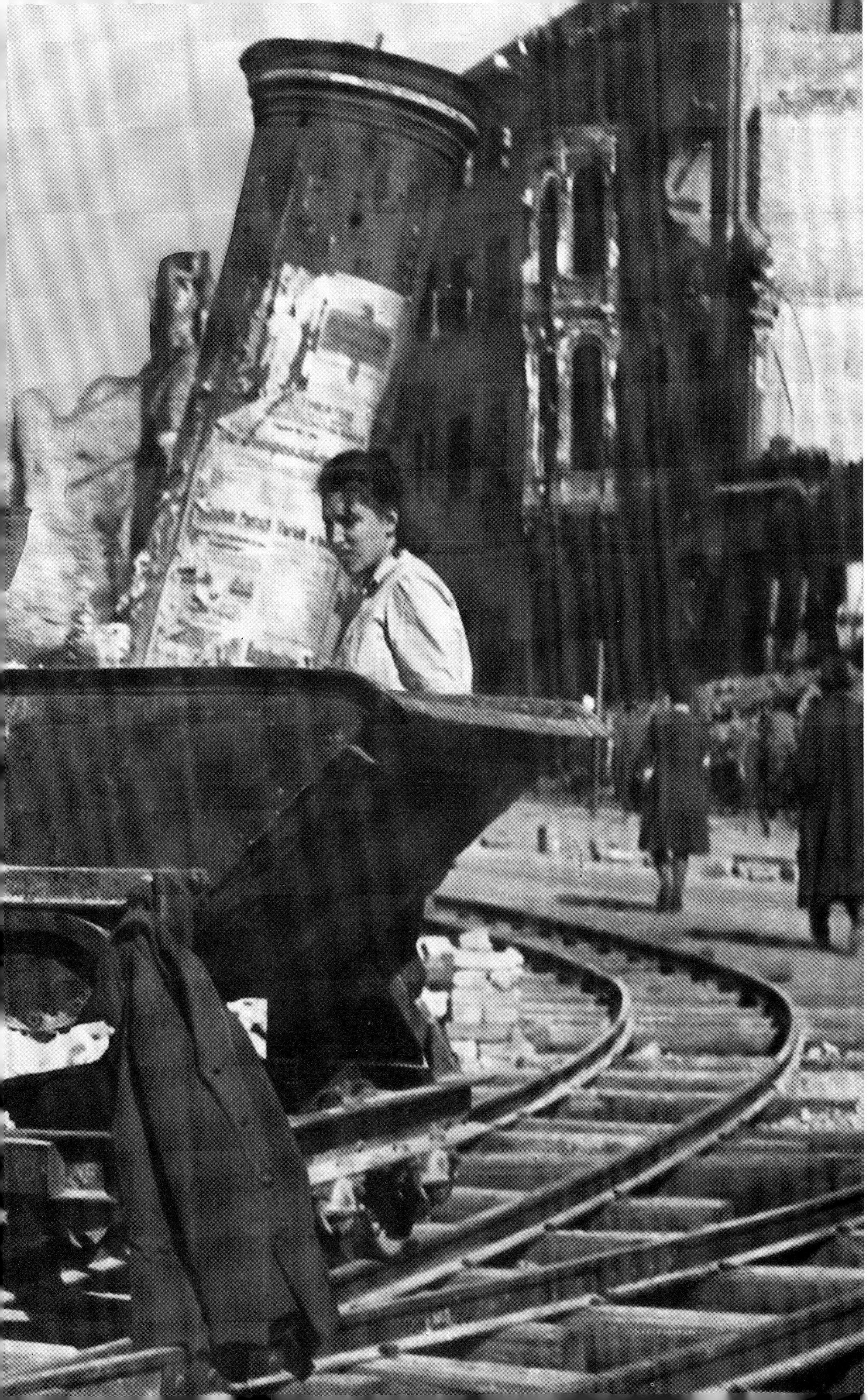

Von deutschem Boden darf nie wieder Krieg ausgehen

Die Repräsentanten der Siegermächte Attlee (Großbritannien), Stalin (UdSSR) und Truman (USA) mit ihren Delegationen während der Potsdamer Konferenz im Schloß Cecilienhof

Aus der Mitteilung über die Dreimächtekonferenz von Berlin (Potsdamer Abkommen) vom 2. August 1945: ‹Auf der Konferenz wurde eine Übereinkunft erzielt über die politischen und wirtschaftlichen Grundsätze der gleichgeschalteten Politik der Alliierten in bezug auf das besiegte Deutschland in der Periode der alliierten Kontrolle. Das Ziel dieser Übereinkunft bildet die Durchführung der Krim-Deklaration über Deutschland. Der deutsche Militarismus und Nazismus werden ausgerottet, und die Alliierten treffen nach gegenseitiger Vereinbarung in der Gegenwart und in der Zukunft auch andere Maßnahmen, die notwendig sind, damit Deutschland niemals mehr seine Nachbarn oder die Erhaltung des Friedens in der ganzen Welt bedrohen kann. Es ist nicht die Absicht der Alliierten, das deutsche Volk zu vernichten oder zu versklaven. Die Alliierten wollen dem deutschen Volk die Möglichkeit geben, sich darauf vorzubereiten, sein Leben auf einer demokratischen und friedlichen Grundlage von neuem wiederaufzubauen. Wenn die eigenen Anstrengungen des deutschen Volkes unablässig auf die Erreichung dieses Zieles gerichtet sein werden, wird es ihm möglich sein, zu gegebener Zeit seinen Platz unter den freien und friedlichen Völkern der Welt einzunehmen.›

Erste Schritte

Ende 1945, Anfang 1946 fanden in den Betrieben Gewerkschaftswahlen statt. Die zwei Millionen Mitglieder des Freien Deutschen Gewerkschaftsbundes (FDGB) bereiteten den 1. FDGB-Kongreß im Februar 1946 vor. Der Gewerkschaftsbund hatte sich gebildet, nachdem Vertreter aller 1933 von den Nazis verbotenen deutschen Gewerkschaften übereingekommen waren, die Gründung einheitlicher und freier Gewerkschaften in Angriff zu nehmen

Betriebe des Berliner Stadtbezirks Prenzlauer Berg führten im Dezember 1945 ihre Produkte vor

Andrang vor der Kasse des Deutschen Theaters in Berlin im Herbst 1945. ‹Nathan der Weise› stand auf dem Programm

Paul Wegener und Eduard von Winterstein 1945 im Deutschen Theater als Nathan und als Klosterbruder

Wärme, Obdach, Bildung

Die SMAD ordnete am 25. August 1945 an, den Schulbetrieb wieder aufzunehmen. Unterricht im Sinne des Potsdamer Abkommens sollte allen Kindern des Volkes gleiche Bildungsmöglichkeiten geben. Der 1. Oktober 1945 war erster Schultag. Am 18. Oktober unterbreiteten das ZK der KPD und der ZA der SPD Grundsätze für die demokratische Erneuerung der Schule. Die Jugend ‹im Geiste einer kämpferischen Demokratie, der Freundschaft unter den friedliebenden Völkern, zum selbständigen, aufrechten, freiheitlichen und fortschrittlichen Denken und Handeln› zu erziehen war die Aufgabe. Faschisten mußten aus den Lehrkörpern entfernt werden. An ihre Stelle traten Neulehrer aus der Arbeiterklasse und anderen werktätigen Schichten. So konnten 1945/46 in 10946 Schulen wieder 2342000 Kinder unterrichtet werden

Die Schuhe wachsen nicht mit – woher neue nehmen?

Brennholzaktion der KPD für Rentner 1946 im Stadtbezirk Berlin-Pankow

Umsiedler treten vom Güterbahnhof Berlin-Pankow die Fahrt in ihre künftige Heimat an

Wegen der schlechten Raumverhältnisse wurde in Neurochlitz bei schönem Wetter im Freien unterrichtet

Essenausgabe in einer Schule Berlins

49

Junkerland in Bauernhand

Im August 1944 ging die Familie aus Memel (heute Klaipeda) auf Treck. Im September 1945 erhielt sie durch die Bodenreform in Kränzlin (Brandenburg) wieder eine neue Heimat

Neubauern teilen Äcker des Gutes Frauenmark in Mecklenburg auf

Erste Bürgermeisterin der sowjetischen Besatzungszone war 1945 Elsa Dohrmann in Wensickendorf. Die Militärbehörden übergaben ihr 182 Kühe zur Aufteilung an die Neu- und Kleinbauern

Die neuen Herren feiern die Aufteilung des Gutes Frauenmark

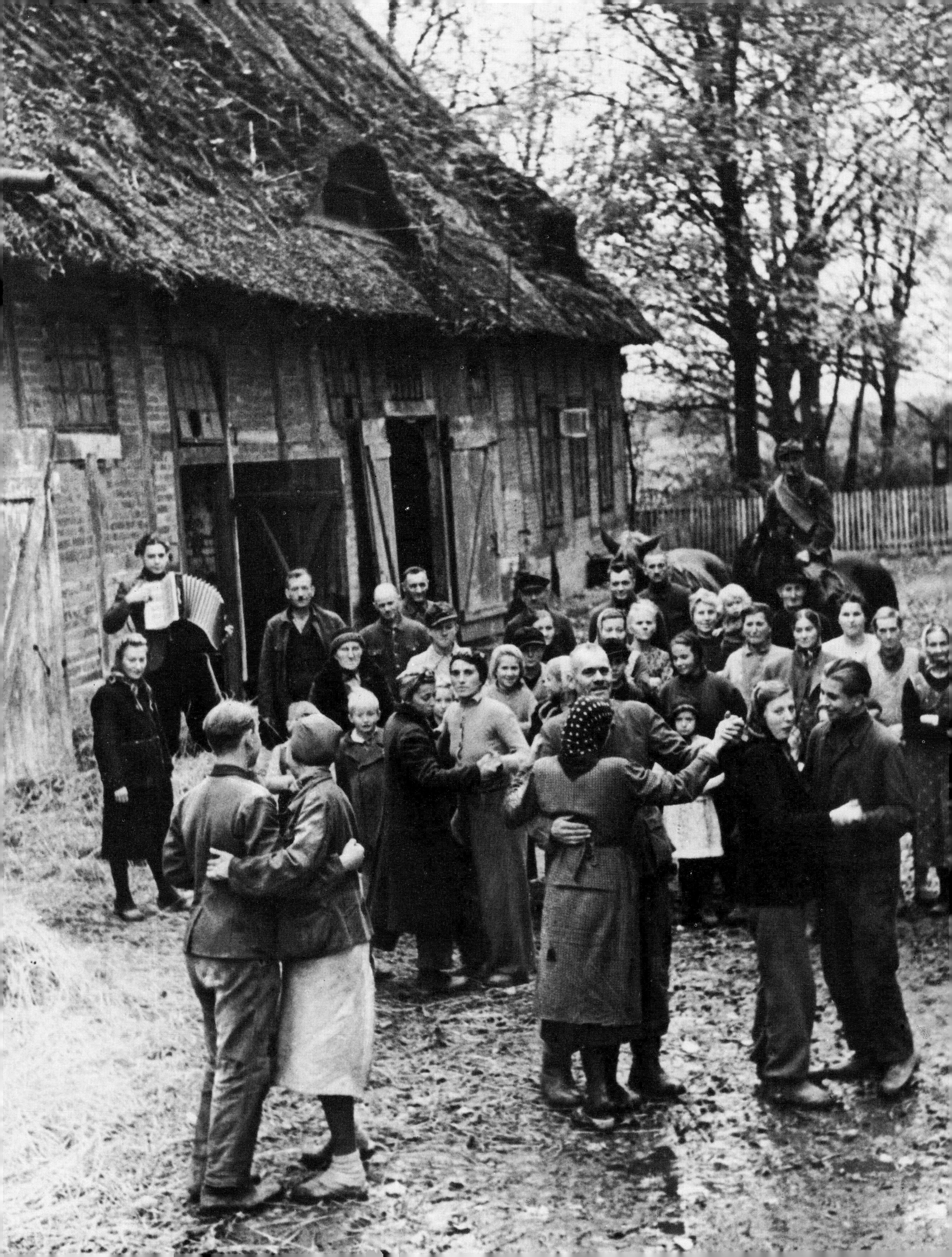

Landarbeiter, Umsiedler und Kleinbauern ziehen auf die Felder des Rittergutes Kränzlin, um sie aufzuteilen

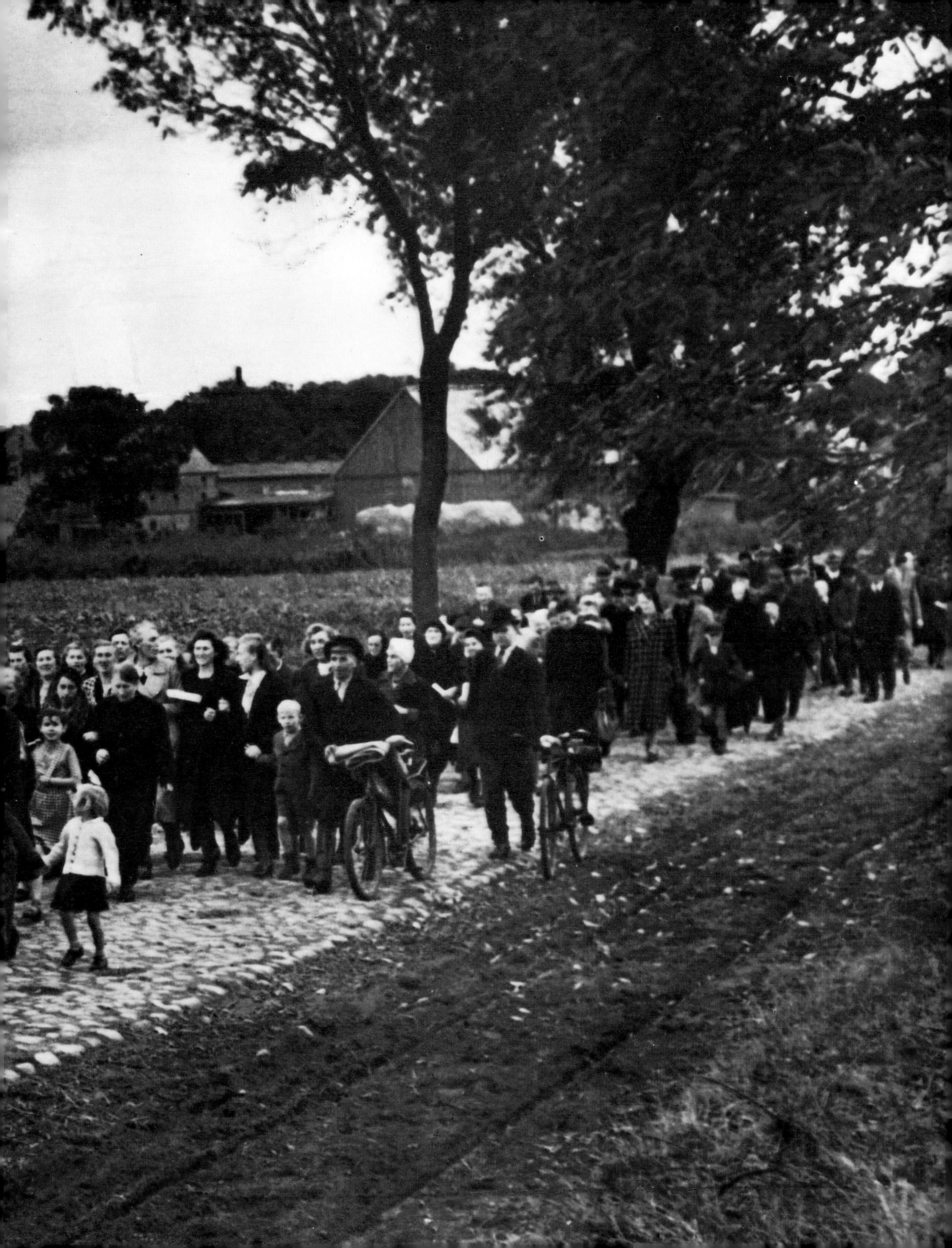

Ein Gelöbnis erfüllt sich

Im antifaschistischen Kampf gelobten sich Kommunisten, Sozialdemokraten und parteilose Arbeiter, ihre Klasse zu einen. Der Drang zur Einheit erfaßte 1945/46 weite Teile der Arbeiterklasse, die Einheitspartei wurde zur Massenforderung

Sitz des Organisationsausschusses zur Vorbereitung der Vereinigung in Berlin-Prenzlauer Berg

Übergabe des neuen Parteihauses an die Landesleitung der SED in Sachsen-Anhalt, Halle, 8. April 1946

Agitation für eine Kundgebung der beiden Arbeiterparteien, Berlin-Charlottenburg, April 1946

Wilhelm Pieck spricht in Gotha zur Vereinigung der beiden Arbeiterparteien in Thüringen am 7. April 1946

Der historische Händedruck zwischen Wilhelm Pieck und Otto Grotewohl besiegelte die Vereinigung. Die Jahrzehnte während verhängnisvolle Spaltung der Arbeiterklasse war in der sowjetischen Besatzungszone überwunden

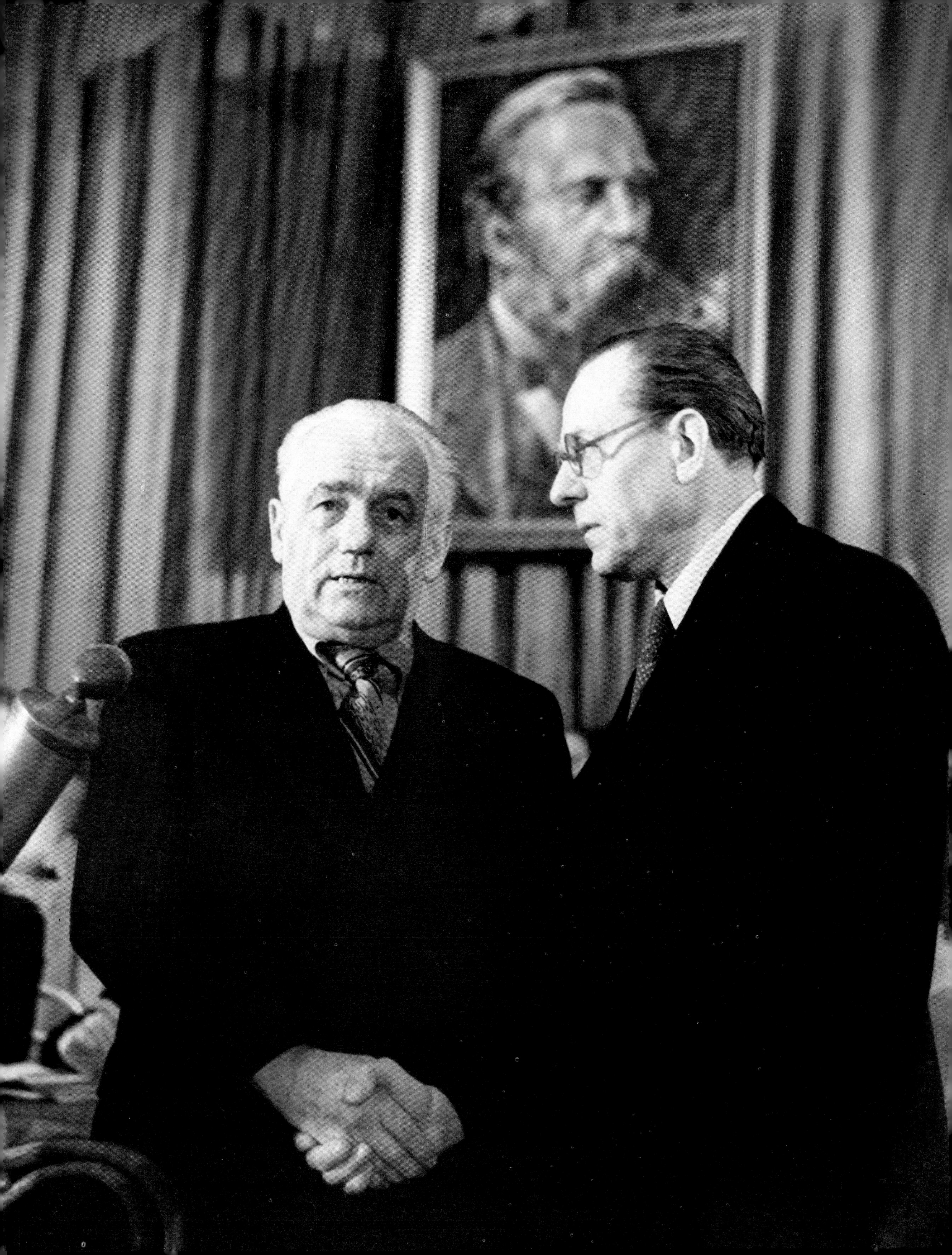

Einheit

Präsidium des Vereinigungsparteitages

Abstimmung über die Vereinigung von KPD und SPD zur SED

Wilhelm Pieck und Max Fechner verkünden den im Hof des Admiralspalastes Wartenden, daß die Vereinigung beschlossen ist

Am 22. April 1946 beschlossen 507 kommunistische und 548 sozialdemokratische Delegierte auf ihrem Vereinigungsparteitag im Berliner Admiralspalast (heute Metropol-Theater) den Zusammenschluß der beiden Arbeiterparteien zur Sozialistischen Einheitspartei Deutschlands (SED)

Sozialistische Einheitspartei sichert den demokratischen NEUAUFBAU

An der Spitze der Maidemonstration Unter den Linden marschierte der Parteivorstand der SED

Wenige Tage nach dem Vereinigungsparteitag, am 1. Mai 1946, demonstrierten die organisierten Arbeiter mit ihren Verbündeten Kraft und Siegeszuversicht. Wohl selten hatte Berlin einen so machtvollen Aufmarsch erlebt, wie an diesem Maitag in der Straße Unter den Linden und im Lustgarten. Zum ersten Mal seit Errichtung der faschistischen Diktatur wurde der internationale Kampftag der Werktätigen wieder frei begangen. Und er stand ganz im Zeichen der Einheit der Arbeiterklasse

Kraft und Zuversicht

‹Bau auf, bau auf…›

Gründungsveranstaltung der Freien Deutschen Jugend (FDJ) im Berliner Friedrichstadtpalast am 7. März 1946

Wilhelm Pieck spricht auf der Kundgebung zum I. Parlament der FDJ – Das Parlament tagte vom 8. bis 10. Juni 1946 in Brandenburg. Die Delegierten wählten den Zentralrat und Erich Honecker zum Vorsitzenden. Sie beschlossen die Grundsätze und Ziele und die Statuten der FDJ

Der Aufbau brauchte den Schwung der Jugend. Die Gründung der FDJ beendete die Zersplitterung der Jugendbewegung. Erich Honecker, Theo Wiechert und Paul Verner gehörten zu den Unterzeichnern des Gründungsdokuments vom 7. März 1946

Urteil des Volkes

Demonstration zum Volksentscheid in Sachsen für die entschädigungslose Enteignung der Betriebe der Nazi- und Kriegsverbrecher, Juni 1946 in Dresden

Stimmabgabe im Dresdener Wahlbezirk 59

Zählung der Stimmzettel zum Volksentscheid in einem sächsischen Abstimmungslokal am 30. Juni 1946. Links liegen die Ja-, rechts die Nein-Stimmen. – Die überwältigende Mehrheit der Bevölkerung trat für die Enteignung der Nazi- und Kriegsverbrecher ein. Auch die evangelisch-lutherische Landeskirche in Sachsen hatte sich am 19. Juni 1946 für diese Enteignung ausgesprochen. Der höchste Würdenträger der katholischen Kirche im Land Sachsen, Petrus, Bischof von Meißen, begrüßte am 23. Juni in einer Kanzelverkündung den Volksentscheid als eine gerechte Maßnahme

Freiwillig und unbezahlt

Mit normalem Aufwand und den üblichen Mitteln waren die Ernährung und der Ablauf der Produktion nicht zu sichern, ließen sich die Trümmer nicht zur Seite räumen. Im Sommer 1946 leisteten 100 Funktionäre der SED und der Stadtbezirksverwaltung Berlin-Mitte freiwillige und unbezahlte Arbeit im Kalkwerk Rüdersdorf. Sie gewannen Rohmaterial für 200t Kalk. Rüdersdorfer Arbeiter bereiteten dieses Material ebenfalls unentgeltlich auf. Der so gewonnene Kalk trug wesentlich zum Ausbau von 2000 beschädigten Berliner Wohnungen bei. Freiwillige und zusätzliche Schichten und Arbeitseinsätze wurden im ganzen Land geleistet. Ganz besonders halfen sie, das Bündnis der Arbeiterklasse mit den werktätigen Bauern zu festigen

Am Wochenende vom 13./14. Juni 1946 fuhren 140 Berliner SED-Mitglieder zur Erntehilfe in die Notstandsgebiete des Oderbruchs

Am 11. April 1946 brachten Bauern landwirtschaftliche Erzeugnisse nach Leipzig. Als Gegenspende erhielten sie in zusätzlicher Arbeit gefertigte landwirtschaftliche Geräte und Sämereien im Wert von 65 000 Mark. Gleichzeitig wurde der letzte Trümmerschutt vom heutigen Karl-Marx-Platz auf Feldbahnen verladen und abgefahren

Der Bunker im Berliner Friedrichshain wurde gesprengt und dann mit Trümmern zugeschüttet. So entstand ein Berg, im Volksmund Mont Klamott genannt

Im Schutt der zerstörten Städte schufen sich Kinder mit Phantasie ihre Welt. Hier entstand ein richtiges Kinder-Theater. – Gleich wird sich der Vorhang öffnen

63

Erste Volksvertretungen

Im September 1946 fanden in der sowjetischen Besatzungszone Gemeindevertreterwahlen statt. Die Kreis- und Landtage wurden am 20. Oktober gewählt. In ihrem Wahlprogramm erläuterte die SED, wie die ‹drei großen Sorgen› des Volkes – Wohnungsnot, Hunger und Arbeitslosigkeit – zu überwinden sind. Die Wähler sahen, daß die Partei der Arbeiterklasse mit Tatkraft und Erfolg gegen diese drei Sorgen anging. Die SED zog als stärkste Partei in die neuen Volksvertretungen ein

Der Thüringer Landtag konstituierte sich in Weimar am 4. Dezember 1946

Andrang vor einem Potsdamer Wahllokal im September 1946

Wernigerode war immer ein beliebtes Ziel der Touristen. Den Gemeindevertretern aber bereitete die alte Stadt viele Kopfschmerzen. Zwei Weltkriege hatten die Mittel gefressen, die zu Erhaltung und Pflege notwendig gewesen wären

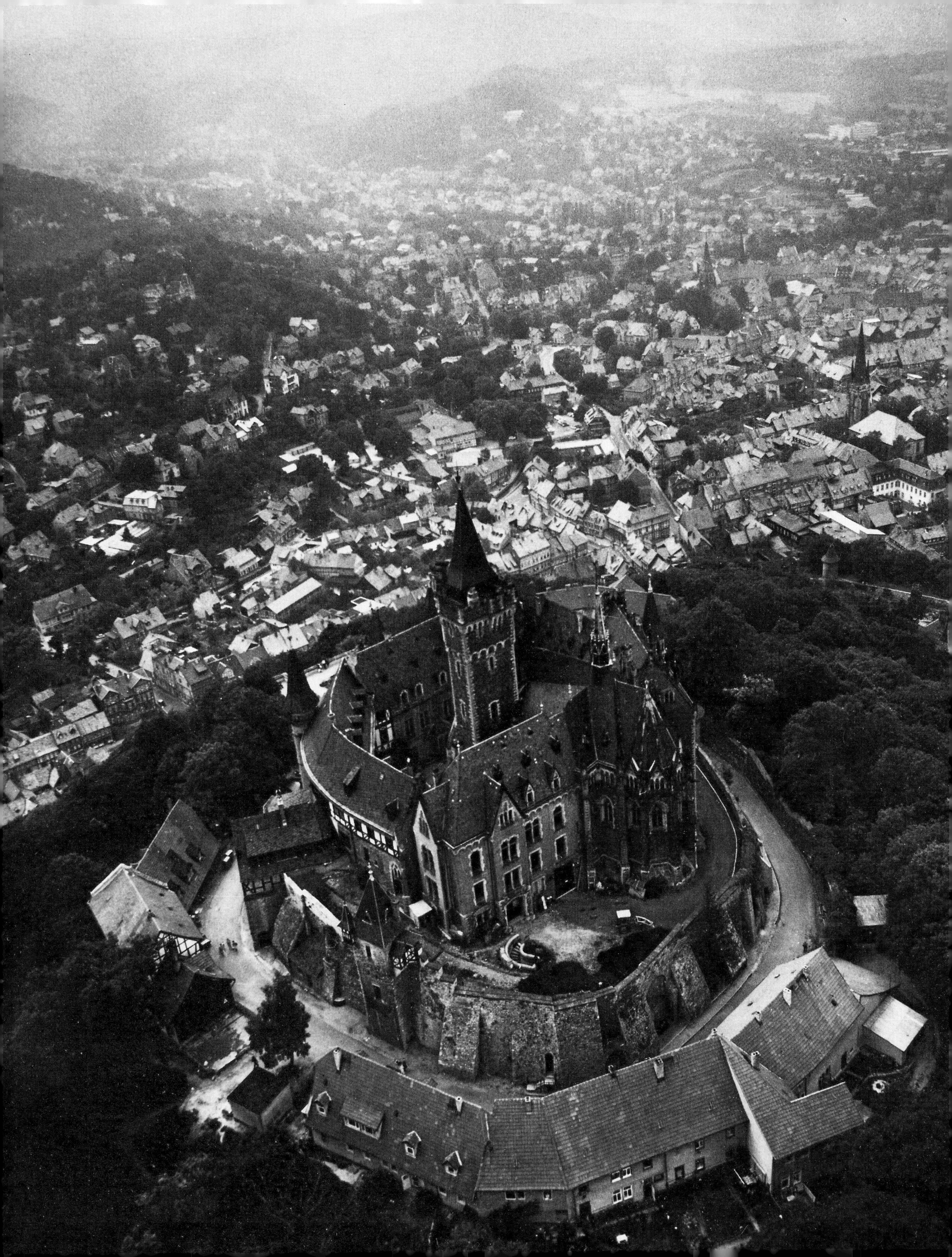

Ordnung und Sicherheit

Mancher bewährte Antifaschist erschrak heftig, als ihm angetragen wurde, in die Polizei einzutreten. Bisher hatte er sie nur als Gegner kennengelernt. Nun sollte er die Uniform anziehen? Ordnung und Sicherheit waren Vorbedingungen für den Aufbau. Es hieß also umdenken. Erstmals in der deutschen Geschichte konnte sich das werktätige Volk seine Polizei schaffen. Sie formierte sich um einen Kern kampferprobter Antifaschisten

Ein Volkspolizist kontrolliert, ob Hamster- oder Schieberwaren mitgeführt werden. Mancher der ersten Volkspolizisten versah seinen Dienst noch in Zivil und mit einer Armbinde gekennzeichnet

Anschlagtafeln mit Such- und Tauschanzeigen waren immer dicht umlagert. Viele Familien fanden auf diesem Weg wieder zusammen

Viel bestaunt, häufig belächelt, nahmen 1946 die ersten Polizistinnen in Dresden, Leipzig und anderen Städten ihren Dienst auf

Sühne

Massenkundgebung am 2. Oktober 1946 in Berlin gegen Gefängnisurteile und Freisprüche im Nürnberger Prozeß gegen die Hauptkriegsverbrecher. Demonstrationen und Proteststreiks in ganz Deutschland beantworteten die milden Urteile gegen einige der Verbrecher

Vom 23. Oktober bis zum 1. November 1947 verhandelte das Militärtribunal der Gruppe der sowjetischen Besatzungstruppen in Deutschland in einer öffentlichen Gerichtsverhandlung in Berlin gegen 16 Angehörige der SS-Wachmannschaft des Konzentrationslagers Sachsenhausen. In 14 Fällen wurde lebenslängliche Haft mit Zwangsarbeit, in zwei Fällen 15 Jahre Haft mit Zwangsarbeit verhängt

In humanistischem Geist

Immatrikulation der ersten Studenten der Berliner Humboldt-Universität durch den Rektor, Prof. Dr. Stroux

Erst mußten mit Spitzhacke und Schaufel Bedingungen geschaffen werden, die einen Universitätsbetrieb überhaupt zuließen, dann konnte zum Buch gegriffen werden – *Prof. Dr. Stroux, Mitglieder des Lehrkörpers und künftige Studenten räumten Ende 1945 Trümmerschutt aus den zerstörten Universitätsgebäuden*

Trotz schwierigster materieller Bedingungen wurde erfolgreich gelehrt und gelernt

Als erste deutsche Hochschule nahm die Friedrich-Schiller-Universität Jena am 15. Oktober 1945 den Lehrbetrieb wieder auf. Im Oktober 1945 hatten die beiden Arbeiterparteien Sonderregelungen und Förderkurse verlangt, um ‹allen Befähigten, die durch den Hitlerfaschismus und durch reaktionäre Bildungsprivilegien bisher vom Studium ferngehalten wurden›, den Weg in die Hochschulen zu ebnen. Gab es zum Beispiel im Februar 1946 in Leipzig nur 26 Arbeiterkinder unter 767 Studenten, so sah wenige Jahre später das Bild ganz anders aus. Im Dezember 1952 studierten an den Hochschulen der DDR 35 976 junge Menschen. Von ihnen waren 16 330 Arbeiter- und Bauernkinder

Produzieren, wohnen, lehren, lernen und forschen – alles hing von der Braunkohle ab

Hörsaal der Humboldt-Universität – In Berlin wurde der Lehrbetrieb am 20. Januar 1946 aufgenommen

Notwinter

Der Winter 1946/47 war hart. Die Produktion stockte. Brennstoff- und Energiemangel zwang Betriebe zu Kurzarbeit und Entlassungen, Schulen mußten den Lehrbetrieb einschränken, Kulturinstitutionen schließen. Allein in Berlin verloren im Januar 1947 rund 200 000 Beschäftigte ihre Arbeitsplätze. Die Bevölkerung litt schwer unter der Kälte. Sie besaß wenig Brennmaterial, Elektroenergie, und Gas gab es nur stundenweise. Vielen erfror der geringe Kartoffelvorrat. Abfälle, Abwässer und Fäkalien mußten in Großstädten an bestimmten Stellen auf die Straßen geschüttet werden. Die Kanalisation war eingefroren. Seuchentrupps streuten Chlorkalk über den Unrat. Feinde der antifaschistisch-demokratischen Ordnung organisierten zusätzliche Schwierigkeiten. So blieben Kohlelieferungen aus dem Ruhrgebiet aus. In diesen schweren Monaten bewährte sich die Organisation Volkssolidarität. Sie richtete in Gaststätten und anderen geeigneten Bauten Wärmestuben und Volksküchen ein. Dem Notwinter folgte eine Hochwasserkatastrophe im Oderbruch. Die Deiche brachen. Das Wasser verheerte wichtige landwirtschaftliche Gebiete

Das ganze Land litt unter ungewöhnlich starken Schneefällen

Ein kranker Bauer wird aus seinem überschwemmten Gehöft im Oderbruch geborgen

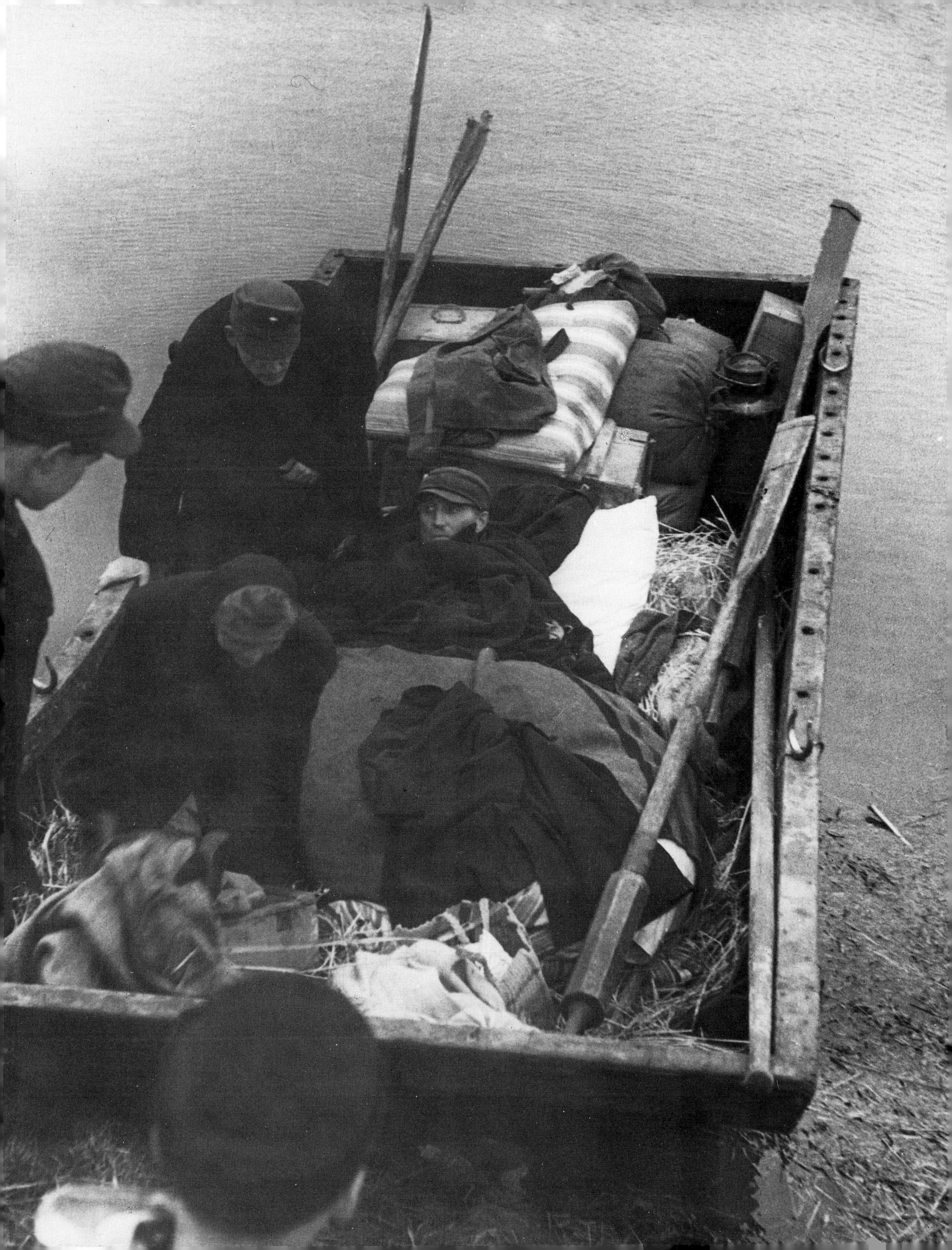

Alltagssorgen

Ob die Familie am Abend in einer warmen Stube sitzen oder der Herd beheizt werden konnte, hing oft von ein paar Ästen ab, die die Kinder gesammelt hatten

Im Reichsbahn-Ausbesserungswerk Chemnitz mußten teilweise bis zu 30 000 Arbeitsstunden aufgewandt werden, um eine durch Kriegseinwirkungen beschädigte Lokomotive wieder in Betrieb nehmen zu können

Lebensgefährlich waren die Reisebedingungen in den ersten Jahren des Aufbaus

Ihren Gemeinden erhalten

Während des zweiten Weltkrieges hatten die Hitlerfaschisten viele Kirchengemeinden ihrer Glocken beraubt, um sie zu Kriegsmaterial umschmelzen zu lassen. *Ein großes Lager aus ganz Deutschland zusammengetragener Glocken bestand in Hettstedt. Nach dem Sieg über die Faschisten forschten Pfarrer und Glockenmeister nach dem Verbleib der Glocken ihrer Gotteshäuser. Die noch nicht eingeschmolzenen wurden in ihre Gemeinden transportiert. Dort nahmen sie bald wieder ihre alten Plätze ein. Von den in Hettstedt aufgefundenen Glocken kehrten allein etwa 400 in niederrheinische Kirchen zurück*

Abschlußkundgebung des II. Parteitages der SED auf dem Berliner August-Bebel-Platz, 24. September 1947

Getreide wurde meist noch in schwerer manueller Arbeit geerntet

Neubauernsiedlung Dahlwitz, Kreis Zossen

Mehr Stahl – mehr Brot!

Die Maxhütte Unterwellenborn war der einzige bedeutende metallurgische Betrieb der sowjetischen Besatzungszone. Stahlwerke wie Riesa oder Hennigsdorf produzierten erst ab 1948. Vor 1939 bezog das Gebiet der späteren sowjetischen Besatzungszone rund zwei Drittel seines Bedarfs an Walzwerkerzeugnissen aus dem Ruhrgebiet. 1947 lieferten die Westzonen nur 192 000 t Walzstahl gegenüber den vereinbarten 312 000 t

Durch den Befehl Nr. 234 der SMAD vom 9. Oktober 1947 wurde die Anzahl der zusätzlichen *warmen Betriebsessen für Arbeiter und Angestellte* von 350 000 auf 1 000 000 erhöht. Der Befehl hob u. a. die faschistischen Betriebsordnungen auf, schaffte die niedrigeren Löhne für Frauen ab, legte die Arbeitszeit für Jugendliche fest, führte für alle Arbeiter und Angestellten einen Mindesturlaub von 12 Tagen ein

Aus einem Panzerwrack wird wertvoller Schrott für die Volkswirtschaft gewonnen

DEN TOTEN 1848/1918
DAS DENKMAL HABT
IHR SELBER EUCH ER-
RICHTET·NUR ERNSTE
MAHNUNG SPRICHT
AUS DIESEM STEIN/
DASS UNSER VOLK
NIEMALS DARAUF
VERZICHTET WOFUR
IHR STARBT·EINIG
UND FREI ZU SEIN.

Stapel von Listen mit Unterschriften für die demokratische Einheit und einen gerechten Frieden lagen dem Präsidium des 1. Deutschen Volkskongresses am 6. und 7. Dezember 1947 vor

Otto Grotewohl sprach am 9. März 1947 in Frankfurt/Main über die Zukunft Deutschlands

Kundgebung auf dem Berliner Gendarmenmarkt (heute Platz der Akademie) zum 2. Deutschen Volkskongreß, März 1948

Am 100. Jahrestag der Revolution von 1848 verabschiedete der 2. Deutsche Volkskongreß das Dokument ‹Die Lehren der Märzrevolution› und ehrte im Friedrichshain die Gefallenen der Märzkämpfe

Für Einheit und gerechten Frieden

Der erste Wirtschaftsplan

Am 29. und 30. Juni 1948 tagte der Parteivorstand der SED. Der Wirtschaftsplan für das zweite Halbjahr 1948 und der Zweijahrplan 1949/50 zur Wiederherstellung und Entwicklung der Friedenswirtschaft in der sowjetischen Besatzungszone standen im Mittelpunkt der Beratungen

Am 4. Juli 1948 kamen 8000 Delegierte aus volkseigenen Betrieben in Leipzig zusammen. Sie berieten zur Vorbereitung und Durchführung des Zweijahrplans 1949/50 die Aufstellung von Produktions- und Finanzplänen, die Bildung von Planungsausschüssen, die systematische Plankontrolle, die Entwicklung von Leistungsnormen und fortschrittlichen Arbeitsmethoden, die Bildung von Betriebsberufsschulen

Einer der wichtigen Textilbetriebe der sowjetischen Besatzungszone war die ‹Thüringische Zellwolle› in Schwarza. Ende Februar 1948 konnte man in der Presse über diese Fabrik lesen: ‹Der Treuhänderbetrieb vollendet im März 1948 einen Neubau, der die Produktionskapazität für Perlon verdoppeln hilft.› Dann wurde erklärt, was Perlon ist. Damals konnten sich viele Leser unter diesem Begriff noch nichts vorstellen

Der Zweijahrplan sah die Produktion eigener Traktoren vor. Am 21. Mai 1949 stellten die Arbeiter der Horchwerke Zwickau den ersten Traktor fertig

Vier Bauern aus Neutz benötigten Drillmaschinen. Für jeden einzelnen wäre eine Maschine zu teuer gewesen. Sie legten zusammen, kauften gemeinsam eine Maschine und bearbeiteten mit ihr die Äcker

Spalter am Werk

Vor einer Hamburger Geldausgabestelle

Geldumtausch in einer Berliner Bank

Mit der Einführung der Separatwährung in den Berliner Westsektoren betrieben die Westmächte und ihre Parteigänger im Magistrat auch die Spaltung der Stadt. 500 000 Werktätige demonstrierten am 30. November 1948 gegen die Spalter und forderten einen neuen Magistrat

Die Militärgouverneure der drei westlichen Besatzungszonen verkündeten das Gesetz über eine separate Währungsreform. Es trat am 18. Juni 1948 in Kraft. Damit spalteten sie Deutschland in zwei Währungsgebiete. Die westdeutsche Bevölkerung büßte 91,1 Prozent ihrer Sparguthaben ein. 15 Millionen Konten kleinerer Sparer wurden gelöscht. Die meisten Konzerne konnten ihr Aktienkapital im Verhältnis 1:1 umwerten. Einige erhielten sogar noch günstigere Bedingungen (z.B. Mannesmann AG 1:2; Klöckner Werke AG 1:3,7; Vereinigte Stahlwerke 1:3). Für die Bevölkerung erfolgte die Umwertung bis 60 RM im Verhältnis 1:1. Was darüber war, wurde im allgemeinen 10:1 umgewertet. Zum Schutz der Wirtschaft vor den Folgen der separaten Währungsreform ordnete die Deutsche Wirtschaftskommission (DWK) am 31. Juni 1948 für die sowjetische Besatzungszone einen Geldumtausch an. Die alten Geldscheine erhielten einen Kupon aufgeklebt. Summen bis 70 RM wurden jeder Person im Verhältnis 1:1 umgetauscht. Beträge über 70 RM 10:1. Überstiegen Bargeld oder Spareinlagen einer Familie 5000 RM, mußte der rechtmäßige Erwerb nachgewiesen werden. Kriegsgewinnler und Schieber verloren so unlauter erworbenes Geld

Wilhelm Pieck sprach am 30. November 1948 zu den Demonstranten

Am gleichen Tag konstituierte sich in der Staatsoper ein neuer, demokratischer Magistrat. Friedrich Ebert wurde Oberbürgermeister

Storkower Storchenmarken

Was fehlte nicht alles in einer kleinen Gemeinde, die über 12 Millionen Mark Kriegsschäden erlitten hatte? Auf Initiative des Bürgermeisters, des Kommunisten Franz Becker, gab die Stadtverwaltung Storkow 1945 eigene Briefmarken mit einem Storchenbildnis heraus. Sie brachten über 130000 Mark Gewinn. Dieses Geld half, Maschinen zu bergen, ein Kinderheim weiter auszubauen, das Projekt einer neuen Schule in Angriff zu nehmen. Eine Revision ergab, daß bis auf den Pfennig alles für den Aufbau ausgegeben worden war. Die Zentralverwaltung für Post- und Fernmeldewesen erkannte im Juni 1946 die ‹Storchenmarken› nachträglich als amtliche Postwertzeichen an

Franz Becker mit seinen Briefmarken

Mit ihren Innenhöfen gestattete die neue Storkower Schule auch Unterricht im Freien – Der Bau erweckte in Fachkreisen viel Interesse. Aus allen Himmelsrichtungen kamen Anfragen über Finanzierung, Material, freiwillige Leistungen, Baupläne und andere Einzelheiten

Der Bund der Lausitzer Sorben, die Domowina, wurde am 10. Mai 1945 wieder gegründet. Er entwickelte sich zur antifaschistisch-demokratischen Massenorganisation. Der sächsische Landtag beschloß am 23. März 1948 auf Vorschlag der SED-Fraktion das ‹Gesetz zur Wahrung der Rechte der sorbischen Bevölkerung›. Dieses Gesetz sicherte die nationale Gleichberechtigung der Sorben

Am 17. April 1948 trat in Bautzen der Sorbische Volkskongreß zusammen

Das Bautzener Osterreiten folgt einem alten sorbischen Brauch

Eigene Sprache und Kultur

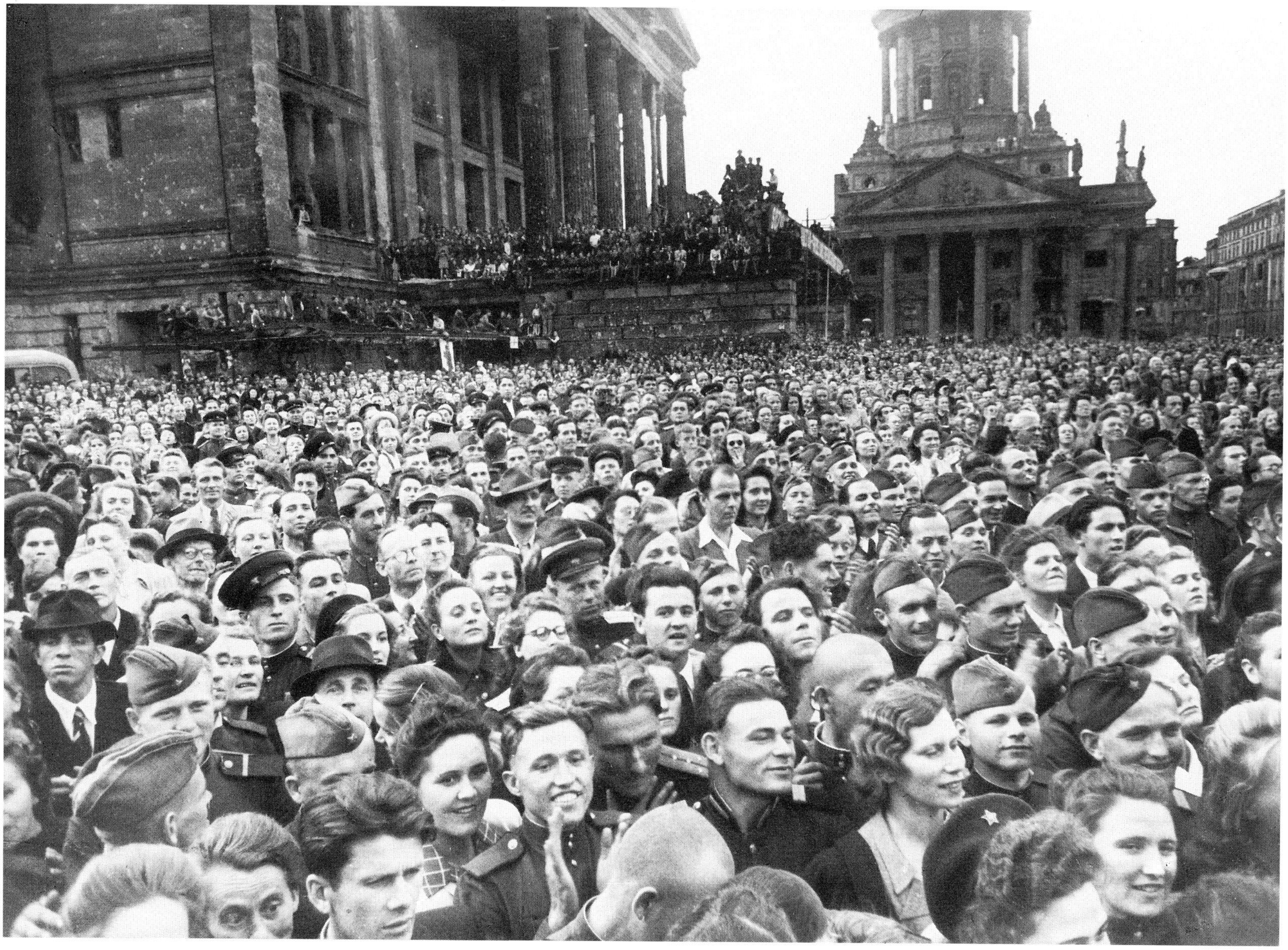

Boten der Freundschaft

Das Alexandrow-Ensemble der Sowjetarmee löste im August und im Oktober 1948 auf dem Berliner Gendarmenmarkt Begeisterungsstürme aus. Seine Auftritte in Berlin und in anderen Orten der sowjetischen Besatzungszone brachten vielen Menschen eine erste direkte Begegnung mit Tänzen und Liedern der Völker der Sowjetunion. Das russische ‹Kalinka› und das deutsche ‹Im schönsten Wiesengrunde›, gesungen von Mitgliedern des Ensembles, rührten die Herzen Hunderttausender

Henneckes Tat

Der Bergmann Adolf Hennecke förderte am 13. Oktober 1948 im Oelsnitzer Karl-Liebknecht-Schacht 24,4 m³ Steinkohle. Das waren 387 Prozent der durchschnittlichen Tagesleistung. Henneckes Tat drückte das gewachsene politische Bewußtsein des fortgeschrittensten Teils der Arbeiterklasse und eine neue Einstellung zur Arbeit aus. Adolf Hennecke und die seinem Beispiel folgenden ‹Hennecke-Aktivisten› gingen bei ihren Leistungen von dem Gedanken aus: ‹Um besser leben zu können, muß man erst besser arbeiten.›

Innere und äußere Feinde der antifaschistisch-demokratischen Ordnung versuchten mit vielfältigen Mitteln und Methoden der sich allmählich stabilisierenden Wirtschaft der sowjetischen Besatzungszone zu schaden. Die Überprüfung der Zentralen Kontrollkommission in Glauchau und Meerane deckte ungesetzliche Barverkäufe in Höhe von 8,5 Millionen DM und Kompensationsgeschäfte mit 1 274 000 Metern Stoff, die vorwiegend nach Westberlin und in die Westzonen verschoben worden waren, auf. An nicht gemeldeten Beständen wurden beschlagnahmt: Sohlen für über 100 000 Paar Schuhe, 84 000 Stück Textilfertigwaren, 453 000 Meter Stoffe, 450 000 kg Garn und Rohbaumwolle

Nach einer Überprüfung durch die Zentrale Kontrollkommission in 13 Glauchauer und Meeraner Betrieben reichte eine Fabrikhalle gerade aus, um die sichergestellten Textilien zu lagern

Ein Jungaktivistenkongreß des Landes Sachsen tagte am 21. und 22. November 1948 in Zwickau. – Im Präsidium Erich Honecker und Adolf Hennecke (stehend)

Waren ohne Punkte (WOP) gab es in Jena in einer Sonderverkaufsstelle für Textilien

Die erste Neubaulok der sowjetischen Besatzungszone wurde in Hennigsdorf produziert. Ihre erste Fahrt führte im Dezember 1948 von Güsten nach Sangerhausen

Andrang vor dem ‹freien Laden› in Berlin. – Insgesamt eröffnete die Handelsorganisation (HO) am 15. November 1948 in der sowjetischen Besatzungszone 20 Läden und 16 Gaststätten. Wachsende Arbeitsproduktivität ermöglichte die Gründung der HO. 1948 umfaßte die Warenliste der HO 500 Artikel. Bis November 1949 erhöhte sich das Angebot auf 10000 Artikel. Preise für einige Lebensmittel in den ‹freien Läden›: 1 kg Margarine 110 DM, 1 kg Weizenmehl 15 DM, 1 kg Zucker 33 DM, ein Brötchen 80 Pfennige. Innerhalb eines Jahres sank das Preisniveau um 60,7 Prozent, bei einigen Waren sogar um 90 Prozent

Wasser für Max

Die 1. Parteikonferenz der SED fand vom 25. bis 28. Januar 1949 in Berlin statt. Sie orientierte darauf, im ökonomischen Wettbewerb mit dem privatkapitalistischen Sektor das Übergewicht des volkseigenen Sektors in der Wirtschaft herzustellen

Die Produktion der Maxhütte geriet Ende 1948 in Gefahr. Kühlwasser fehlte. Der FDJ-Zentralrat rief zur Aktion ‹Max braucht Wasser› auf. Vorwiegend Jugendliche bauten 4,5 km Rohrleitung.

Am 2. April 1949 floß Saalewasser zu den Hochöfen

Stralsund besitzt seit 1234 Stadtrecht. Zu den wichtigsten Betrieben, deren Auf- oder Ausbau der Zweijahrplan 1949/50 festlegte, gehörte die Volkswerft Stralsund. Ihre Fischereifahrzeuge halfen, die Bevölkerung besser mit Fisch zu versorgen

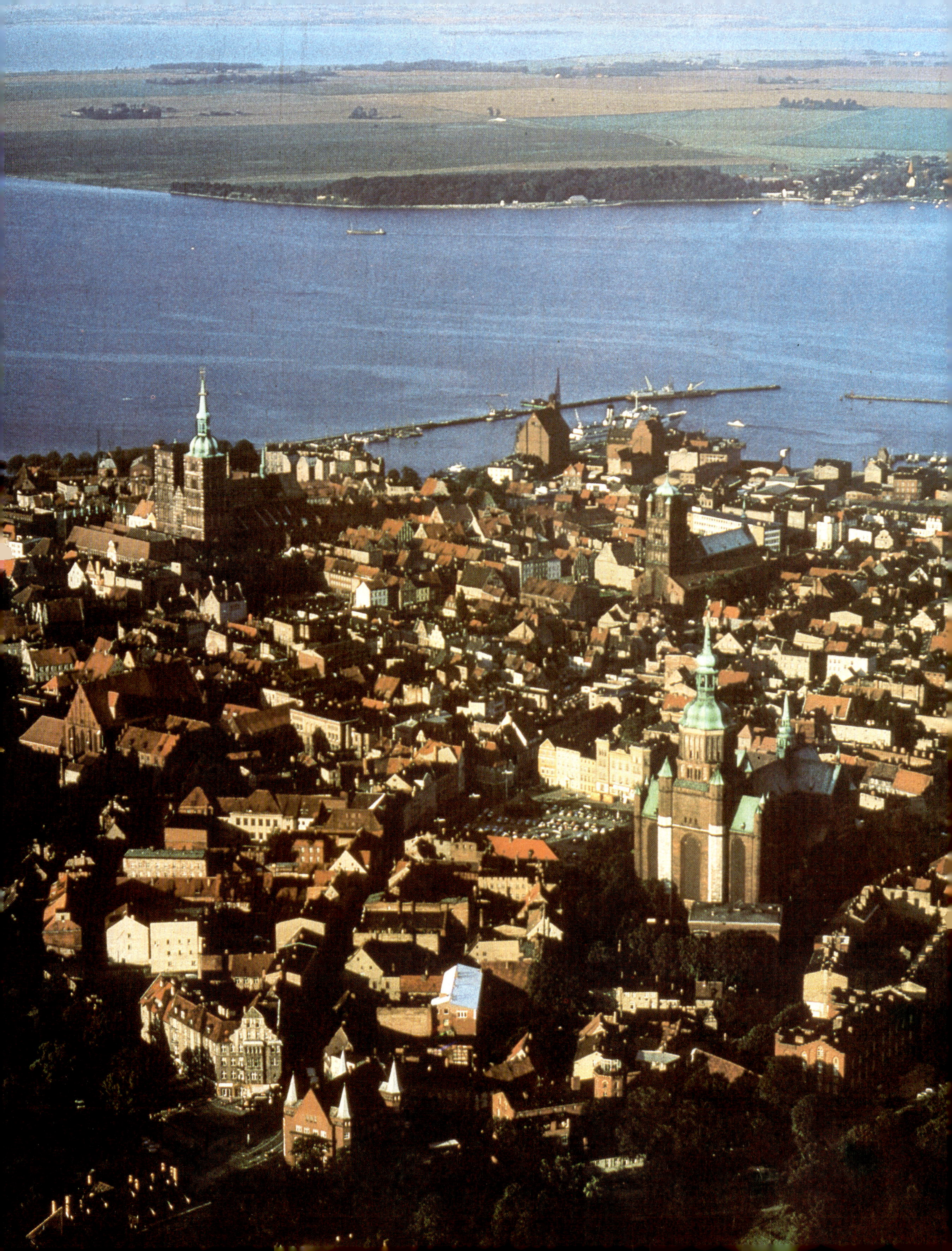

Jungaktivistenkongreß in Erfurt, März 1949

2500 Delegierte aus allen Besatzungszonen Deutschlands kamen im Juni 1949 nach Leipzig zum III. Parlament der FDJ. Zu den Teilnehmern einer Großkundgebung sprachen Wilhelm Pieck und Erich Honecker

1000 Traktoren

Das Lied von den 1000 Traktoren und der Freundeshilfe der Sowjetunion sangen die Mitglieder der FDJ auf ihren Kongressen und Konferenzen. Zur Unterstützung der Wirtschaft der sowjetischen Besatzungszone waren am 30. März 1949 49 fabrikneue Lastkraftwagen aus der UdSSR in Frankfurt/Oder eingetroffen. Ihnen folgten am 2. April 192 schwere Traktoren. Insgesamt lieferte die Sowjetunion 1000 Traktoren, 540 Lastkraftwagen und 10000 t Walzmaterial. Die Traktoren und die Lastkraftwagen erhielten die Maschinen-Ausleih-Stationen (MAS). Anfang der fünfziger Jahre kamen Mähdrescher aus der Sowjetunion. Diese Traktoren, Lastkraftwagen und Mähdrescher bedeuteten viel für die Entwicklung der Landwirtschaft

‹Amboß oder Hammer sein›

Vor zweihundert Jahren, am 28. August 1749, wurde Johann Wolfgang Goethe geboren. *Während der Feierlichkeiten zum Goethe-Jahr 1949 traf der weltbekannte bürgerlich-humanistische Schriftsteller Thomas Mann am 1. August 1949 in Weimar ein*

Die deutsche Jugend beging am 21. und 22. März 1949 in Weimar das Goethe-Jubiläum. Delegationen aus allen Besatzungszonen Deutschlands und dem Ausland kamen, um den großen Dichter zu feiern

Die Festansprache hielt Otto Grotewohl. Er rief der Jugend zu: ‹Du mußt leiden, wenn du tatenlos beiseite stehst, du wirst triumphieren über Kummer und Not des Lebens, wenn sich deine Köpfe und deine Hände rühren zu friedlichem Aufbauwerk für dein Volk und dein Vaterland. Einen Mittelweg gibt es nicht. Du darfst nicht Amboß, sondern du mußt Hammer sein!›

Park von Weimar mit dem Gartenhaus Goethes

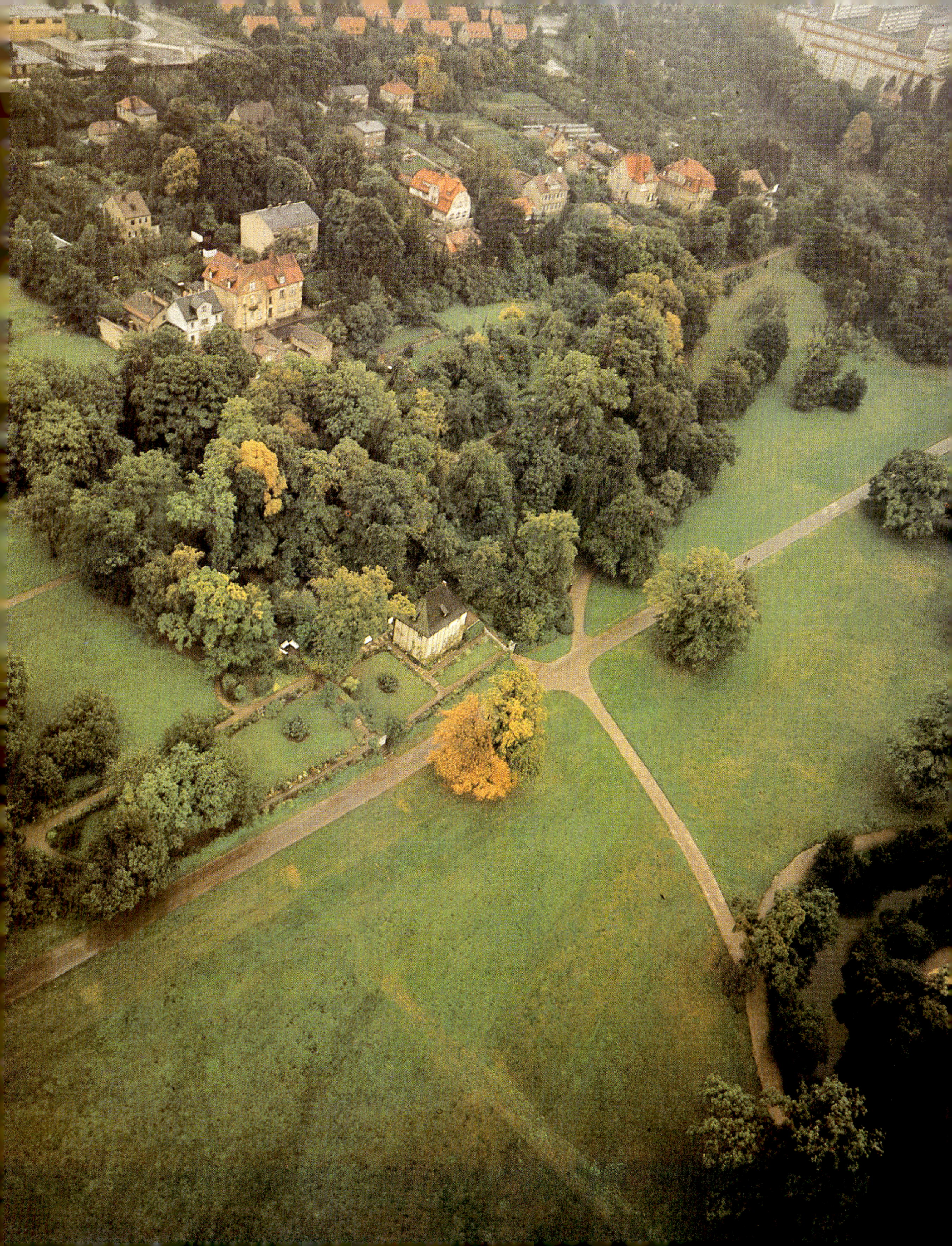

Verfassung für eine deutsche demokratische Republik

Am 20. Mai 1949 rief die Unabhängige Gewerkschaftsopposition (UGO) die Westberliner Eisenbahner zum Streik auf. Es gelang aber nicht, den S-Bahnverkehr lahmzulegen. Nun begannen Stör- und Schlägertrupps, Anlagen der S-Bahn zu demolieren und Reisende gewaltsam an der Fahrt zu hindern. Die Aktion sollte den Vorwand liefern, der Deutschen Reichsbahn ihr Gelände in Westberlin zu entreißen und die Spaltung Berlins zu vertiefen. Ab 28. Juni 1949 rollte die S-Bahn wieder ungestört. – *Schlägertrupp der UGO mißhandelt auf dem S-Bahnhof Neukölln einen Fahrgast*

Abgeordnete des Parlamentarischen Rates und die Regierungschefs der Länder in den Westzonen berieten am 14. Juni 1949 in Schlangenbad Taunus Maßnahmen zur Gründung des westdeutschen Separatstaates

Der Deutsche Volksrat unterbreitete den Entwurf einer Verfassung für eine deutsche demokratische Republik. 503 Änderungsvorschläge und 15 000 Resolutionen gingen dem Deutschen Volksrat aus allen Besatzungszonen zu. *Der 3. Deutsche Volkskongreß beriet am 29. und 30. Mai 1949 den Entwurf und gab ihm seine Zustimmung*

Kalkwerk Rüdersdorf – Seine Belegschaft nahm in den ersten Oktobertagen 1949 gegen den Bonner Separatstaat Stellung. Aus der neuen Situation folgerte sie: ‹Für uns ergibt sich nunmehr die Notwendigkeit, eine wahrhaft deutsche Regierung zu schaffen, die die gesamten Interessen des deutschen Volkes vertritt...› Solche Forderungen erhoben auch Arbeiter und Angestellte vieler anderer Betriebe, die Parteien des Demokratischen Blocks und die demokratischen Massenorganisationen

Folgende linke Seite: Stahl fließt in Hennigsdorf, März 1948

95

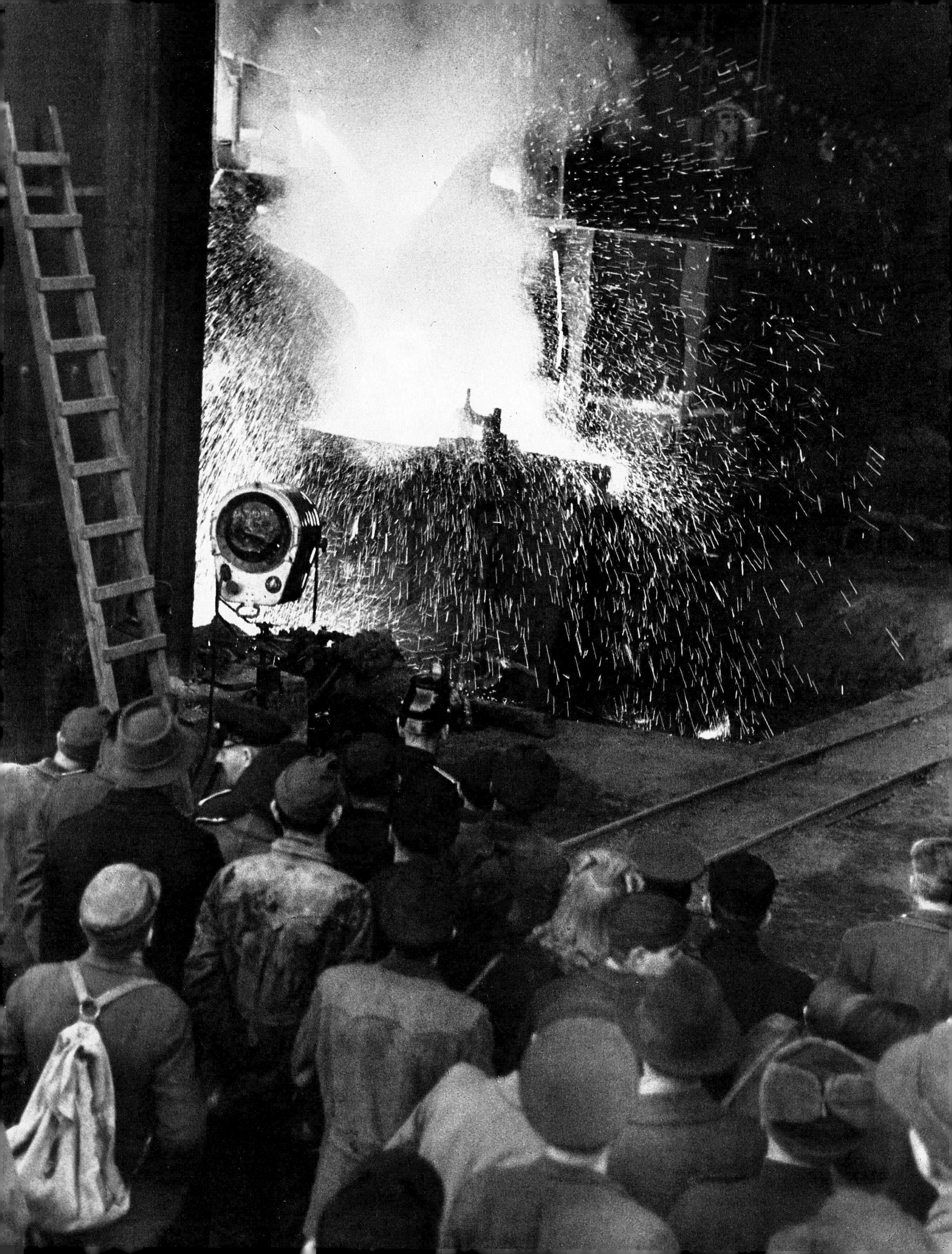

Die Errichtung der Grundlagen des Sozialismus 1949–1961

2

Die Gründung der Deutschen Demokratischen Republik

Am 7. Oktober 1949 trat in Berlin der Deutsche Volksrat unter Leitung von Wilhelm Pieck zu seiner 9. Tagung zusammen. Der Volksrat war vom 3. Deutschen Volkskongreß im Mai 1949 gewählt worden, dessen Delegierte wiederum von zwei Drittel der wahlberechtigten Bevölkerung der sowjetischen Besatzungszone in freier, demokratischer Wahl ihr Mandat erhalten hatten. Es war die historische Konsequenz der für ein einiges, demokratisches Deutschland kämpfenden Volkskongreßbewegung, daß sie nach der staatlichen Spaltung des Landes durch die Bildung der BRD in die Gründung des Arbeiter-und-Bauern-Staates mündete.

Einmütig beschlossen die 330 Abgeordneten die Konstituierung des Deutschen Volksrates als Provisorische Volkskammer der Deutschen Demokratischen Republik und wählten Johannes Dieckmann, stellvertretender Vorsitzender der LDPD, zu deren Präsidenten. Sie setzten die Verfassung der Deutschen Demokratischen Republik, die in einer mehrmonatigen Volksdiskussion beraten worden war, in Kraft. Als Mitglied der stärksten Fraktion, der Fraktion der SED, wurde Otto Grotewohl gemäß der Verfassung mit der Bildung der Provisorischen Regierung beauftragt.

Die erste Verfassung der DDR verankerte die historischen Errungenschaften der antifaschistisch-demokratischen Umwälzung, wie die Ausübung der Staatsgewalt durch die Arbeiterklasse und ihre Verbündeten, die Beseitigung der Monopole und des Großgrundbesitzes und die Schaffung eines volkseigenen Sektors in der Wirtschaft, das Recht aller Bürger auf Arbeit und auf Bildung, die Gleichberechtigung der Frau, der Jugend und der sorbischen nationalen Minderheit. Zugleich sicherte sie die Weiterführung der 1945 eingeleiteten revolutionären Umwälzung und half, dem Aufbau des Sozialismus den Weg zu bahnen. Die Verfassung erklärte das Eintreten für Frieden und Völkerfreundschaft zum obersten Grundsatz der Staatspolitik.

Am 10. Oktober 1949 übergab der Oberste Chef der SMAD, Armeegeneral W. I. Tschuikow, im Auftrage seiner Regierung die bisher von den sowjetischen Militärbehörden im Sinne des Potsdamer Abkommens ausgeübten Verwaltungsfunktionen an die Organe der DDR. Die SMAD wurde aufgelöst und eine Sowjetische Kontrollkommission (SKK) gebildet, deren Aufgabe es war, die Verwirklichung des Potsdamer Abkommens und der anderen Deutschland betreffenden Viermächtebeschlüsse zu überwachen.

Am 11. Oktober wählten die Volkskammer und die Länderkammer (die Länderkammer setzte sich aus Abgeordneten der fünf Landtage in der DDR zusammen und bestand bis 1958) in einer gemeinsamen Sitzung den bewährten Arbeiterführer Wilhelm Pieck zum Präsidenten der DDR.

In seiner Antrittsrede erklärte der Präsident: ‹Wir stehen heute an der Wende der deutschen Geschichte. Dank der unermüdlichen Arbeit der besten Kräfte des deutschen Volkes und dank der großen Hilfe, die uns die Sowjetregierung erwiesen hat, unternehmen wir die ersten Schritte der staatlichen Selbständigkeit des deutschen Volkes. Sorgen wir alle in verantwortungsbewußter, loyaler und freundschaftlicher Zusammenarbeit dafür, daß wir uns der Größe der geschichtlichen Aufgaben gewachsen zeigen und daß wir dereinst vor dem Urteil der Geschichte bestehen können.›/13/

Anläßlich der Wahl Wilhelm Piecks zum ersten Präsidenten der DDR erlebte Berlin die bis dahin bedeutendste Kundgebung der Nachkriegszeit. Annähernd eine Million Berliner und Werktätige aus allen Teilen der Republik, unter ihnen 200 000 Mitglieder der FDJ, begrüßten begeistert die Gründung des Arbeiter-und-Bauern-Staates. Erich Honecker, Vorsitzender der FDJ, versicherte dem Arbeiterpräsidenten im Namen der fortschrittlichen Jugend, daß sie diesem Staat immer die Treue halten und all ihre Kraft für sein Gedeihen einsetzen werde.

Am 12. Oktober bestätigte die Volkskammer die von Otto Grotewohl vorgestellte erste Regierung der DDR. Von den insgesamt 18 Ministern gehörten 8 der SED, 4 der CDU, 3 der LDPD, je 1 der NDPD und der DBD an; 1 Minister war parteilos.

Die erste Regierungserklärung von Ministerpräsident Grotewohl war ein Bekenntnis zum Frieden, zum gesellschaftlichen Fortschritt und zur Freundschaft mit der Sowjetunion, den Volksdemokratien und allen friedliebenden Völkern. Die Errichtung einer starken Staatsmacht der Arbeiter und Bauern, so erklärte der Ministerpräsident, war notwendig, um die gesellschaftliche Umwälzung in der DDR und den Kampf um den Frieden, gegen den Imperialismus und seine Kriegs- und Spaltungspolitik konsequent weiterführen zu können. Er würdigte das Bündnis der Blockparteien und Massenorganisationen, das sich nunmehr auch bei der Bildung des Arbeiter-und-Bauern-Staates bewährte. Otto Grotewohl betonte die Übereinstimung der Regierungspolitik mit den völkerrechtlich verbindlichen Grundsätzen des Potsdamer Abkommens. Namens der Regierung bekannte er sich zu den verpflichtenden Traditionen des antifaschistischen Widerstandskampfes.

Am 13. Oktober – dieser Tag wurde zur Erinnerung an die Aktivistentat Adolf Henneckes mehrere Jahre als ‹Tag der Aktivisten› begangen – erläuterten Mitglieder der Regierung in volkseigenen Großbetrieben die Regierungserklärung. In zahlreichen Kundgebungen in Betrieben und Verwaltungen, Städten und Gemeinden sprachen Hunderttausende Werktätige der ersten Arbeiter-und-Bauern-Regierung ihr Vertrauen aus. Millionen Menschen waren so in die Gründung der DDR einbezogen. Die Errichtung der Arbeiter-und-Bauern-Macht war nicht nur ein staatsorganisatorischer Akt, sondern im Gegensatz zu den 1871, 1919 und 1949 vollzogenen bürgerlichen deutschen Staatsgründungen auch Ergebnis einer erfolgreichen Volksbewegung. Darin kam das grundsätzlich Neue der sozialistischen Staatsmacht zum Ausdruck.

Mit der Deutschen Demokratischen Republik entstand der erste Staat in der langen und wechselvollen Geschichte des deutschen Volkes, in dem die Arbeiterklasse im Bündnis mit den werktätigen Bauern und anderen Werktätigen die Macht ausübt und die sozialistische Ordnung errichtet, der erste deutsche Staat, dessen Weg voll und ganz den Gesetzmäßigkeiten des gesellschaftlichen Fortschritts entspricht. Werden und Wachsen der DDR stimmen überein mit den Gesetzmäßigkeiten der Epoche des weltweiten Übergangs vom Kapitalismus zum Sozialismus, die die Große Sozialistische Oktoberrevolution im Jahre 1917 eingeleitet hatte. Die Bildung des sozialistischen deutschen Staates wurde möglich dank der Befreiung und der Unterstützung durch die Sowjetunion, dank der Existenz eines sozialistischen Weltsystems, dank der Führung des Volkes durch die Arbeiterklasse und ihre marxistisch-leninistische Partei.

Die Gründung der DDR war auch die notwendige und einzig mögliche Antwort auf die Spaltung Deutschlands durch den Imperialismus.

Die Deutsche Demokratische Republik verkörpert die entscheidende Wende in der Geschichte des deutschen Volkes. Sie ist das Ergebnis und die Krönung des jahrhundertelangen Kampfes der Besten des deutschen Volkes für den gesellschaftlichen Fortschritt. Die DDR bewahrt das Erbe der deutschen Klassik und aller humanistischen Traditionen des deutschen Volkes. Vor allem ist sie das Ergebnis des opferreichen Ringens der Arbeiterklasse unter Führung ihrer revolutionären Partei gegen kapitalistische Ausbeutung und imperialistische Eroberungspolitik, für Frieden, Demokratie und Sozialismus. Sie verwirklicht die Ziele von Karl Marx und Friedrich Engels, von August Bebel und Wilhelm Liebknecht, von Karl Liebknecht, Rosa Luxemburg und Ernst Thälmann. Die DDR erfüllt das Vermächtnis aller großen Klassenkämpfe der deutschen Geschichte, der frühbürgerlichen Revolution zu Beginn des 16. Jahrhunderts, der Revolution von 1848/1849, der Novemberrevolution 1918/1919 und der nachfolgenden Klassenkämpfe des Proletariats, der kommunistischen und der sozialdemokratischen Widerstandskämpfer, der Antifaschisten aus bürgerlich-demokratischen und aus christlichen Kreisen. Die DDR ist in den progressiven Traditionen der gesamten deutschen Geschichte tief verwurzelt.

Erste außenpolitische Schritte

Die UdSSR und die anderen sozialistischen Staaten, die kommunistischen und Arbeiterparteien und andere demokratische Kräfte würdigten die Gründung der DDR als ein bedeutendes Ereignis im Kampf um die Sicherung des Friedens, gegen den Imperialismus. ‹Die Bildung der Deutschen Demokratischen friedliebenden Republik ist ein Wendepunkt in der Geschichte Europas›/14/, erklärte der Vorsitzende des Ministerrates der UdSSR, J. W. Stalin, am 13. Oktober 1949 in einem Telegramm an Wilhelm Pieck und Otto Grotewohl.

Am 15. Oktober 1949 beschloß die Regierung der UdSSR den Austausch diplomatischer Missionen mit der DDR. In den nächsten Tagen und Wochen folgten entsprechende Schritte der Regierungen Bulgariens, Polens, der ČSR, Ungarns, Rumäniens, Chinas, Koreas, Albaniens, Vietnams und im April 1950 der Mongolischen Volksrepublik. Die Herstellung diplomatischer Beziehungen zu elf sozialistischen Ländern gab der DDR einen festen internationalen Rückhalt. Ihre Verbundenheit mit der Sowjetunion und den anderen Staaten des sozialistischen Weltsystems fand sichtbaren Ausdruck.

Um enge freundschaftliche Beziehungen zu den sozialistischen Staaten herzustellen, war es auch notwendig, jene Probleme völlig zu klären, die als Folgen des zweiten Weltkrieges in den Beziehungen der DDR zu diesen Staaten, insbesondere den Nachbarstaaten, noch existierten.

Wichtigstes Ergebnis der Verhandlungen mit Polen war die gemeinsame Deklaration über die endgültige Markierung der in den Potsdamer Beschlüssen festgelegten und bestehenden Grenze an Oder und Neiße vom 6. Juni 1950, der einen Monat später ein entsprechender Vertrag folgte. Diese Vereinbarungen schufen eine Barriere gegen die revanchistischen Bestrebungen der herrschenden Kreise in der BRD. Sie widerspiegelten, welch große gesellschaftliche Veränderungen sich in der DDR und in Polen vollzogen hatten. Mit der völkerrechtlichen Anerkennung der Oder-Neiße-Grenze wurde, wie Wilhelm Pieck in einem Schreiben an den polnischen Staatspräsidenten Bolesław Bierut erklärte, ‹ein düsteres Kapitel, in dem Jahrhunderte hindurch die Beziehungen zwischen unseren beiden Völkern vergiftet wurden, endgültig abgeschlossen. Die Friedensgrenze an Oder und Neiße hat die Voraussetzungen für neue friedliche und gutnachbarliche Beziehungen zwischen unseren beiden Ländern geschaffen.›/15/

In der gemeinsamen Deklaration der DDR und der ČSR vom 23. Juni 1950 wurde festgestellt, daß es zwischen beiden Staaten keine strittigen und offenen Fragen gibt und daß die Aussiedlung der Deutschen aus der Tschechoslowakei als endgültig angesehen wird. Beide Seiten verpflichteten sich, einander im Kampf um den Frieden und beim wirtschaftlichen Aufbau zu unterstützen. Ähnliche Vereinbarungen traf die Regierung der DDR mit den Regierungen Ungarns, Bulgariens und Rumäniens im Juni und September 1950. Auf der Grundlage der gemeinsamen Deklarationen wurden gleichzeitig Abkommen über den Waren- und Zahlungsverkehr und über wissenschaftlich-technische Zusammenarbeit sowie Protokolle über kulturelle Zusammenarbeit unterzeichnet.

Im September 1950 wurde die DDR in den Anfang 1949 gebildeten Rat für Gegenseitige Wirtschaftshilfe aufgenommen. Die Zusammenarbeit im RGW, besonders die Hilfe durch die UdSSR, trug wesentlich zur Festigung der Arbeiter-und-Bauern-Macht bei und half der DDR, ihre Volkswirtschaft vor imperialistischen Anschlägen zu schützen. Zugleich unterstützte die DDR durch Lieferung von Maschinen und Ausrüstungen die sozialistische Industrialisierung in den volksdemokratischen Ländern.

Die Herstellung diplomatischer Beziehungen mit der UdSSR und den anderen sozialistischen Staaten, die gemeinsamen Deklarationen und die Aufnahme in den RGW waren erste Schritte zur Einbeziehung der DDR in das Vertragssystem der sozialistischen Staaten.

Im Juni 1950 überfielen die USA und ihre südkoreanischen Satelliten die Koreanische Demokratische Volksrepublik. Die internationalen Spannungen verschärften sich rasch. Die Gefahr eines atomaren Weltkrieges wurde akut. Ebenso wie die anderen sozialistischen Staaten verurteilte die Regierung der DDR die Kriegspolitik des USA-Imperialismus aufs schärfste und solidarisierte sich mit dem Befreiungskampf des koreanischen Volkes. Auf Initiative der SED entwickelte sich auch in der DDR eine Bewegung der Solidarität für Korea. Sie wurde zu der bis dahin umfassendsten internationalistischen Aktion der Arbeiter und anderer Werktätiger der DDR.

Die herrschenden Kreise in der BRD benutzten hingegen die Verschärfung der internationalen Spannungen, um eine antikommunistische Kriegshysterie zu entfachen, eine Verfolgungswelle gegen alle Friedenskräfte einzuleiten und zur Remilitarisierung überzugehen. Im Oktober 1950 wurde in Bonn das sogenannte Amt Blank gebildet, das mit Unterstützung der Westmächte, besonders der USA, erste organisatorische Maßnahmen zum Aufbau einer Armee einleitete. Zur gleichen Zeit entstanden in der BRD zahlreiche Soldaten- und Traditionsverbände. Sie propagierten die Aufrüstung und sammelten die alten Kader für eine neue Aggressionsarmee.

Im Oktober 1950 tagten in Prag die Außenminister der UdSSR und der europäischen volksdemokratischen Staaten. Sie berieten, welche gemeinsamen Maßnahmen gegen die gefährliche Entwicklung in der BRD notwendig seien. Das war die erste internationale Konferenz, an der die DDR teilnahm. Die Prager Außenministerkonferenz verurteilte die Remilitarisierung der BRD und unterbreitete ein konstruktives Programm zur Sicherung des Friedens in Mitteleuropa. Sie schlug vor, mit Deutschland einen Friedensvertrag im Sinne der Beschlüsse von Potsdam abzuschließen. Ein paritätisch aus Vertretern der DDR und der BRD zusammengesetzter Gesamtdeutscher Konstituierender Rat sollte die Bildung einer provisorischen Regierung vorbereiten, die bei der Ausarbeitung des Friedensvertrages mitwirken könnte.

Bei der Festlegung ihrer gemeinsamen Politik zur Sicherung des Friedens in Europa berücksichtigten die sozialistischen Staaten, daß das Kräfteverhältnis in der BRD zu dieser Zeit noch bestimmte Möglichkeiten für die antiimperialistischen Kräfte bot, auch dort die gesellschaftlichen Grundlagen des Faschismus und der Kriegspolitik zu beseitigen und die Potsdamer Beschlüsse konsequent zu verwirklichen. Eine antiimperialistische Entwicklung der BRD, die nur im langwierigen Klassenkampf durchzusetzen war, hätte den Weg zu einem einheitlichen demokratischen deutschen Staat ebnen können. Gleichzeitig warnten die sozialistischen Staaten vor den schwerwiegenden Folgen einer Remilitarisierung der BRD und vor deren Eingliederung in das imperialistische Paktsystem, weil sich dadurch die Kriegsgefahr verschärfen und die Kluft zwischen DDR und BRD vertiefen würde und die Chance einer demokratischen Wiedervereinigung vertan wäre.

Die Nationale Front

Die Gründung der DDR war auch die Geburtsstunde der Nationalen Front. Auf ihrer historischen Tagung am 7. Oktober 1949 beschloß die Provisorische Volkskammer das Manifest ‹Die Nationale Front des demokratischen Deutschland›. Darin wurden der Kampf um die Wiedervereinigung Deutschlands auf demokratischer Grundlage und um den Abschluß eines Friedensvertrages zu den Hauptaufgaben der Nationalen Front erklärt. Das Programm der Nationalen Front vom Februar 1950 rief zur Stärkung der DDR als der staatlichen Basis der Nationalen Front und zur Festigung der Freundschaft mit der Sowjetunion auf. Die Mitwirkung bei der Erfüllung der Volkswirtschaftspläne wurde als eine der wichtigsten Aufgaben der Nationalen Front bezeichnet.

Anfang 1950 wurden die Volksausschüsse der Volkskongreßbewegung in den Ländern, Kreisen, Städten und Gemeinden der DDR als Ausschüsse der Nationalen Front neu gebildet. Die Zahl der Arbeiter und der werktätigen Bauern, der Angehörigen der Intelligenz und anderen Werktätigen, die in den Ausschüssen der Nationalen Front aktiv am gesellschaftlichen Leben teilnahmen, nahm erheblich zu. Im August 1950 wählte der Nationalrat, das Führungsorgan der Nationalen Front, den parteilosen Wissenschaftler Erich Correns zum Vorsitzenden seines Präsidiums.

Unter Führung der SED festigte sich die Nationale Front politisch und organisatorisch. Als umfassendste Form des Bündnisses der Arbeiterklasse mit anderen Klassen und Schichten wurde sie zu einer bedeutenden Kraft im gesellschaftlichen Leben der DDR. Sie stützte sich auf die Blockparteien, bezog aber auch viele politisch nicht organisierte Bürger ein.

In der BRD konnte sich dagegen die Nationale Front trotz aufopferungsvoller Anstrengungen der Kommunisten und anderer Patrioten nicht zu einer starken Volksbewegung entwickeln. Die Repressalien der reaktionären Staatsmacht, die Spaltung der Arbeiterklasse durch die rechten SPD-Führer und die antikommunistische Hetze verhinderten dort den Zusammenschluß aller Gegner des Imperialismus.

Bei den Wahlen zur Volkskammer, zu den Landtagen, Kreistagen, Stadtverordnetenversammlungen und Gemeindevertretungen im Oktober 1950, die erstmals auf der Grundlage eines gemeinsamen Wahlprogramms und einer gemeinsamen Kandidatenliste der Nationalen Front durchgeführt wurden, bestand die Nationale Front ihre erste große Bewährungsprobe. Trotz maßloser Hetze der bürgerlichen Parteien, der rechten SPD-Führer und der imperialistischen Massenmedien in der BRD, die auf bürgerlich-parlamentarische Illusionen unter der Bevölkerung spekulierten und zum Boykott der Wahlen aufriefen, trotz fieberhafter Aktivität imperialistischer Geheimdienste und Agentengruppen, die auch vor Morddrohungen und Brandstiftungen nicht zurückschreckten, errangen die Kandidaten der Nationalen Front einen überwältigenden Sieg. Bei einer Wahlbeteiligung von 98,5 Prozent stimmten 99,7 Prozent der Wähler für die Kandidaten der Nationalen Front.

Das gemeinsame Auftreten aller Blockparteien unter Führung der SED zeugte davon, daß deren Zusammenarbeit enger geworden war. Einige reaktionäre Politiker in CDU und LDPD, die den Block der Parteien und Massenorganisationen zu sprengen suchten und auf eine kapitalistische Restauration hinarbeiteten, fanden keine Massenbasis und mußten unter dem Druck der Mitglieder ihre Funktionen niederlegen. In CDU und LDPD setzten sich endgültig die fortschrittlichen Kräfte um Otto Nuschke, August Bach und Gerald Götting, um Johannes Dieckmann, Hans Loch und Manfred Gerlach durch, die gewillt waren, an der Seite der Arbeiterklasse und ihrer Partei zur Stärkung der DDR beizutragen. CDU und LDPD entwickelten sich – wie DBD und NDPD seit ihrer Gründung – als kleinbürgerlich-demokratische Parteien, die die führende Rolle der Arbeiterklasse anerkannten und zu aktiven Mitgestaltern des Sozialismus wurden.

Die neugewählten Volksvertretungen, die Neubildung der Regierung der DDR und der Länderregierungen und von der Regierung beschlossene Maßnahmen zur einheitlichen Leitung und Planung der Volkswirtschaft widerspiegelten, daß sich die politische Herrschaft der Arbeiterklasse gefestigt hatte. Der Prozeß der Errichtung der Arbeiter-und-Bauern-Macht als einer Staatsmacht vom Typ der Diktatur des Proletariats fand im wesentlichen seinen Abschluß.

Der III. Parteitag der SED

Vom 20. bis 24. Juli 1950 fand in Berlin der III. Parteitag der SED statt, der erste Parteitag nach der Gründung der DDR.

Den Rechenschaftsbericht des Parteivorstandes erstattete Wilhelm Pieck. Er konnte von großen Erfolgen ausgehen, die im Bemühen, das sozialistische Weltsystem zu festigen, errungen worden waren und in die auch die Leistungen der Werktätigen der DDR eingeschlossen waren. Die wichtigsten Aufgaben des Zweijahrplanes waren in einundeinhalb Jahren erfüllt worden. Im Frühjahr 1950 hatte die Industrieproduktion der DDR den Vorkriegsstand erreicht. Auch in der Landwirtschaft hatten die schweren Kriegsschäden im wesentlichen überwunden und in der pflanzlichen Produktion sowie bei den Viehbeständen die Vorkriegsergebnisse erzielt werden können. Die rund 6000 volkseigenen und SAG-Betriebe erzeugten 1950 die Hälfte des gesellschaftlichen Gesamtprodukts und Dreiviertel der industriellen Bruttoproduktion. Damit war die entscheidende sozialökonomische Aufgabe, im Verlaufe des Zweijahrplanes das Übergewicht des volkseigenen Sektors in der gesamten Volkswirtschaft herzustellen, gelöst worden.

Gleichzeitig mußte der Parteitag davon ausgehen, daß die maßgebenden Kräfte des Imperialismus mit dem Überfall auf das koreanische Volk und der Remilitarisierung der BRD die internationalen Spannungen verschärft hatten, daß die Gefahr eines dritten Weltkrieges drohend vor der Menschheit stand.

Der III. Parteitag erklärte deshalb den Kampf um die Erhaltung des Friedens und gegen den Imperialismus zur vorrangigen Pflicht der DDR. Er beschloß Maßnahmen zur Stärkung der Friedensbewegung und der Nationalen Front. Otto Grotewohl, der über diese Fragen sprach, betonte, daß die DDR in der Auseinandersetzung zwischen den beiden Weltlagern fest an der Seite der UdSSR und der anderen sozialistischen Staaten stehe und daß der Frieden nur in engster Freundschaft mit der Sowjetunion gesichert werden könne. Er bezeichnete es als Pflicht der Arbeiter-und-Bauern-Macht, die Errungenschaften der Werktätigen zu schützen.

Der III. Parteitag beschloß die konsequente Weiterführung der revolutionären Umwälzung. Das für die allseitige Stärkung der Arbeiter-und-Bauern-Macht entscheidende Dokument war der Entwurf für den ersten Fünfjahrplan zur Entwicklung der Volkswirtschaft der DDR (1951–1955), den Walter Ulbricht erläuterte. Der Fünfjahrplan, den die Volkskammer später mit einigen Änderungen als Gesetz annahm, sah unter anderem vor, die Industrieproduktion bis 1955 zu verdoppeln, die Arbeitsproduktivität in der volkseigenen Industrie und das Volkseinkommen um jeweils 60 Prozent zu erhöhen. Dadurch sollte der Lebensstandard der Vorkriegszeit erreicht und überschritten werden.

Eine eigene metallurgische Basis zu schaffen und den Schwermaschinenbau zu erweitern, die Rohstoffbasis zu entwickeln und eine Handelsflotte zu bauen waren die wichtigsten volkswirtschaftlichen Vorhaben. Nur wenn diese Aufgaben erfüllt wurden, war es möglich, schrittweise die schwerwiegenden Disproportionen in der Industrie der DDR zu überwinden, die ein Erbe des Kapitalismus waren und durch den Krieg und die Spaltung des Landes bedeutend verschärft worden waren. Besonders kraß war das Mißverhältnis zwischen der relativ entwickelten metallverarbeitenden Industrie und der schwachen metallurgischen Basis. So verfügte die DDR damals nur über drei veraltete Hochöfen, hätte aber die zwanzigfache Kapazität benötigt. Es existierte auch kein leistungsfähiger Energiemaschinenbau. Die DDR war in starkem Maße auf Einfuhr angewiesen, besonders Rohstoffe mußten importiert werden. Das erforderte wiederum eine rasche Steigerung des Exports, vor allem von Maschinen und Fertigwaren.

Höhere Erträge in der Feldwirtschaft zu erreichen und größere sowie leistungsfähigere Viehbestände heranzuziehen waren die Hauptaufgaben der Landwirtschaft. Insbesondere galt es, die MAS und die VEG, die Stützpunkte der Arbeiterklasse auf dem Lande, zu fördern. Das war der Weg, um das Bündnis der Arbeiterklasse mit den werktätigen Bauern weiter zu festigen, die demokratischen Kräfte auf dem Dorfe zu stärken und die werktätigen Bauern und Landarbeiter allmählich an die genossenschaftliche Produktion heranzuführen.

Die 1950 bestehenden 17 500 privatkapitalistischen Betriebe, die ein Viertel der industriellen Bruttoproduktion erzeugten, sollten mit Hilfe der Wirtschafts-, Finanz- und Steuerpolitik des Staates und des Vertragssystems in die planmäßige Entwicklung der Wirtschaft einbezogen werden. Das war einerseits wichtig für die Versorgung der Bevölkerung und andererseits im Sinne der Bündnispolitik. Gleichzeitig galt es, dem Wachstum des privatkapitalistischen Sektors Grenzen zu setzen und die vorrangige Entwicklung der volkseigenen Großindustrie zu sichern.

Mit dem ersten Fünfjahrplan ging die DDR wenig später als die meisten volksdemokratischen Staaten zur langfristigen sozialistischen Wirtschaftsplanung über. Mit diesem Plan und seiner Realisierung wurden wichtige Grundlagen des Sozialismus geschaffen. Der erste Fünfjahrplan basierte, wie Walter Ulbricht in seinem Referat erklärte, ‹auf den freundschaftlichen Beziehungen und der wirtschaftlichen Zusammenarbeit mit der Sowjetunion und den Ländern des Friedensblocks. Die Zugehörigkeit der Deutschen Demokratischen Republik zur großen Familie der friedliebenden Staaten ermöglicht uns den Neuaufbau aus eigener Kraft.›/16/

Der III. Parteitag stellte fest, daß sich angesichts der zunehmenden Verantwortung der Arbeiterklasse für die weitere gesellschaftliche Entwicklung die Rolle der SED erhöhte. Er nahm ein neues Statut der SED an, das die Resultate der Entwicklung der SED als marxistisch-leninistischer Partei verankerte und die Mitglieder und Kandidaten stärker auf die neuen Aufgaben beim sozialistischen Aufbau orientierte. Er faßte Beschlüsse über das einheitliche Parteilehrjahr, den Umtausch der Mitgliedsbücher und im Zusammenhang damit die Überprüfung der Mitglieder und Kandidaten. Alle diese Maßnahmen dienten der weiteren politisch-ideologischen und organisatorischen Festigung der SED.

Der Parteitag wählte Wilhelm Pieck und Otto Grotewohl zu Vorsitzenden des Zentralkomitees der SED, das an die Stelle des bisherigen Parteivorstandes trat. Das Zentralkomitee wählte Franz Dahlem, Friedrich Ebert, Otto Grotewohl, Hermann Matern, Fred Oelßner, Wilhelm Pieck, Heinrich Rau, Walter Ulbricht und Wilhelm Zaisser zu Mitgliedern, Anton Ackermann, Rudolf Herrnstadt, Erich Honecker, Hans Jendretzky, Erich Mückenberger und Elli Schmidt zu Kandidaten des Politbüros. Zum Generalsekretär des ZK der SED wurde Walter Ulbricht gewählt.

Auftakt zum ersten Fünfjahrplan

Am 1. Januar 1951 wurde bei Fürstenberg an der Oder der Grundstein für den ersten Hochofen des Eisenhüttenkombinats Ost gelegt, das Hauptobjekt des ersten Fünfjahrplans war. Obwohl es in der DDR kaum Spezialisten auf dem Gebiet des Eisenhüttenwesens gab, waren bis Ende 1952 vier Hochöfen in Betrieb. Aus der Sowjetunion kam das Erz, aus Polen die Steinkohle für das neue Hüttenwerk. Die Sowjetunion stellte außerdem wichtige Projektierungsunterlagen zur Verfügung und entsandte erfahrene Spezialisten. Zur gleichen Zeit entstand bei Calbe (Saale) ein weiteres Hüttenwerk und wurden die Stahl- und Walzwerke Brandenburg, Gröditz, Hennigsdorf und Riesa sowie die Maxhütte Unterwellenborn ausgebaut.

Um die eigenen Rohstoffvorkommen besser nutzen zu können, erarbeiteten die Montanwissenschaftler Georg Bilkenroth und Erich Rammler ein Verfahren, das die Erzeugung von Hüttenkoks aus der in der DDR reichlich vorhandenen Braunkohle ermöglichte. Ein Kollektiv unter Leitung von Kurt Säuberlich entwickelte das Niederschachtofenverfahren. In Calbe konnte auf der Grundlage dieses Verfahrens erstmals heimisches Erz mit geringem Eisengehalt unter Verwendung von BHT-(Braunkohlenhochtemperatur-) Koks verhüttet werden. Diese wissenschaftlich-technischen Pionierleistungen trugen dazu bei, die Abhängigkeit der Wirtschaft der DDR von der BRD einzuschränken.

Die Zusammenarbeit mit den Staaten des RGW, besonders mit der UdSSR, war für den Aufbau der sozialistischen Volkswirtschaft lebenswichtig. Im September 1951 schloß die DDR mit der UdSSR das erste langfristige Handelsabkommen ab, dem ähnliche Verträge mit Polen, der ČSR und weiteren sozialistischen Staaten folgten. 1952 entfielen 74 Prozent des gesamten Außenhandelsumsatzes der DDR auf die sozialistischen Staaten.

Damit war jene Proportion erreicht, die bis in die Gegenwart bestimmend blieb.

Im ersten Jahr des Fünfjahrplans wurden in nahezu 5000 Betrieben Betriebskollektivverträge (BKV) abgeschlossen. Sie lösten die für kapitalistische Verhältnisse typischen Tarifverträge ab, die die Werktätigen im Klassenkampf gegen die Monopole und deren Staat hatten durchsetzen müssen. In der volkseigenen Industrie wurde in breitem Umfang der Leistungslohn eingeführt und mit der Erarbeitung neuer – nach Möglichkeit technisch begründeter – Arbeitsnormen begonnen. Mehr und mehr Arbeiter bildeten nach sowjetischem Vorbild Arbeitsbrigaden an Stelle der aus dem Kapitalismus überkommenen, von einem Vorarbeiter geleiteten Kolonnen. Um die Rentabilität der volkseigenen Betriebe herzustellen beziehungsweise zu erhöhen, beschloß das ZK der SED auf seiner 6. Tagung im Juni 1951, zu neuen Methoden der Leitung der Betriebe überzugehen. Anknüpfend an die Erfahrungen der Sowjetunion, sollten in der volkseigenen Industrie Grundsätze der wirtschaftlichen Rechnungsführung und das Vertragssystem eingeführt werden. All dies erforderte über lange Zeit hin große Anstrengungen. Auch die Erfahrungen der DDR bestätigten, daß die Einführung sozialistischer Formen und Methoden der Arbeitsorganisation und Wirtschaftsleitung zu den kompliziertesten Aufgaben beim Übergang vom Kapitalismus zum Sozialismus gehört.

Der Fünfjahrplan gab der Aktivisten- und Wettbewerbsbewegung neue Impulse. Ihre sozialistischen Züge prägten sich immer stärker aus. Im Sachsenwerk Radeberg arbeitete der Dreher Erich Wirth mit großem Erfolg nach einem Verfahren des sowjetischen Drehers P. B. Bykow, das die Arbeitsproduktivität bedeutend steigerte. Seinem Beispiel folgten Luise Ermisch, Frieda Hoffmann, Gerhard Opitz, Joseph Wenig und viele andere Aktivisten, die ebenfalls sowjetische Neuerermethoden anwandten. Sie handelten im Sinne der von der SED geprägten Losung ‹Von der Sowjetunion lernen heißt siegen lernen!›. Um den wachsenden Bedarf der Volkswirtschaft an Stahl zu befriedigen und Auswirkungen eines Stahlembargos der BRD zu begegnen, führten die Arbeiter der Stahl- und Walzwerke im Herbst 1951 erstmals einen Sonderwettbewerb im Rahmen eines ganzen Industriezweiges durch. Über 9000 Brigaden erkämpften sich 1951 den Titel ‹Brigade der ausgezeichneten Qualität›.

Im Frühjahr 1952 löste der Bergmann Franz Franik die Bewegung der kollektiven Aktivistenarbeit aus. Die Erfahrungen der Besten sollten allen Brigademitgliedern übermittelt und durch gegenseitige Hilfe sollte erreicht werden, daß alle höhere Leistungen erzielten. Etwa zur gleichen Zeit begann, ausgelöst von Rudi Rubbel, die Bewegung der Neuerer und Rationalisatoren. Die Ausbreitung und die neuen Formen der Aktivisten- und Wettbewerbsbewegung, deren Initiatoren meist Mitglieder der SED waren, zeugten von dem hohen Bewußtsein der fortgeschrittensten Werktätigen.

Gleiches galt für das Ende 1951/Anfang 1952 auf Initiative der SED ins Leben gerufene Nationale Aufbauwerk (NAW), das von der Nationalen Front getragen wurde. Es entwickelte sich in kurzer Zeit zu einer sozialistischen Massenbewegung für den Neuaufbau Berlins und anderer im Krieg zerstörter Städte, an der sich Menschen aus allen Schichten mit freiwilligen Aufbaueinsätzen in ihrer Freizeit und mit Geldspenden beteiligten.

Die SED, der FDGB, die FDJ und die Nationale Front leisteten eine aufopferungsvolle Arbeit, um allen Werktätigen ihre neue Stellung in Staat und Wirtschaft bewußt zu machen und bürgerliche und kleinbürgerliche Auffassungen und Verhaltensweisen weiter zurückzudrängen. Die Herausbildung eines neuen Bewußtseins wurde jedoch durch die pausenlose antikommunistische Hetze der imperialistischen Massenmedien in der BRD und die offenen Grenzen zum imperialistischen System sehr erschwert. Mancher erhoffte sich, verleitet von der imperialistischen Propaganda, ein leichteres Leben in der BRD, in der sich zu dieser Zeit eine Hochkonjunktur abzeichnete, und verließ die DDR. Die Erziehung aller Werktätigen zu einem neuen Bewußtsein war eine sehr langwierige und komplizierte Aufgabe.

Nach der Gründung der DDR und dem Beginn des ersten Fünfjahrplans wurde die 1945 eingeleitete revolutionäre Umgestaltung in Bildung, Wissenschaft und Kultur zielstrebig weitergeführt. Dem Wesen nach ging es darum, entscheidende Aufgaben der sozialistischen Kulturrevolution in Angriff zu nehmen. In den Mittelpunkt rückte die Aufgabe, den Marxismus-Leninismus als herrschende Weltanschauung durchzusetzen.

Mit der Schaffung von Arbeiter-und-Bauern-Fakultäten (ABF) an den Universitäten und einigen Hochschulen im Oktober 1949, der Gründung mehrerer neuer Spezialhochschulen und Fachschulen, mit dem einheitlichen Zehnmonate-Studienjahr, der Vermittlung von Grundkenntnissen des Marxismus-Leninismus sowie der russischen Sprache für alle Studierenden ab Herbst 1951 und der Neugestaltung des Leitungssystems wurden wichtige Grundlagen für eine sozialistische Entwicklung des Hochschulwesens geschaffen. Marxistisch-leninistische Kader auf dem Gebiet der Gesellschaftswissenschaften bildete das im Dezember 1951 gegründete Institut für Gesellschaftswissenschaften beim ZK der SED aus. Der Marxismus-Leninismus erlangte einen festen Platz an den höchsten Bildungseinrichtungen der DDR.

Auch im Schulwesen begann die sozialistische Umgestaltung; neue Lehrpläne und Lehrbücher wurden eingeführt, in Schwerpunktgebieten von Industrie und Landwirtschaft entstanden die ersten Zehnklassenschulen. Über die Elternbeiräte, die erstmals im Herbst 1951 gewählt wurden, verstärkte die Arbeiterklasse ihren Einfluß auf die Entwicklung des Schulwesens. Große Anstrengungen galten auch der Berufsausbildung und der Qualifizierung der Werktätigen.

Von der intensiven Pflege des humanistischen Erbes in der DDR zeugten das Goethejahr 1949 mit seinen zahlreichen Veranstaltungen und Veröffentlichungen, das Bachjahr 1950, das Beethovenjahr 1952, die ersten Händelfestspiele in Halle 1952 sowie die Gründung der Nationalen Forschungs- und Gedenkstätten der klassischen deutschen Literatur in Weimar und der Ernst-Barlach-Gedenkstätte in Güstrow. Große Wirksamkeit erlangten die hervorragendsten Werke der Sowjetliteratur und -kunst.

Auf der 5. Tagung im März 1951 rief das ZK der SED die Kulturschaffenden auf, Kunst und Literatur eng mit dem werktätigen Volk zu verbinden. In Gedichten, Liedern, Erzählungen und zum Teil schon im Roman suchten Johannes R. Becher, Willi Bredel, Anna Seghers und andere Schriftsteller die neue Wirklichkeit künstlerisch zu erfassen. In dem 1951 errschienenen Roman ‹Menschen an unserer Seite› gestaltete Eduard

Claudius zum ersten Mal in der Geschichte der deutschen Literatur die befreite Arbeit. Auch bildende Künstler, wie Walter Arnold, Fritz Cremer, Lea Grundig und Otto Nagel, schufen Werke, die den neuen Inhalt der Arbeiterbewegung künstlerisch reflektierten. Von Hanns Eisler, Ernst Hermann Meyer und anderen Komponisten geschaffene Lieder fanden besonders unter der Jugend Verbreitung.

Mit dem Fernsehfunk, der im Dezember 1952 sein offizielles Versuchsprogramm aufnahm, schuf der sozialistische Staat ein neues Massenmedium, das in der Folgezeit große Wirksamkeit erlangte.

Aufbau des Sozialismus in allen gesellschaftlichen Bereichen

Die 2. Parteikonferenz der SED im Juli 1952 konnte feststellen: ‹Die politischen und die ökonomischen Bedingungen sowie das Bewußtsein der Arbeiterklasse und der Mehrheit der Werktätigen sind so weit entwickelt, daß der Aufbau des Sozialismus zur grundlegenden Aufgabe in der Deutschen Demokratischen Republik geworden ist.›/17/ Die bisherige Politik der SED, besonders die Beschlüsse des III. Parteitages weiterführend, beschloß die Parteikonferenz Richtlinien für den planmäßigen Aufbau der Grundlagen des Sozialismus in allen Bereichen des gesellschaftlichen Lebens. Diese Richtlinien waren am Leninschen Plan des sozialistischen Aufbaus orientiert, die Erfahrungen der KPdSU waren in sie eingeflossen. Vor allem galt es, die sozialistische Staatsmacht als das Hauptinstrument der Arbeiterklasse beim Aufbau des Sozialismus zu festigen, planmäßig die ökonomischen Grundlagen des Sozialismus in Industrie und Landwirtschaft zu schaffen und zunehmend die sozialistische Ideologie und Kultur durchzusetzen.

Die Beschlüsse der 2. Parteikonferenz wurden von den klassenbewußten Arbeitern und anderen Werktätigen lebhaft begrüßt. Der FDGB, die FDJ und weitere Massenorganisationen sowie die mit der SED verbündeten Parteien CDU, DBD, LDPD und NDPD faßten Beschlüsse über ihren Beitrag zum Aufbau des Sozialismus. Doch gab es in der Bevölkerung, auch unter Arbeitern, noch manche Zweifel und Vorbehalte sowie falsche Vorstellungen über den Sozialismus.

Um den sozialistischen Aufbau besser leiten und die sozialistische Demokratie entwickeln zu können, wurde auf Vorschlag der Parteikonferenz die territorial-administrative Gliederung der DDR verändert. An Stelle der bisherigen Länder wurden 14 Bezirke gebildet, und die Zahl der Kreise wurde erhöht. Damit entstand die für die DDR auch heute gültige territoriale Struktur. Bei den Bezirks- und Kreistagen wurden ständige Kommissionen geschaffen, die zahlreiche Bürger in die ehrenamtliche Arbeit einbezogen. Zum Schutz der Errungenschaften der Werktätigen wurden die Bereitschaften der Volkspolizei in die Kasernierte Volkspolizei (KVP) umgewandelt. 80 Prozent der Mannschaften und der Offiziere entstammten der Arbeiterklasse und der werktätigen Bauernschaft. Der weiteren Festigung der öffentlichen Ordnung und Sicherheit diente der Aufbau des Systems der Abschnittsbevollmächtigten der Volkspolizei.

Im Sommer des Jahres 1952 entstanden in der DDR die ersten landwirtschaftlichen Produktionsgenossenschaften (LPG). Sie wurden meist von Neubauern und Landarbeitern, von denen viele der SED angehörten, gebildet. Die meisten werktätigen Bauern, vor allem die alteingesessenen wirtschaftsstarken Mittelbauern, verhielten sich zunächst noch abwartend, viele sogar ablehnend. Die Masse der Großbauern stand den LPG feindlich gegenüber.

Die Arbeiterklasse und der Staat halfen den Pionieren der Genossenschaftsbewegung in der Landwirtschaft, die vielen schwierigen Probleme zu meistern, die mit dem Übergang zur sozialistischen Großproduktion verbunden waren. Die Landmaschinenindustrie wurde mit sowjetischer Hilfe beschleunigt ausgebaut. Die MAS wurden zu Maschinen-Traktoren-Stationen (MTS) umgebildet. Ihre Zahl stieg rasch. Sie stellten den Genossenschaftsbauern zu günstigen Bedingungen Maschinen und Geräte zur Verfügung und halfen ihnen bei der Verbesserung der Arbeitsorganisation und bei der Entwicklung der innergenossenschaftlichen Demokratie. Sozialistische Industriebetriebe übernahmen Patenschaften für LPG und entsandten Ernte- und Reparaturbrigaden, Industriearbeiter traten landwirtschaftlichen Produktionsgenossenschaften bei.

In ihrer Landwirtschaftspolitik wandte die SED den Leninschen Genossenschaftsplan schöpferisch an. Sie sicherte die führende Rolle der Arbeiterklasse bei der sozialistischen Umgestaltung der Landwirtschaft, sorgte aber gleichzeitig dafür, daß diese tiefgreifende revolutionäre Umwälzung in erster Linie von den Bauern selbst und unter konsequenter Beachtung des Prinzips der Freiwilligkeit durchgesetzt wurde. Auch nach der Bildung von LPG setzten die SED und der Staat die Unterstützung der noch einzeln wirtschaftenden Bauern fort, sahen sie doch in ihnen die Genossenschaftsbauern von morgen.

Die SED und die Regierung berieten alle grundlegenden Fragen der Entwicklung der LPG mit den Genossenschaftsbauern. Die meisten Gesetze und Verordnungen über die sozialistische Umgestaltung der Landwirtschaft beruhten auf den Empfehlungen der LPG-Konferenzen, die alljährlich im Dezember durchgeführt wurden und später in den Bauernkongressen der DDR ihre Fortsetzung fanden. Die I. LPG-Konferenz 1952 beschloß die Musterstatuten für die LPG vom Typ I, II und III. In Typ I wurde nur das Ackerland gemeinsam genutzt. In Typ III brachten die Mitglieder das gesamte Land in die LPG ein, auch Wiesen, Weiden und Wald, sowie das Vieh, landwirtschaftliche Geräte und Maschinen. Einen kleinen Teil des Ackerlandes und etwas Vieh konnten die Mitglieder auf Beschluß der Vollversammlung der LPG für die individuelle Nutzung behalten.

Nachdem sich der sozialistische Sektor in der Landwirtschaft genügend gefestigt hatte, empfahl die III. LPG-Konferenz im Jahre 1954, auch Großbauern, die sich loyal zur DDR verhielten und ihren Verpflichtungen nachkamen, die Aufnahme in LPG zu gestatten.

Für demokratische Wiedervereinigung und einen Friedensvertrag

Das Bemühen, die anfangs noch bestehenden Möglichkeiten für die Verwirklichung der Potsdamer Beschlüsse in der BRD und damit für die Überwindung der Spaltung Deutschlands zu nutzen, nahm in der Politik der SED und der Regierung einen zentralen Platz ein. Im November 1950 schlug Ministerpräsident Otto Grotewohl dem Kanzler der BRD in einem Schreiben vor, Verhandlungen über die Bildung eines Gesamtdeutschen Konstituierenden Rates aufzunehmen, dessen Aufgabe es sein sollte, Wahlen für eine Nationalversammlung und die Bildung einer provisorischen demokratischen gesamtdeutschen Regierung vorzubereiten. Der ‹Grotewohl-Brief›, wie die Initiative der DDR bald allerorts genannt wurde, gab den Auftakt für vielfältige Aktionen, die die herrschenden Kreise in der BRD in die Enge trieben. In der Folgezeit unterbreiteten die Volkskammer, der Präsident, die Regierung und die Nationale Front zahlreiche ähnliche Vorschläge.

Gleichzeitig verstärkten SED und FDGB ihre Bemühungen, über alles Trennende hinweg die Aktionseinheit mit der Arbeiterklasse und ihren Organisationen in der BRD herzustellen.

Die Initiativen der UdSSR, der DDR und der anderen sozialistischen Staaten fanden ein weites Echo. In der BRD, aber auch in Frankreich, Italien und anderen kapitalistischen Ländern protestierten Millionen Menschen gegen eine Aufrüstung der BRD und forderten, auf die Vorschläge der sozialistischen Staaten einzugehen. In einer Volksbefragung im Juni 1951 sprachen sich nicht nur die überwiegende Mehrheit der Bevölkerung der DDR, sondern trotz Verbotes und Verfolgung auch nahezu sechs Millionen Bürger der BRD für einen deutschen Friedensvertrag und gegen die Remilitarisierung der BRD aus.

Die DDR stimmte dem Entwurf für einen Friedensvertrag zu, den die Regierung der UdSSR im März 1952 den Regierungen der drei Westmächte unterbreitete. Darin war die Bildung eines einheitlichen demokratischen deutschen Staates vorgesehen, der auch über nationale Streitkräfte verfügen, aber keinem Militärbündnis angehören sollte. Über die ökonomische und soziale Struktur dieses Staates sollte das deutsche Volk selbst entscheiden. Im September 1952 reiste eine Delegation der Volkskammer nach Bonn, um mit dem Bundestag über die Teilnahme von Vertretern der DDR und der BRD an einer von der Sowjetunion vorgeschlagenen Viermächtekonferenz über einen deutschen Friedensvertrag zu verhandeln.

Die herrschenden Kreise in der BRD lehnten jedoch ebenso wie die imperialistischen Westmächte alle Vorschläge der sozialistischen Staaten ab und ignorierten die Forderungen von Millionen Menschen, da Verhandlungen über einen Friedensvertrag und die demokratische Wiedervereinigung Deutschlands ihren Plänen zuwidergelaufen wären, einen antisowjetischen Block unter Einschluß einer remilitarisierten BRD zu bilden. Im Mai 1952 unterzeichneten sie den Vertrag über die ‹Europäische Verteidigungsgemeinschaft› (EVG), der die Eingliederung der BRD in die NATO einleiten sollte.

Die rechten SPD- und Gewerkschaftsführer begünstigten und ermöglichten diese Politik, indem sie die Bildung einer einheitlichen Kampffront gegen den Militarismus in der BRD verhinderten und die Spaltung der Arbeiterklasse vertieften. Es gelang der Monopolbourgeoisie, die Volksbewegung gegen die Remilitarisierung in ungefährliche Bahnen zu lenken und das Kräfteverhältnis in der BRD zu ihren Gunsten zu verändern. Dadurch verringerten sich die Chancen für eine demokratische Entwicklung der BRD und damit für die Wiederherstellung eines einheitlichen Deutschlands als friedliebender und demokratischer Staat.

Die DDR setzte sich aber noch mehrere Jahre für dieses Ziel ein. Solange auch nur die geringsten Chancen bestanden, dieses Ziel zu erreichen, suchte sie diese zu nutzen, um die endgültige Zerreißung der Nation zu verhindern.

Kalter Krieg gegen die DDR

Die DDR war von ihrer Gründung an dem kalten Krieg des Imperialismus in besonderem Maße ausgesetzt. Nach den Plänen maßgebender imperialistischer Politiker sollte mit der Beseitigung der DDR das ‹roll back› (Zurückrollen) des Sozialismus in Europa beginnen. Die vereinte Macht des Westens, so wurde wiederholt erklärt, werde die Sowjetunion zur ‹Preisgabe› der DDR zwingen und die Wiederherstellung eines deutschen Staates nach dem Muster der BRD in den Vorkriegsgrenzen ermöglichen. Dies wäre, erklärte Konrad Adenauer, der erste Schritt zur ‹Neuordnung in Europa›/18/

Westberlin wurde zu einer Art ‹Brückenkopf› der NATO ausgebaut. Von dort gingen viele feindliche Aktivitäten gegen die sozialistischen Länder aus. Die reaktionären Politiker nutzten die offene Grenze der DDR zu Westberlin ebenso für ihre Zwecke aus wie die lange Zeit bestehende Abhängigkeit der Wirtschaft der DDR von der BRD sowie verwandtschaftliche, persönliche und religiöse Beziehungen. Mit Embargomaßnahmen, Währungsmanipulationen, der Abwerbung von Spezialisten und dem Einschleusen von Spionen und Agenten, die auch zahlreiche Sabotage- und Terrorakte verübten, wurde der kalte Krieg gegen die DDR geführt. Mit Hilfe der Massenmedien, deren zügellose antikommunistische Hetze über viele Kanäle in die DDR eindrang, wurde versucht, Verwirrung und Unruhe zu stiften und die Bevölkerung gegen die Arbeiter-und-Bauern-Macht aufzuwiegeln. Die Regierung der BRD, die bürgerlichen Parteien und auch die Führung der SPD diffamierten die DDR als ‹illegitim› und maßten sich an, für alle Menschen deutscher Nationalität und alle deutschen Gebiete zu sprechen. Im Sinne ihrer Alleinvertretungsanmaßung lehnte die Regierung der BRD jegliche Verhandlungen mit den Repräsentanten der DDR ab und wirkte mit erpresserischen Methoden auch auf andere Staaten ein, um sie davon abzuhalten, normale Beziehungen zur DDR aufzunehmen.

Anfang 1953 erklärten der neue Präsident der USA, Dwight

D. Eisenhower, und sein Außenminister, John F. Dulles, die Politik des ‹roll back› und die Doktrin der ‹massiven Kernwaffenvergeltung› zum offiziellen Regierungskurs. Durch militärischen Druck von außen, der notwendigenfalls bis an die Schwelle des Krieges gesteigert werden sollte, und durch die Aktivierung konterrevolutionärer Kräfte im Innern der sozialistischen Länder sollte die Volksmacht beseitigt werden. Diese Verschärfung des kalten Krieges durch die neue USA-Administration ermunterte die reaktionären Kräfte in der BRD, die Vorbereitungen für den ‹Tag X›, den geplanten Sturz der Arbeiter-und-Bauern-Macht in der DDR, wesentlich zu intensivieren. Der im März 1952 gebildete ‹Forschungsbeirat für Fragen der Wiedervereinigung Deutschlands›, dem auch rechte Führer der SPD und des DGB angehörten, erarbeitete detaillierte Pläne zur Wiederherstellung kapitalistischer Verhältnisse in der DDR. Imperialistische Agentenzentralen und in der DDR bestehende konterrevolutionäre Untergrundgruppen, in denen meist ehemals aktive Faschisten den Ton angaben, verstärkten ihre Wühlarbeit. Auch die ideologische Diversion und die Störmaßnahmen gegen die Volkswirtschaft der DDR zielten eindeutig auf den ‹Tag X›.

Der kalte Krieg des Imperialismus fügte der DDR großen Schaden zu und erschwerte den sozialistischen Aufbau. Unter dem Einfluß des kalten Krieges verschärften sich die in der DDR bestehenden gesellschaftlichen Widersprüche der Übergangsperiode vom Kapitalismus zum Sozialismus, besonders die zwischen den sozialistischen und den kapitalistischen Kräften. Private Unternehmer, die der Arbeiter-und-Bauern-Macht feindlich gesinnt waren, und andere reaktionäre Elemente in den Mittelschichten und unter den Großbauern schädigten den sozialistischen Aufbau. Ehemalige kapitalistische, faschistische und militaristische Kräfte, die als Arbeiter und Angestellte in volkseigenen Betrieben beschäftigt, aber Feinde des Sozialismus geblieben waren, traten immer offener hervor. Bei allen Fortschritten in der Entwicklung des Bewußtseins der Werktätigen waren in Teilen der Bevölkerung, vor allem in kleinbürgerlichen Schichten, reaktionäre bürgerliche Ansichten noch nicht überwunden, wirkten weiterhin antikommunistische und nationalistische Auffassungen. Sie wurden durch die pausenlose Hetze der imperialistischen Massenmedien ständig genährt.

In dem Bestreben, der schwierigen Probleme Herr zu werden, trafen die SED und die Regierung auch einige Entscheidungen, die sich als fehlerhaft erwiesen. So wurde Ende 1952 beschlossen, die Schwerindustrie beschleunigt zu entwickeln. Dadurch verringerte sich jedoch das Wachstumstempo der Konsumgüterindustrie, und das wirkte sich negativ auf die Lebenslage der Werktätigen aus und rief Unzufriedenheit hervor. Fehlerhaft war auch die administrative Erhöhung der Arbeitsnormen um 10 und mehr Prozent im Frühjahr 1953.

Anfang Juni 1953 legten die SED und die Regierung eine Reihe grundlegender Maßnahmen fest, um die sozialistische Staatsmacht und die Wirtschaft zu stabilisieren und die Lebensbedingungen der Werktätigen zu verbessern. Ungenügend durchdachte und falsche Entscheidungen wurden korrigiert. Die imperialistische Reaktion sah angesichts dieser Beschlüsse ihre Pläne in Gefahr geraten und arbeitete um so intensiver auf den ‹Tag X› hin.

Am 17. Juni 1953 kam es in Berlin und in einigen anderen Städten der DDR zu Arbeitsniederlegungen und Demonstrationen. Illegale konterrevolutionäre Gruppen, die von Rundfunksendern und Agentenzentralen in Westberlin und der BRD Anleitung erhielten, nutzten die Mißstimmung von Werktätigen aus, um einen konterrevolutionären Putsch zu organisieren. Von Westberlin wurden zahlreiche Provokateure in die DDR eingeschleust.

Die konterrevolutionären Elemente forderten die Beseitigung der SED und der Regierung, drangen in Parteibüros, staatliche Dienststellen und Warenhäuser ein, sie zerstörten die Einrichtungen und legten Brände an. Klassenbewußte Arbeiter, die ihnen wehren wollten, wurden mißhandelt und ermordet.

Doch der konterrevolutionäre Putsch erreichte sein Ziel nicht. Eine wachsende Zahl von Demonstranten distanzierte sich von den Provokateuren, die wie Faschisten hausten. Das entschlossene Auftreten der in der DDR stationierten sowjetischen Truppen verhinderte, daß es zu einer militärischen Auseinandersetzung kam, die unabsehbare Folgen gehabt hätte. Durch das Auftreten der Truppen, das Handeln klassenbewußter Arbeiter, die unter Führung der Parteiorganisationen der SED in vielen Fällen die Provokateure aus den Betrieben verjagten, und der Schutz- und Sicherheitsorgane der DDR, die standhaft ihre Pflicht erfüllten, konnte der Putsch zerschlagen werden.

Das Zentralkomitee der SED sicherte die Einheit und Schlagkraft der Partei und der sozialistischen Staatsmacht. Es zog grundlegende Schlußfolgerungen aus dem bis dahin gefährlichsten Vorstoß der Feinde der Arbeiter-und-Bauern-Macht. So wurden auf seine Initiative im Juli 1953 zur Verteidigung der revolutionären Errungenschaften die bewaffneten Kampfgruppen der Arbeiterklasse geschaffen. Auch das Bündnis mit den werktätigen Bauern und das Zusammenwirken der SED mit den anderen Parteien und den Massenorganisationen im Demokratischen Block und in der Nationalen Front hielt den Belastungen des konterrevolutionären Putsches stand. Die Bündnispolitik der SED bestand eine historische Bewährungsprobe.

Die Sowjetunion verstärkte die solidarische Hilfe für die DDR. Im August 1953 beschloß die Regierung der UdSSR, auf weitere Reparationslieferungen zu verzichten und der DDR – in Übereinstimmung mit der polnischen Regierung – die noch zu zahlende Reparationssumme von 2,54 Milliarden Dollar zu erlassen. Sie übergab der DDR die restlichen 33 SAG-Betriebe. Insgesamt kamen dadurch der DDR 13,5 Milliarden Mark zugute, die dem weiteren wirtschaftlichen Aufbau und der Verbesserung der Lebensbedingungen der Werktätigen dienten. Auch andere sozialistische Länder halfen der DDR durch zusätzliche Lieferungen von Konsumgütern und Rohstoffen.

Die Solidarität der UdSSR und der anderen sozialistischen Staaten war eine entscheidende Voraussetzung dafür, daß sich die DDR gegen den kalten Krieg des Imperialismus – der auch in den folgenden Jahren mit vielfältigen Methoden fortgesetzt wurde – behauptete.

Warschauer Vertrag und Staatsvertrag DDR–UdSSR

Die imperialistische Politik des ‹roll back› war äußerst gefährlich, aber aussichtslos. Einige Ereignisse signalisierten das schon im Jahre 1953. Im Juli sahen sich die USA genötigt, das Waffenstillstandsabkommen von Panmunjon in Korea zu unterzeichnen. Der Versuch der USA, den Sozialismus mit militärischen Mitteln zurückzudrängen, endete ebenso mit einer Niederlage wie der konterrevolutionäre Putsch gegen die Arbeiter-und-Bauern-Macht in der DDR. Im Sommer 1953 wurden in der Sowjetunion erstmals eine thermonukleare Waffe und ein entsprechendes Trägersystem erprobt. Die imperialistische Politik der atomaren Erpressung, die das Kernwaffenmonopol der USA zur Voraussetzung hatte, war damit praktisch gescheitert.

Diese Ereignisse haben maßgeblich mitbewirkt, daß die Westmächte erstmals seit 1949 dem sowjetischen Vorschlag zur Einberufung einer Konferenz der Außenminister der UdSSR, der USA, Großbritanniens und Frankreichs zustimmten. Die Konferenz tagte Anfang 1954 in Berlin. Erneut lehnten jedoch die Westmächte die sowjetischen Vorschläge ab, Maßnahmen zur demokratischen Wiedervereinigung Deutschlands einzuleiten und die Vorbereitungen zur Remilitarisierung der BRD zu stoppen. Sie verwarfen auch die von der Sowjetunion erstmals unterbreiteten Grundsätze eines gesamteuropäischen Vertrages über Frieden und kollektive Sicherheit. Trotz ihrer Niederlagen hielten die reaktionärsten Kräfte des Imperialismus weiterhin an dem Ziel fest, den Sozialismus unter Einsatz aller – auch militärischer – Mittel wieder ‹zurückzurollen›. Zu diesem Zweck – und nicht um der ‹Verteidigung der westlichen Welt› willen, wie bürgerliche Politiker und Historiker bis heute beteuern – unterzeichneten im Oktober 1954 die Außenminister der USA, Großbritanniens, Frankreichs, Belgiens, der BRD, Italiens, Kanadas, Luxemburgs und der Niederlande in Paris mehrere Verträge, die als Pariser Verträge bekannt wurden. Sie traten im Mai 1955 in Kraft.

Mit den Pariser Verträgen wurde die BRD in die NATO aufgenommen. Sie erhielt die Möglichkeit, eine Armee in Stärke von einer halben Million Mann aufzustellen. Auf unabsehbare Zeit wurde die Anwesenheit von amerikanischen, britischen und französischen Truppen auf dem Territorium der BRD festgelegt. Die NATO-Staaten bekräftigten die Alleinvertretungsanmaßung der BRD. Sie bestimmten als ihr gemeinsames Ziel: ‹Ein wiedervereinigtes Deutschland, das eine freiheitlich-demokratische Verfassung, ähnlich wie die Bundesrepublik, besitzt und das in die Europäische Gemeinschaft integriert ist.›/19/ Klarer konnte nicht ausgedrückt werden, daß es um einen imperialistischen deutschen Staat nach dem Muster der BRD ging, der von vornherein Bestandteil der NATO sein sollte. Die endgültigen deutschen Grenzen sollten erst bei Abschluß eines Friedensvertrages mit diesem Staat bestimmt werden. Dies bedeutete, daß die bestehenden Grenzen Polens, der ČSR und der Sowjetunion praktisch in Frage gestellt wurden. Die NATO-Staaten bekräftigten die Rolle Westberlins als ‹Frontstadt› des kalten Krieges.

Mit den Pariser Verträgen fielen äußerst folgenschwere Entscheidungen. Wie die Geschichte erwies, besiegelten diese Verträge für lange Zeit die Teilung Europas in einander feindliche Militärblöcke. Sie ketteten die BRD an den USA-Imperialismus und seine Weltherrschaftspolitik. Sie ‹legalisierten› die Wiedergeburt des deutschen Militarismus in der BRD, dessen Vernichtung ein erklärtes Ziel der Antihitlerkoalition gewesen war. Sie schufen damit einen gefährlichen internationalen Spannungsherd. Viele Jahre lang war die BRD der Hauptstörenfried in Europa.

Die Eingliederung der BRD in die NATO erwies sich als eine entscheidende Zäsur in der nationalen Frage. Es trat ein, was die UdSSR, die DDR und die anderen sozialistischen Staaten warnend vorausgesagt hatten: Die Pariser Verträge versperrten den Weg zur Bildung eines einheitlichen demokratischen deutschen Staates. Auf deutschem Boden waren zwei in ihrer Gesellschafts- und Staatsordnung und in den Prinzipien ihrer Innen- und Außenpolitik völlig gegensätzliche Staaten entstanden: die sozialistische DDR und die imperialistische BRD. Während sich in der DDR die sozialistische deutsche Nation herausbildete, bestand in der BRD die bürgerliche Nation mit dem für sie charakteristischen Klassenantagonismus fort.

Nach dem Inkrafttreten der Pariser Verträge wurde mit Hilfe der USA die Bundeswehr in schnellem Tempo aufgebaut. Alle leitenden Positionen übernahmen ehemalige Generale der faschistischen Wehrmacht. Der Imperialismus hatte nun seinen aggressiven Militärpakt unmittelbar bis an die Grenzen des sozialistischen Weltsystems in Mitteleuropa vorgeschoben. Der BRD war die Rolle des Stoßkeils gegen den Sozialismus zugedacht. Die aggressivsten Kräfte des Imperialismus glaubten, daß sie, gestützt auf die NATO, in absehbarer Zeit die Ergebnisse des zweiten Weltkrieges und der Nachkriegsentwicklung revidieren und den Sozialismus ‹zurückrollen› könnten.

Diese Ziele beruhten jedoch auf einer Fehleinschätzung des realen Kräfteverhältnisses. Bestimmend für den Verlauf der Weltentwicklung waren nicht die NATO und die abenteuerlichen Pläne ihrer Schöpfer, sondern das weitere Erstarken der Kräfte des Friedens, der Demokratie und des Sozialismus.

Das wichtigste, weit in die Zukunft weisende Ereignis des entscheidungsvollen Jahres 1955 war der Abschluß des Vertrages über Freundschaft, Zusammenarbeit und gegenseitigen Beistand, den die Regierungschefs der UdSSR, Albaniens, Bulgariens, der ČSR, DDR, Polens, Rumäniens und Ungarns am 11. Mai 1955 in Warschau unterzeichneten. Dieser Vertrag, der als Warschauer Vertrag in die Geschichte einging, war ein Ergebnis der Schlußfolgerungen der beteiligten sozialistischen Staaten aus der neuen Lage. Die vereinten Streitkräfte der Staaten des Warschauer Vertrages mit der Sowjetarmee als ihrer Hauptkraft übernahmen die gemeinsame nationale wie internationale Aufgabe, die sozialistische Staatengemeinschaft und ihre Mitglieder vor allen Anschlägen zu schützen. Der Abschluß des Warschauer Vertrages leitete eine höhere Stufe der Zusammenarbeit der sozialistischen Staaten auf allen Gebieten ein. Sowohl die politische als auch die wirtschaftliche und die geistig-kulturelle Zusammenarbeit erreichten eine neue Stufe. Das gemeinsame politische Führungszentrum der Vertragsstaaten, der Politische Beratende Ausschuß, entwickelte sich in der Folgezeit zum wichtigsten Organ für die Koordinierung der gemeinsamen Außenpolitik.

Der Warschauer Vertrag entsprach der UN-Charta und den Grundsätzen des Potsdamer Abkommens. Er diente der Sicherung und Festigung des territorialen Status quo – im Gegensatz zur NATO, die dessen Veränderung ausdrücklich als eines ihrer Ziele bezeichnet hatte. Der Warschauer Vertrag war Ausdruck und Mittel der von den sozialistischen Staaten verfolgten Politik der kollektiven Sicherheit in Europa. Im Gegensatz zur NATO erklärten die Staaten des Warschauer Vertrages, daß es ein Ziel ihrer gemeinsamen Außenpolitik sei, ein System der kollektiven Sicherheit in Europa zu schaffen.

Die Mitgliedschaft im Warschauer Vertrag war und ist für die DDR von größter Bedeutung. Sie schützt die Arbeiter-und-Bauern-Macht vor allen feindlichen Anschlägen und sichert günstige Bedingungen für den sozialistischen Aufbau. Die DDR wurde zu einem festen Bestandteil des multilateralen Vertragssystems der sozialistischen Staaten. Ihre freundschaftlichen Beziehungen zur UdSSR und zu den anderen Bruderländern gestalteten sich auf allen Gebieten enger. Die DDR konnte wirksamer zur Verteidigung des Sozialismus und zur Erhöhung seines internationalen Einflusses beitragen.

Der neuen Stufe der Zusammenarbeit von DDR und UdSSR entsprach der Vertrag über die Beziehungen zwischen beiden Staaten, der am 20. September 1955 in Moskau unterzeichnet wurde. In diesem ersten Freundschaftsvertrag des deutschen Arbeiter-und-Bauern-Staates, der als Staatsvertrag DDR–UdSSR in die Geschichte einging, vereinbarten beide Seiten, ihre politischen, wirtschaftlichen, wissenschaftlich-technischen und kulturellen Beziehungen zu vertiefen und sich gegenseitig jede mögliche Hilfe beim Aufbau des Sozialismus zu erweisen. Sie legten fest, sich in allen internationalen Fragen, die sie berühren, zu beraten und gemeinsam alle erforderlichen Maßnahmen zu ergreifen, um eine Verletzung des Friedens nicht zuzulassen. Der Vertrag verankerte die Souveränität der DDR staats- und völkerrechtlich.

Die Mitgliedschaft im Warschauer Vertrag und der Staatsvertrag mit der UdSSR festigten die internationale Stellung der DDR. 1955 konnten trotz anhaltender imperialistischer Erpressungsversuche gegenüber den Ländern, die bereit waren, mit der DDR Verbindungen aufzunehmen, offizielle Handelsvertretungen der DDR in Indien, Ägypten, Sudan, Indonesien, Syrien und Burma errichtet werden. Im August 1955 beantragte die DDR ihre Aufnahme in die UNESCO.

Um die internationale Anerkennung der DDR als souveräner und gleichberechtigter Staat zu verhindern und sich den Weg für ihre Aggressionspolitik offenzuhalten, verkündete die Regierung der BRD im Herbst 1955 die sogenannte Hallstein-Doktrin. Danach sollte die Aufnahme normaler Beziehungen zur DDR seitens anderer Staaten automatisch den Abbruch der diplomatischen Beziehungen der BRD zu diesen Staaten zur Folge haben. Die völkerrechtswidrige Hallstein-Doktrin, die die Alleinvertretungsanmaßung außenpolitisch durchsetzen sollte, war ein Instrument des kalten Krieges. Sie komplizierte die Beziehungen zwischen Staaten unterschiedlicher Gesellschaftsordnung und war ein schweres Hindernis auf dem Wege zu einer stabilen Friedensordnung in Europa. Auf die Dauer konnte jedoch auch sie die gleichberechtigte Teilnahme der DDR am internationalen Leben nicht verhindern.

Die zunehmende Aggressivität des Imperialismus machte die Aufstellung bewaffneter Streitkräfte der DDR notwendig. Am 18. Januar 1956 beschloß die Volkskammer das Gesetz über die Bildung der Nationalen Volksarmee. Die NVA wurde zunächst auf dem Prinzip der Freiwilligkeit aufgebaut. Die Offiziere, Unteroffiziere und Soldaten entstammten vor allem der Arbeiterklasse und der werktätigen Bauernschaft, die Führungskader hatten sich im Kampf gegen den Faschismus bewährt.

Mit der NVA entstand eine deutsche Armee neuen, sozialistischen Typs. Sie ist das militärische Machtinstrument der Arbeiterklasse und der anderen Werktätigen. In enger Waffenbrüderschaft mit der Sowjetarmee und den anderen Armeen der sozialistischen Verteidigungskoalition dient die NVA den Lebensinteressen des Volkes, dem Schutz des Sozialismus und der Sicherung des Friedens an der Westgrenze des sozialistischen Weltsystems. Von Anfang an war die führende Rolle der Arbeiterklasse und ihrer Partei oberster Grundsatz beim Aufbau der NVA, bei der Ausbildung und Erziehung der Armeeangehörigen.

Die 3. Parteikonferenz der SED

Vom 24. bis 30. März 1956 tagte die 3. Parteikonferenz der SED. Sie konnte feststellen, daß dank der aufopferungsvollen Arbeit der Werktätigen und trotz der Belastungen, die besonders der kalte Krieg zur Folge hatte, die Ziele des ersten Fünfjahrplans im wesentlichen erreicht worden waren. Das bedeutete, daß sich die Industrieproduktion gegenüber 1950 fast verdoppelt hatte. Die DDR verfügte nunmehr über eine metallurgische und schwerindustrielle Basis und einen leistungsfähigen Maschinenbau. Dadurch konnten die großen volkswirtschaftlichen Disproportionen vermindert werden. Es zeigte sich aber auch, daß ihre völlige Überwindung längere Zeit erfordern würde.

Zu den bedeutendsten technischen Leistungen dieser Jahre gehörte die Erfindung des Malimoverfahrens in der Textilindustrie durch Heinrich Mauersberger. Dieses nähwirktechnische Verfahren der Stoffherstellung führte zu einer beträchtlichen Erhöhung der Arbeitsproduktivität. Doch erwies sich angesichts der großenteils veralteten Ausrüstungen und des imperialistischen Wirtschaftskrieges die Steigerung der Arbeitsproduktivität insgesamt als die schwierigste Aufgabe. Statt der geplanten 60 wurden 54 Prozent Zuwachs erreicht.

Ganz erheblich entwickelte sich der Außenhandel der DDR. Der Exportumsatz erhöhte sich auf mehr als das Dreifache. Die

DDR war der zweitgrößte Handelspartner der UdSSR und der meisten anderen Staaten des RGW. Die Stellung der Leipziger Messe als eine der führenden Messen der Welt konnte gefestigt, ihre 800jährige Tradition würdig fortgesetzt werden.

Auch die Landwirtschaft entwickelte sich gut. Die Viehbestände waren vergrößert, die Hektarerträge teilweise bedeutend erhöht worden. Dazu hatten auch die MTS beigetragen, deren Maschinenpark wesentlich erweitert worden war.

Das wichtigste sozialökonomische Ergebnis war die Stärkung des sozialistischen Sektors der Volkswirtschaft. Dieser erzeugte 1955 87,6 Prozent der Bruttoproduktion in der Industrie und 27,4 Prozent in der Landwirtschaft. Die Gesamtzahl der Arbeiter und Angestellten war im Planjahrfünft von 5,3 auf 6,4 Millionen angestiegen. Besonders stark hatte sich die Zahl der Arbeiter in der sozialistischen Industrie erhöht. Doch waren in privaten Industriebetrieben weiterhin über eine halbe Million Beschäftigte tätig, in der gesamten Privatwirtschaft, das Handwerk und die Landwirtschaft eingeschlossen, 1,6 Millionen, das heißt jeder vierte Arbeiter und Angestellte.

Die DDR wies damit eine für diese Phase der Übergangsperiode typische sozialökonomische Struktur auf. Der Sozialismus hatte schon festen Fuß gefaßt. Doch bedurfte es noch großer Anstrengungen, um alle Aufgaben der Übergangsperiode zu lösen.

Die Erfüllung des Fünfjahrplans ermöglichte es, die Lebensbedingungen der Werktätigen zu verbessern. Der durchschnittliche monatliche Bruttolohn der Arbeiter und Angestellten stieg von 256 auf 365 Mark, in der sozialistischen Wirtschaft von 311 auf 432 Mark. Im gleichen Zeitraum wurden die Einzelhandelspreise um 32 Prozent gesenkt. Hunger, Not und Obdachlosigkeit – Folgen des Krieges – waren schon seit Jahren überwunden, Arbeitslosigkeit längst ein Fremdwort. Im Laufe des Fünfjahrplans hatte der Pro-Kopf-Verbrauch an Lebensmitteln wesentlich zugenommen. Doch mangelte es an hochwertigen Gebrauchsgütern, an denen großer Bedarf bestand. In der Versorgung der Bevölkerung traten wiederholt Engpässe auf. Großer Mangel herrschte an Wohnraum, gegenüber der Vorkriegszeit mußten mehr Menschen mit weniger Wohnungen auskommen. Der weitere sozialistische Aufbau bot die Gewähr, daß auch diese Probleme Schritt um Schritt gelöst werden würden.

Ausgehend von den Ergebnissen der 1945 eingeleiteten revolutionären Umwälzung, insbesondere vom erreichten Stand beim Aufbau der Grundlagen des Sozialismus, stellte Walter Ulbricht, Erster Sekretär des ZK der SED, auf der 3. Parteikonferenz fest: ‹Die Entwicklung der Deutschen Demokratischen Republik ist jetzt nicht mehr zu trennen von der Entwicklung des ganzen sozialistischen Lagers. Darin liegt die wichtigste Garantie für die weiteren Erfolge der Deutschen Demokratischen Republik.›/20/ Alle Beschlüsse der Parteikonferenz waren darauf gerichtet, die Grundlagen des Sozialismus weiter aufzubauen und zu festigen, auf diese Weise die wachsenden materiellen und kulturellen Bedürfnisse der Werktätigen immer besser zu befriedigen und so zur Stärkung des Weltsozialismus beizutragen.

Die Direktive für den zweiten Fünfjahrplan, die die Parteikonferenz beschloß, sah die Schaffung einer leistungsfähigen sozialistischen Volkswirtschaft auf der Grundlage der fortgeschrittenen Technik vor. Dazu war es erforderlich, veraltete Betriebe zu rekonstruieren und volkswirtschaftlich wichtige Industriezweige – besonders die Grundstoffindustrie, den Maschinenbau, die Energieerzeugung, die Brennstoffindustrie und die chemische Industrie – vorrangig zu fördern. Das wachsende Wirtschaftspotential der DDR bildete die entscheidende Voraussetzung, um das Lebensniveau der Werktätigen systematisch zu erhöhen.

Die SED orientierte auf die Durchsetzung sozialistischer Produktionsverhältnisse in allen Bereichen bei weiterer Steigerung der industriellen Produktion und der landwirtschaftlichen Erzeugung. Vor allem war es notwendig, die LPG zu festigen, sie zu vorbildlichen sozialistischen Betrieben zu entwickeln und weitere Bauern für die genossenschaftliche Arbeit zu gewinnen.

Die Parteikonferenz schuf auch Klarheit über die Perspektive der anderen Eigentumsformen. Sie beschloß, die Bildung von Produktionsgenossenschaften des Handwerks (PGH), die 1952 eingesetzt hatte, weiter zu fördern. Den privaten Einzelhändlern und Gastwirten schlug sie vor, mit dem staatlichen Handel Kommissionsverträge abzuschließen. Der allmählichen sozialistischen Umgestaltung des privatkapitalistischen Sektors in der Industrie diente die von der Parteikonferenz empfohlene Beteiligung des sozialistischen Staates an Privatbetrieben. Durch Vermögenseinlagen erwarb der Staat Eigentumsanteile an solchen Betrieben, nahm Einfluß auf die Produktionslenkung und war am Gewinn beteiligt. Damit wandte die SED Ideen W. I. Lenins über den Staatskapitalismus in der Übergangsperiode schöpferisch auf die Bedingungen der DDR an.

Ziel dieser Maßnahmen, in die auch Vorschläge der anderen Blockparteien Eingang fanden, war es, die Produktion und die Dienstleistungen des privaten Sektors in Industrie, Handel und Gewerbe zu erhöhen und dadurch die Versorgung der Bevölkerung weiter zu verbessern. Günstige internationale und innere Bedingungen – besonders die Stärke des sozialistischen Sektors in der Industrie und die enge Zusammenarbeit der Blockparteien unter Führung der SED – ermöglichten es, in der DDR auf diesem Wege auch Handwerker, Gewerbetreibende und Unternehmer in den sozialistischen Aufbau einzubeziehen. Den Angehörigen dieser Schichten wurde die Chance geboten, mit ihren Fähigkeiten und Erfahrungen zur Errichtung der neuen Gesellschaftsordnung beizutragen.

Die SED stellte fest, daß die Sicherung des Friedens auch zur Hauptfrage in den Beziehungen zwischen DDR und BRD geworden war. Sie sprach sich für ein System der kollektiven Sicherheit in Europa aus, dem beide deutsche Staaten angehören sollten. Das setzte voraus, daß der Imperialismus den kalten Krieg gegen die DDR und die anderen sozialistischen Staaten einstellte und daß normale gutnachbarliche Beziehungen zwischen beiden deutschen Staaten hergestellt würden.

Für den Fall grundlegender demokratischer Veränderungen in der BRD, die nur im Klassenkampf durchzusetzen waren, zog die SED die Möglichkeit in Betracht, daß auf längere Sicht Bedingungen für die schrittweise Annäherung und spätere Vereinigung von DDR und BRD auf antiimperialistisch-demokratischer Grundlage entstehen könnten. Die SED und die Regierung schlugen im Jahre 1957 vor, einen Staatenbund, eine Konföderation als eine Form des friedlichen Nebeneinanderbestehens und der Annäherung anzustreben.

Die 3. Parteikonferenz würdigte die Bedeutung des XX. Parteitags der KPdSU, der im Februar 1956 stattgefunden hatte. Der Parteitag war zu der Schlußfolgerung gelangt, daß angesichts des veränderten internationalen Kräfteverhältnisses die reale Möglichkeit bestand, den Imperialismus an der Entfesselung eines neuen Weltkrieges zu hindern. Er hatte hervorgehoben, daß neue, günstigere Bedingungen für den Übergang weiterer Länder zum Sozialismus und für die Anwendung neuer Formen und Methoden der sozialistischen Umgestaltung entstanden waren. Der Parteitag hatte Maßnahmen beschlossen zur völligen Beseitigung des dem Marxismus-Leninismus fremden Personenkults um J. W. Stalin, zur vollen Wiederherstellung und strikten Einhaltung der Leninschen Normen des Parteilebens. Die Beschlüsse des XX. Parteitages der KPdSU waren richtungsweisend für die Politik, die die sozialistischen Staaten beim Aufbau des Sozialismus und im Kampf für den Frieden, gegen den Imperialismus verfolgten.

Festigung der sozialistischen Staatsmacht

Die weitere Festigung der sozialistischen Staatsmacht war eine entscheidende Voraussetzung dafür, die Hauptaufgaben der Übergangsperiode lösen zu können. Auch die wachsende Aggressivität des Imperialismus erforderte die Stärkung der Staatsmacht. Das zeigte sich mit aller Deutlichkeit im Herbst 1956, als antisozialistische Kräfte mit Unterstützung imperialistischer Geheimdienste in der Ungarischen Volksrepublik einen konterrevolutionären Putsch inszenierten und etwa zur gleichen Zeit Israel, Frankreich und Großbritannien eine Aggression gegen Ägypten verübten. Gemeinsam mit der Sowjetarmee schlugen die klassenbewußten Kräfte der ungarischen Arbeiterklasse den konterrevolutionären Putsch nieder. Dank der konsequenten Haltung der Sowjetunion und des Widerstandes des ägyptischen Volkes erlitt auch die imperialistische Aggression gegen Ägypten ein Fiasko. Die Werktätigen der DDR leisteten den ungarischen Klassenbrüdern und dem ägyptischen Volk solidarische Hilfe.

Versuche des Imperialismus, in dieser Situation zugespitzten Klassenkampfes in der DDR Verwirrung und Unruhe zu stiften und auch hier einen konterrevolutionären Putsch auszulösen, wurden unter Führung der SED im Keime erstickt. Die Sicherheitsorgane zerschlugen zahlreiche Agentengruppen. Einige revisionistische Elemente, die mit antisozialistischen Auffassungen hervorzutreten begannen, blieben isoliert. Die Kampfgruppen der Arbeiterklasse demonstrierten ihre Entschlossenheit, jeder Provokation entschieden entgegenzutreten. Im festen Bündnis mit der Sowjetunion bestand die Arbeiter-und-Bauern-Macht eine historische Bewährungsprobe.

Im Januar 1957 verabschiedete die Volkskammer das Gesetz über die örtlichen Organe der Staatsmacht und das Gesetz über die Rechte und Pflichten der Volkskammer gegenüber den örtlichen Volksvertretungen. Die Entwürfe waren von 4,5 Millionen Bürgern beraten worden. Im Februar 1958 beschloß die Volkskammer das Gesetz über die Vervollkommnung und Vereinfachung der Arbeit des Staatsapparats.

Die Gesetze erweiterten die Rechte der örtlichen Volksvertretungen als der obersten Organe der Staatsmacht im Bezirk, Kreis usw. sowie die Rechte und Pflichten der Abgeordneten. Die Volkskammer hatte die Aufsicht über die örtlichen Volksvertretungen auszuüben, sie anzuleiten und ihnen bei der Erfüllung ihrer Aufgaben zu helfen. Alle Volksvertretungen waren verpflichtet, direkt und im Zusammenwirken mit den Gewerkschaften und der Nationalen Front eine wachsende Zahl von Arbeitern und anderen Werktätigen in die Leitung von Staat und Wirtschaft einzubeziehen.

Die Durchführung dieser Maßnahmen führte zur weiteren Festigung der Staatsmacht und zur Entwicklung der sozialistischen Demokratie. Die Staatsorgane wurden ihren wirtschaftlich-organisatorischen und kulturell-erzieherischen Aufgaben besser gerecht.

Im September 1960 starb der erste Präsident der DDR und langjährige Vorsitzende der KPD und der SED, Wilhelm Pieck. In tiefer Trauer nahm die Bevölkerung Abschied von ihm.

Die Volkskammer beschloß die Bildung eines Staatsrates als kollektiven Staatsoberhaupts und wählte Walter Ulbricht, Erster Sekretär des Zentralkomitees der SED, zu dessen Vorsitzendem.

Walter Ulbricht, 1893 in Leipzig geboren und Tischler von Beruf, war 1910 der Gewerkschaft, 1912 der SPD und bei ihrer Gründung der KPD beigetreten, in der er fortan leitende Funktionen bekleidete. 1927 wurde er Mitglied des Politbüros, ein Jahr später Abgeordneter des Reichstags. Walter Ulbricht war einer der leitenden Organisatoren des antifaschistischen Widerstandskampfes. Er hatte maßgeblichen Anteil an der Vereinigung von KPD und SPD zur SED, deren Führung er seitdem angehörte. Seit 1950 übte er die Funktion des Generalsekretärs, seit 1953 des Ersten Sekretärs des ZK der SED aus. Im Kollektiv der Parteiführung erwarb sich Walter Ulbricht große Verdienste um die Entstehung und Festigung der DDR, den Aufbau des Sozialismus im festen Bündnis mit der Sowjetunion und im Kampf gegen den Imperialismus.

Stellvertretende Vorsitzende des Staatsrates wurden Ministerpräsident Otto Grotewohl, Johannes Dieckmann und Manfred Gerlach (beide LDPD), Gerald Götting (CDU), Heinrich Homann (NDPD) und Hans Rietz (DBD). Dem Staatsrat gehörten Vertreter aller Parteien und Massenorganisationen, aller Klassen und Schichten der Bevölkerung an. In der Zusammensetzung des Staatsrates kam die führende Rolle der Arbeiterklasse, ihr festes Bündnis mit den anderen Werktätigen in der Nationalen Front zum Ausdruck.

Die neue Stellung der Werktätigen im Sozialismus widerspiegelte das Gesetzbuch der Arbeit, das die Volkskammer nach gründlichen Beratungen, an denen sich Millionen Bürger beteiligt hatten, im April 1961 beschloß. Das Gesetz garantierte allen Arbeitern, Angestellten und Angehörigen der Intelligenz das Recht auf einen Arbeitsplatz, auf gleichen Lohn für gleiche Arbeit und auf die Teilnahme an der Leitung und Planung der Wirtschaft.

Herausbildung eines neuen volkswirtschaftlichen Profils

Beim Aufbau einer leistungsfähigen, arbeitsteilig verfochtenen sozialistischen Volkswirtschaft ging es nicht einfach um die weitere Rekonstruktion der Industrie, sondern um ihre technische Modernisierung und die vorrangige Entwicklung bestimmter sowie den Aufbau neuer Industriezweige, das heißt um die Herausbildung eines neuen volkswirtschaftlichen Profils der DDR.

Besonders wichtig war die Brennstoff- und Energieversorgung der sich rasch entwickelnden Volkswirtschaft. Auf der Grundlage des im März 1957 von der Regierung beschlossenen Kohle-Energie-Programms wurde deshalb die Hälfte aller für die Industrie vorgesehenen Investitionen für die Entwicklung der Kohleförderung und der Energieerzeugung eingesetzt. Größtes Objekt dieses Programms war der Bau des Braunkohlenkombinats ‹Schwarze Pumpe› (den Namen erhielt es nach einer alten Gaststätte auf dem Baugelände) im Bezirk Cottbus. Bis Ende 1958 wurden alle wichtigen Objekte der erste Ausbaustufe im Rohbau fertiggestellt. Gleichzeitig entstand für die Arbeiter und Erbauer des Kombinats in Hoyerswerda eine neue Wohnstadt.

Mit dem Aufbau des Kombinats war die Industrialisierung des Bezirks Cottbus verbunden. Sie stellte auch ein Beispiel dafür dar, wie der sozialistische Staat das Gefälle zwischen industriellen Zentren und wenig entwickelten Agrargebieten überwand, das für den Kapitalismus typisch ist.

Von der Industrialisierung der nördlichen Bezirke der DDR zeugten der Aufbau der Volkswerft Stralsund, der 1958 begann, sowie der Ausbau des Rostocker Überseehafens und der Warnowwerft Warnemünde. Große Anstrengungen galten auch der beschleunigten Entwicklung der Kreise Heiligenstadt und Worbis im Eichsfeld, das lange Zeit eines der ärmsten deutschen Gebiete gewesen war.

Neu errichtet oder ausgebaut wurden die Großkraftwerke Berzdorf, Elbe, Lübbenau und Trattendorf. Dadurch erhöhte sich die Energieerzeugung der DDR von 1956 bis 1958 um 21,5 Prozent. Wichtige Erfahrungen für die Nutzung zukunftsweisender Energieträger gewann die DDR beim Bau des ersten Atomkraftwerkes, der 1957 mit sowjetischer Hilfe bei Rheinsberg begann.

Im November 1958 beschloß eine Konferenz des ZK der SED und der Staatlichen Plankommission ein Programm für die beschleunigte Entwicklung der chemischen Industrie in der DDR, das mit ähnlichen Programmen in den anderen RGW-Staaten abgestimmt war. Danach sollte die Produktion der chemischen Industrie bis 1965 verdoppelt und mit dem Aufbau eines neuen Industriezweigs, der Petrolchemie, begonnen werden. 1959 begann der Aufbau des Erdölverarbeitungswerkes Schwedt, von Leuna II und des Kunstfaserkombinats Guben. Ausgebaut wurden unter anderem solche Großbetriebe wie die Chemischen Werke Buna, das Elektrochemische Kombinat Bitterfeld, das Mineralölwerk Lützkendorf und das Kunstfaserwerk in Schwarza.

Mit dem Chemieprogramm war die zunehmende Produktion und Verwendung von Plasten und synthetischen Fasern verbunden. Entscheidende Voraussetzungen für die Erdölverarbeitung und die Petrolchemie schuf der 1959 einsetzende Bau der Erdölleitung ‹Freundschaft› von der Sowjetunion über Polen in die DDR.

Auch der Maschinenbau, die elektrotechnische Industrie, die Metallwarenindustrie sowie die feinmechanische und optische Industrie wurden beschleunigt entwickelt, die Erfordernisse des wissenschaftlich-technischen Fortschritts machten das nötig. Einige Industriezweige, wie Energiemaschinenbau, Halbleiterindustrie und Regelungstechnik, wurden fast völlig neu geschaffen. Im Wohnungsbau wurden erstmals Formen der industriellen Bauweise angewendet.

Für den Aufbau einer modernen sozialistischen Volkswirtschaft war die Zusammenarbeit im RGW von entscheidender Bedeutung. Die Koordinierung der Wirtschaftspläne der Mitgliedsländer machte Fortschritte. Ständige Kommissionen wurden gebildet, die Empfehlungen zur Spezialisierung und Kooperation für wichtige Industriezweige erarbeiteten. Die DDR verstärkte besonders die wirtschaftliche und wissenschaftlich-technische Zusammenarbeit mit der Sowjetunion. Bedeutsam für den wachsenden Außenhandel der DDR war der Ausbau des Rostocker Überseehafens.

Von Arbeitern der chemischen Industrie ging die Bewegung der sozialistischen Gemeinschaftsarbeit aus, die an die Hennecke-Aktivisten, die Franik-Brigaden und andere Formen der Aktivisten- und Wettbewerbsbewegung anknüpfte. Die Brigaden der sozialistischen Arbeit, deren erste 1959 nach dem Vorbild der Brigaden der kommunistischen Arbeit in der Sowjetunion im Elektrochemischen Kombinat Bitterfeld gebildet wurde, stellten sich das Ziel, sozialistisch zu arbeiten, zu lernen und zu leben.

Die wirtschaftlichen Fortschritte ermöglichten die weitere Verbesserung der Lebensbedingungen der Bevölkerung. 1957 war die Arbeitszeit in der sozialistischen Industrie sowie im Verkehrs- und Nachrichtenwesen bei gleichbleibendem Lohn auf 45 Stunden wöchentlich verkürzt worden. 1958 konnten die Reste der Lebensmittelrationierung aufgehoben werden. Personenkraftwagen, Motorräder, Fernsehgeräte, Radios, Kühlschränke, Waschmaschinen und andere wertvolle Industriewaren kamen erstmals in größerer Menge und zum Teil in besserer Qualität auf den Markt. Im Juli 1958 wurde die Serienproduktion des PKW ‹Trabant› aufgenommen. War der jährliche Urlaub an der Ostsee oder in den Mittelgebirgen der DDR für viele Bürger bereits eine Selbstverständlichkeit, so setzte nunmehr auch ein umfangreicher Reiseverkehr in andere sozialistische Länder ein. Einige Planziele zur Erhöhung des Lebensniveaus der Werktätigen erwiesen sich jedoch als zu weitgesteckt, als in der vorgesehenen Frist noch nicht realisierbar.

Sozialistische Kulturrevolution

Die Erziehung aller Bürger der DDR zum sozialistischen Bewußtsein war von außerordentlicher Bedeutung für den Sieg der sozialistischen Produktionsverhältnisse und im Kampf gegen den Imperialismus. Auf ihrem V. Parteitag im Juli 1958, der über die Aufgabe beriet, die Übergangsperiode vom Kapitalismus zum Sozialismus in der DDR im wesentlichen abzuschließen, nahm die SED ausführlich hierzu Stellung. Der Parteitag hob hervor: ‹Je größer bei allen Werktätigen das Verständnis für die Überlegenheit des Sozialismus über den Kapitalismus und die Richtigkeit der sozialistischen Perspektive sowie für die historische Rolle der Deutschen Demokratischen Republik... ist, desto bewußter werden sie an der Verwirklichung der ökonomischen, politischen und kulturellen Aufgaben beim weiteren sozialistischen Aufbau teilnehmen. Je höher die sozialistische Bewußtheit aller Werktätigen, desto rascher das Tempo der sozialistischen Entwicklung und desto größer die Erfolge in Wirtschaft, Wissenschaft und Kultur.›/21/

Auf Initiative des V. Parteitages wurden deshalb zahlreiche Maßnahmen zur Lösung wesentlicher Aufgaben der sozialistischen Kulturrevolution eingeleitet. Im Dezember 1959 beschloß die Volkskammer das Gesetz über die sozialistische Entwicklung des Schulwesens, das vorher in einer umfassenden Volksdiskussion beraten worden war. Es sah vor, im Laufe mehrerer Jahre die zehnklassige allgemeinbildende polytechnische Oberschule als Grundlage des gesamten Erziehungs- und Bildungswesens der DDR einzuführen. Die letzten einklassigen Schulen auf dem Lande wurden beseitigt. In kurzer Zeit konnte so der seit Jahrhunderten bestehende Rückstand der einstigen ‹Dorfschule› überwunden werden.

Programme zur sozialistischen Umgestaltung der Universitäten und Hochschulen legten die Entwicklungsrichtung wichtiger Disziplinen und Institute fest. In Auseinandersetzung mit reaktionären Theorien und unwissenschaftlichen Auffassungen erlangte in vielen Disziplinen, besonders auf gesellschaftswissenschaftlichem Gebiet, der Marxismus-Leninismus die Vorherrschaft. Angehörige der aus der Arbeiterklasse hervorgegangenen neuen Intelligenz übernahmen mehr und mehr verantwortungsvolle Funktionen. Gleichzeitig überwand eine wachsende Zahl von Angehörigen der aus bürgerlichen Kreisen kommenden Intelligenz, die auf ihrem Fachgebiet oft Hervorragendes leisteten, in einem komplizierten Prozeß Zweifel und Vorbehalte und bekannte sich zum sozialistischen Aufbau. Dazu trugen viele klärende Aussprachen bei, die Mitglieder des Politbüros des Zentralkomitees der SED mit der Intelligenz führten.

Große Aufgaben erwuchsen den Naturwissenschaftlern und Technikern bei der Durchsetzung des wissenschaftlich-technischen Fortschritts. Dies kam in der Bildung des Forschungsrats beim Ministerrat der DDR mit Peter Adolf Thießen als Vorsitzenden im August 1957 zum Ausdruck. Ihm gehörten namhafte Wissenschaftler, wie Manfred von Ardenne, Georg Bilkenroth, Max Steenbeck, sowie Staats- und Wirtschaftsfunktionäre an. Der Forschungsrat trug auch dazu bei, daß die Ergebnisse der sowjetischen Wissenschaft und Technik, von deren hohem Stand der Start des Sputniks, des ersten künstlichen Erdtrabanten, im Oktober 1957 zeugte, intensiver ausgewertet und zielstrebiger angewandt wurden.

Im Ringen um eine sozialistische Kultur entstanden literarische und andere Kunstwerke, die die Entwicklungstendenzen der Epoche des Übergangs vom Kapitalismus zum Sozialismus künstlerisch widerspiegelten und den komplizierten Wandlungsprozeß der Menschen tiefer erfaßten und gestalteten. Dazu gehörten Gedichte und Romane von Bruno Apitz, dessen Buchenwald-Roman ‹Nackt unter Wölfen› in zahlreichen Ländern Verbreitung fand, von Johannes R. Becher, Willi Bredel, Jurij Brězan, Louis Fürnberg, Hans Marchwitza, Anna Seghers und Erwin Strittmatter. Mit Günter Görlich, Herbert Jobst, Herbert Nachbar, Dieter Noll und anderen trat eine neue, sozialistische Schriftstellergeneration hervor. Das Theater und die Dramatik Bertolt Brechts und das realistische Musiktheater Walter Felsensteins erlangten Weltruf. Neue Maßstäbe setzten Werke von Walter Arnold, Fritz Cremer, besonders sein Buchenwald-Denkmal, Lea Grundig, René Graetz, Hans Kies und anderen in der bildenden Kunst und von Paul Dessau, Hanns Eisler, Jean Kurt Forest, Günter Kochan, Ernst Hermann Meyer und anderen im Musikschaffen. Einen gewichtigen Beitrag zur sozialistischen Bewußtseinsbildung leistete die Filmkunst der DEFA mit einigen Spielfilmen und besonders durch eine Reihe großer Dokumentarfilme über Nazi- und Kriegsverbrechen und über das Hervortreten von Militarismus und Revanchismus in der BRD.

Von der Bewegung der sozialistischen Gemeinschaftsarbeit gingen wichtige Impulse zur engeren Verbindung von Kunst und Volk aus. Laienkunstzirkel, Zirkel schreibender Arbeiter und andere Formen der kulturellen Selbstbetätigung der Werktätigen begannen mehr und mehr das geistig-kulturelle Leben zu prägen. Ausdruck einer neuen Stufe des Zusammenwirkens von Berufs- und Laienkünstlern sowie der Anteilnahme der Werktätigen am Kunstschaffen waren die seit 1959 durchgeführten Arbeiterfestspiele, die vom FDGB getragen wurden.

Wie auf politischem und wirtschaftlichem, so entwickelten sich auch auf wissenschaftlich-technischem und kulturellem Gebiet vielfältige Beziehungen zur UdSSR und zu anderen sozialistischen Staaten. Der Kulturaustausch trug in wachsendem Maße dazu bei, daß sich die Völker der befreundeten sozialistischen Staaten näher kamen, ihre großen historischen und kulturellen Traditionen kennenlernten. Er bereicherte das geistig-kulturelle Leben in der DDR.

Mit der Lösung wesentlicher Aufgaben der sozialistischen Kulturrevolution wurde die wissenschaftliche Weltanschauung der Arbeiterklasse, der Marxismus-Leninismus, zur herrschenden Ideologie in der DDR. Das Bildungsniveau der Werktätigen stieg. Aus den Reihen der Arbeiterklasse und der werktätigen Bauern ging eine neue Intelligenz hervor, die gemeinsam mit den aus bürgerlichen Kreisen stammenden Angehörigen der Intelligenz ihr Wissen und Können in den Dienst des sozialistischen Aufbaus stellte. In der DDR begann sich eine sozialistische Nationalkultur herauszubilden, die auch das progressive Erbe der Vergangenheit bewahrt und weiterführt.

Der ‹sozialistische Frühling› in der Landwirtschaft

Durch das Beispiel der besten LPG und durch beharrliche Überzeugungsarbeit gelang es im Verlaufe eines längeren Zeitraumes, bei der Mehrheit der Einzelbauern die Bereitschaft zur genossenschaftlichen Arbeit zu wecken. Die Hilfe des Staates für die LPG und die Aktion ‹Industriearbeiter aufs Land!›, in deren Ergebnis zahlreiche Arbeiter leitende Funktionen in den Genossenschaften übernahmen, trugen wesentlich dazu bei, Stagnationserscheinungen bei der sozialistischen Umgestaltung der Landwirtschaft zu überwinden. Waren von 1955 bis 1957 544 LPG gebildet worden, so entstanden 1958 annähernd 3000. Die meisten neuen Mitglieder waren werktätige Bauern, unter ihnen viele wirtschaftsstarke Mittelbauern.

Anfang 1960 war die Entwicklung so weit gediehen, daß die SED die Aufgabe stellen konnte, alle noch einzeln wirtschaftenden Bauern für die LPG zu gewinnen. Auf ihre Initiative wurden Brigaden und Arbeitsgruppen gebildet, denen Mitglieder aller Parteien und Massenorganisationen angehörten. In zahlreichen Bauernversammlungen und individuellen Aussprachen, in denen die Meinungen oft hart aufeinanderprallten, erläuterten sie den Bauern die sozialistische Perspektive der DDR und die Vorteile der genossenschaftlichen Arbeit.

Trotz der aufs äußerste gesteigerten Hetze der imperialistischen Massenmedien, die eine Hungerkatastrophe und den völligen Zusammenbruch der Landwirtschaft prophezeiten, konnten die noch bestehenden Zweifel und Vorbehalte bei den Einzelbauern, besonders den Großbauern und wirtschaftsstarken Mittelbauern, weiter zurückgedrängt werden.

Franz Radicke, damals 1. Sekretär der Kreisleitung Pritzwalk der SED, schrieb in einem Erinnerungsbericht:

‹Die Aussprachen mit den noch abseits stehenden Bauern erforderten viel Geduld und Beharrlichkeit... Verschlossene Türen und Gehöfte, von den Ketten losgelassene Hunde waren keine Seltenheit. Vielfach wurden die Gespräche oft nur über den Zaun hinweg oder am Fenster mit den Bauern geführt... Trotzdem ging es vorwärts... Am Sonntag, dem 13. März 1960, war der Kreis Pritzwalk mit 129 LPG, davon 72 des Typs I, vollgenossenschaftlich.›/22/

Bis April 1960 traten nahezu alle Bauern der DDR landwirtschaftlichen Produktionsgenossenschaften bei. Der erste vollgenossenschaftliche Kreis war Eilenburg, der erste Bezirk Rostock.

Von den 961500 LPG-Mitgliedern waren 1960 die meisten, nämlich 64 Prozent, vorher Klein- und Mittelbauern gewesen, 17 Prozent waren Landarbeiter, je 5 Prozent Industriearbeiter und Großbauern, die übrigen Handwerker, Gärtner und Angestellte. 45 Prozent waren Frauen, die oft energisch auf den Beitritt zur LPG gedrängt hatten, da für sie die Arbeit in der einzelbäuerlichen Wirtschaft besonders schwer gewesen war. Die Mehrzahl der insgesamt 19345 LPG waren solche vom Typ I, während der größte Teil der landwirtschaftlichen Nutzfläche in den LPG des Typs III, deren Anteil in den nördlichen Bezirken dominierte, konzentriert war. Die LPG bewirtschafteten rund 85 Prozent der landwirtschaftlichen Nutzfläche der DDR.

Die Durchsetzung sozialistischer Produktionsverhältnisse in der Landwirtschaft war eines der wichtigsten Ergebnisse der sozialistischen Revolution in der DDR. Die Möglichkeit des Wiedererstehens kapitalistischer Verhältnisse aus der einfachen Warenproduktion wurde beseitigt und der Grundstein dafür gelegt, die wesentlichen Unterschiede zwischen Stadt und Land allmählich überwinden zu können. Es entstand die Klasse der Genossenschaftsbauern, der Hauptverbündete der Arbeiterklasse im Sozialismus.

Der Sieg der Genossenschaftsbewegung in der Landwirtschaft der DDR, einem industriell entwickelten Land mit einer bereits unter kapitalistischen Bedingungen intensiv betriebenen Landwirtschaft, erfolgte etwa zur gleichen Zeit wie in Albanien, Bulgarien, China, der ČSSR, Korea, Rumänien und Ungarn. Er bestätigte erneut die Allgemeingültigkeit des Leninschen Genossenschaftsplans, der von der SED schöpferisch auf die Bedingungen der DDR angewendet wurde. Der ‹sozialistische Frühling› auf dem Lande krönte den jahrhundertelangen Befreiungskampf der Bauern. Er machte zugleich deutlich, daß die endgültige Befreiung der Bauern nur unter Führung der Arbeiterklasse und gestützt auf deren politische Macht möglich ist.

Wesentlichen Anteil an der sozialistischen Umgestaltung der Landwirtschaft in der DDR hatten die Pioniere der Genossenschaftsbewegung, wie die Kommunisten Walter Bosse, Fritz Dallmann, Bernhard Grünert, Rudolf Penzel, August Rauer, Frieda Sternberg und Ernst Wulf, wie August Hillebrand, Mitglied der CDU, Gustav Niks, Mitglied der DBD, und andere.

Auch bei der sozialistischen Umgestaltung des Handwerks und des privaten Sektors der Industrie konnte nach dem V. Parteitag der SED ein Durchbruch erzielt werden. Von 1958 bis 1960 verdoppelte sich die Zahl der PGH, ihr Anteil an der Gesamtleistung des Handwerks erreichte über ein Drittel. Die Zahl der Betriebe mit staatlicher Beteiligung wuchs in der gleichen Zeit auf das Dreifache an. Sie erzeugten 6,5 Prozent der Industrieproduktion, während auf den privaten Sektor noch 9 Prozent entfielen. Über 20000 Einzelhändler schlossen bis 1960 Kommissionsverträge ab.

Zur Einbeziehung der kleinen Warenproduzenten und der Unternehmer in den sozialistischen Aufbau leisteten die mit der SED verbündeten Parteien CDU, DBD, LDPD und NDPD einen bedeutsamen Beitrag. Viele Ortsgruppen der DBD traten geschlossen den LPG bei. Mitglieder der CDU, der LDPD und der NDPD gingen oft als Bahnbrecher bei der Bildung von PGH voran oder nahmen staatliche Beteiligung für ihre Privatbetriebe auf. Von diesen Parteien kamen viele wertvolle Vorschläge, wie der Vorschlag der CDU, Leitern von Betrieben mit Staatsbeteiligung ein ökonomisches Sonderstudium zu ermöglichen.

Im Kampf um den Sieg der sozialistischen Produktionsverhältnisse entwickelten sich die kleinbürgerlich-demokratischen Parteien weiter. Ihre Zusammenarbeit mit der SED wurde enger. Die gesamtgesellschaftlichen Aufgaben des sozialistischen Aufbaus erlangten zunehmendes Gewicht in ihrer Tätigkeit.

Die Sicherungsmaßnahmen vom 13. August 1961

Um die Wende zu den sechziger Jahren zeichneten sich bedeutsame Veränderungen im internationalen Kräfteverhältnis ab. In den meisten der Länder, die nach dem zweiten Weltkrieg den Weg des Sozialismus beschritten hatten, wurden wesentliche Aufgaben der Übergangsperiode vom Kapitalismus zum Sozialismus gelöst. Mit dem Sieg der Revolution in Kuba entstand in der westlichen Hemisphäre der erste sozialistische Staat. Die sozialistischen Staaten vertieften ihre multilaterale und bilaterale Zusammenarbeit. Regelmäßig fanden Beratungen zwischen den Partei- und Staatsführungen statt, sie wurden zur höchsten Form des Erfahrungsaustausches, der Abstimmung und Koordinierung der gemeinsam zu lösenden Aufgaben. Beratungen der Parteien der kommunistischen Weltbewegung, die 1957 und 1960 in Moskau stattfanden, beschlossen eine gemeinsame Generallinie im Kampf gegen den Imperialismus, für den weiteren Vormarsch des Sozialismus.

Auch die nationale Befreiungsbewegung der Völker nahm einen bis dahin nicht gekannten Aufschwung. 1960 war das ‹Jahr Afrikas›. Nachdem die Liquidierung der alten Kolonialreiche in Asien schon nahezu abgeschlossen war, bildeten sich besonders in diesem Jahr in Afrika zahlreiche neue Nationalstaaten. Die USA verloren damit auch ihre ‹automatische Mehrheit› in der UNO. Das eröffnete für die Arbeit in dieser Weltorganisation günstigere Perspektiven, als sie vorher bestanden hatten.

An der Seite der UdSSR und der anderen sozialistischen Staaten unterstützte die DDR den Kampf der nationalen Befreiungsbewegung. Dank ihrer konsequenten Friedenspolitik erwarb sie sich bei den Völkern in den kolonial unterdrückten Ländern und den jungen Nationalstaaten zunehmendes Ansehen. 1959 vereinbarte die DDR mit der Vereinigten Arabischen Republik und 1960 mit Burma und Indonesien die Errichtung von Generalkonsulaten. Doch der Imperialismus gab keine Position freiwillig auf. Mit brutaler Gewalt – wie gegenüber Kuba und den Völkern Kongos – oder mit neokolonialistischen Methoden suchte er seine Herrschaft zu behaupten. Nach seinen schweren Niederlagen in Asien, Afrika und Mittelamerika konzentrierte er sich erneut verstärkt auf Europa.

Besonders aggressiv traten die herrschenden Kreise in der BRD auf, die zu den wichtigsten Verbündeten der USA avanciert waren. Sie hielten unvermindert an dem Ziel fest, die DDR zu annektieren und den imperialistischen Machtbereich nach Osten auszudehnen. Gestützt auf ihr bedeutendes ökonomisches Potential und ihr zunehmendes Gewicht in der NATO, nahmen sie Kurs darauf, dieses Ziel in kurzer Frist zu erreichen.

Die Regierung der BRD brach 1957 die Beziehungen zu Jugoslawien und 1960 die zu Kuba ab, weil diese Länder mit der DDR diplomatische Missionen ausgetauscht hatten. Sie verwarf den Vorschlag der DDR, eine deutsche Konföderation anzustreben, ebenso wie die 1958/1959 unterbreiteten Vorschläge der Sowjetunion, Westberlin den Status einer entmilitarisierten freien Stadt zu geben und einen deutschen Friedensvertrag vorzubereiten, und wirkte auf ihre Verbündeten in der NATO ein, ebenso negativ zu reagieren. Gleichzeitig waren maßgebende Politiker der CDU/CSU hektisch bemüht, die Bundeswehr mit atomaren Waffen auszurüsten.

Die rechten Führer der SPD ermöglichten und unterstützten diesen abenteuerlichen und gefährlichen Kurs. Nachdem sie 1959 das Godesberger Grundsatzprogramm der SPD durchgesetzt hatten, das die Integration der Sozialdemokratie in den bestehenden imperialistischen Staat begründete, stimmten sie im Juni 1960 auch der Außen- und Militärpolitik der CDU/CSU prinzipiell zu.

Um den ‹Tag X›, den Tag des Sturzes der Arbeiter-und-Bauern-Macht, vorzubereiten, eskalierten die Monopole und die Regierung der BRD den Wirtschaftskrieg gegen die DDR. Im Herbst 1960 kündigte die BRD-Regierung die bestehenden Handelsvereinbarungen mit der DDR und rief andere Staaten auf, die Leipziger Messe zu boykottieren. Obwohl im Dezember die Kündigung zurückgenommen werden mußte und die Boykottaufrufe ihre Wirkung verfehlten, ergaben sich schwierige Probleme für die Volkswirtschaft der DDR, die auf wichtige Lieferungen aus der BRD angewiesen war. Umfangreiche Planänderungen und Umstellungen in der Produktion mußten vorgenommen werden, zumal ein weiteres Handelsembargo nicht auszuschließen war. Die Sowjetunion und andere RGW-Länder lieferten der DDR wichtige Materialien, Rohstoffe und Lebensmittel zusätzlich zu den durch Abkommen vereinbarten Mengen. In einer Bewegung zur Störfreimachung der Wirtschaft stellten Arbeiter, Techniker und Wissenschaftler der DDR in oft sehr kurzer Frist Erzeugnisse her, die bis dahin aus der BRD bezogen wurden.

Die wirtschaftlichen Repressalien waren begleitet von der antikommunistischen Hetze zahlreicher Massenmedien in der BRD und Westberlin, die oft bis ins Detail der faschistischen Greuelpropaganda gegen die ČSR und Polen unmittelbar vor dem Überfall auf diese Länder in den Jahren 1938 und 1939 glich. Sie zielte darauf, Unruhe und Verwirrung unter der Bevölkerung der DDR hervorzurufen und der Weltöffentlichkeit zu suggerieren, daß in der DDR ein ‹Volksaufstand› bevorstünde, den ‹der Westen› mit allen Mitteln unterstützen müsse. So forderte eine der CDU nahestehende Zeitung, ‹daß sich die freie

Welt in Stand setzen müsse, alle Mittel des kalten Krieges, des Nervenkrieges und des Schießkrieges anzuwenden... Dazu gehören nicht nur herkömmliche Streitkräfte und Rüstungen, sondern auch die Unterwühlung, das Anheizen des inneren Widerstandes, die Arbeit im Untergrund, die Zersetzung der Ordnungsgewalt, die Sabotage, die Störung von Verkehr und Wirtschaft, der Ungehorsam, der Aufruhr, die Revolution.›/23/

Mit der offen verkündeten Absicht, die DDR ‹auszubluten›, wurde die Abwerbung von DDR-Bürgern, vor allem von Spezialisten und jungen Menschen, wesentlich intensiviert, das Netz der für diese Art Menschenhandel gebildeten kriminellen, aber vom Staat geförderten Organisationen ausgebaut. Unter Ausnutzung der offenen Grenze zur DDR spielte dabei Westberlin die Rolle einer ‹Menschenschleuse›.

All dies war verbunden mit der unmittelbaren Vorbereitung einer militärischen Aggression gegen die DDR. 1960/1961 wurden in Stabs- und Truppenübungen der Bundeswehr verschiedene Varianten der ‹Blitzkriegsstrategie› und des ‹begrenzten Krieges› gegen die DDR und andere sozialistische Staaten geprobt. Einige Politiker und Kommentatoren ließen durchblicken, daß die Bundeswehr in die Lage kommen könne, den ‹innerdeutschen Konflikt›, der wahrscheinlich durch Zusammenstöße an den Grenzen Westberlins ausgelöst werden würde, durch eine ‹lokale Polizeiaktion› zu bereinigen. Die Drohung mit dem Kernwaffenpotential der USA, so spekulierte man, werde die Sowjetunion vom Eingreifen abhalten.

Im Juli 1961 legte der ‹Forschungsbeirat für Fragen der Wiedervereinigung Deutschlands› in Bonn einen umfassenden Plan für den ‹Tag X› vor. Darin war vorgesehen, die DDR der BRD einzuverleiben, die volkseigenen Betriebe und Banken unter die Monopole der BRD aufzuteilen, die LPG aufzulösen und ihr Land und Inventar vor allem Junkern und Großgrundbesitzern zu übergeben. In der zweiten Julihälfte hielt sich Franz Josef Strauß – damals Verteidigungsminister der BRD und Chef der Bundeswehr – in den USA auf, um deren Unterstützung zu erwirken. Anfang August wurden die in Westeuropa stationierten NATO-Verbände in Alarmbereitschaft versetzt.

Die verbündeten sozialistischen Staaten konnten dieser Entwicklung, die größte Gefahren für den Frieden heraufbeschwor, nicht tatenlos zusehen. Die Erfahrungen der Geschichte hatten gelehrt, daß dem Aggressor Einhalt geboten werden muß, bevor er eine Aggression ausgelöst hat. Die in der Organisation des Warschauer Vertrages vereinigten sozialistischen Armeen erhöhten deshalb ihre Verteidigungsbereitschaft. Vor allem war es notwendig, die Spannungen einzudämmen, die von Westberlin ausgingen, und die Gefahr abzuwenden, daß ein lokaler Konflikt an den Grenzen Westberlins zu einer militärischen Konfrontation mit unabsehbaren Folgen führe.

Die DDR hatte jahrelang ihre Grenze zu Westberlin offengehalten, obwohl daraus außerordentlich erschwerende Bedingungen für den sozialistischen Aufbau erwuchsen. Sie hatte dies getan, um eine Verständigung über den Abschluß eines Friedensvertrages und über normale Beziehungen zur BRD und zu Westberlin nicht zu erschweren. Diese verständigungsbereite, den Interessen der Bevölkerung der DDR, der BRD und Westberlins entsprechende Politik hatte jedoch weder bei der Regierung der BRD noch bei dem meist von Sozialdemokraten geleiteten Senat von Westberlin ein positives Echo gefunden. Sie war vielmehr mit einem permanenten kalten Krieg gegen die Arbeiter-und-Bauern-Macht beantwortet worden. Im Sommer 1961 hatten die dadurch ausgelösten Spannungen einen solchen Grad erreicht, daß einschneidende Maßnahmen zur Sicherung des Friedens und zum Schutz des Sozialismus unaufschiebbar waren.

Vom 3. bis 5. August 1961 berieten die Ersten Sekretäre der kommunistischen und Arbeiterparteien der Staaten des Warschauer Vertrages in Moskau über die von der DDR und der UdSSR vorgesehenen Maßnahmen. Der Volkskammer, der Regierung und allen Werktätigen der DDR schlugen sie vor, ‹an der Westberliner Grenze eine solche Ordnung einzuführen, durch die der Wühltätigkeit gegen die Länder des sozialistischen Lagers zuverlässig der Weg verlegt und rings um das ganze Gebiet Westberlins, einschließlich seiner Grenze mit dem Demokratischen Berlin, eine verläßliche Bewachung und eine wirksame Kontrolle gewährleistet wird›/24/. Am 11. August beauftragte die Volkskammer auf Vorschlag des ZK der SED den Ministerrat, alle notwendigen Schritte einzuleiten.

Die Staaten des Warschauer Vertrages berücksichtigten in ihrer Politik auch die Widersprüche innerhalb der NATO. Maßgebende Kreise der Westmächte waren nicht bereit, den abenteuerlichen Plänen der Kriegstreiber zu folgen.

In der Nacht vom 12. zum 13. August 1961 wurden die beschlossenen Maßnahmen schnell, präzis und für die imperialistischen Geheimdienste völlig überraschend durchgeführt. Einheiten der Nationalen Volksarmee, der Kampfgruppen der Arbeiterklasse, der Grenzpolizei und der Volkspolizei übernahmen in einer koordinierten Aktion mit den in der DDR stationierten sowjetischen Streitkräften den militärischen Schutz der Staatsgrenzen der DDR. Gemeinsam mit Arbeitern errichteten sie Befestigungen an der Grenze zu Westberlin, die in den folgenden Monaten ausgebaut wurden. Der Kriegsbrandherd Westberlin wurde unter Kontrolle genommen, die Staatsgrenzen der DDR, einschließlich ihrer Grenze zu Westberlin, zuverlässig gesichert.

Die Sicherungsmaßnahmen vom 13. August 1961 waren eine gemeinsame politische Aktion der Staaten des Warschauer Vertrages, die die aggressiven imperialistischen Kräfte in der BRD und in anderen NATO-Staaten zügelte und den Frieden in Europa rettete. Sie schränkten die direkten Störeinwirkungen des Imperialismus der BRD ein und fügten ihm eine folgenschwere Niederlage zu. Seine Strategie, die DDR im ‹Frontalangriff› zu annektieren, war völlig bankrott. Wie selbst bürgerliche Politiker und Historiker eingestehen müssen, leitete der 13. August 1961 das Ende der ‹Ära Adenauer› in der BRD ein.

Das einheitliche und entschlossene Handeln der Staaten des Warschauer Vertrages dokumentierte das reale Kräfteverhältnis, die feste Verankerung der DDR in der sozialistischen Staatengemeinschaft, ihre Unantastbarkeit als souveräner sozialistischer Staat.

Dieses Erz
Vaterland Glück
bringen!
Glück auf
22. Oktober 1949

Ein Wendepunkt

Bei Gründung der DDR erzeugten der volkseigene und der genossenschaftliche Sektor der Volkswirtschaft über 50 Prozent der Bruttoproduktion. Die sozialistischen Betriebe in der Industrie (ohne Bauwesen) beschäftigten 1950 1 575 509 Arbeiter und Angestellte, bis 1951 stieg diese Zahl auf 1 997 735. Mit 2 152 046 wurde 1953 die 2-Millionen-Grenze überschritten

Wohnungsbau für Arbeiter der Maxhütte

Am 7. Oktober 1949 beschloß der Deutsche Volksrat auf seiner 9. Tagung, sich zur Provisorischen Volkskammer der Deutschen Demokratischen Republik zu konstituieren. Einstimmig nahm er das Manifest ‹Die Nationale Front des demokratischen Deutschland› an. Wilhelm Pieck leitete die historische Tagung

Reisende und Passanten diskutierten am Berliner Bahnhof Friedrichstraße die neuesten Meldungen über die Gründung der Deutschen Demokratischen Republik

Die Republik konstituiert sich

Hunderttausende bekannten sich auf Großkundgebungen in Halle, Leipzig, Erfurt, Rostock und anderen Orten zur Deutschen Demokratischen Republik. *In Frankfurt (Oder) kamen 20 000. Viele polnische Bürger feierten mit ihren Nachbarn den neuen deutschen Staat*

Die Abgeordneten wählten Johannes Dieckmann (LDPD) zum Präsidenten der Provisorischen Volkskammer der DDR und beauftragten Otto Grotewohl (SED), die Regierung zu bilden. Auf Vorschlag aller Fraktionen übertrugen Volks- und Länderkammer dem Arbeiterführer Wilhelm Pieck das Amt des Präsidenten der DDR

Volkskammerpräsident Dieckmann vereidigt Wilhelm Pieck am 11. Oktober 1949 auf die Verfassung der Deutschen Demokratischen Republik

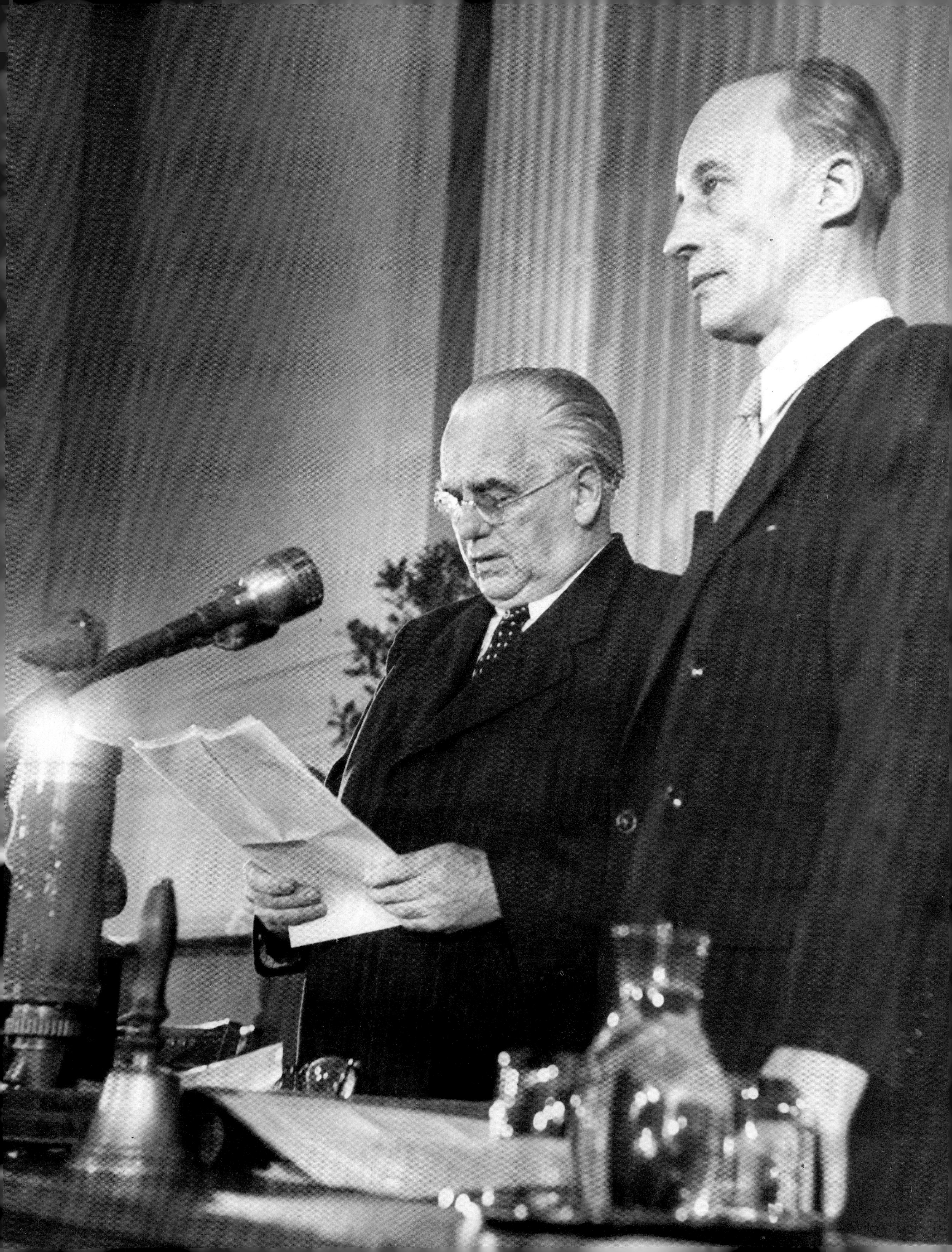

Der erste Arbeiterpräsident

Erstmals in der Geschichte bekleidete ein klassenbewußter Arbeiter das Amt des höchsten Repräsentanten eines deutschen Staates

Am Abend des 11. Oktober 1949 strömten etwa eine Million Demonstranten in das Zentrum Berlins, um Unter den Linden ihren Präsidenten und mit ihm ihre Republik zu feiern. Im Fackelzug der FDJ trugen Jugendliche Adolf Hennecke und andere Helden des Aufbaus auf den Schultern

Das jüngste Mitglied der Provisorischen Volkskammer, Margot Feist, gratulierte Wilhelm Pieck, dem Kampfgefährten Rosa Luxemburgs, Karl Liebknechts und Ernst Thälmanns, im Namen aller Abgeordneten zur Übernahme des hohen Amtes

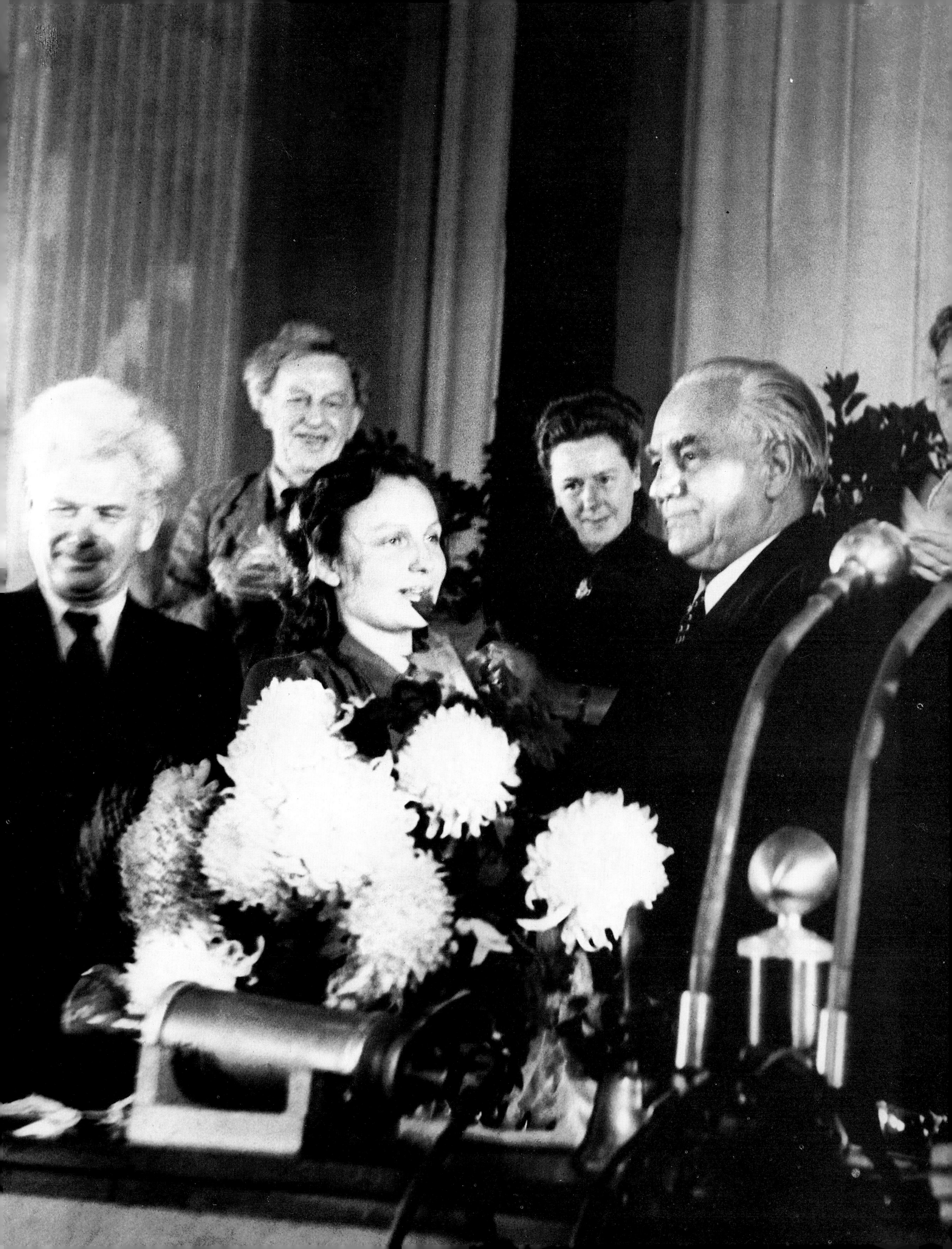

Regierungs-gewalt

Auf Beschluß der Regierung der UdSSR löste die SMAD ihre Dienststellen auf

Die Verwaltungsfunktionen der SMAD übergab Armeegeneral Tschuikow am 10. Oktober 1949 an die Provisorische Regierung der DDR

Abgeordnete des Cottbuser Stadtparlaments berieten mit Reisenden, im Auftrag des Ausschusses für Verkehrswesen, während Fahrten von und zum Arbeitsort die Situation im Berufsverkehr.

Im Kampf gegen überlebte Gewohnheiten, Bürokratismus und mangelnde Erfahrung lernten die Arbeiterklasse und ihre Verbündeten den eigenen Staat leiten

Störversuche

Vertreter beider deutscher Staaten unterzeichneten am 8. Oktober 1949 ein Handelsabkommen. Die Bonner Regierung sperrte am 7. Februar 1950 die darin vereinbarten Stahllieferungen. Mit dem Stahlembargo drosselte die westliche Seite auch den Austausch anderer Güter. Vom Dezember 1949 bis Februar 1950 ging der Handel zwischen beiden Staaten um 75 Prozent zurück. Die DDR stand vor einer schwierigen Situation. Aus der Sowjetunion, der ČSR und Polen trafen zusätzliche Stahl-, Roheisen-, Kohle- und Kokslieferungen ein. Die SED rief zur Hilfe für den Bau des Stahlwerkes Brandenburg (Havel) auf. Zehntausende Freiwillige kamen. Am 15. Februar 1950 wurde der Grundstein für den ersten Siemens-Martin-Ofen gelegt

Kohletransporte aus Polen auf dem Grenzbahnhof Frankfurt (Oder)

Traktoren der MAS Langenhanshagen

Profilstahl aus der Sowjetunion am Grenzübergang Frankfurt (Oder)

Brief des Vorstandes der Gemeinde Sosa vom 13. Oktober 1921: ‹Die ganze Gemeinde Sosa leidet seit Wochen und von Tag zu Tag immer fühlbarer unter der Wassersnot. Nicht nur, daß fast die ganze Gemeinde ohne einwandfreies und ausreichendes Trinkwasser ist, es scheitert auch jegliche Unternehmung, auch jeder so notwendige Mietshausneubau an der Frage der Beschaffung der erforderlichen Trinkwassermengen.› Pläne für den Bau von Trinkwassertalsperren bei Sosa und Cranzahl bestanden seit 1908. Kapitalistische Kriegs- und Profitinteressen verhinderten die Ausführung. Die Bevölkerung wuchs, mit ihr die Wassersorgen. Nun, Ende der vierziger Jahre, drohten 50000 Menschen ohne Wasser zu bleiben. Im April begannen die Bauarbeiten. Parteiaktivisten und Tausende freiwillige Helfer kamen. *Die Talsperre bei Sosa wurde erstes zentrales Jugendobjekt.* Im Juni 1950 begann der Bau der Staumauer. Am 19. Dezember 1951 weihte Ministerpräsident Grotewohl die ‹Talsperre des Friedens› ein. In nur 32 Monaten hatten 1600 Arbeiter und Ingenieure gemeinsam mit 24000 freiwilligen Helfern geschafft, was unter kapitalistischen Regierungen in über 40 Jahren nicht möglich war

‹Auf den Straßen, auf den Bahnen...›

Das Lied des I. Deutschlandtreffens für Frieden und Völkerfreundschaft erklang in allen Teilen des Landes. *Über 700 000 Jugendliche kamen vom 27. bis 30. Mai 1950 nach Berlin. Die Stadt erlebte die bisher gewaltigste Kundgebung der Jugend*

Ein schweres Unwetter ging am 23. Mai 1950 im Kreis Langensalza nieder. Menschen kamen um; Sturm und Fluten zerstörten oder beschädigten 418 Gebäude, verwüsteten Saaten, vernichteten Vieh. Die Gemeinden Bad Tennstedt und Bruchstedt traf es am härtesten. Die SED, die Landesregierung Thüringen und die Ausschüsse der Nationalen Front riefen zur Solidarität auf. In 50 Tagen sollte Bruchstedt wieder aufgebaut werden. Eine Geldsammlung brachte 1,2 Millionen. Gegen die Schlammberge auf Feldern und Straßen gingen rund 9 000 Frauen, Männer und Jugendliche an. Fast 15 000 Helfer kamen, unter ihnen viele Jugendliche, die den Schwung und die Begeisterung des Deutschlandtreffens nach Bruchstedt trugen. Sie wollten ein neues Dorf bauen. Die ‹Volkssolidarität› übergab den Geschädigten Möbel, Kleidung und andere Sachspenden. Bauern schickten Rinder, Schweine, Pferde und Ziegen, um die Verluste auszugleichen. Neben Wohnhäusern, Scheunen und Ställen entstanden ein Kulturhaus, eine Schule, ein Kindergarten, eine Wasch- und Duschanlage und eine Lehrküche. Der Elan der Jugend und die Kraft der Solidarität erreichten, was so mancher für unmöglich gehalten hatte. Nach 50 Tagen stand ein schöneres Bruchstedt

Nach dem Unwetter bei Bruchstedt

Vom Deutschlandtreffen zur Hilfe in das Katastrophengebiet

Bauplatz Bruchstedt im Juni 1950

Baustelle Stahlwerk

Auf dem Bauplatz Stahl- und Walzwerk Brandenburg Ende Juni 1950

Nach Plan sollte die Stahlproduktion in Brandenburg am 1. August 1950 beginnen. *Doch der erste Stahl floß schon am 20. Juli 1950.* Stolz berichtete das eine Delegation aus dem Werk dem III. Parteitag der SED und übergab einen Barren von diesem ersten Abstich. Ende September produzierte in Brandenburg der zweite Ofen und am 16. Dezember 1950 bereits der fünfte

Die Delegierten zum III. Parteitag der SED zogen vom 20. bis 24. Juli 1950 Bilanz, berieten und beschlossen Aufgaben für die kommenden Jahre. Sie tagten in der Berliner Werner-Seelenbinder-Halle. Rund 1 750 000 Mitglieder und Kandidaten gehörten im April 1950 der SED an. Auf den Landesdelegiertenkonferenzen wurden 2 201 Delegierte zum Parteitag gewählt

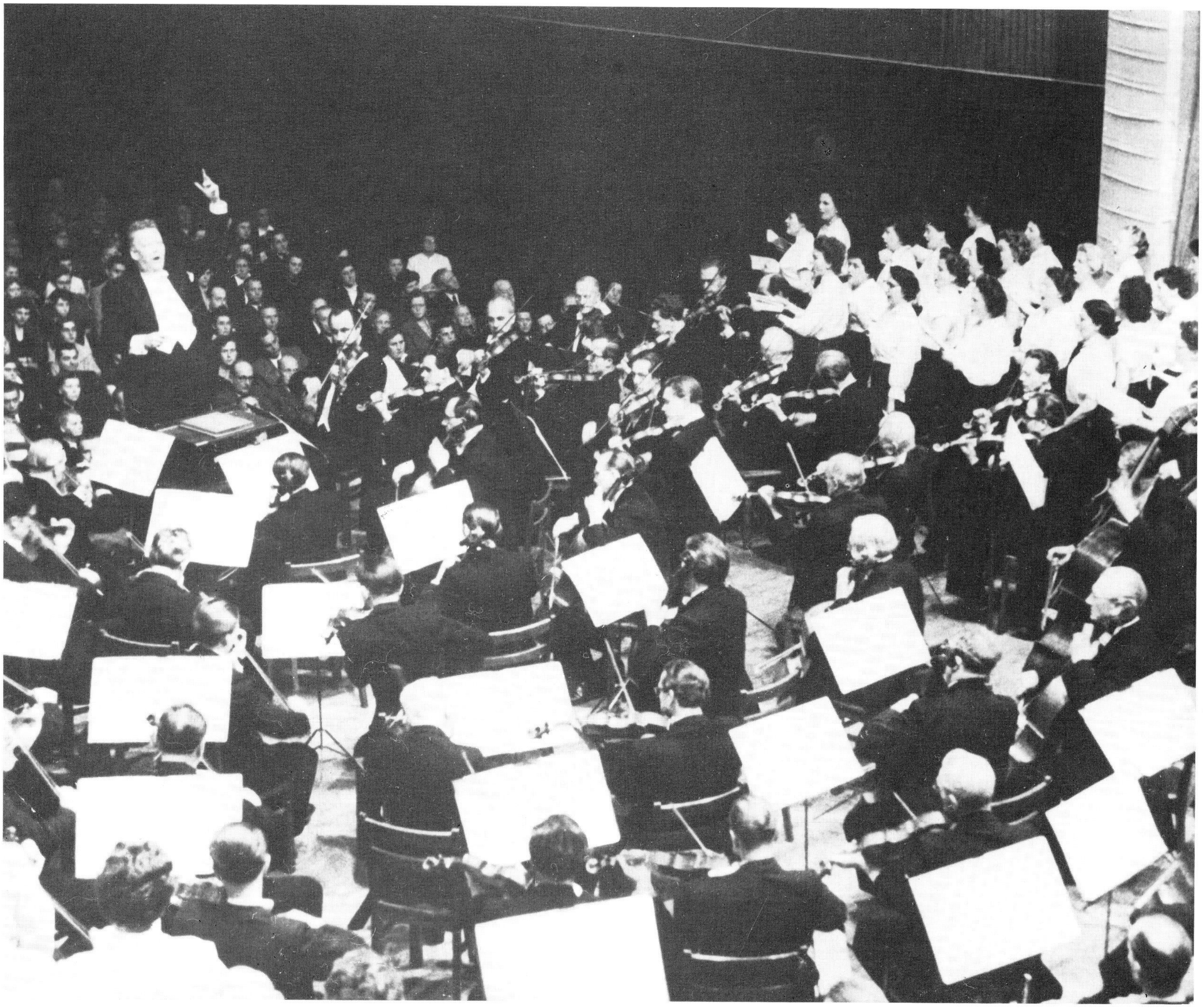

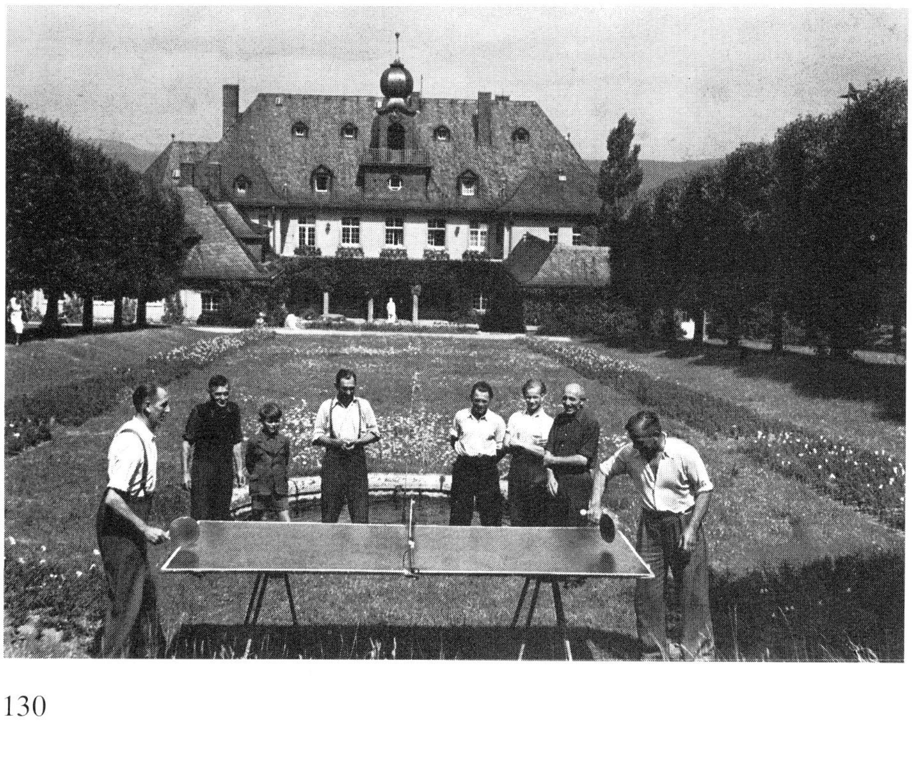

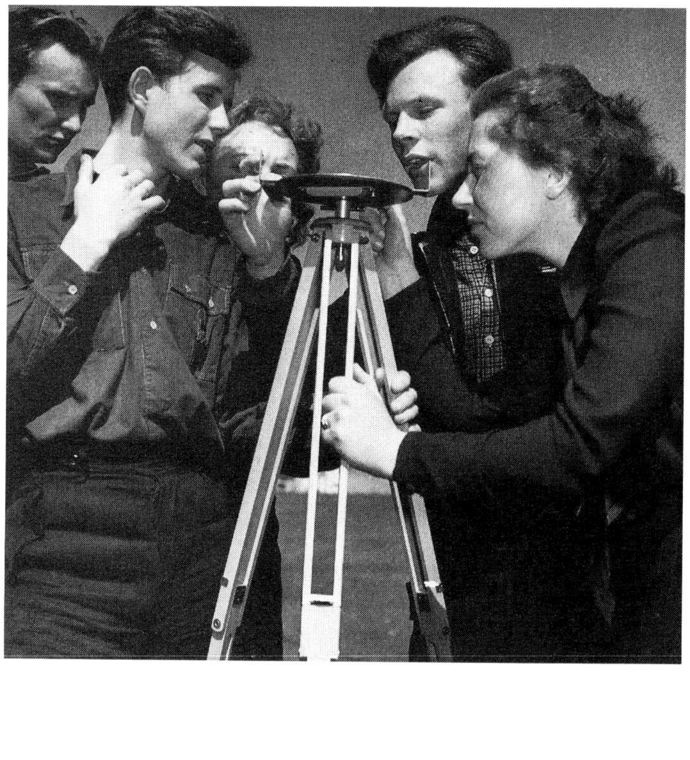

Ehrungen

200 Jahre lag am 28. Juli 1950 der Todestag des genialen Musikschöpfers Johann Sebastian Bach zurück. Die Bach-Ehrung der deutschen Jugend am 19. März in Eisenach eröffnete die Reihe der Festveranstaltungen dieses Jahres

Professor Hermann Abendroth gehörte zu den ersten Nationalpreisträgern, die 1949 geehrt wurden. Seit 1946 Generalmusikdirektor der Staatskapelle Weimar, seit 1949 Chefdirigent des Rundfunksinfonieorchesters Leipzig, dirigierte er alljährlich die IX. Sinfonie Ludwig van Beethovens zum Jahreswechsel

Die riesige Villa und den Park des ehemaligen Besitzers der Mauxion-Schokoladenfabrik Saalfeld übernahm die Maxhütte Unterwellenborn. Im sorgfältig gepflegten Haus und in den Anlagen fanden nun Arbeiter und Angestellte des Hüttenbetriebes Erholung und Entspannung

Trigonometrie-Unterricht für Studenten der Arbeiter-und-Bauern-Fakultät (ABF) der Humboldt-Universität Berlin. Im Oktober 1949 entstanden aus den Vorstudienanstalten der Hochschulen die ersten Arbeiter-und-Bauern-Fakultäten. Von 1949 bis 1963 bereiteten sich an den ABF über 30000 junge Menschen mit Erfolg auf das Hochschulstudium vor. Ihnen wäre unter kapitalistischen Verhältnissen dieser Bildungsweg verschlossen geblieben

Retten und bewahren

Im Bach-Jahr 1950 entstand in Leipzig ein Bach-Archiv, das schon nach wenigen Jahren über einen Bestand von rund 90000 Seiten fotokopierter Dokumente und Schriftstücke verfügte. Dieses Archiv wurde zu einer wichtigen Grundlage der nationalen und internationalen Bach-Forschung und -Pflege. Leipzig entwickelte sich zum Zentrum dieser Arbeiten. 1953 begann die Edition der auf 86 Bände veranschlagten neuen Bach-Ausgabe. Die Stadt beheimatet die internationale Bach-Gesellschaft, die Ende der siebziger Jahre Mitglieder in über 20 Ländern besaß. Um die Bach-Forschung und -Pflege in der DDR zu koordinieren, wurden im Juni 1979 die Nationalen Forschungs- und Gedenkstätten Johann Sebastian Bach in Leipzig gegründet. Das Bach-Archiv, die Bach-Gedenkstätte am Thomaskirchhof und das Wissenschaftliche Sekretariat des Bach-Komitees vereinigten sich in dieser neuen Einrichtung. Fortführung der Bach-Edition, internationale Bach-Wettbewerbe, Bach-Feste und der Bach-Wettbewerb für Kinder und Jugendliche gehören zu den Aufgaben, die die Nationalen Forschungs- und Gedenkstätten übertragen bekamen. Im November 1983 stand in Paris das Hauptprogramm ‹Kultur und Zukunft› der UNESCO für 1984/1985 zur Diskussion. Der Vertreter der DDR schlug vor, Johann Sebastian Bach und Georg Friedrich Händel zu ihren 300. Geburtstagen und Heinrich Schütz zu seinem 400. Geburtstag im Jahr 1985 international zu würdigen

Ein Höhepunkt der Bach-Pflege in der DDR war im Juni 1978 die Darbietung der Messe in h-Moll in der Dresdener Kreuzkirche. Gemeinsam sangen der Dresdener Kreuzchor und der Leipziger Thomanerchor. – Die Tradition des Dresdener Kreuzchors geht bis in die Zeit um 1300 zurück. Der Leipziger Thomanerchor besteht seit 1212. Johann Sebastian Bach leitete ihn von 1723 bis 1750

In der Nacht vom 13. zum 14. Februar 1945 griffen über 1300 britische und USA-Flugzeuge in drei Wellen die Stadt Dresden an. Eine militärische Notwendigkeit bestand nicht. Doch der Sowjetunion sollte die Stärke der anglo-amerikanischen Luftwaffe demonstriert und der rasch vorstoßenden Sowjetarmee eine tote Stadt überlassen werden. Dem Luftangriff fielen neben Wohngebäuden, Krankenhäusern und Schulen nahezu alle bedeutenden Kulturdenkmäler Dresdens zum Opfer. Die Zerstörungen an der Frauenkirche, der Sophienkirche und mehreren Barockgebäuden ließen deren Wiederaufbau nicht mehr zu. Auf einer Fläche von rund 15 km² blieben allein in Dresden 18 Millionen m³ Schutt und Trümmer als Erbe des faschistischen Krieges zurück. Die zahllosen freiwilligen Aufbaueinsätze Hunderttausender Helfer in den schwer betroffenen Städten machten den Sieg über dieses Erbe möglich

Jugendliche enttrümmern in Berlin

Berlins Oberbürgermeister Friedrich Ebert unter den Aufbauhelfern

In Betrieben, auf Baustellen, in Schulen und Wohngebieten unterzeichneten im Mai und Juni 1950 91,3 Prozent der stimmberechtigten Bevölkerung der DDR den Stockholmer Appell des Ständigen Ausschusses des Weltfriedenskongresses für das Verbot der Atomwaffen

Die Ministerpräsidenten Cyrankiewicz (rechts) und Grotewohl am 6. Juli 1950 auf der Neißebrücke. Sie unterzeichneten an diesem Tag in Zgorzelec das Abkommen über die Markierung der Oder-Neiße-Grenze

Votum gegen den Krieg

Überall in der DDR wandten sich im Juni 1950 Demonstranten gegen den Überfall auf die Koreanische Volksdemokratische Republik. Hilfssendungen gingen in das überfallene Land, Studienplätze wurden zur Verfügung gestellt, Waisenkinder fanden in der DDR liebevolle Betreuung. 1955 beschloß der Ministerrat der DDR, Spezialisten und Material für den Aufbau der Stadt Hamhung in die KVDR zu senden

Fachleute aus der DDR bildeten beim Aufbau Hamhungs koreanische Techniker aus

Görlitz, die Stadt an der Oder-Neiße-Friedensgrenze, fand im Jahr 1071 erste urkundliche Erwähnung

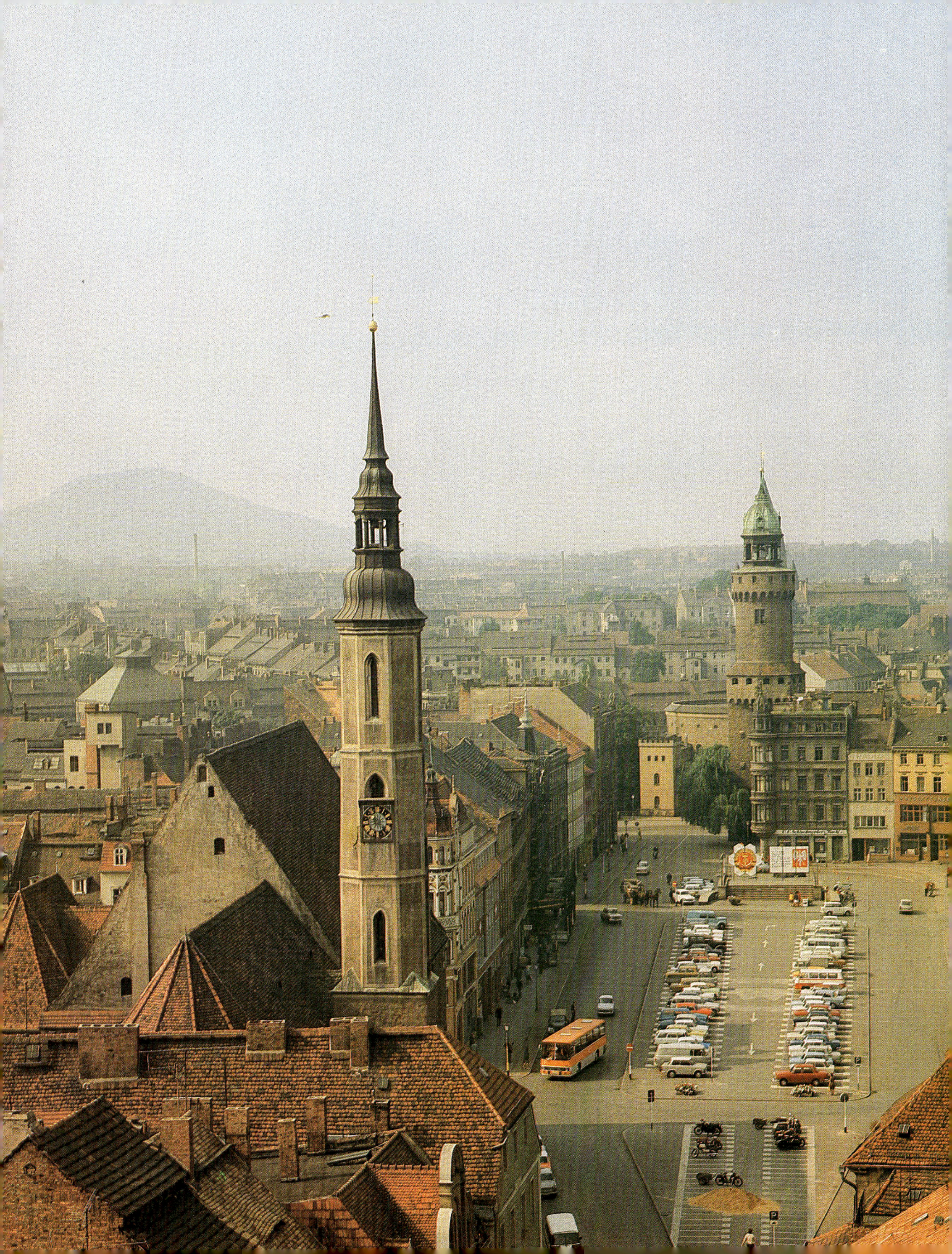

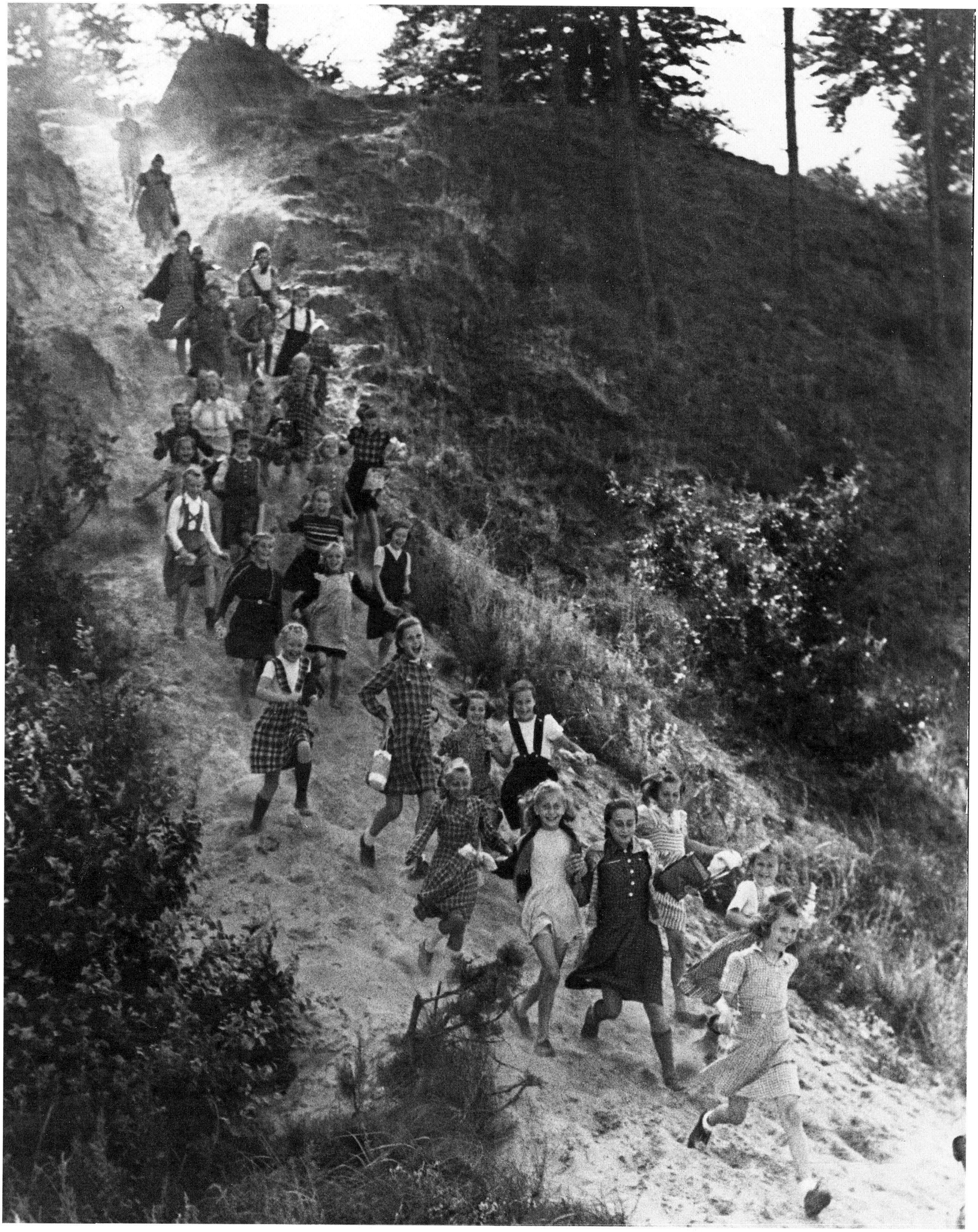

Im Wählerauftrag

Ferien auf der Insel Usedom. Die Zahl der Kinderferienlager der Betriebsgewerkschaftsorganisationen des FDGB stieg von 2017 mit 237 000 betreuten Kindern im Jahr 1951 auf 5300 mit 630 000 betreuten Kinder im Jahr 1956

Vor dem Aufklärungs- und Wahllokal in der Dresdener Königsbrücker Straße diskutierten Bürger die Kandidatenliste und das Programm der Nationalen Front des demokratischen Deutschland zu den Wahlen zur Volkskammer der DDR am 15. Oktober 1950

Präsident Wilhelm Pieck beglückwünschte am 8. November 1950 den Volkskammerpräsidenten Johannes Dieckmann und die Mitglieder des Präsidiums der Volkskammer zu ihrer Wahl

Am Wahltag hielt 7.15 Uhr der erste Zug auf der neuen Station Drausendorf (Strecke Zittau – Görlitz). Damit war ein Wählerauftrag an den Abgeordneten Fritz Selbmann erfüllt; die Bedingungen im Berufsverkehr verbesserten sich. 1950 bekamen Kandidaten zum ersten Mal Aufträge ihrer Wähler für die künftige Tätigkeit als Abgeordnete

Im Juni 1950 erhielt der VEB Zellwollkombinat Schwarza den Ehrennamen ‹Thüringer Kunstfaserwerk Wilhelm Pieck›. Leiter des Betriebes war *Prof. Dr. Erich Correns (Vordergrund)*. Der I. Nationalkongreß der Nationalen Front wählte ihn im August 1950 in das Präsidium des Nationalrates. Auf der 5. Tagung des Nationalrates wurde er dessen Präsident

Menschliche Bedingungen

Kate auf der Insel Ummanz. Die Statistik für 1938 weist aus, daß nur 4 Prozent der Gemeinden Mecklenburgs eine zentrale Wasserversorgung besaßen. Damit hängt zusammen, daß dort der Typhus am häufigsten auftrat. Die ökonomische und kulturelle Rückständigkeit Mecklenburgs und großer Teile Brandenburgs war eine Folge der jahrhundertelangen Junkerherrschaft. Auch sie mußte überwunden werden. Mit dem Eisenhüttenkombinat Ost, dem Dieselmotorenwerk Rostock, den Werften an der Ostseeküste, dem Fischverarbeitungswerk Saßnitz und anderen sozialistischen Großbetrieben entstanden neue ökonomische, politische und kulturelle Verhältnisse. Bibliotheken, Schulen, Kliniken und Wohnungen wurden gebaut. Die letzten Dörfer erhielten elektrischen Strom. Millionen Menschen befreiten sich aus unwürdigen Lebensbedingungen

Ausbau einer Abteilung des VEB Schwermaschinenbau Wildau

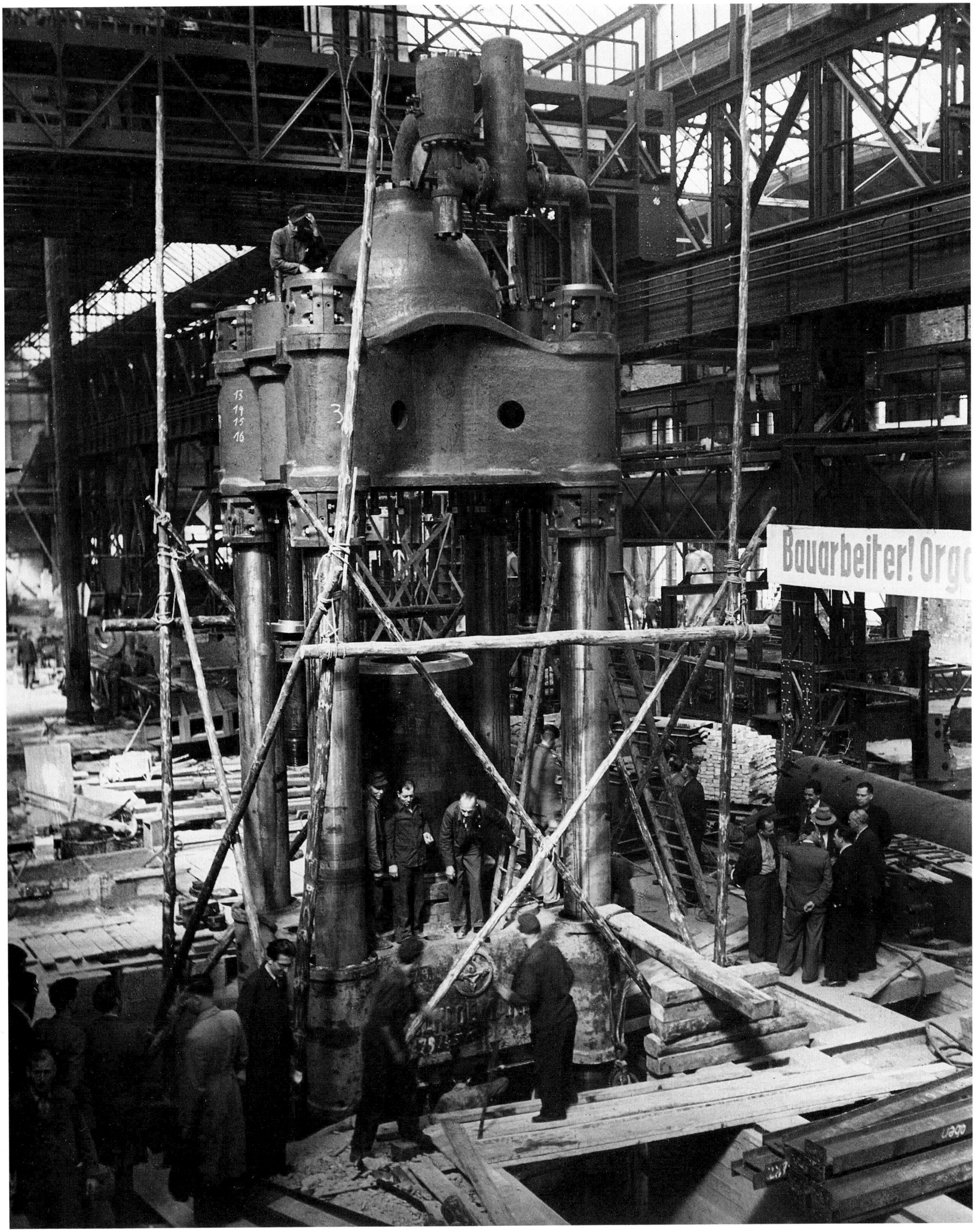
Bauarbeiter! Org

Der Riese an der Oder

Die ersten ‹Bauten› auf dem Gelände des VEB Eisenhüttenkombinat Ost (EKO)

Am Neujahrstag 1951, dem Beginn des ersten Fünfjahrplans, legte Minister Selbmann den Grundstein zum Hochofen I des EKO. Der Aufbau von Eisenhüttenstadt, der mit dem EKO verbundenen ersten sozialistischen Stadt der DDR, begann im August 1950

Wo Kiefernwälder gestanden hatten, wuchs das EKO. Hochofen I konnte bereits am 19. September 1951 in Betrieb genommen werden

Das Eisenhüttenkombinat Ost – Symbol für die enge Zusammenarbeit sozialistischer Länder

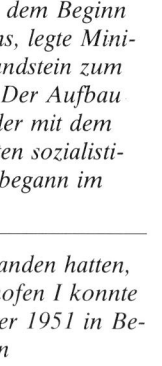

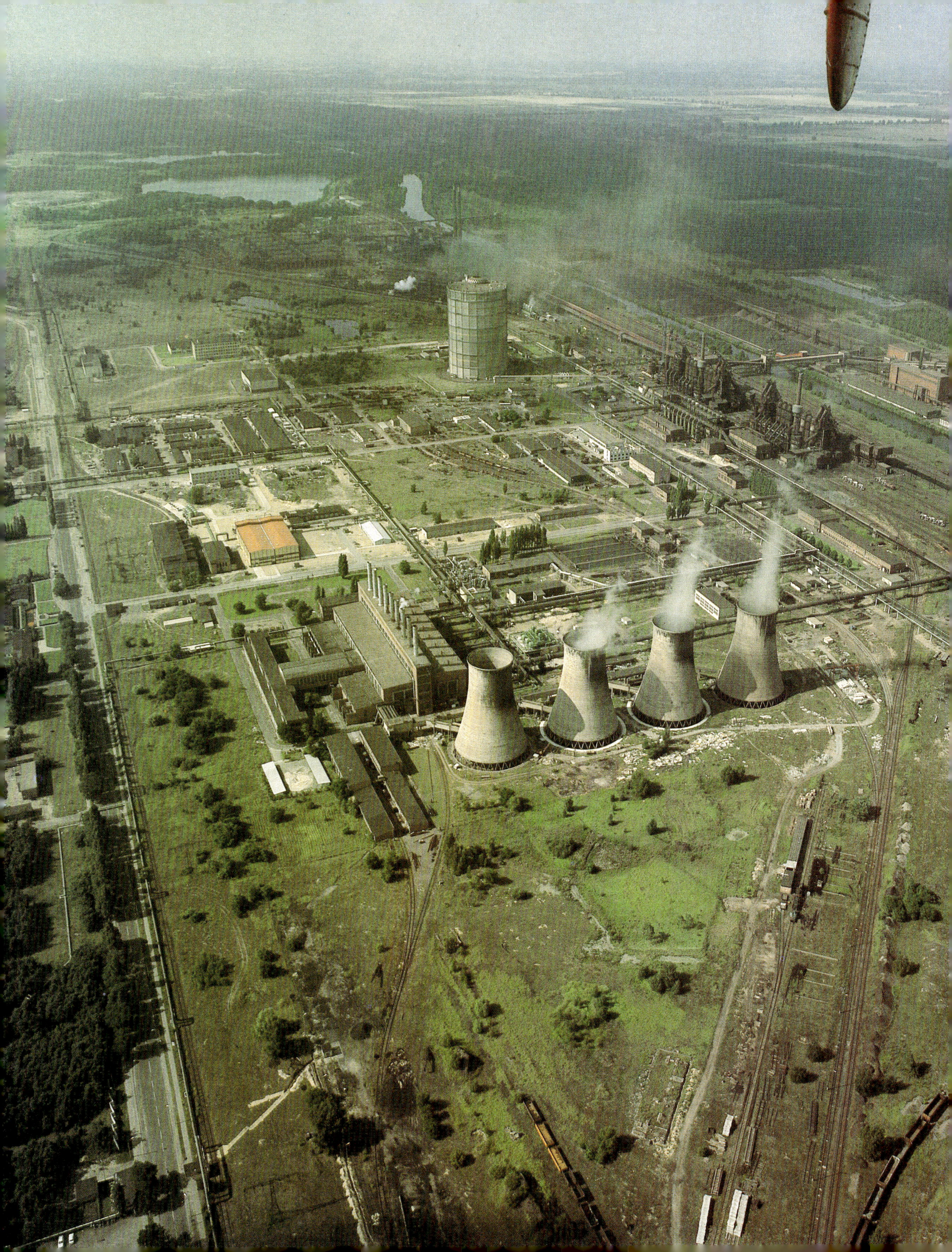

Startplätze

30 Jahre blieb das Dorf Scheckthal (Lausitz) ohne ausreichende Wasserversorgung. Gutes Trinkwasser mußte aus dem 4 km entfernten Zeißholz herangekarrt werden. 1951 änderte sich das. Aus dem Ort und den Nachbargemeinden kamen Arbeiter, Bauern und Angestellte, die in 1598 freiwilligen Arbeitsstunden den Bau einer Wasserleitung unterstützten. Geldspenden für diesen Bau erbrachten 27 691 Mark. So erhielt Scheckthal erstmals gutes Wasser

Start zum Langlauf bei den ersten Wintersportmeisterschaften der Jungen Pioniere im Januar 1951 in Oberhof

In Hennigsdorf lief mit dem ersten Fünfjahrplan die Produktion von Grubenlokomotiven an

Am 13. Oktober 1950 wurde in Stralsund das erste Hochseehandelsschiff der DDR, die ‹Vorwärts›, in Dienst gestellt

Freunde aus aller Welt

26 000 Jugendliche aus 104 Ländern erlebten die III. Weltfestspiele der Jugend und Studenten vom 5. bis 19. August 1951 in Berlin. Sie verbrachten hier unvergeßliche Tage gemeinsam mit Hunderttausenden Mädchen und Jungen aus der DDR. Der Vorsitzende der FDJ, Erich Honecker, sprach am 17. August während einer Kundgebung im Berliner Sportpark Cantianstraße

Die neue Saat

Landarbeit im Herbst 1946

Bruno Kiesler (links), Leiter der Bezirksverwaltung Magdeburg der Maschinen- und Traktoren-Stationen (MTS) und als Traktorist 1949 ein Bahnbrecher der Aktivistenbewegung in der Landwirtschaft, im Frühjahr 1953 bei Traktoristen seines Bezirks

Von Dorf zu Dorf fuhren die Mitarbeiter des ‹Landfilms› seit Beginn der fünfziger Jahre. Ihre Filmvorführungen waren Ereignisse im Leben der Landbevölkerung

Die Jugendbrigade der MAS Leimbach (Kreis Querfurt) auf der Fahrt zu einer Sonderschicht am Sonntag, dem 26. März 1950

Grundstein für ein Denkmal

Oberbürgermeister Friedrich Ebert legte am 1. September 1951 den Grundstein für das Hochhaus an der Berliner Weberwiese. Als dann die ersten Mieter einzogen, zeigte ein Verzeichnis, daß Familien von Modelltischlern, Monteuren, Näherinnen, Lehrern, Drehern und anderen Werktätigen – vorwiegend Arbeitern – in den neuen, schönen Wohnungen lebten. Rund dreißig Jahre später wurde das Hochhaus als ein Symbol des Wiederaufbaus unter Denkmalschutz gestellt

Wohnungsbau 1952 in Berlin im Bereich des U-Bahnhofs Marchlewskistraße und der Weberwiese

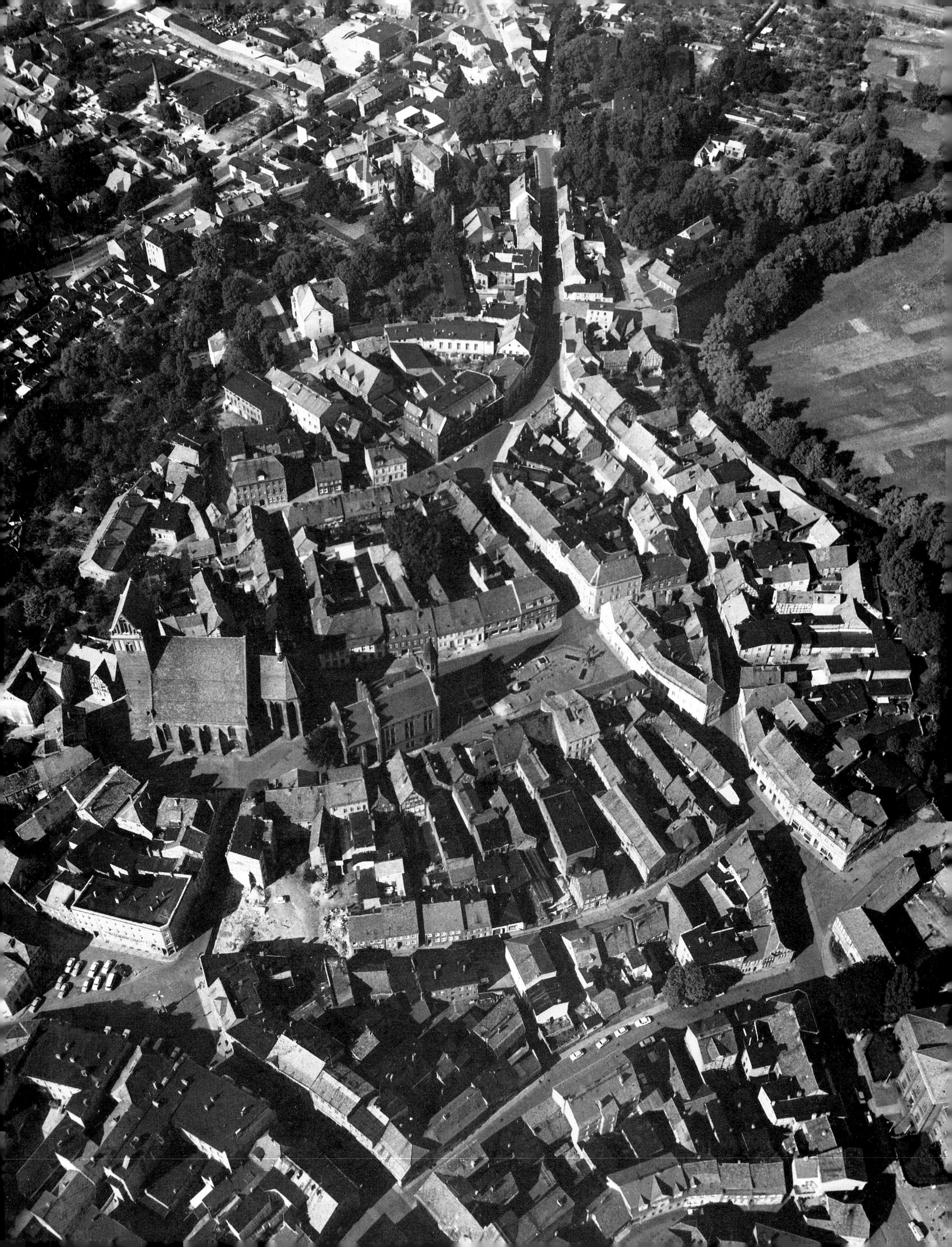

Dem Sieger eine Möhre

Sportbegeisterte Berliner Jungen organisierten 1946 ein Radrennen. Es war alles da: Aktive, Kampfgericht, Betreuer und fachkundiges Publikum. Als Preis winkte dem Sieger eine Möhre

Gustav-Adolf Schur gehört zur Generation jener Jungen, die 1946 ihr Rennen um eine Möhre aufnahmen. Der populäre Sportler, Volkskammerabgeordneter, zweifacher Weltmeister und zweimaliger Einzelsieger der Friedensfahrt, beriet im April 1965 12- bis 14jährige Jungen vor dem Start zum Rennen um den Preis der ‹Leipziger Volkszeitung›

Das größte Amateur-Radrennen der Erde, die Friedensfahrt, führte im Mai 1952 zum ersten Mal durch die DDR. Seitdem sind die drei Zeitungen ‹Trybuna ludu›, ‹Rude pravo› und ‹Neues Deutschland› Träger dieser jährlichen Veranstaltung

Die Spitzengruppe der Friedensfahrer 1952 an der gefürchteten ‹steilen Wand› in Meerane

Perleberg wurde vermutlich in der zweiten Hälfte des 12. Jahrhunderts gegründet

Tuberkuloseheilstätte Klosterheyde. Der Befehl Nr. 297 der SMAD vom 3. Oktober 1946 über die Tuberkulosebekämpfung stand am Anfang des systematischen Vorgehens gegen diese Krankheit. 1947 gab es 32 000 Todesfälle durch Tuberkulose, 1950 mußten 92 760 Erkrankungen erfaßt werden. 1951 und 1952 sammelten Mediziner in Städten und Dörfern erste Erfahrungen mit der Tuberkuloseschutzimpfung. Zu dieser Zeit war etwa die Hälfte der Vierzehnjährigen tuberkulös infiziert. 1955 begann die Impfung aller Neugeborenen gegen Tuberkulose. Durch regelmäßige Röntgenreihenuntersuchungen konnten nahezu alle Personen mit tuberkulösem Befund in der Lunge erfaßt werden. 1950 litten von 10 000 Bürger der DDR 50,4 an aktiver Tuberkulose, 1966 nur noch 8,1. ‹Neues Deutschland› meldete am 27. August 1967: ‹Fünf Tuberkuloseheilstätten konnten im Bezirk Leipzig seit dem vergangenen Jahr aufgelöst werden.› Heute ist in der DDR die Tuberkulose als Volkskrankheit praktisch besiegt

Allen zum Nutzen

Der Generaldirektor Semennikow des SAG-Betriebes Leuna-Werke bei der symbolischen Schlüsselübergabe an den Werkleiter Dr. Schirmer. Ab 1. Januar 1954 befand sich dieser Großbetrieb wie der *Schwermaschinenbau ‹Karl Liebknecht›* in *Magdeburg* und andere Werke in Volkseigentum. 1952 waren 66 SAG-Betriebe von der Sowjetunion an die DDR übergeben worden. Von 1947 bis Ende Dezember 1953 wurden rund 200 solcher Betriebe zu VEB

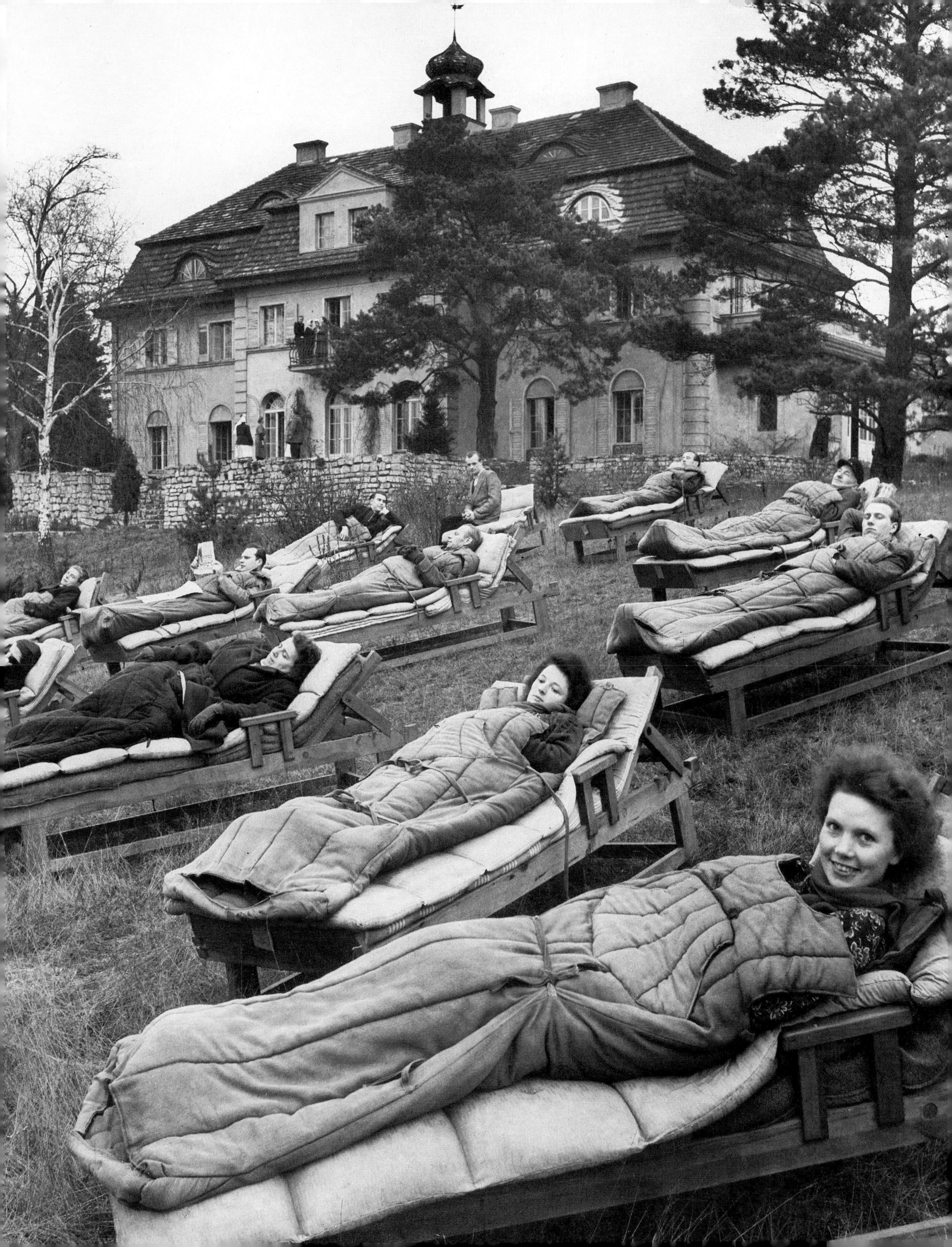

Thälmanns Name

Die Jungen Pioniere führten ihr erstes Treffen vom 18. bis 25. August 1952 in Dresden durch. Rund 60 000 Kinder aus der DDR und 300 junge ausländische Gäste beteiligten sich. Hermann Matern, Mitglied des Politbüros des ZK der SED, verlieh am 23. August der Organisation der Jungen Pioniere den Namen ‹Ernst Thälmann›. Die Pionierorganisation ging aus den Kindergruppen der antifaschistischen Jugendausschüsse und der FDJ hervor. Die ersten dieser Gruppen hatten sich bereits im Herbst 1945 gebildet

Mundharmonikakapelle des 1. Zentralen Zeltlagers ‹Junge Freiheit› bei Weida in den Ferien 1948

Fachsimpelei zwischen Tischlern – Präsident Wilhelm Pieck besuchte im November 1949 das Haus der Berliner Kinder

Demonstration der Thälmann-Pioniere am 24. August 1952 in Dresden

Lesesaal in der Deutschen Bücherei Leipzig. Diese Bücherei wurde 1912 als ‹Archiv des deutschen Schrifttums und des deutschen Buchhandels› gegründet. Nach Erweiterungsbauten in den Jahren 1959 bis 1965 und 1977 bis 1982 verfügt die Deutsche Bücherei über 7 Lesesäle mit 520 Arbeitsplätzen und insgesamt 193370 m³ umbauten Raum. Hier sind rund 7 Millionen Bände gespeichert. 28000 ständige Nutzer sind eingetragen, und jährlich werden 250000 bis 300000 Bestellungen bearbeitet

Quellen für Bildung

11,87 m hoch und 22,65 m lang ist das Skelett des im Berliner Museum für Naturkunde ausgestellten Brachiosaurus. Dieses Museum ist eines der größten seiner Art. Bis 1953 hatten 367 Museen in der DDR die Kriegsschäden so weit überwunden, daß sie ihre Pforten wieder öffnen konnten; 1955 waren es schon 431. Die meisten Museen und Sammlungen beherbergt der Bezirk Dresden. 1955 besaß er 90

Ein historischer Beschluß

Die Delegierten der 2. Parteikonferenz der SED erklärten mit ihrem am 12. Juli 1952 einstimmig gefaßten Beschluß den ‹Aufbau des Sozialismus zur grundlegenden Aufgabe in der Deutschen Demokratischen Republik›

Die 2. Parteikonferenz der SED fand vom 9. bis 12. Juli 1952 in der Berliner Werner-Seelenbinder-Halle statt. An ihr nahmen 1565 Delegierte und 494 Gastdelegierte teil. Außerdem waren 2509 Gäste anwesend. Unter ihnen befanden sich Delegierte von 25 Bruderparteien und die Vorsitzenden der anderen Parteien des Demokratischen Blocks

Franz Franik (rechts), Initiator der kollektiven Aktivistenarbeit

In der Gesenkschmiede des VEB Schwermaschinenbau ‹Heinrich Rau›, Wildau. Aktivisten und Rationalisatoren hatten zu Beginn der fünfziger Jahre in diesem Wildauer Betrieb Arbeitsabläufe besser organisiert und die Fertigungszeiten einzelner Teile um 40 und mehr Prozent gesenkt. Mit Erfüllung des Planes 1954 erarbeitete sich die Belegschaft 300000 DM zusätzlich. Mit diesem den entsprechenden Fonds zugeführten Geld ließen sich unter anderem folgende Leistungen finanzieren:

Betriebssport	18000 DM
Betriebsferienlager	55000 DM
Ausbau der Kulturhäuser	15000 DM
Grünanlagen	7000 DM
Zuschüsse für Werkküche	47000 DM
Kulturveranstaltungen	63000 DM
Zuschüsse für Geburten, Eheschließungen usw.	16000 DM
Büchergeld für studierende Kollegen	15000 DM
Kindergarten und Kinderbetreuung	13000 DM

Außerdem stellte der Staat noch Mittel für den Bau einer Poliklinik mit Arbeitsplätzen für 16 Ärzte, eines Schwimmbades und von 108 Wohnungen über die im Plan 1954 vorgesehenen hinaus zur Verfügung

Wenn alle zupacken

Gemeinsamkeit hatte sich in der mecklenburgischen Gemeinde Gustebin bewährt. Bis Ende 1952 sollten 12 Neubauernhäuser bezugsfertig sein. In 5 von ihnen wohnten die ersten Familien schon im Juni. Im gleichen Monat, am 27., schlossen sich werktätige Bauern dieses Dorfes in einer Produktionsgenossenschaft zusammen. Am 8. Juni 1952 hatten 24 Neubauern aus Merxleben (Kreis Mühlhausen) bereits die erste LPG der DDR gegründet

Grabow besitzt eine Stadtkirche, deren Halle aus dem frühen 14. Jahrhundert stammt. 1725 vernichtete ein Brand die älteren Gebäude. Fachwerkhäuser, die meist im 18. Jahrhundert entstanden, prägen das Bild des Stadtzentrums. Das Rathaus mit seiner Freitreppe zum Markt ist solch ein barocker Fachwerkbau

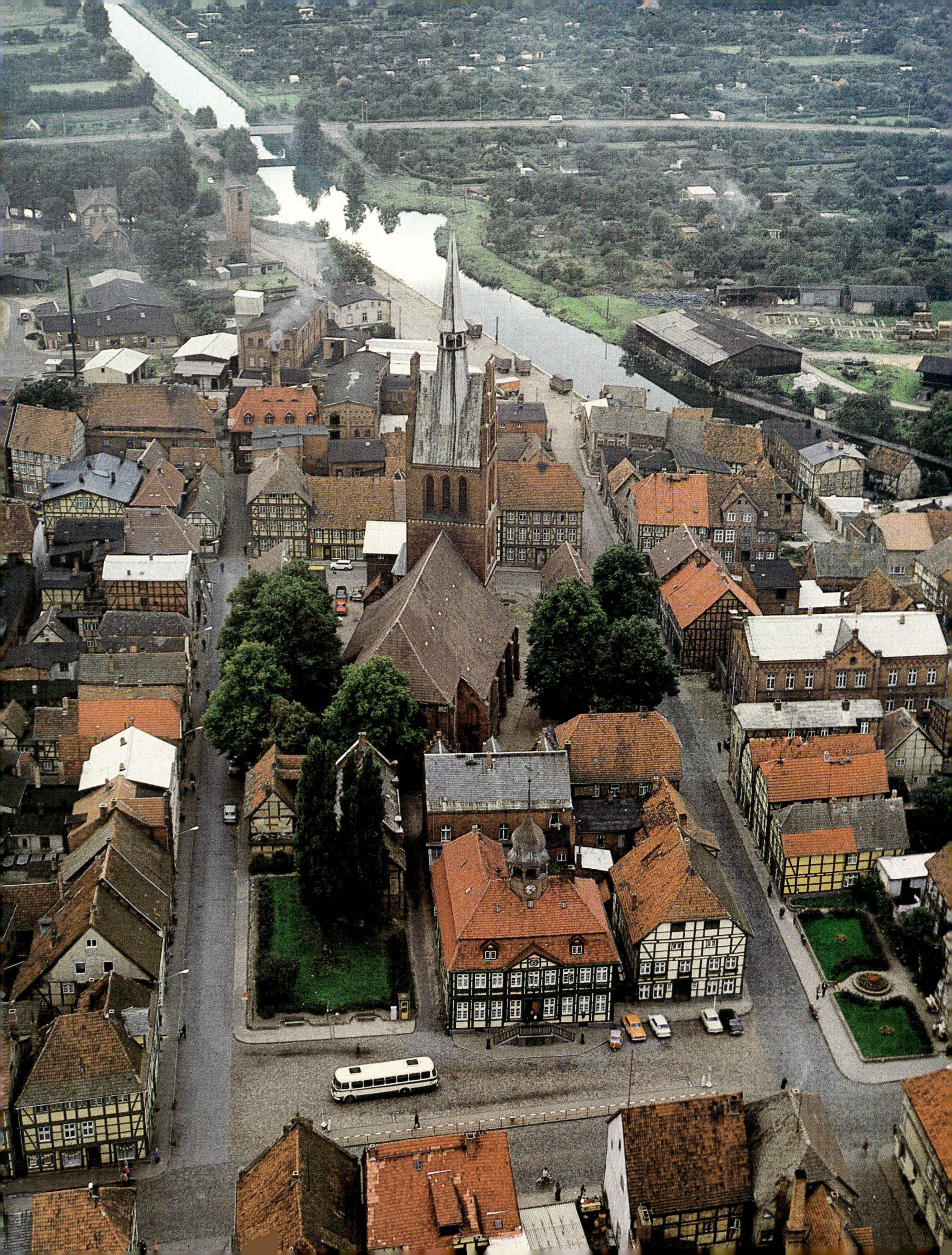

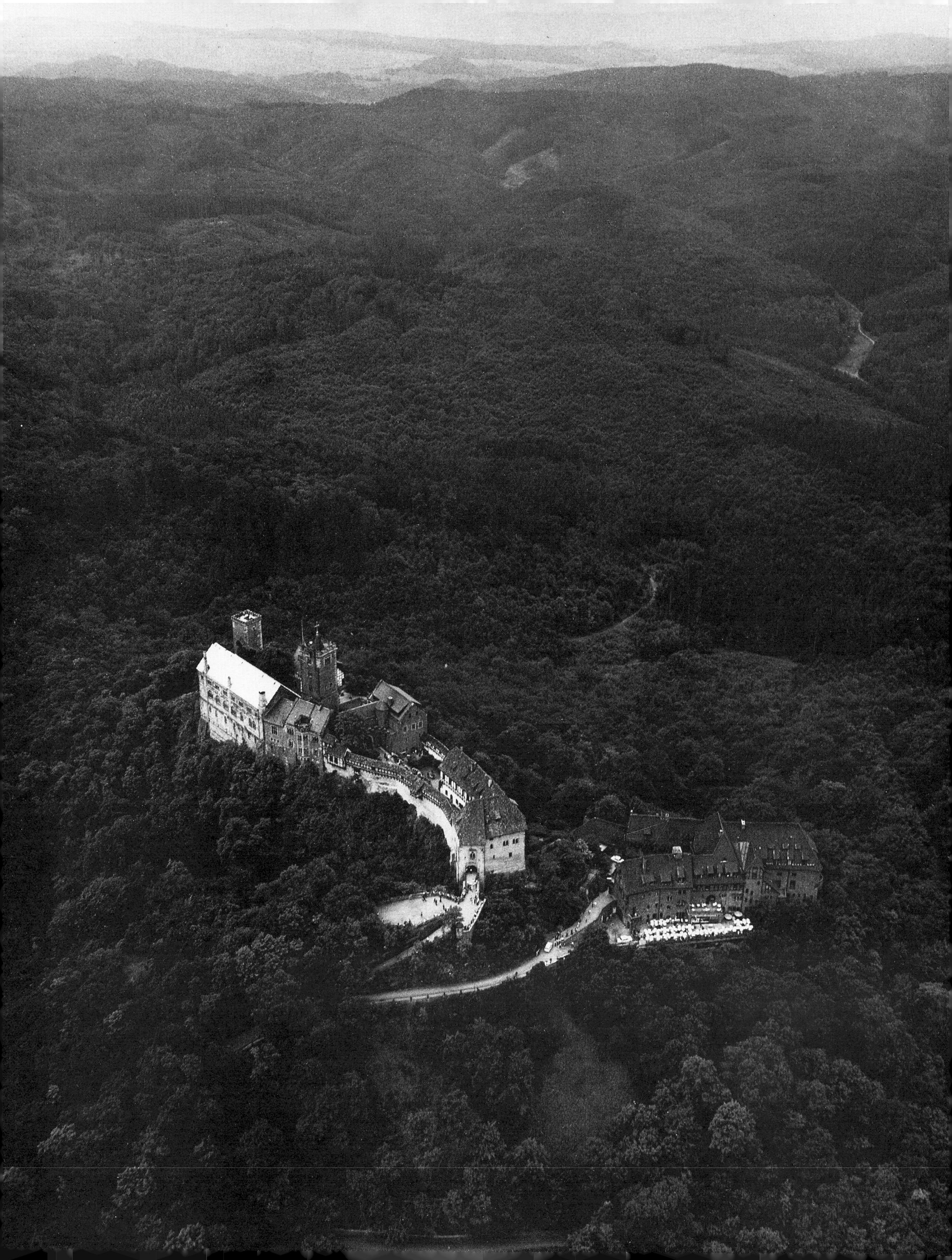

Adlershof sendet

Am 21. Dezember 1952 strahlte der Deutsche Fernsehfunk in Berlin-Adlershof sein erstes Versuchsprogramm aus. Der Handel bot 1954 das Fernsehgerät ‹Leningrad› aus der Sowjetunion an

50000 DM Umsatz erreichten 1953 die Verkäufer auf dem Schweriner Bauernmarkt an einem Vormittag

Die Wartburg bei Eisenach. Sie soll 1067 gegründet worden sein. Bruno von Merseburg erwähnt sie 1080 in seinem Buch vom Sachsenkrieg. Ihr Palas gehört zu den schönsten erhaltenen spätromanischen Bauten Europas. 1952 begann eine umfassende Restaurierung der Burg, die 1982 ihren Abschluß fand

Rechnung ohne den Wirt

Im Columbushaus am Potsdamer Platz in Berlin gab es ein HO-Geschäft. Provokateure drangen am 17. Juni 1953 ein, plünderten und setzten es dann in Brand

Vor dem Stadtbezirksgericht Berlin-Pankow hatte sich ein Rowdy aus Westberlin für Ausschreitungen vom 17. Juni zu verantworten

Den Stellvertreter des Ministerpräsidenten der DDR und Vorsitzenden der CDU, Otto Nuschke, entführten Provokateure nach Westberlin. Alle Versuche, ihn gegen die Politik der DDR und der Sowjetunion zu mißbrauchen, scheiterten. Vor den westlichen Journalisten bekannte er sich zum entschlossenen Handeln der in der DDR stationierten Einheiten der Sowjetarmee, ‹da diese durch ihr rasches Eingreifen den in grausame Nähe gerückten neuen Weltkrieg verhindert und somit den Weltfrieden gerettet› hatte. Am 19. Juni mußte Otto Nuschke wieder freigelassen werden. Gerald Götting, Generalsekretär der CDU, konnte ihn an der Sektorengrenze begrüßen

Als eine Antwort auf den konterrevolutionären Putschversuch vom 17. Juni begann 1953 der Aufbau von ersten Einheiten der Kampfgruppen der Arbeiterklasse

Spontan kam es nach den Ereignissen des 17. Juni 1953 zu vielfältigen Bekundungen des Dankes an die Sowjetarmee und der deutsch-sowjetischen Freundschaft

‹So, wie wir Werktätigen heute arbeiten, wird morgen unser Leben sein›, sagte im September 1953 die Weberin Frida Hockauf aus dem VEB Mechanische Weberei Zittau. Sie verpflichtete sich, im Oktober 10 m, im November 15 m und im Dezember 20 m Stoff erster Qualität zusätzlich zu weben

159

Eindeutiges Ergebnis

Genossenschaftsbäuerinnen übergaben dem Präsidium des IV. Parteitages der SED Grüße und Verpflichtungen. Zum Parteitag waren 1779 Delegierte mit beschließender und 600 mit beratender Stimme vom 30. März bis 6. April 1954 nach Berlin gekommen

Demonstration zum IV. Parteitag der SED auf dem Marx-Engels-Platz

Kundgebung zur Volksbefragung mit Ministerpräsident Otto Grotewohl am 23. Juni 1954 auf dem Magdeburger Domplatz. Zur Volksbefragung hatte der II. Nationalkongreß der Nationalen Front aufgerufen. Es sollte die Frage beantwortet werden: Friedensvertrag oder EVG-Vertrag. Die Regierung der BRD verbot die Befragung. In der DDR beteiligten sich vom 27. bis 29. Juni 1954 98,6 Prozent der Wähler. 93,6 Prozent der gültigen Stimmen bejahten einen Friedensvertrag

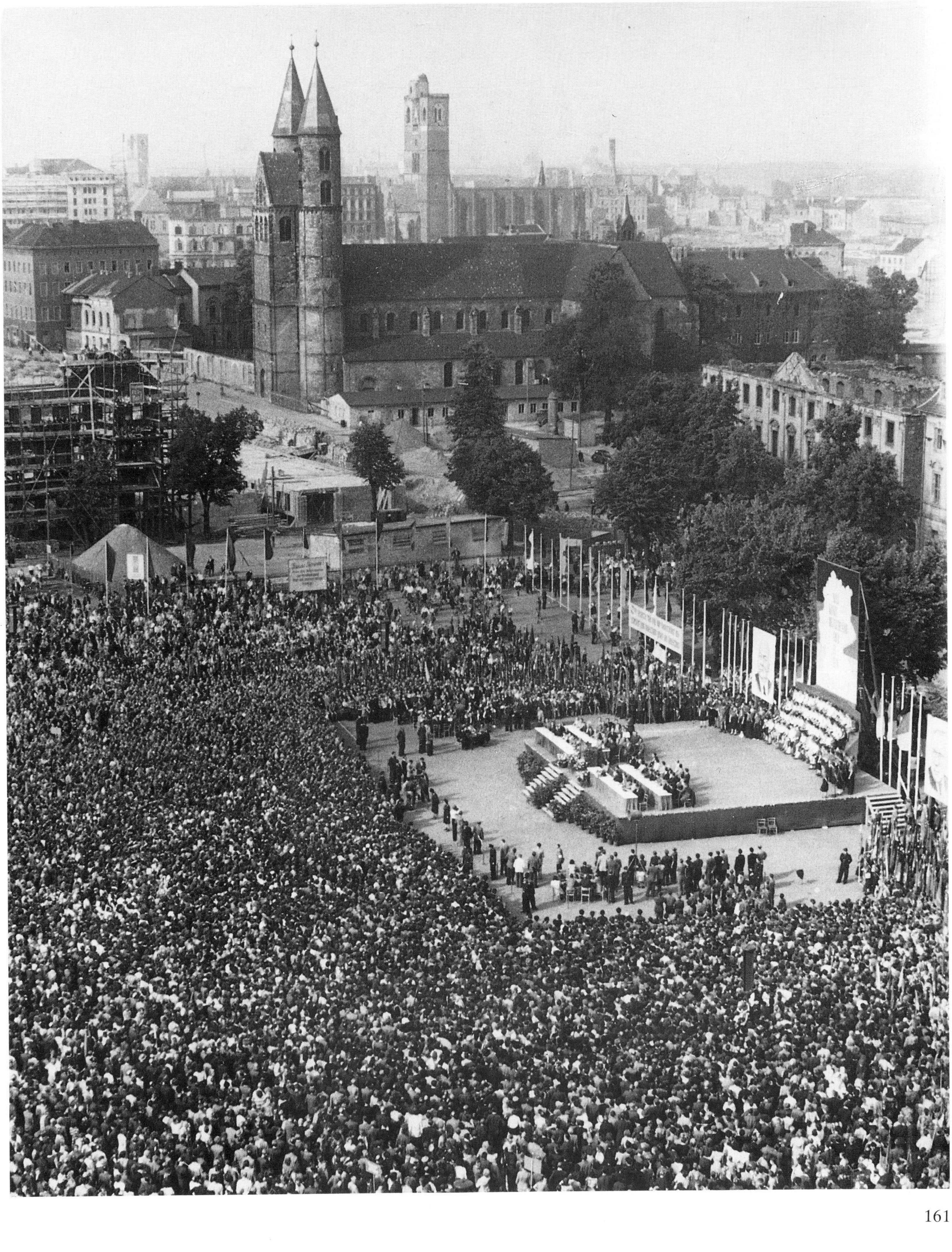

Schwere Beschädigungen erlitt die Trinitatis-Kirche in Zerbst noch im April 1945. Bis 1954 war sie so weit wieder instand gesetzt, daß mit dem Innenausbau begonnen werden konnte

Bertolt Brecht und Helene Weigel bei Probearbeiten an des Dichters Stück ‹Mutter Courage und ihre Kinder› im Berliner Ensemble. Unter Brechts Leitung erlangte dieses 1949 gegründete Ensemble Weltruf

Nach Georg Wenzeslaus von Knobelsdorffs Plänen wurde die Deutsche Staatsoper in Berlin 1741 bis 1743 erbaut. Im Februar 1945 sank sie im Bombenhagel in Trümmer. Das Haus Unter den Linden öffnete am 4. September 1955 mit Wagners ‹Die Meistersinger von Nürnberg› wieder

Fackelzug vor dem Schillerhaus in Weimar während der Schiller-Ehrung der deutschen Jugend am 2. und 3. April 1955. Am 14. Mai 1955 traf Thomas Mann in Weimar ein und hielt im Nationaltheater seine ‹Ansprache im Schillerjahr 1955›

Verachtet mir die Meister nicht

Bündnis des Friedens

Aus dem Vertrag über Freundschaft, Zusammenarbeit und gegenseitigen Beistand (Warschauer Vertrag) vom 14. Mai 1955:
Artikel 1: Die Vertragschließenden Seiten verpflichten sich in Übereinstimmung mit der Satzung der Organisation der Vereinten Nationen, sich in ihren internationalen Beziehungen der Drohung mit Gewalt oder ihrer Anwendung zu enthalten und ihre internationalen Streitfragen mit friedlichen Mitteln so zu lösen, daß der Weltfrieden und die Sicherheit nicht gefährdet werden.
Artikel 4: Im Falle eines bewaffneten Überfalls in Europa auf einen oder mehrere Teilnehmerstaaten des Vertrages seitens irgendeines Staates oder einer Gruppe von Staaten wird jeder Teilnehmerstaat des Vertrages in Verwirklichung des Rechtes auf individuelle oder kollektive Selbstverteidigung in Übereinstimmung mit Artikel 51 der Satzung der Organisation der Vereinten Nationen dem Staat oder den Staaten, die einem solchen Überfall ausgesetzt sind, sofortigen Beistand individuell und in Vereinbarung mit den anderen Teilnehmerstaaten des Vertrages mit allen Mitteln, die ihnen erforderlich erscheinen, einschließlich der Anwendung von militärischer Gewalt erweisen...

Aus dem Vertrag über die Beziehungen zwischen der DDR und der UdSSR (Staatsvertrag) vom 20. September 1955:
Artikel 1: Die Vertragschließenden Seiten bestätigen feierlich, daß die Beziehungen zwischen ihnen auf völliger Gleichberechtigung, gegenseitiger Achtung der Souveränität und der Nichteinmischung in die inneren Angelegenheiten beruhen...
Artikel 3: In Übereinstimmung mit den Interessen beider Länder und die Grundsätze der Freundschaft befolgend, kommen die Vertragschließenden Seiten überein, die zwischen der Deutschen Demokratischen Republik und der Union der Sozialistischen Sowjetrepubliken bestehenden wirtschaftlichen, wissenschaftlich-technischen und kulturellen Verbindungen weiter zu entwickeln und zu festigen, sich gegenseitig jede mögliche wirtschaftliche Hilfe zu erweisen und die erforderliche wirtschaftliche und wissenschaftlich-technische Zusammenarbeit zu verwirklichen.

Ministerpräsident Otto Grotewohl unterzeichnete am 14. Mai 1955 in Warschau den Vertrag über Freundschaft, Zusammenarbeit und gegenseitigen Beistand (Warschauer Vertrag)

Die Regierungsdelegation der DDR, die zum Abschluß des Staatsvertrages zwischen DDR und UdSSR in der Sowjetunion weilte, ehrte die von deutschen Faschisten ermordete sowjetische Patriotin Soja Kosmodemjanskaja am 18. September 1955

Gerettete Schätze

In dieser feuchten Kalksteingrube bei Pockau-Lengefeld fanden sowjetische Soldaten einen großen Teil der Gemälde

Angloamerikanische Bomber vernichteten mit der Dresdener Gemäldegalerie auch 197 wertvolle Gemälde. Andere erlitten durch unsachgemäße Auslagerung schwere Schäden. Im Frühjahr 1945 retteten sowjetische Soldaten 1240 der Dresdener Kunstwerke vor dem endgültigen Verfall. In der Sowjetunion restaurierten Fachleute diese Gemälde. So blieben sie der Menschheit bewahrt. Die Regierung der UdSSR übergab sie am 25. August 1955 einer Regierungsdelegation der DDR. *Die wiederaufgebaute Dresdener Galerie öffnete sich am 3. Juni 1956 dem Publikum*

Sportlicher Ruf

Eröffnungszeremoniell der VII. Olympischen Winterspiele am 26. Januar 1956 im Eisstadion von Cortina d'Ampezzo

Harry Glaß belegte im Spezialsprunglauf den dritten Platz. Damit errang er als erster Sportler der DDR eine olympische Medaille. Von den XVI. Olympischen Sommerspielen 1956 in Melbourne brachten DDR-Sportler 1 Gold-, 4 Silber- und 3 Bronzemedaillen mit. Athleten der DDR stießen zur Weltspitze vor

Ströbeck genießt den Ruf eines Schachdorfes. Die Gemeinde liegt im Vorland des Harzes. Ein Schachbrett schmückt die Wetterfahne des Kirchturms. Schach ist Unterrichtsfach in der polytechnischen Oberschule. Jedes Jahr finden Klassen- und Schulmeisterschaften statt. Die Kostüme für das lebende Schachspiel haben die Kinder selbst geschneidert und gebastelt

Erfolgreiche Jungfernfahrt

Am 28. März 1956 berichteten Thälmann-Pioniere der 3. Parteikonferenz der SED über ihre Wünsche und Vorhaben. Die Konferenz fand vom 24. bis 30. März 1956 in der Berliner Werner-Seelenbinder-Halle statt. 1731 Delegierte mit beschließender und 582 mit beratender Stimme waren zum Tagungsort gekommen

Den ‹Thälmann-Pionier› führte seine Jungfernfahrt nach Alexandria. Am 1. Mai 1957 kehrte er erfolgreich nach Rostock zurück

Die Mitglieder der Pionierorganisation sammelten für den Bau ihres Schiffes ‹Thälmann-Pionier› 1,4 Millionen DM, 29000t Schrott, 495t Buntmetall und 290t Altpapier

Die Volkskammer der DDR tagt in ihrem Haus in der Luisenstraße in Berlin

Schutz dem Geschaffenen

Am 31. August 1955 fuhr die erste Planierraupe auf die künftige Werkstraße des VEB Braunkohlenkombinat ‹Schwarze Pumpe›. Der Aufbau des Kombinats zur Braunkohlenveredlung begann. Kernstück des geplanten Betriebes ist das Druckgaswerk. Drei Kraftwerke, drei Brikettfabriken mit Kohleaufbereitung und die Anlagen zur Produktion von verhüttungsfähigem Koks gehören dazu

Den Schwur auf die Heimat leistete am 30. April 1956 das erste Regiment der Nationalen Volksarmee der DDR. – Das Ministerium für Nationale Verteidigung nahm am 1. März 1956 seine Arbeit auf. Zum Minister für Nationale Verteidigung berief die Volkskammer Willi Stoph

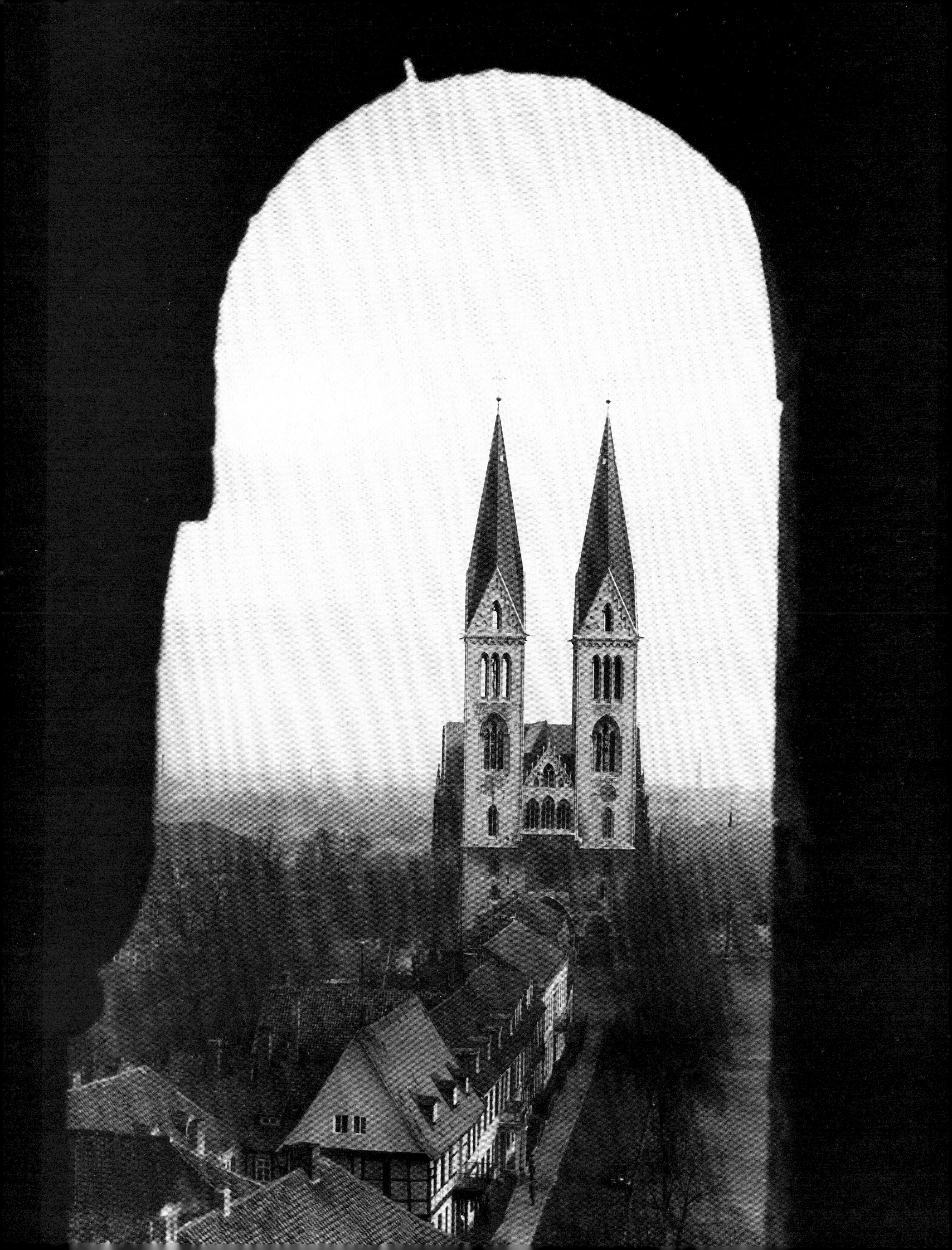

Stopp für Diversanten

Westberliner Agentengruppen starteten 1956 verstärkt Ballons mit Hetzschriften gegen die DDR

Funk- und Fernsehstationen der BRD und Westberlins suchten, die DDR ideologisch ‹aufzuweichen›, und übermittelten an Agenten Weisungen der Geheimdienste

Ein Zug der Kampfgruppe des Berliner Kraftwerkes Klingenberg im Oktober 1956. Die Machthaber der Bundesrepublik hielten an der Konzeption fest, die DDR mit Gewalt ihrem Staat einzugliedern. Im Sommer und Herbst 1956 nahmen Wühlarbeit gegen die DDR und Grenzprovokationen zu. Am 24. Oktober 1956 demonstrierten Kampfgruppen von Berliner Betrieben ihre Bereitschaft, alle Angriffe gegen ihren Staat und gegen den Frieden abzuwehren

Halberstadt zählt zu den ältesten Orten der DDR. Als karolingische Gründung um 800 entstanden, erhielt es 989 Stadtrecht. 82 Prozent der ehrwürdigen Stadt sanken noch kurz vor Kriegsende in Schutt und Asche. Der Wiederaufbau begann in den fünfziger Jahren. Viele historische Bauten erstanden in altem Glanz

Investitionen für morgen

Entbindungsstation des Kreiskrankenhauses Kyritz. Die Kliniken der DDR verfügten 1951 über 5007 Entbindungsbetten, im Juni 1960 über 7581. 1950 gab es 194 Kinderkrippen mit 4674 Plätzen, 1960 2517 Krippen mit 81495 Plätzen

Am V. Parteitag der SED vom 10. bis 16. Juli 1958 in Berlin nahmen 1648 Delegierte mit beschließender und 603 mit beratender Stimme teil

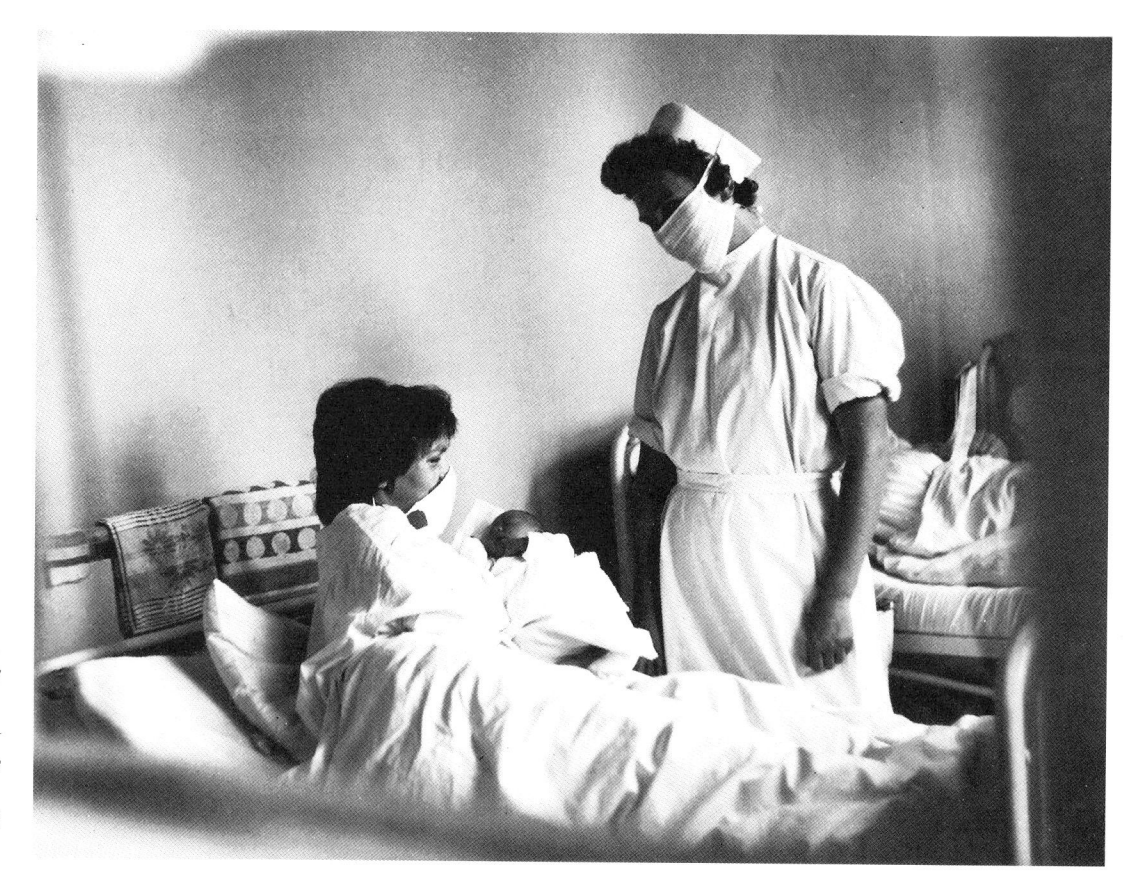

Zur Zeit des V. Parteitages der SED waren die Bauarbeiten am Pumpspeicherwerk Hohenwarte II schon in vollem Gang. 300 m hoch wird das Wasser der Saale einmal mit Nachtstrom in das Staubecken auf dem Berg gepumpt werden. In Spitzenzeiten stürzt das Wasser dann zurück und treibt 8 40-MW-Turbinen. Die so erzeugten 320 Millionen Watt sollen die Leistungsfähigkeit des Verbundnetzes europäischer sozialistischer Länder erhöhen. An der Projektierung und am Bau des Pumpspeicherwerkes wirkten Fachleute aus der DDR und der ČSSR gemeinsam

Der Schwur von Buchenwald

Über 80000 Bürger der DDR und Widerstandskämpfer aus fast allen europäischen Ländern kamen am 14. September 1958 zur Einweihung der Nationalen Mahn- und Gedenkstätte Buchenwald und gedachten der 56000 Opfer der SS aus 18 Nationen. 20 Millionen DM spendete die Bevölkerung der DDR für den Bau der Nationalen Mahn- und Gedenkstätte. Zwei Wegstunden von den Stätten der deutschen Klassik in Weimar entfernt, hatten die Nazis 1937 das Lager auf dem Ettersberg errichten lassen. Vom 15. Juli 1937 bis zum 11. April 1945 trieben sie etwa 250000 Menschen hierher. Dem KZ unterstanden 135 Außenkommandos. Von hier und vom Hauptlager versorgten sich mitteldeutsche Rüstungsbetriebe mit billigsten Arbeitskräften. Kommunisten bauten 1938 in Buchenwald eine Widerstandsorganisation auf. 1943 bildete sich das illegale Internationale Lagerkomitee. Die Widerstandsorganisationen leiteten Solidaritätsmaßnahmen, retteten Häftlingen das Leben und organisierten militärische Gruppen. Am 11. April 1945 stürmten die Häftlinge Wachttürme und Lagerzaun, befreiten sich selbst. Vor ihrer Rückkehr in die Heimat schworen sie am 19. April: ‹Die Vernichtung des Nazismus mit seinen Wurzeln ist unsere Losung! Der Aufbau einer neuen Welt des Friedens und der Freiheit ist unser Ziel. Das sind wir unseren Gemordeten, ihren Angehörigen schuldig.›

Kundgebung auf dem Gelände des ehemaligen faschistischen Konzentrationslagers Buchenwald am 14. September 1958

Die befreiten Häftlinge des Lagers Buchenwald vereinten sich am 19. April 1945 zum Gedenkappell für ihre toten Kameraden

Eine Doktrin wird brüchig

Außenminister Dr. Lothar Bolz leitete die Delegation der DDR, die am 9. Mai 1959 in Genf eintraf. Hier berieten die Außenminister Frankreichs, Großbritanniens, der UdSSR und der USA vom 11. Mai bis 20. Juni und vom 13. Juli bis 5. August. Die Delegationen der Westmächte und der BRD verhinderten, daß in Genf über einen Friedensvertrag mit Deutschland Einigung erzielt wurde. Die Konferenz brachte aber die De-facto-Anerkennung der DDR durch die Westmächte und bewies, daß ohne die DDR nicht über deutsche Probleme verhandelt werden konnte

Empfang für die DDR-Regierungsdelegation am 16. Januar 1959 im Constitution-Club Neu Delhis. Otto Grotewohl leitete die Regierungsdelegation, die im Januar 1959 Ägypten, den Irak, Indien, die Demokratische Republik Vietnam und die Volksrepublik China besuchte. Mit dem Präsidenten der VAR wurde der Austausch von Generalkonsulaten vereinbart. Die Hallstein-Doktrin, die vom Alleinvertretungsanspruch der BRD ausging und mit allen Mitteln die internationale Anerkennung der DDR zu vereiteln suchte, begann zu zerbröckeln

Zur Behandlung in der DDR trafen verwundete algerische Freiheitskämpfer am 25. März 1959 in Berlin ein. Ihre konsequente Solidarität für Befreiungsbewegungen stärkte das internationale Ansehen der DDR ganz besonders

Verblüffende Lösung

Heinrich Mauersberger erhielt 1954 den Nationalpreis für seine Malimo-Technologie. Das Kunstwort Malimo setzt sich zusammen aus den Anfangsbuchstaben von Mauersberger, Limbach, dem Heimatort des Erfinders, und Molton, der zuerst nach seinem Verfahren hergestellten Stoffqualität. 6000 Jahre blieb die Webtechnologie unverändert. Auf primitiven Webrahmen und auf modernsten Webautomaten entstanden die Gewebe aus Kett- und Schußfäden. Heinrich Mauersberger legte Fäden lose in Kett- und Schußrichtung und übernähte sie. Schon auf ersten, selbstgebauten Maschinen erzielte er gute Ergebnisse. Mauersberger setzte sich gegen Anhänger der alten Technologie durch. Im VEB Tüllmaschinenbau Karl-Marx-Stadt entstanden die ersten Malimomaschinen. Als die Produktion anlief, erreichten diese Maschinen eine Leistung von 5 m Stoff in zwei Minuten. Ein Webautomat schaffte das in einer Stunde. Die DDR vergab inzwischen in viele Länder Lizenzen für den Bau von Malimomaschinen

Heinrich Mauersberger mit der Großmutter moderner Malimomaschinen

Textilarbeiterinnen bringt die Malimoproduktion zusätzlichen Vorteil: dem Lärm in Websälen herkömmlicher Art gegenüber arbeiten Malimomaschinen fast geräuschlos

Tor zur Welt

Der Bau des neuen Rostocker Überseehafens war bedeutsam für den wachsenden Außenhandel der DDR. 1938 mit nur 343000 t Umschlag noch unbedeutend, überstieg Rostock 1967 die Grenze von 7000000 t. Die Deutsche Seereederei begann 1952 mit einem Schiff und 35 Mitarbeitern. 1966 besaß sie 138 Fracht- und 12 Tankschiffe. 1968 beschäftigte sie rund 6000 Menschen

Im Oktober 1957 liefen die Bauarbeiten für den neuen Rostocker Hafen an. Allein für den Bau der Ostmole spendete die Bevölkerung 2 Millionen DM und sammelte 65000 t Feldsteine. Am 30. April 1960 legte der erste Frachter im neuen Hafen an. Damit war der erste Bauabschnitt 7 Monate früher abgeschlossen als geplant

Rostock erhielt 1218 Stadtrecht. Seine Blüte als Hansestadt erlosch durch den Dreißigjährigen Krieg und die Unterwerfung durch mecklenburgische Herzöge. 1953 begann der Wiederaufbau von im zweiten Weltkrieg zerstörten Vierteln. Anfang 1968 lebte bereits jede dritte Rostocker Familie in einer Neubauwohnung

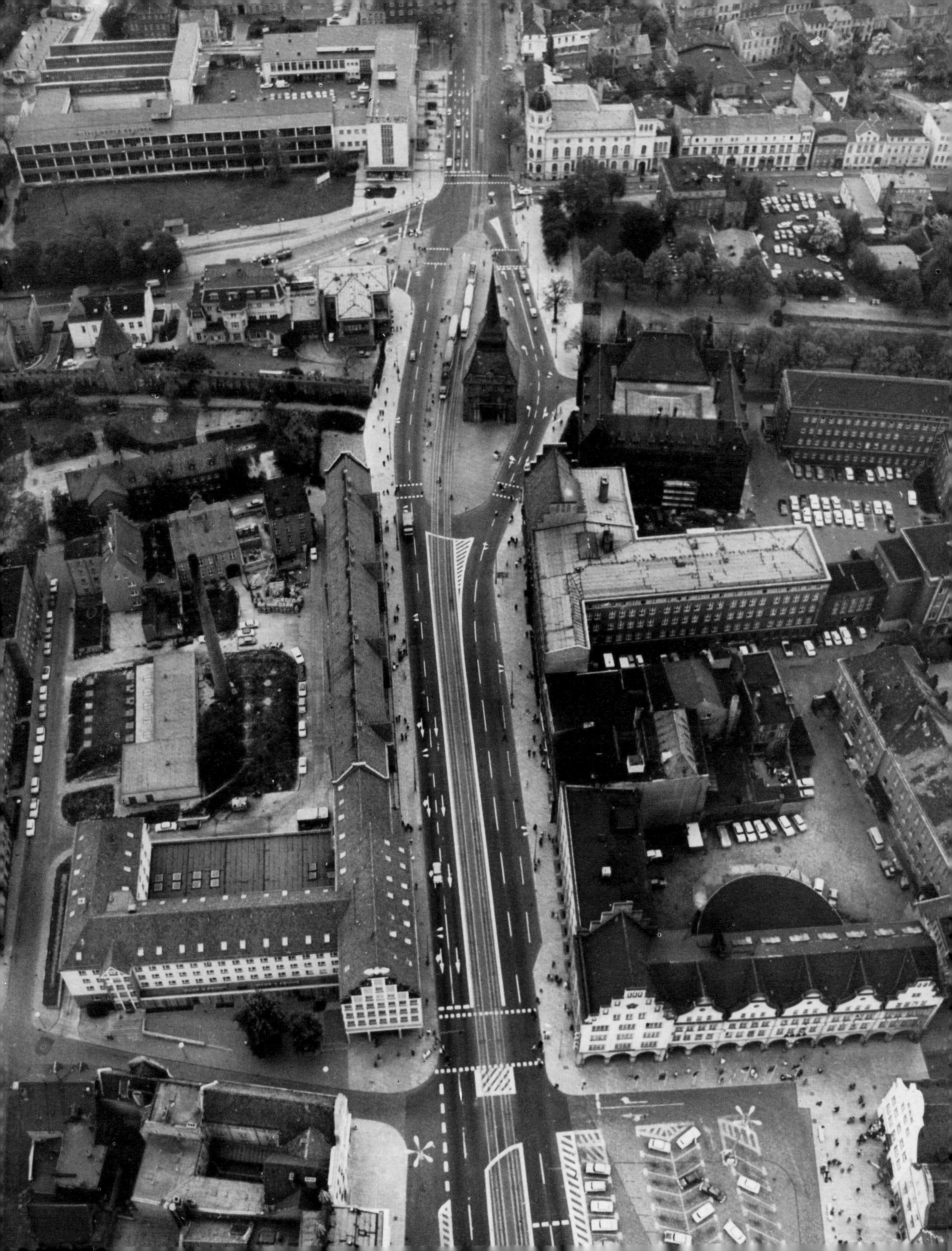

Flurgrenzen fallen

Trent auf Rügen feiert den 1. Mai 1959

Ende der fünfziger und zu Beginn der sechziger Jahre verfügten die MTS über einen beachtlichen Maschinenpark. Vor 1951 gab es nicht einen Mähdrescher. Da kamen die ersten 50 Erntekombines aus der Sowjetunion. Die Zahl solcher Maschinen stieg bis Juli 1967 auf 16 700 an. 1966 konnten 81 Prozent der Halmfrüchte völlig mechanisiert geerntet werden

Auf der Landwirtschaftsausstellung in Leipzig-Markkleeberg zeigte das Mähdrescherwerk Weimar im Sommer 1959 seine erste *Kartoffelvollerntemaschine*. Diese Maschine bewährte sich in der Folgezeit

Grenzsteine verlieren 1960 in der Flur der Gemeinde Boldekow ihren Sinn

181

Staatsrat der DDR

Gratulation für Walter Ulbricht zu seiner Wahl als Vorsitzender des Staatsrates der DDR, während der Volkskammertagung vom 12. September 1960. Die Wahl erfolgte auf Vorschlag aller Fraktionen

Mahnung und Verpflichtung

200000 Menschen aus dem In- und Ausland nahmen am 23. April 1961 an einer Kundgebung auf dem Gelände des ehemaligen Konzentrationslagers Sachsenhausen teil. Den Opfern des Faschismus gelobten sie, den Frieden zu bewahren und mit ganzer Kraft zu schützen

Nationale Mahn- und Gedenkstätte Ravensbrück bei Fürstenberg/Havel

Aussage des Angeklagten Kaindl (seit 1942 Lagerkommandant) vor dem sowjetischen Militärtribunal im Sachsenhausen-Prozeß: ‹...ich war bei der Erschießung einer Frau dabei... Sie hatte eine komplizierte Augenoperation hinter sich, und der Professor, der die Operation durchgeführt hatte, benötigte zum weiteren Studium das Auge, weswegen wir die Frau erschießen mußten.›

Bis hierher und nicht weiter

Plakate und Extrablätter informieren die Berliner Bevölkerung am Morgen des 13. August 1961 über die Maßnahmen zum Schutz der Staatsgrenze der DDR

Soldaten der US-Armee vor der Staatsgrenze der DDR in der Berliner Friedrichstraße

Soldaten der Nationalen Volksarmee der DDR errichteten Anlagen zur Sicherung der Staatsgrenze nach Westberlin

Mitglieder von Kampfgruppen aus Berliner Betrieben sicherten am 13. August die Staatsgrenze vor dem Brandenburger Tor

Ein Appell am 23. August 1961 beendete den Einsatz der Kampfgruppen der Arbeiterklasse.

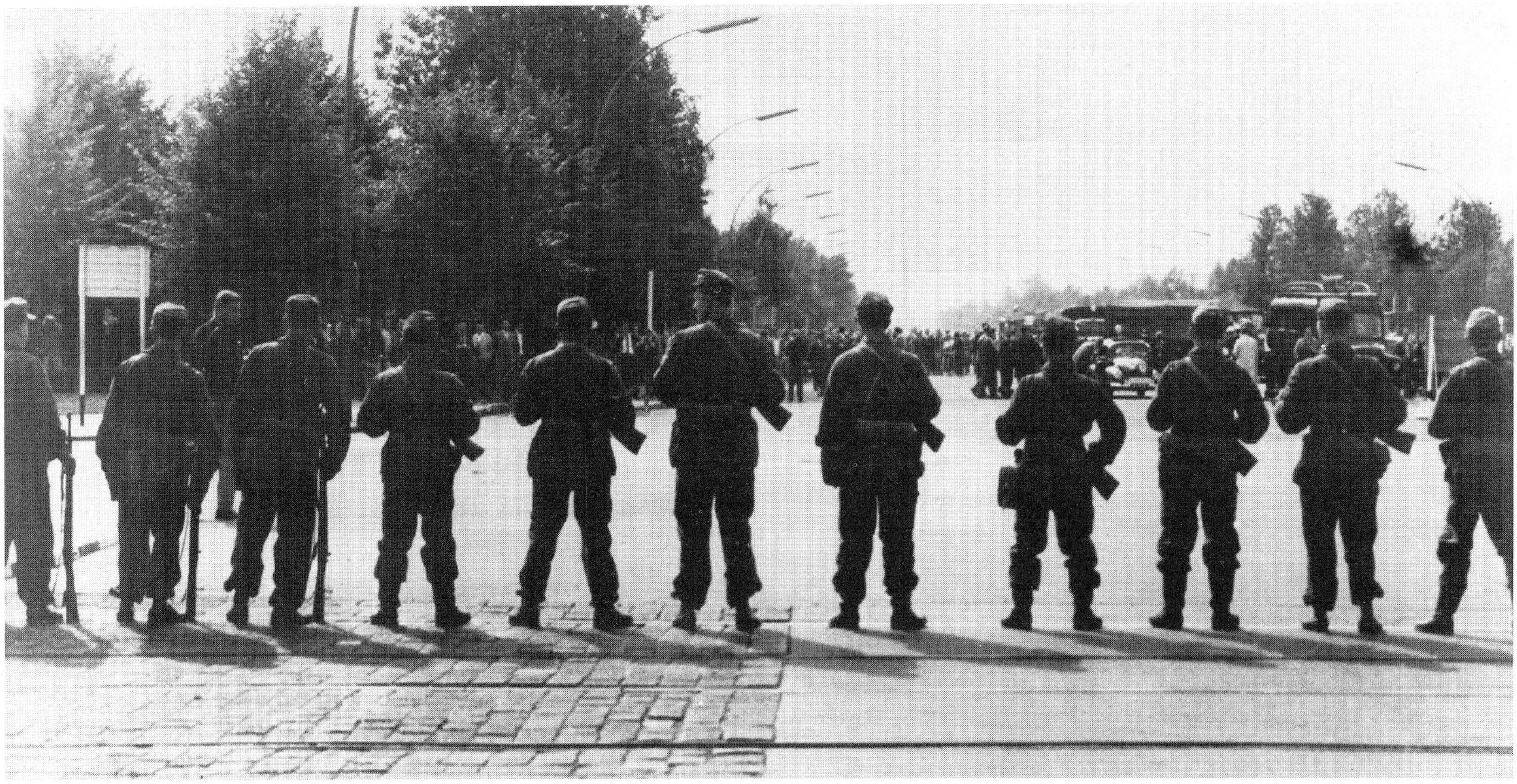

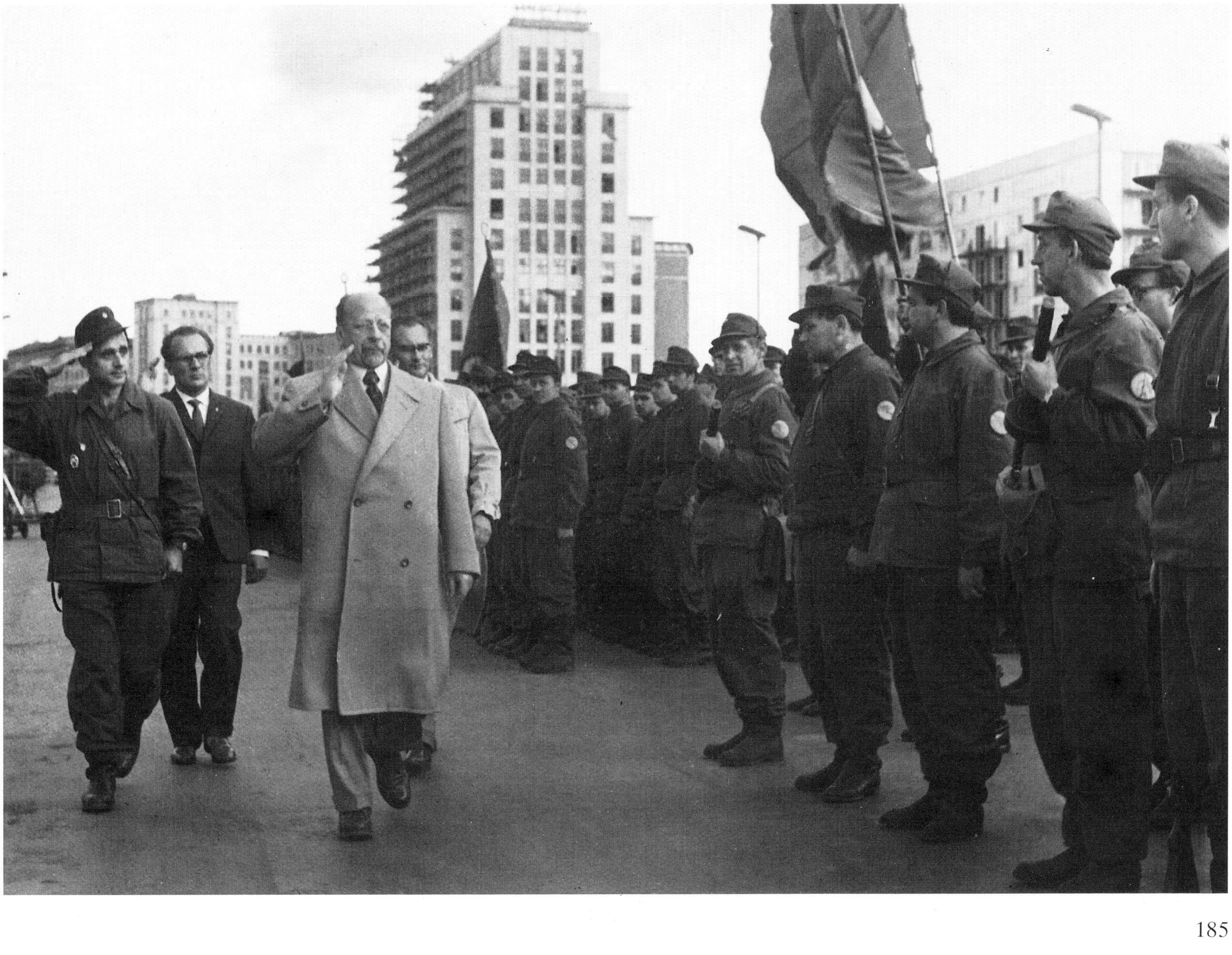

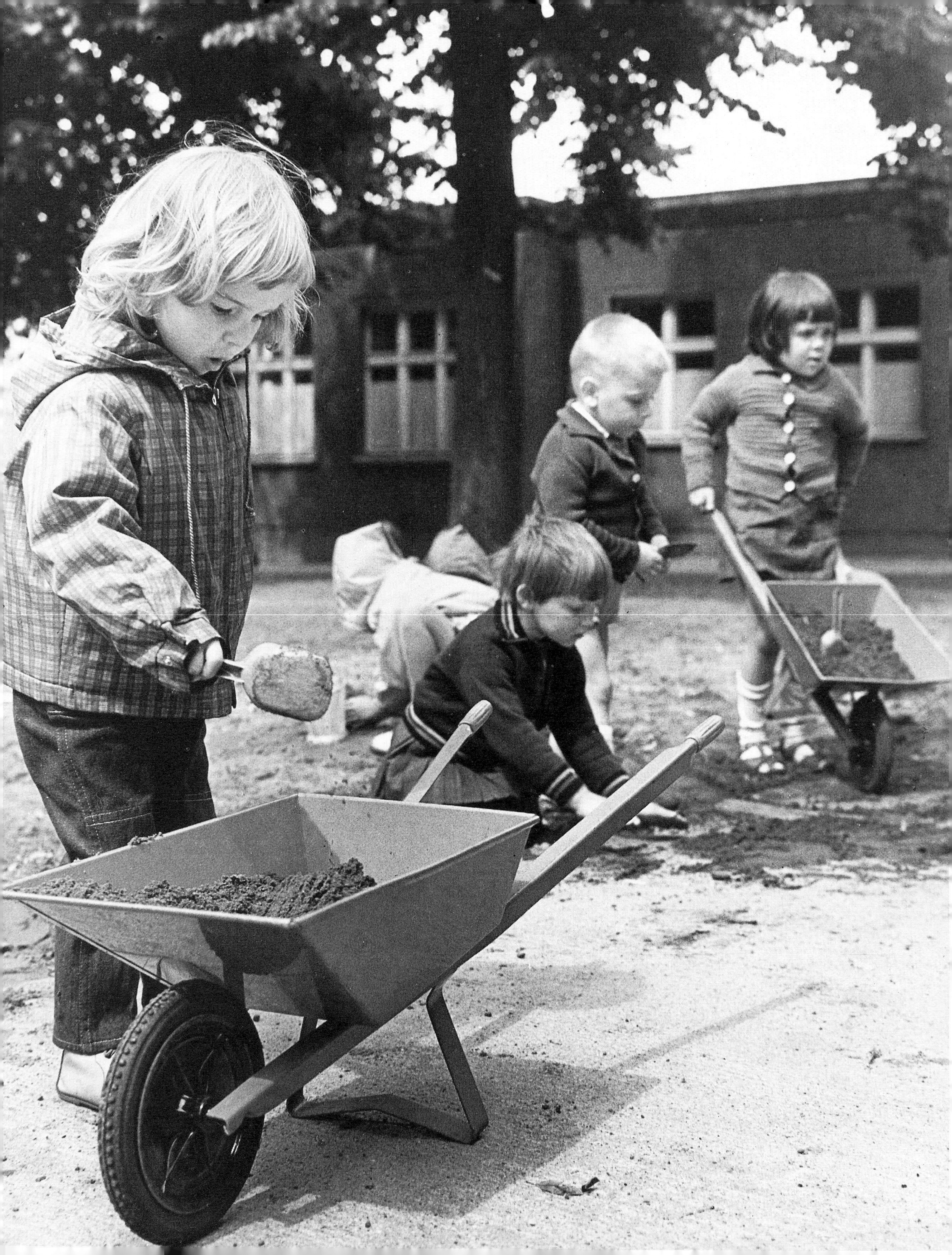

Auf dem Wege zur entwickelten sozialistischen Gesellschaft 1961–1970

3

Das veränderte Kräfteverhältnis

Der Beginn der sechziger Jahre machte deutlich, daß sich das internationale Kräfteverhältnis zugunsten des Sozialismus gewandelt hatte. Das sozialistische Weltsystem trat in eine neue Etappe seiner Entwicklung ein. In der Sowjetunion hatte der Sozialismus endgültig und vollständig gesiegt. Überzeugender Beweis der Potenzen der Sowjetunion war der erste Raumflug in der Menschheitsgeschichte, den J. A. Gagarin am 12. April 1961 unternahm.

Die Völker der meisten anderen sozialistischen Länder hatten die wesentlichen Aufgaben der Übergangsperiode vom Kapitalismus zum Sozialismus gelöst. Der Anteil der RGW-Länder an der industriellen Weltproduktion war von 18 Prozent im Jahre 1950 auf 36 Prozent Anfang der sechziger Jahre gestiegen. Es eröffneten sich neue Möglichkeiten, die Potenzen des Sozialismus zur Geltung zu bringen.

Auch die nationalrevolutionäre Befreiungsbewegung erreichte eine neue Stufe. Seit dem Ende des zweiten Weltkrieges hatten sich 40 Länder in Afrika und Asien von kolonialer Unterdrückung befreit. Das klassische Kolonialsystem des Kapitalismus war zusammengebrochen.

All das waren günstige internationale Bedingungen für die weitere Entwicklung der DDR.

Anfang der sechziger Jahre zeichneten sich auch Veränderungen im Kräfteverhältnis und in den Beziehungen zwischen den kapitalistischen Staaten ab. Die USA verloren ihre uneingeschränkte Vorherrschaft in der kapitalistischen Welt. Die westeuropäischen Staaten begannen, sich zu einer relativ eigenständigen Machtgruppierung zu formieren, in der die BRD die Hegemonie anstrebte. Japan schickte sich an, die BRD vom zweiten Platz in der kapitalistischen Weltwirtschaft zu verdrängen. Einige Staaten, darunter Frankreich, waren bestrebt, ihre Souveränität und nationale Eigenständigkeit stärker geltend zu machen.

Angesichts der Veränderungen im internationalen Kräfteverhältnis verschärften sich im imperialistischen Lager die Auseinandersetzungen über die Strategie gegenüber dem Sozialismus. Nach dem Scheitern der ‹roll back›-Politik wurden vor allem in den USA neue strategische Konzepte ausgearbeitet. Das Ziel war weiterhin die Vernichtung des Sozialismus, aber einige Methoden sollten verändert werden, man stellte sich längere Fristen, um das Ziel zu erreichen. Die neuen strategischen Konzepte sahen die variablere Anwendung von politischen, ökonomischen, ideologischen, diplomatischen und militärischen Methoden im Kampf gegen den Sozialismus, die revolutionäre Arbeiterbewegung und die nationale Befreiungsbewegung der Völker vor. Vor allem sollte das sozialistische Weltsystem mit flexibleren Methoden ‹aufgeweicht› und aufgespalten werden, um einer kapitalistischen Restauration den Weg zu bereiten.

Die Ausarbeitung einer den neuen Bedingungen angepaßten Strategie beanspruchte längere Zeit. Maßgebende Kräfte des Imperialismus, besonders in der BRD, waren zunächst nicht bereit, der veränderten weltpolitischen Situation Rechnung zu tragen. Die Regierung der BRD bekräftigte auch nach dem offenkundigen Fiasko ihrer Politik im August 1961 ihre revanchistischen und konterrevolutionären Ziele gegenüber der DDR. Bürgerliche, aber auch rechtssozialdemokratische Politiker und Presseorgane beschworen die Westmächte, mit militärischen Mitteln einzugreifen und die Beseitigung der ‹Mauer› zu erzwingen. Gegen die Staatsgrenzen der DDR wurden Anschläge und Provokationen organisiert. Die Angehörigen der Grenzsicherungskräfte Rudi Arnstadt, Peter Göring, Reinhold Huhn und Jürgen Schmidchen wurden ermordet.

Diese feindseligen Handlungen veranlaßten die Regierung der DDR, die Anlagen zur Sicherung der Staatsgrenzen zu verstärken. Die Volkskammer beschloß im September 1961 das Gesetz über die Verteidigung und im Januar 1962 das Gesetz über die allgemeine Wehrpflicht. Die waffentechnische Ausrüstung der NVA wurde verbessert. In einem Aufgebot der FDJ erklärten sich fast 300 000 Jugendliche bereit, den Ehrendienst in den bewaffneten Organen aufzunehmen. Die Sowjetunion verurteilte entschieden die imperialistischen Provokationen und sagte der DDR jede Unterstützung bei der Verteidigung ihrer Souveränität zu. Im Sommer 1962 stabilisierte sich die Lage an der Staatsgrenze zwischen der Hauptstadt der DDR und Westberlin.

Die Arbeiterklasse und die anderen Werktätigen in der DDR nutzten die neuen, günstigen nationalen und internationalen Bedingungen für die Stabilisierung der Grundlagen des Sozialismus. Zunächst galt es, Disproportionen in der Wirtschaft zu überwinden, die durch die Einwirkung des Imperialismus in der

Zeit der offenen Grenze entstanden waren. Die ökonomischen Verluste, die die DDR in dieser Zeit erlitten hatte, schätzte ein Wirtschaftswissenschaftler der BRD auf 120 Milliarden Mark. Das entspricht etwa der Summe, die in den fünfziger Jahren in die Industrie der DDR investiert wurde. Der Zuwachs an Arbeitsproduktivität war 1961 erheblich hinter dem Planziel zurückgeblieben. Dem standen außerordentlich hohe Geldeinnahmen der Bevölkerung gegenüber, denen der Warenfonds nicht gewachsen war. Starke Disproportionen bestanden auch zwischen Akkumulation und Konsumtion.

Im September 1961 riefen die Elektrodendreher des VEB Elektrokohle Berlin-Lichtenberg unter der Losung, für das gleiche Geld mehr zu produzieren, zu einem Produktionsaufgebot auf. Diesem Beispiel folgten die Arbeiter vieler Betriebe. Durch Erhöhung der Arbeitsproduktivität und der Warenproduktion bei annähernd gleichem Lohnniveau trugen sie dazu bei, die wirtschaftlichen Schwierigkeiten zu überwinden.

Die Losung, in der gleichen Zeit für den gleichen Lohn mehr zu leisten, war vorübergehend notwendig, um die Volkswirtschaft zu stabilisieren und entstandene Disproportionen zu mindern. Bald war es möglich, durch die bessere Ausnutzung der ökonomischen Gesetze des Sozialismus und den wissenschaftlich-technischen Fortschritt die Arbeitsproduktivität zu steigern und das Leistungsprinzip zu verwirklichen. Das Produktionsaufgebot wurde 1962 auf Initiative der Belegschaft des VEB Großdrehmaschinenbau ‹8. Mai› Karl-Marx-Stadt unter der Losung ‹Gründlich denken, wirtschaftlich rechnen, technisch verbessern, ehrlich arbeiten!› weitergeführt. Es entwickelte sich zur Massenbewegung, die die vielfältigen Initiativen der Werktätigen zur ökonomischen und politischen Stärkung der DDR und zur Sicherung des Friedens vereinigte. Das Produktionsaufgebot leitete einen Umschwung in der wirtschaftlichen Entwicklung der DDR ein. 1962 stieg die Arbeitsproduktivität gegenüber dem Vorjahr um 9 Prozent.

Die Monate nach der Sicherung der Staatsgrenzen waren eine Zeit verstärkter ideologischer Auseinandersetzungen und Klärungsprozesse in der DDR. Deutlicher als zuvor wurden vielen Bürgern die Grenzen der Macht des Imperialismus und die Stärke und die Perspektiven des Sozialismus bewußt. Manchen bisher noch Abseitsstehenden wurde klar, daß der Sozialismus in der DDR nicht mehr rückgängig zu machen war. Es gab aber auch eine Anzahl von Bürgern, besonders unter den etwa 100000 ‹Grenzgängern›, die in der Zeit der offenen Grenze in Westberlin gearbeitet hatten, denen es schwerfiel, die politischen Zusammenhänge zu begreifen.

Die SED stellte in der Nationalen Front das Verhältnis von Sozialismus, Imperialismus und nationaler Frage in der Geschichte des deutschen Volkes und in der Gegenwart zur Diskussion. Die zahlreichen Aussprachen, die darüber geführt wurden, vertieften bei vielen Werktätigen die Einsicht in die Unversöhnlichkeit von Sozialismus und Imperialismus und festigten ihre Überzeugung von der gesetzmäßigen sozialistischen Perspektive der DDR an der Seite der Sowjetunion und der anderen sozialistischen Staaten.

Ergebnisse der Übergangsperiode

Wie in den meisten anderen sozialistischen Ländern waren auch in der DDR Anfang der sechziger Jahre die Aufgaben der Übergangsperiode vom Kapitalismus zum Sozialismus weitgehend gelöst. Mit dem Sieg der sozialistischen Produktionsverhältnisse und der Sicherung der Staatsgrenze war die Machtfrage unwiderruflich zugunsten der Arbeiterklasse und des Sozialismus entschieden.

Die SED, die 1,8 Millionen Mitglieder zählte, hatte sich als führende Kraft der Gesellschaft bewährt. Ihre Zusammenarbeit mit den Massenorganisationen und den befreundeten demokratischen Parteien hatte auch in Situationen zugespitzten Klassenkampfes allen Prüfungen standgehalten. Der FDGB, dem 7 Millionen Mitglieder angehörten, nahm eine bedeutende gesellschaftliche Stellung ein. CDU, DBD, LDPD und NDPD hatten aktiv zur Errichtung der Grundlagen des Sozialismus beigetragen und sich dabei politisch, organisatorisch und ideologisch weiterentwickelt.

Trotz des imperialistischen Wirtschaftskrieges hatten die Arbeiter und die anderen Werktätigen beim Aufbau der sozialistischen Volkswirtschaft große Erfolge erzielt. Das Nationaleinkommen hatte sich von 22 Milliarden Mark im Jahre 1949 auf annähernd 75 Milliarden Mark im Jahre 1962 erhöht. Der Umfang der Industrieproduktion war in dieser Zeit nahezu auf das Vierfache gestiegen. Die Volkswirtschaft der DDR verfügte nunmehr über eine leistungsfähige schwerindustrielle Basis. Der Maschinenbau, die chemische Industrie und die Elektroindustrie waren ausgebaut, die Energiebasis wesentlich erweitert worden. Mit dem Schiffbau waren ein neuer Industriezweig und eine Handelsflotte geschaffen worden. Ende der fünfziger Jahre hatte der Aufbau weiterer neuer Industriezweige begonnen, so der elektronischen Industrie und der Petrolchemie.

Die sozialökonomische Struktur der Gesellschaft hatte sich grundlegend verändert. 1962 hatten die einzelnen Eigentumsformen folgenden Anteil am Aufkommen des gesellschaftlichen Gesamtprodukts: sozialistisches Volkseigentum 72,2 Prozent, sozialistisches genossenschaftliches Eigentum 13,3 Prozent, Betriebe mit staatlicher Beteiligung und Betriebe mit Kommissionsvertrag 6,6 Prozent, private Betriebe 7,9 Prozent.

Der sozialökonomischen Struktur entsprachen die Klassenverhältnisse. Die Arbeiterklasse und die Angestellten machten 76,3 Prozent der in der Volkswirtschaft Beschäftigten aus. Der Anteil der Genossenschaftsbauern betrug 12 Prozent. Die Intelligenz hatte einen Anteil von 7 Prozent der Beschäftigten. Die Mitglieder der Produktionsgenossenschaften des Handwerks zählten 1,8 Prozent, die privaten Handwerker und Gewerbetreibenden über 2 Prozent und die Kommissionshändler und privaten Einzelhändler 0,7 Prozent der Beschäftigten. 1962 bestanden in der Industrie noch über 6000 Betriebe mit staatlicher Beteiligung und 5500 kleine und mittlere private Betriebe, in denen etwa eine halbe Million Werktätige beschäftigt waren.

Die Arbeiterklasse hatte sich stark vergrößert. Die Zahl der Arbeiter und Angestellten war von 4,8 Millionen im Jahre 1949 auf 6,2 Millionen im Jahre 1961 angewachsen. Besonders stark hatte sich die Zahl der Arbeiter in der sozialistischen Großindustrie erhöht. Gleichzeitig hatten sich wesentliche Veränderungen in der inneren Struktur der Arbeiterklasse vollzogen. Bildeten 1950 die Arbeiter in der Leichtindustrie die weitaus stärkste Gruppe der Arbeiterklasse, so Anfang der sechziger Jahre die Arbeiter in der metallverarbeitenden Industrie. Das war ein Zweig, der für den wissenschaftlich-technischen Fortschritt und für die Entwicklung der Volkswirtschaft insgesamt von besonderer Bedeutung war.

Es gab etwa eine Million Genossenschaftsbauern, die sich als Klasse zu stabilisieren begannen. Mit der Herausbildung einer sozialistischen Intelligenz hatte sich auch diese soziale Schicht stark vergrößert. Wurden 1946 rund 250000 Angehörige der Intelligenz gezählt, so Anfang der sechziger Jahre allein in der Volkswirtschaft rund 530000. Auf der Grundlage der neuen sozialökonomischen Verhältnisse, der im wesentlichen sozialistischen Klassenstruktur und der politischen Macht der Arbeiterklasse war der Marxismus-Leninismus zur vorherrschenden Weltanschauung und Ideologie geworden. Die sozialistische deutsche Nationalkultur bildete sich heraus. Der Charakter ihrer Staats- und Gesellschaftsordnung und die sozialistischen internationalen Beziehungen hatten die DDR zu einem festen Bestandteil der sozialistischen Staatengemeinschaft gemacht. Das alles waren zugleich die sozialpolitischen Grundlagen für die sozialistische deutsche Nation.

So hatten die Arbeiterklasse und die anderen Werktätigen unter Führung der SED im Verlaufe der Übergangsperiode vom Kapitalismus zum Sozialismus die größte Umwälzung in der Geschichte des deutschen Volkes vollzogen. Mehr als 2000 Jahre war der Klassenkampf die Triebkraft der Geschichte gewesen. Der historische Fortschritt trug antagonistischen Charakter und war von zahlreichen Kriegen, Krisen und anderen Katastrophen begleitet. Nunmehr setzten sich innerhalb der sozialistischen Gesellschaft neue historische Triebkräfte durch, vor allem das ständige Ringen um die Interessenübereinstimmung zwischen allen sozialen Klassen und Schichten des Volkes, zwischen Individuum, Familie, Arbeitskollektiv, Betrieb, territorialem Gemeinwesen und gesamter Gesellschaft. Doch für die Auseinandersetzung zwischen Sozialismus und Imperialismus blieb der Klassenkampf weiterhin bestimmend.

Der erfolgreiche Übergang vom Kapitalismus zum Sozialismus in der DDR bekräftigte die Allgemeingültigkeit der grundlegenden Erfahrungen der Sowjetunion. Gleichzeitig zeugte er davon, daß es die SED verstanden hatte, den Marxismus-Leninismus und die Erfahrungen der KPdSU sowie anderer kommunistischer und Arbeiterparteien schöpferisch auf die spezifischen Bedingungen der DDR anzuwenden.

Der VI. Parteitag der SED

Im Januar 1963 fand der VI. Parteitag der SED statt. Er schätzte ein, daß in der DDR die sozialistischen Produktionsverhältnisse gesiegt hatten und die Grundlagen des Sozialismus im wesentlichen errichtet waren. Damit waren Ziele verwirklicht worden, für die die revolutionäre deutsche Arbeiterbewegung über ein Jahrhundert gekämpft hatte. Doch war der Aufbau des Sozialismus noch keinesfalls vollendet. Diese Einschätzung bildete die Grundlage für die Ausarbeitung der Strategie zur weiteren Gestaltung der Gesellschaft. Wie die Geschichte gezeigt hat, ist es nicht möglich, unmittelbar nach dem Sieg der sozialistischen Produktionsverhältnisse zum Aufbau des Kommunismus überzugehen. Bei dem erreichten Stand der gesellschaftlichen Entwicklung konnte es auch nicht nur darum gehen, die Grundlagen des Sozialismus zu festigen und die noch nicht völlig gelösten Aufgaben der Übergangsperiode zu Ende zu führen. Vielmehr mußten diese Aufgaben mit einer weiterführenden strategischen Zielstellung verbunden werden.

Die SED ging davon aus, daß die Möglichkeiten, Vorzüge und Triebkräfte des Sozialismus nach dem Sieg der sozialistischen Produktionsverhältnisse nicht erschöpft sind, sondern sich erst voll entfalten und wirksam werden. Dazu – auch das hat die Geschichte inzwischen bestätigt – ist eine längere Zeitspanne notwendig.

Der VI. Parteitag erklärte den umfassenden Aufbau des Sozialismus zur strategischen Aufgabe der SED. In dem vom Parteitag beschlossenen Programm der SED, das Walter Ulbricht begründete, heißt es:

‹Die Interessen des Volkes, die Bedürfnisse der Werktätigen sind eine starke Triebkraft. Sie dulden kein Verweilen auf dem erreichten Stand. Sie verlangen den Sozialismus in seiner Gesamtheit und in seiner Vollständigkeit.›/25/ Davon ausgehend, legte der Parteitag für alle wesentlichen Bereiche der Gesellschaft die nächsten Entwicklungsziele fest.

Die zentrale Aufgabe auf ökonomischem Gebiet war die Gestaltung der sozialistischen Volkswirtschaft im Rahmen der Wirtschaft der RGW-Länder. Die ökonomischen Gesetze des Sozialismus sollten planmäßig genutzt, Produktion und Arbeitsproduktivität auf der Grundlage eines hohen Standes von Wissenschaft und Technik rasch gesteigert werden. Der Parteitag entwickelte Grundsätze eines neuen ökonomischen Systems der Leitung und Planung der Volkswirtschaft. Der sozialistischen Staatsmacht wurde die Aufgabe gestellt, ihre wirtschaftlich-organisatorische und kulturell-erzieherische Tätigkeit zu verbessern, die sozialistische Demokratie zu entwickeln und die Errungenschaften der Werktätigen im Bündnis mit der UdSSR und den anderen Staaten des Warschauer Vertrages zuverlässig zu schützen. Der Parteitag beschloß, die sozialistische Revolution auf dem Gebiet der Ideologie und Kultur weiterzuführen, vor allem das sozialistische Bewußtsein aller Werktätigen zu festigen und ein der sozialistischen Gesellschaft entsprechendes hohes Niveau der Bildung und Kultur zu erreichen.

Das Parteiprogramm bezeichnete es als erstrangige Aufgabe,

daß die DDR ihren Beitrag leiste zur Festigung und Entwicklung des sozialistischen Weltsystems und zur Vertiefung der Freundschaft und Zusammenarbeit mit der Sowjetunion. Es charakterisierte die zwei Phasen der kommunistischen Gesellschaftsformation, den Sozialismus und den Kommunismus.

In ihrer Außenpolitik gegenüber den kapitalistischen Staaten ging die SED davon aus, daß die wichtigste Aufgabe darin besteht, einen dauerhaften Frieden zu sichern. Die SED ließ sich vom Leninschen Prinzip der friedlichen Koexistenz von Staaten gegensätzlicher Gesellschaftsordnung leiten.

Der VI. Parteitag nahm auch zur nationalen Frage Stellung. Er erklärte, daß die DDR im Bündnis mit der Sowjetunion den Aufbau des Sozialismus vollenden und danach zum Aufbau des Kommunismus übergehen werde, unabhängig davon, wie sich die gesellschaftliche Entwicklung in der BRD und die Beziehungen zwischen den beiden deutschen Staaten gestalten würden. Das Prinzip der friedlichen Koexistenz müsse auch auf das Verhältnis zwischen der DDR und der BRD angewendet und wenigstens ein Minimum an korrekten Beziehungen und Vereinbarungen zwischen beiden Staaten sowie zwischen der DDR und Westberlin hergestellt werden. Einen entsprechenden Vorschlag hatte Ministerpräsident Otto Grotewohl dem Bundeskanzler der BRD am 30. November 1961 unterbreitet.

Eine mögliche Form friedlicher Koexistenz sah die SED in einer Konföderation, die auf der Souveränität und Gleichberechtigung beider Staaten und einer freien Stadt Westberlin beruhen und keine über ihnen stehende Staatsgewalt schaffen würde. Unter der Voraussetzung, daß die Arbeiterklasse auch in der BRD die Führung in Staat und Gesellschaft erkämpfte, hielt es die SED noch für möglich, daß die vom Imperialismus verursachte Spaltung Deutschlands in einem längeren historischen Prozeß überwunden werden könnte.

Der VI. Parteitag beschloß ein neues Statut der SED, das Erich Honecker begründete. Es orientierte die Mitglieder auf die neuen Aufgaben beim umfassenden Aufbau des Sozialismus. Das vom Parteitag gewählte Zentralkomitee wählte zu Mitgliedern des Politbüros Friedrich Ebert, Paul Fröhlich, Otto Grotewohl, Kurt Hager, Erich Honecker, Bruno Leuschner, Hermann Matern, Erich Mückenberger, Alfred Neumann, Albert Norden, Willi Stoph, Walter Ulbricht, Paul Verner und Herbert Warnke, zu Kandidaten des Politbüros Erich Apel, Hermann Axen, Georg Ewald, Gerhard Grüneberg, Werner Jarowinsky, Günter Mittag, Margarete Müller und Horst Sindermann. Zum Ersten Sekretär des ZK der SED wurde Walter Ulbricht gewählt.

Mit dem VI. Parteitag der SED wurde begonnen, die Strategie zur Gestaltung der entwickelten sozialistischen Gesellschaft in der DDR zu erarbeiten. Doch bedurfte die Ausarbeitung eines längeren Zeitraumes, weiterer Erfahrungen und Erkenntnisse und der kollektiven Auswertung mit der KPdSU und den anderen Bruderparteien.

Neue Anforderungen an die sozialistische Volkswirtschaft

Im Juni 1963 fand eine Wirtschaftskonferenz des ZK der SED und des Ministerrats der DDR statt. Auf der Grundlage der Beschlüsse des VI. Parteitages beriet sie Richtlinien über die Einführung eines neuen ökonomischen Systems der Planung und Leitung der Volkswirtschaft. Durch Arbeitsgruppen und ökonomische Experimente waren die Prinzipien dieses ökonomischen Systems vorbereitet und erprobt und dabei auch Diskussionen und Erfahrungen der Sowjetunion und anderer sozialistischer Länder ausgewertet worden.

Die Verbesserung der Planung und Leitung ist eine ständige Aufgabe der sozialistischen Wirtschaftspolitik. Zu Beginn der sechziger Jahre war sie besonders dringend, da im Vergleich zur Übergangsperiode das Volumen der Produktion enorm gestiegen war, der Wert der Grundfonds sich erheblich erhöht hatte. Solche Faktoren des wirtschaftlichen Wachstums wie Ersatzinvestitionen, Bildungsökonomie und die Intensivierung überhaupt wurden zu objektiven Erfordernissen für das weitere wirtschaftliche Wachstum. Neue Anforderungen ergaben sich aus der engeren wirtschaftlichen und wissenschaftlich-technischen Zusammenarbeit mit der UdSSR und den anderen Staaten des RGW. Die Möglichkeiten der wissenschaftlich-technischen Revolution mußten stärker genutzt werden, um die Vorzüge des Sozialismus voll auszuschöpfen. Der ökonomische Wettbewerb zwischen Kapitalismus und Sozialismus wurde immer mehr zum ökonomischen und wissenschaftlich-technischen Wettbewerb. Vor allem aber erforderten die Interessen der Arbeiterklasse und der anderen Werktätigen eine höhere Effektivität der Volkswirtschaft.

Mit den eingeleiteten Maßnahmen sollten die wirtschaftliche Leitungstätigkeit des Staates verbessert und das Wertgesetz sowie solche Kategorien wie Lohn, Preis, Zins, Kredit, Kosten, Gewinn umfassender berücksichtigt werden. Die Betriebe erhielten für den gesamten Reproduktionsprozeß größere Eigenverantwortung. 1964 begannen 80 VVB auf der Grundlage der wirtschaftlichen Rechnungsführung zu arbeiten und sich zu ökonomischen Führungsorganen ihres Zweiges zu entwickeln. Der Förderung der materiellen Interessiertheit dienten Festlegungen über die Zuführung zum Prämienfonds und dessen Verwendung, diente die Einführung von Schichtprämien und eines leistungsabhängigen Zusatzurlaubs.

Durch die wirtschaftliche Tätigkeit des Staates und der Betriebe wurde den ökonomischen Gesetzen des Sozialismus besser Rechnung getragen und den qualitativen Faktoren des Wirtschaftswachstums zu stärkerer Wirkung verholfen. Die gesamtgesellschaftliche Planung wurde enger mit den Wirtschaftseinheiten verbunden, das ökonomische Denken der Werktätigen gefördert. Die Praxis zeigte aber auch, daß nicht alle Maßnahmen die gewünschten Wirkungen erbrachten und daß ständig neue Erfahrungen gesammelt werden müssen.

Gleichlaufend mit der Verbesserung der Leitung und Planung vollzogen sich wichtige Strukturveränderungen in der Industrie der DDR. Solche Zweige wurden vorrangig gefördert, die den wissenschaftlich-technischen Fortschritt durchsetzen halfen und für die in der DDR günstige Bedingungen vorhanden waren. Das betraf die chemische Industrie, besonders die Petrolchemie, den Plast- und Elastverarbeitungsmaschinenbau, die Elektrotechnik und Elektronik, die Meß-, Steuer- und Regelungstechnik sowie die feinmechanische und optische Industrie. Dadurch konnte in der Folgezeit in wichtigen Industriezweigen das wissenschaftlich-technische Niveau der Produktion und der Erzeugnisse erhöht werden. Zugleich erwies sich die Herausbildung einer Industriestruktur, die den Erfordernissen der entwickelten sozialistischen Gesellschaft entsprach, als ein komplizierter und langfristiger Prozeß. Die vorhandenen Investitionsmittel waren begrenzt. Es war notwendig, auch weiterhin die eigene Roh- und Brennstoffproduktion zu fördern, wozu beträchtliche Mittel erforderlich waren. Auch war es unerläßlich, die Strukturveränderungen in den Prozeß der internationalen sozialistischen Arbeitsteilung einzuordnen.

Die Beratung der Ersten Sekretäre der kommunistischen und Arbeiterparteien und der Regierungschefs der Länder des RGW im Juni 1962 bestätigte die ‹Grundprinzipien der internationalen sozialistischen Arbeitsteilung›. Damit wurde ein langfristiges Programm beschlossen, das der neuen Entwicklungsetappe des sozialistischen Weltsystems entsprach. Es trug der Tatsache Rechnung, daß in der Zusammenarbeit der RGW-Länder die Effektivität ihrer ökonomischen Beziehungen zunehmendes Gewicht erlangte. Die Grundprinzipien orientierten besonders auf die Koordinierung der Volkswirtschaftspläne sowie auf die Spezialisierung und Kooperation der Produktion.

Die RGW-Staaten schufen mehrere multilaterale Organisationen, an denen auch die DDR teilnahm. So wurden die Energiesysteme der DDR, der ČSSR, Polens und Ungarns zusammengeschlossen, die Erdölleitung ‹Freundschaft› wurde fertiggestellt, eine Internationale Bank für wirtschaftliche Zusammenarbeit gegründet und begonnen, einen gemeinsamen Güterwagenpark zu schaffen. 1964 nahmen Organisationen für die Zusammenarbeit in der Wälzlagerindustrie und der Schwarzmetallurgie die Arbeit auf.

Im Ergebnis von Beratungen führender Repräsentanten der DDR und der UdSSR, die im Februar 1962 in Moskau stattfanden, erhöhte sich der Warenaustausch zwischen beiden Staaten beträchtlich und erweiterte sich ihre wirtschaftliche und wissenschaftlich-technische Zusammenarbeit. Die UdSSR gewährte der DDR einen umfangreichen Warenkredit. Auch die Wirtschaftsbeziehungen zu anderen sozialistischen Ländern, besonders zu den Nachbarstaaten ČSSR und Polen, wurden ausgebaut. All dies, besonders die Unterstützung durch die Sowjetunion, trug wesentlich zur Konsolidierung der Volkswirtschaft der DDR bei und ermöglichte es, weiterreichende Aufgaben in Angriff zu nehmen.

Die Beschlüsse des VI. Parteitages der SED sowie des 6. FDGB-Kongresses, der im November 1963 stattfand, gaben dem sozialistischen Wettbewerb neue Impulse. Der Kampf um den wissenschaftlich-technischen Fortschritt rückte stärker in den Mittelpunkt des Wettbewerbes. Die Werktätigen zahlreicher Betriebe konzentrierten sich auf die Erfüllung des Planes Neue Technik. Sozialistische Forschungsgemeinschaften im Erdölverarbeitungswerk Schwedt und in anderen Betrieben verpflichteten sich, die Forschungs- und Entwicklungszeiten wesentlich zu verkürzen. Zahlreiche neue Forschungsgemeinschaften wurden gebildet. Besonders in Betrieben der chemischen Industrie, der Elektrotechnik und des Maschinenbaus konnte die Arbeitsproduktivität auf der Grundlage neuer wissenschaftlich-technischer Erkenntnisse gesteigert werden.

Ein weiteres neues Merkmal war, daß begonnen wurde, den Wettbewerb über den Betrieb hinaus als Komplexwettbewerb zu führen. Die Initiative hierzu war von den Werktätigen der Volkswerft Stralsund ausgegangen, die den Wettbewerb gemeinsam mit der Zulieferindustrie organisiert hatten. Die ersten Komplexwettbewerbe förderten die Kooperationsbeziehungen zwischen Wirtschaftszweigen und Betrieben und vermittelten wertvolle Erfahrungen. Doch konnte die zunehmende Verflechtung der Produktion nicht in erster Linie durch den sozialistischen Wettbewerb gemeistert werden, sondern erforderte neue Formen der Wirtschaftsleitung und -organisation. Die Bildung von Erzeugnisgruppen, die von VVB oder sozialistischen Großbetrieben angeleitet wurden, war ein Weg, um die Produktion von Betrieben des gleichen oder eines verwandten Industriezweiges, darunter auch von Betrieben mit staatlicher Beteiligung und Privatbetrieben, zu koordinieren.

Die gemeinsamen Anstrengungen der Werktätigen und der wirtschaftsleitenden Organe führten zu guten volkswirtschaftlichen Ergebnissen. So wuchs die Arbeitsproduktivität, jeweils verglichen mit dem Vorjahr, 1963 um 4 Prozent, 1964 um 7 Prozent und 1965 um 6 Prozent. Das Nationaleinkommen, das sich 1960 und 1961 um jeweils 1 Prozent erhöht hatte, stieg 1962 um 1,5 Prozent, 1963 um 3,2 Prozent, 1964 um 4,8 Prozent und 1965 um 4,4 Prozent. Die Akkumulationskraft der Volkswirtschaft erhöhte sich. Dadurch wurden für das weitere Wirtschaftswachstum günstigere Voraussetzungen geschaffen.

Festigung der LPG

Nach der Sicherung der Staatsgrenzen und dem Sieg der sozialistischen Produktionsverhältnisse konnten auch in der gesamten Landwirtschaft die ökonomischen Gesetze des Sozialismus stärker wirksam werden. Doch war der Übergang von der individuellen zur sozialistischen genossenschaftlichen Produktion mit schwierigen Problemen verbunden, die zu meistern mehrere Jahre erforderte und nur mit Unterstützung der Arbeiterklasse und des sozialistischen Staates möglich war. Die meisten Genossenschaftsbauern verfügten zu Beginn der sechziger Jahre über keine oder nur geringe Erfahrungen in der genossenschaftlichen Arbeit. Besonders in den neugegründeten LPG Typ I war die Nutzfläche stark zersplittert. Ungünstige Witterungsbedingungen, besonders in den Jahren 1960/1961, bereiteten der

Landwirtschaft große Schwierigkeiten. Durch Brandstiftungen und andere Sabotageakte suchten feindliche Elemente die Genossenschaftsbauern einzuschüchtern und der Festigung der LPG entgegenzuwirken; sie schreckten selbst vor Mord nicht zurück.

Die SED delegierte weitere erfahrene Arbeiter und Spezialisten in die Landwirtschaft. Volkseigene Industriebetriebe, staatliche Dienststellen und wissenschaftliche Einrichtungen übernahmen Patenschaften für neugegründete LPG. Auf Vorschlag der SED wurden den LPG Kredite zu günstigen Bedingungen gewährt, die Investitionsmittel zur technischen Ausrüstung der Landwirtschaft erhöht, an den Hoch- und Fachschulen mehr Kader für die sozialistische Landwirtschaft ausgebildet. Zur besseren Leitung der sozialistischen Landwirtschaft wurden im Februar 1963 ein Landwirtschaftsrat beim Ministerrat unter Leitung von Georg Ewald sowie Landwirtschaftsräte in den Bezirken und Kreisen gebildet, denen rund 20000 Genossenschaftsbauern, Arbeiter volkseigener Güter, Agrarwissenschaftler, Partei- und Staatsfunktionäre angehörten.

Schrittweise erfolgte die Übergabe der Technik der MTS an die LPG, kostenlos an die des Typs III, durch Verkauf an die des Typs I. Nach dem Abschluß dieser Aktion waren die wichtigsten landwirtschaftlichen Produktionsmittel – der Boden und die Technik – in einer Hand vereint. Die MTS hatten ihre historische Aufgabe erfüllt. Nach Übergabe der Technik an die LPG wurden sie zu Reparatur- und technischen Stationen (RTS) umgebildet. Über 50000 Traktoristen und Spezialisten, die bei der Umwandlung der MTS in RTS in die LPG eintraten, verstärkten den Einfluß der Arbeiterklasse.

Die technische Ausrüstung der sozialistischen Landwirtschaft verbesserte sich wesentlich. Von rund 43000 Traktoren im Jahre 1960 stieg die Zahl auf 94000 im Jahre 1963, die der Mähdrescher von 3000 auf 7600. Auch der Mechanisierungsgrad bei wichtigen landwirtschaftlichen Arbeiten erhöhte sich. In der Versorgung mit künstlichen Düngemitteln nahm die Landwirtschaft der DDR schon jetzt einen der vordersten Plätze in der Welt ein.

Dank der Anstrengungen der Genossenschaftsbauern und mit Unterstützung der Arbeiterklasse und des Staates festigten sich die LPG wirtschaftlich und politisch, konnten die anfangs bestehenden großen Unterschiede zwischen den fortgeschrittensten und den weniger entwickelten LPG allmählich überwunden werden. Die Ernteerträge, die 1961 bei den meisten Fruchtarten stark zurückgegangen waren, stiegen langsam, aber stetig an. Auch in der Viehwirtschaft wurden Fortschritte erzielt. Das staatliche Aufkommen bei Schlachtvieh, Milch und Eiern erhöhte sich.

Im Ringen um die gute genossenschaftliche Arbeit festigte sich die Klasse der Genossenschaftsbauern. Bei einer wachsenden Zahl von Genossenschaftsbauern traten die Auffassungen und Verhaltensweisen zurück, die aus dem Kleineigentümerbewußtsein erwachsen waren, ein sozialistisches Bewußtsein begann sich herauszubilden. Mehr und mehr gelang es, die Bäuerinnen gleichberechtigt in die Arbeit der Genossenschaften einzubeziehen. Das Bildungs- und Qualifikationsniveau der Genossenschaftsbauern sowie ihre geistig-kulturellen Bedürfnisse stiegen. Auch in den LPG entwickelte sich der sozialistische Wettbewerb. Die Wettbewerbsbewegung um die Erfüllung und Übererfüllung des Staatsplanes, die von den LPG Albinshof, Krien und Krusenfelde im Frühjahr 1962 ausgelöst wurde, war in vielen LPG besonders darauf gerichtet, die kollektive Arbeit zu verbessern, Bodennutzung und Viehwirtschaft zu intensivieren, verstärkt die neue Technik anzuwenden und die sozialistische Betriebswirtschaft durchzusetzen.

Ausbau der sozialistischen Staats- und Rechtsordnung

Mit dem Sieg der sozialistischen Produktionsverhältnisse und der Sicherung der Staatsgrenzen waren neue Bedingungen für die weitere Entfaltung der sozialistischen Demokratie entstanden. Gleichzeitig galt es, die gesamte Leitungs- und Planungstätigkeit auf die Anforderungen einer vorwiegend intensiv erweiterten Reproduktion einzustellen.

Das Gesetz über den Ministerrat vom April 1963 präzisierte deshalb Verantwortung und Aufgaben des Ministerrats. Er hatte dafür zu sorgen, daß die ökonomischen Gesetze des Sozialismus konsequent ausgenutzt und der wissenschaftlich-technische Fortschritt gefördert wurden. Neu geregelt wurden auch die Aufgaben der Staatlichen Plankommission. Sie hatte die Perspektivpläne zur Entwicklung der Volkswirtschaft vorzubereiten, diese mit denen der anderen RGW-Länder, besonders der UdSSR, zu koordinieren, die Orientierungsziffern für die Jahrespläne auszuarbeiten sowie die Erfüllung der Pläne zu analysieren. Dem 1961 gebildeten Volkswirtschaftsrat oblag die Ausarbeitung und Kontrolle der Jahrespläne. Da die wachsenden volkswirtschaftlichen Aufgaben später nicht länger von einem einzigen Organ bewältigt werden konnten, das für alle Bereiche der Industrie zuständig war, wurde der Volkswirtschaftsrat 1966 wieder aufgelöst, Ministerien der Industriezweige wurden gebildet.

An die Stelle der 1948 gegründeten Zentralen Kontrollkommission trat im Mai 1963 die Arbeiter-und-Bauern-Inspektion (ABI). Ihre Aufgabe ist es, die Durchführung der Beschlüsse der SED und der Regierung zu kontrollieren und die sozialistische Gesetzlichkeit festigen zu helfen. Als staatliches und gesellschaftliches Organ ist die ABI dem Zentralkomitee der SED und dem Ministerrat unterstellt und arbeitet eng mit den Gewerkschaften zusammen. Die Komitees, Ausschüsse und Kommissionen der ABI entwickelten sich zum wichtigsten Instrument der Massenkontrolle. Mit ihrer Hilfe wurden volkswirtschaftliche Reserven erschlossen und Verstöße gegen die Staatsdisziplin aufgedeckt. 1965 arbeiteten mehr als 100000 Bürger ehrenamtlich in den Gremien der ABI mit.

Auch die örtlichen Volksvertretungen bezogen eine wachsende Zahl von Werktätigen in die staatliche Leitungstätigkeit ein.

Die Mitgliederzahl der ständigen Kommissionen bei den Volksvertretungen erhöhte sich von 232 000 im Jahre 1960 auf 355 000 im Jahre 1965. 40 Prozent der Mitglieder der ständigen Kommissionen waren keine Abgeordneten.

Der Festigung der sozialistischen Rechtsordnung diente ein Erlaß des Staatsrates vom April 1963, in dem unter anderem vorgesehen war, die erzieherische Wirkung der Rechtspflege zu erhöhen. Neben den seit 1953 in Betrieben tätigen Konfliktkommissionen wurden 1965 Schiedskommissionen als neue gesellschaftliche Organe der Rechtspflege gebildet. Gesetze über die Verfassung der Gerichte und über die Staatsanwaltschaft, das Jugendgesetz vom Mai 1964, das 1965 beschlossene Familiengesetz gestalteten die sozialistische Rechtsordnung weiter aus. In die Gesetze gingen zahlreiche Vorschläge von Bürgern ein. So hatten sich an der Diskussion des Entwurfs des Familiengesetzes 750 000 Bürger beteiligt.

Am 21. September 1964 starb der erste Ministerpräsident der DDR und langjährige Vorsitzende der SED, Otto Grotewohl. Die Volkskammer berief Willi Stoph zum Vorsitzenden des Ministerrates der DDR.

Willi Stoph, am 9. Juli 1914 in Berlin geboren, Maurer und Bautechniker von Beruf, hatte sich 1931 der KPD angeschlossen und in ihren Reihen am antifaschistischen Widerstandskampf teilgenommen. Nach 1945 übte er leitende wirtschaftspolitische Funktionen aus. Seit 1950 gehörte er dem Zentralkomitee der SED, seit 1953 dem Politbüro an. Große Verdienste erwarb er sich als Minister des Innern in den Jahren 1952 bis 1956 und 1956 bis 1960 als Minister für Nationale Verteidigung. 1954 wurde Willi Stoph zum Stellvertreter und 1962 zum Ersten Stellvertreter des Vorsitzenden des Ministerrates der DDR berufen. Im Kollektiv der Partei- und Staatsführung trug er maßgeblich zur Stärkung der DDR bei.

Weitere Herausbildung der sozialistischen Nationalkultur

Die Beratung des Politbüros des ZK der SED und des Präsidiums des Ministerrats mit Kulturschaffenden im März 1963 wies Wege für die weitere Herausbildung der sozialistischen Nationalkultur. In der Beratung wurde zum Ausdruck gebracht, welche Verantwortung die künstlerische Intelligenz für die Vertiefung des sozialistischen Bewußtseins der Werktätigen trägt. Es wurde hervorgehoben, daß der sozialistische Realismus bei aller Unterschiedlichkeit im einzelnen die für alle Künste gleichermaßen fruchtbare Methode der Wirklichkeitsaneignung ist.

Die weitere Herausbildung der sozialistischen Nationalkultur vollzog sich in erbitterter ideologischer Auseinandersetzung mit dem Imperialismus. Gerade auf geistig-kulturellem Gebiet versuchte der Klassengegner immer wieder in die DDR einzudringen, Antikommunismus und Nationalismus sowie Skeptizismus, Individualismus und andere bürgerliche Auffassungen und Verhaltensweisen einzuschleusen. Die Kulturpolitik der SED und des sozialistischen Staates war ein bevorzugtes Ziel der imperialistischen Angriffe. Gemeinsam mit der Mehrheit der Kulturschaffenden durchkreuzte die SED alle Bestrebungen, die Künstler und Schriftsteller in Gegensatz zur Partei der Arbeiterklasse und zur sozialistischen Staatsmacht zu bringen.

Die zweite Bitterfelder Konferenz im April 1964 stellte fest, daß das Verhältnis zwischen Arbeitern und Künstlern in der DDR ein grundlegend neues sei. Die aus der Vergangenheit herrührende tiefe Kluft zwischen ihnen war im wesentlichen überwunden. Das Bündnis zwischen Arbeiterklasse und Intelligenz beruhte nunmehr auf einheitlichen politisch-moralischen Grundlagen. Es bildete eine entscheidende Wachstumsbedingung für Kunst und Literatur, aber auch für die eigene künstlerische Betätigung vieler Werktätiger.

Der Kulturaustausch mit der Sowjetunion und anderen sozialistischen Ländern bereicherte das kulturelle Leben in der DDR und förderte die weitere Herausbildung der sozialistischen Nationalkultur. Er entwickelte sich auf der Grundlage neuer Kulturabkommen, die 1964 mit der Sowjetunion, der ČSSR und Polen abgeschlossen wurden. Die staatlichen Organe und die gesellschaftlichen Einrichtungen auf kulturellem Gebiet verstärkten ihre Zusammenarbeit. Der Austausch von Ensembles und Orchestern, von Ausstellungen und Filmen nahm zu.

Unter dem Einfluß der marxistisch-leninistischen Kulturpolitik der SED und des sozialistischen Staates sowie angeregt vom engeren Kontakt mit Arbeitern und anderen Werktätigen, machten zahlreiche Künstler und Schriftsteller die Gestaltung von Arbeiterpersönlichkeiten, von Menschen, die die neue Gesellschaft aufbauten, neuen Arbeits- und Lebensauffassungen zum Durchbruch verhalfen, zum Gegenstand ihres Schaffens. Dies fand seinen Ausdruck in belletristischen und dramatischen Werken von Helmut Baierl, Kurt Barthel (Kuba), Jurij Brězan, Hermann Kant, Herbert Nachbar, Erik Neutsch, Dieter Noll, Brigitte Reimann, Helmut Sakowski, Horst Salomon, Max Walter Schulz, Bernhard Seeger, Anna Seghers, Erwin Strittmatter, Joachim Wohlgemuth, Christa Wolf, auf dem Gebiet der bildenden Kunst in Arbeiten von Rudolf Bergander, Gerhard Bondzin, Fritz Cremer, Harald Hakenbeck, Bernhard Heisig, Bert Heller, Paul Michaelis, Willi Neubert, Willi Sitte, Werner Tübke, Walter Womacka, im Musikschaffen in Werken von Paul Dessau, Jean Kurt Forest, Ottmar Gerster, Günter Kochan, Ernst Hermann Meyer und Kurt Schwaen. Auf dem Gebiet des Spielfilms schufen Frank Beyer, Günther Rücker und Konrad Wolf, auf dem des Dokumentarfilms Andrew und Annelie Thorndike sowie Walter Heynowski und Gerhard Scheumann und für das Fernsehen Karl-Georg Egel vorwärtsweisende Werke. Das Berliner Ensemble, das Deutsche Theater, das Nationaltheater Weimar, die Komische Oper und andere Bühnen traten mit international beachteten Inszenierungen hervor, wenn auch die Zahl der neuen gespielten Stücke noch gering blieb. Insgesamt wurde deutlich, daß eine neue Generation sozialistischer Kulturschaffender herangewachsen war und die sozialistische Kunst der DDR bereits wesentlich mitprägte.

Das einheitliche sozialistische Bildungssystem

Mit dem weiteren sozialistischen Aufbau und der wachsenden Rolle von Wissenschaft und Technik erhöhten sich auch die Anforderungen an das Bildungswesen.

Im Februar 1965 beschloß die Volkskammer das Gesetz über das einheitliche sozialistische Bildungssystem. Die von einer Kommission des Ministerrats unter Leitung von Alexander Abusch ausgearbeiteten Grundsätze für das Gesetz waren von Hunderttausenden Bürgern diskutiert, 5000 Vorschläge waren eingereicht worden. Die wichtigste Neuerung, die das Gesetz vorsah, war die generelle Einführung der zehnklassigen polytechnischen Oberschule für alle Kinder und Jugendlichen im schulpflichtigen Alter. Dafür stellte der Staat umfangreiche Mittel zur Verfügung. Obwohl in der DDR ein Mangel an Arbeitskräften bestand und die Einführung der Zehnklassenschule die schwierige Situation auf diesem Gebiet zunächst weiter verschärfte, nahmen die SED und die Regierung diese Aufgabe in Angriff, ging es doch um eine ‹Investition für die Zukunft›, darum, ein Bildungswesen zu schaffen, das auch den Ansprüchen der entwickelten sozialistischen Gesellschaft genügen sollte.

Das Gesetz bestimmte den Inhalt von Bildung und Erziehung unter den neuen Bedingungen und legte die Stellung und Funktion der einzelnen Bildungseinrichtungen fest. Es gewährleistet den einheitlichen Bildungs- und Erziehungsprozeß von den Vorschuleinrichtungen über die polytechnischen Oberschulen, die Berufs- und Fachschulen, die Hochschulen und Universitäten bis zur Aus- und Weiterbildung im Beruf. Ziel des Gesetzes war und ist es, daß dem gesamten Volk eine hohe Bildung vermittelt wird, daß die Menschen sich allseitig entwickeln können, umfangreiches Wissen mit einem festen Klassenstandpunkt vereinen und ein erfülltes, glückliches und menschenwürdiges Leben führen.

Das sozialistische Bildungssystem beruht auf dem Prinzip der Einheit von Bildung und Erziehung, von Wissenschaftlichkeit und Parteilichkeit. Die Einheitlichkeit der Schule und die Mitarbeit der gesellschaftlichen Kräfte an der Bildung und Erziehung der jungen Generation sind nicht nur verfassungsmäßig garantiert, sondern auch tägliche Praxis.

Das einheitliche sozialistische Bildungssystem entspricht traditionellen Zielen der revolutionären Arbeiterbewegung, die nur auf der Grundlage der sozialistischen Macht- und Eigentumsverhältnisse Wirklichkeit werden konnten.

Freundschafts- und Beistandsvertrag mit der UdSSR

Am 12. Juni 1964 schlossen die DDR und die UdSSR einen Vertrag über Freundschaft, gegenseitigen Beistand und Zusammenarbeit. Es war der erste derartige Vertrag der DDR mit einem Bruderland. In ihm wurde die Unantastbarkeit der Grenzen der DDR als ein Grundpfeiler der europäischen Sicherheit bezeichnet. Beide Seiten verpflichteten sich, im Falle eines bewaffneten Überfalls auf einen der Vertragspartner einander sofortigen militärischen Beistand zu leisten.

Besondere Bedeutung kam den Artikeln 1 und 8 des Vertrages zu. Artikel 1 bestimmte die Prinzipien der zwischenstaatlichen Beziehungen und hob besonders den sozialistischen Internationalismus als das tragende Prinzip hervor. Artikel 8 legte fest, die wirtschaftliche und die wissenschaftlich-technische Zusammenarbeit maximal zu entwickeln. Als wichtigstes Instrument dazu bezeichnete der Vertrag die Koordinierung der Volkswirtschaftspläne auf der Grundlage der Beschlüsse des RGW. Er forderte, durch die Koordinierung der Pläne und die Spezialisierung und Kooperation ein Höchstmaß an Produktivität zu erreichen. Auch für andere Gebiete des gesellschaftlichen Lebens, wie Kultur, Sport und Tourismus, legte der Vertrag eine engere Zusammenarbeit fest.

Dem Freundschafts- und Beistandsvertrag entsprachen das langfristige Handelsabkommen der DDR mit der UdSSR für die Zeit von 1966 bis 1970 und das Abkommen über wissenschaftlich-technische Zusammenarbeit, die beide 1965 unterzeichnet wurden. Das Handelsabkommen war das bis dahin umfassendste in der Geschichte des Welthandels. Allein der Export an Maschinen und Ausrüstungen in die DDR sollte um das Zweieinhalbfache gegenüber dem Zeitraum 1961 bis 1965 gesteigert werden. Das neue Abkommen über wissenschaftlich-technische Zusammenarbeit sollte die Potenzen beider Länder auf diesem Gebiet enger verbinden. Die DDR erhielt die Möglichkeit, viele Ergebnisse aus Wissenschaft und Technik der Sowjetunion, zum Beispiel auch aus der Weltraumforschung, nutzen zu können. Ihrerseits übernahm sie die Verpflichtung, einen wissenschaftlich-technischen Beitrag zur Stärkung der sozialistischen Gemeinschaft zu leisten.

Die Entwicklung der internationalen sozialistischen Beziehungen wurde seit Anfang der sechziger Jahre durch Probleme ernsthaft erschwert, die aus der Politik der chinesischen Führer um Mao Zedong erwuchsen. In ihrer im Sommer 1963 veröffentlichten ‹Generallinie› leugneten die chinesischen Führer den Charakter der gegenwärtigen Epoche und die Rolle des sozialistischen Weltsystems sowie die Möglichkeit, einen neuen Weltkrieg zu verhindern. Sie richteten heftige Angriffe gegen die KPdSU und andere marxistisch-leninistische Parteien und betrieben die Spaltung der kommunistischen Weltbewegung. Die imperialistischen Mächte nutzten die Politik und die Spaltertätigkeit der chinesischen Führer im Kampf gegen den Sozialismus und alle demokratischen Kräfte und Bewegungen aus.

Die SED wies den antisowjetischen und nationalistischen Kurs der chinesischen Führer entschieden zurück. Sie wirkte für die Einheit der kommunistischen Weltbewegung auf der Grundlage der gemeinsamen Generallinie, die von den kommunistischen und Arbeiterparteien auf ihren internationalen Beratungen 1957 und 1960 beschlossen worden war.

Der Fünfjahrplan von 1966 bis 1970

Die DDR verfügte Mitte der sechziger Jahre über eine leistungsfähige und stabile Volkswirtschaft. Nach der Sicherung der Staatsgrenzen im August 1961 hatte sich gezeigt, daß sich Wirtschaft und Gesellschaft besser entwickeln, wenn die Möglichkeiten der direkten Störung des sozialistischen Aufbaus durch den Imperialismus eingeschränkt sind. Die Menschen lebten sicherer, ruhiger und zufriedener. Ihr Lebensstandard verbesserte sich.

Ab April 1966 wurde die 5-Tage-Arbeitswoche zunächst in jeder zweiten Woche, später generell eingeführt. Seit 1966 wurde begonnen, schrittweise die Jahresendprämie einzuführen, die jeweils in der Höhe von etwa 70 bis 100 Prozent eines Monatslohnes für die Planerfüllung des Planjahres gezahlt wird.

Es waren aber noch viele Probleme zu lösen. Eins davon bestand in der ständigen Verschlechterung der Altersstruktur der Bevölkerung. Auf 100 Personen im arbeitsfähigen Alter kamen 1966 72,5 im nichtarbeitsfähigen Alter. 1939 hatte dieses Verhältnis 100 zu 48,1, 1955 100 zu 56,4 und 1960 100 zu 63,0 betragen. In der zweiten Hälfte der sechziger Jahre hatte die DDR die schlechteste Arbeitskräftebilanz unter allen vergleichbaren Industrieländern. Das waren Folgen der Weltwirtschaftskrise in den dreißiger Jahren, des zweiten Weltkrieges und der massenhaften direkten und indirekten Abwerbung von Arbeitskräften in den fünfziger Jahren.

Die materiell-technische Basis hatte sich trotz des imperialistischen Wirtschaftskrieges gegen den Sozialismus gut entwickelt. Viele neue und moderne Betriebe waren entstanden und hatten die Produktion aufgenommen. Zugleich waren etwa die Hälfte der Maschinen und Anlagen überaltert. Die Automatisierung, ein Weg zur Lösung dieses Problems, dauert Jahrzehnte. An automatisierten Produktionsanlagen arbeiteten 1963 4,2, 1966 4,8, 1970 6,6 Prozent der Arbeiter.

Allein diese Tatsachen machten deutlich, daß der Übergang von der vorwiegend extensiv zur überwiegend intensiv erweiterten Reproduktion und die Rationalisierung auf sozialistische Weise dringende Erfordernisse waren, denen durch die Wirtschaftspolitik der SED und der Regierung entsprochen werden mußte. Eine Konferenz des Zentralkomitees der SED und des Ministerrats der DDR im Juni 1966 in Leipzig erklärte die komplexe sozialistische Rationalisierung zur Hauptrichtung der Wirtschaftspolitik. Nachdrücklich wurde betont, daß die Rationalisierung im Interesse und zum Nutzen der Werktätigen durchgeführt wird. In der Folgezeit wurden in zahlreichen Betrieben Rationalisierungskonzeptionen erarbeitet, und es wurde mit der Herstellung zusätzlicher Rationalisierungsmittel begonnen. Großen Anteil an der Verwirklichung von Rationalisierungsvorhaben hatten die Neuerer. Die besten Ergebnisse junger Neuerer fanden besonders durch die Messen der Meister von morgen Verbreitung.

Im Mai 1967 verabschiedete die Volkskammer den Fünfjahrplan 1966–1970. Er sah für die Hauptkennziffern der Volkswirtschaft 6 Prozent Wachstum vor. In diesem Plan konnten die Erfordernisse der wissenschaftlich-technischen Revolution besser als in früheren Plänen berücksichtigt werden. Die Petrolchemie, die Elektronik, der wissenschaftliche Gerätebau und die Produktion moderner Werkzeugmaschinen sollten besonders gefördert werden. Die weitere Verbesserung der Lebensbedingungen der Werktätigen war vorgesehen und der Aufbau der Stadtzentren von Berlin, Dresden, Leipzig und Karl-Marx-Stadt. Der Plan zeichnete sich gegenüber früheren Fünfjahrplänen durch wesentlich größere Dimensionen aus. Das galt in besonderem Maße für die Aufgaben zur Vertiefung der wirtschaftlichen Zusammenarbeit mit der UdSSR und den anderen Staaten des RGW.

Der VII. Parteitag der SED im April 1967 stellte fest, daß die Bedingungen und die Notwendigkeit herangereift seien, in dem neuen geschichtlichen Abschnitt alle Bereiche der Gesellschaft, wie Politik, Ökonomie, Kultur und Ideologie, Wissenschaft, Landesverteidigung und andere, gleichermaßen und proportional zueinander zu entwickeln. Das war unter den Bedingungen der Übergangsperiode vom Kapitalismus zum Sozialismus noch nicht möglich gewesen. Jetzt aber waren die materiellen und finanziellen Mittel gewachsen, die ökonomischen und gesellschaftlichen Kräfte soweit erstarkt, um diese Aufgabe in Angriff nehmen zu können. Diese Erkenntnis fand Eingang in die Theorie zur Gestaltung der entwickelten sozialistischen Gesellschaft.

Um den Reproduktionsprozeß effektiver zu gestalten, wurden volkseigene Kombinate gebildet, die auf der Grundlage des Staatsplanes und der wirtschaftlichen Rechnungsführung arbeiteten. Zu den ersten gehörten das Kabelkombinat Berlin-Oberspree, das Uhrenkombinat Ruhla und das Wohnungsbaukombinat Rostock. Bis Ende 1970 entstanden in der Industrie 37 volkseigene Kombinate. Gleichzeitig wurden vielfältige Formen der Kooperation von selbständigen Industriebetrieben entwickelt, um die Effektivität zu erhöhen. Als erste Kooperationsverbände entstanden ‹Wolpryla› in der Textilindustrie und ‹Atlantik› im Schiffbau. Indem auch kleine, darunter private Betriebe in die Kooperation einbezogen wurden, erhielten sie die Möglichkeit, an der sozialistischen Rationalisierung mitzuwirken. Der Konzentrationsprozeß in der Industrie und die Schaffung von Kooperationsbeziehungen wirkten sich insgesamt günstig auf die Entwicklung der Volkswirtschaft aus.

Die Aufgaben der sozialistischen Rationalisierung traten mehr und mehr in den Mittelpunkt des sozialistischen Wettbewerbs. Die Forderung von Gerhard Kast aus dem Funkwerk Berlin-Köpenick ‹Unser Betrieb darf nicht mehr auf Kosten anderer leben!› machten sich zahlreiche Kollektive zu eigen. Sie setzten sich dafür ein, daß Maschinen und Anlagen effektiver genutzt, Material, Roh- und Hilfsstoffe sparsam verwendet und die Arbeitsorganisation verbessert wurden. Werktätige aus allen Bereichen der Volkswirtschaft, wie Margot Bäz, Bruno Gering, Kurt Kittler, Hildegard Mache, Herbert Middelstädt, Gertrud Rudolph, Bernd Schröder, Karl Zaumseil und viele andere, gingen dabei beispielgebend voran. Erstmals begannen Betriebe, die durch Kooperationsbeziehungen miteinander verbunden waren, den Wettbewerb gemeinschaftlich zu führen.

Zu den Höhepunkten wurden die Wettbewerbe zum 50. Jahrestag der Großen Sozialistischen Oktoberrevolution und zum 20. Jahrestag der Gründung der DDR. 1969 nahmen über 2,2 Millionen Werktätige am Wettbewerb um den Titel ‹Kollektiv der sozialistischen Arbeit› teil. Sozialistisch zu arbeiten, zu lernen und zu leben war zu einer Massenbewegung geworden.

Über den Fünfjahrplan hinaus wurden seit 1967 Maßnahmen eingeleitet, um vor allem die führenden Zweige der Volkswirtschaft rascher zu entwickeln. 1969 konnten zusätzlich 87 Automatisierungsobjekte fertiggestellt werden. Damit entstanden zwar wichtige Kapazitäten der Volkswirtschaft, besonders auf dem Gebiet der Konsumgüterproduktion, zugleich jedoch überstieg der Umfang dieser Vorhaben insgesamt die damaligen Möglichkeiten. Auch die Rekonstruktion beziehungsweise der Neuaufbau von mehr Stadtzentren als im Fünfjahrplan vorgesehen beanspruchten zusätzliche Mittel und Kapazitäten. So nahmen in einigen Bereichen der Volkswirtschaft die Planrückstände zu, und es entstanden neue Disproportionen, die die kontinuierliche Wirtschaftsentwicklung beeinträchtigten.

Auf dem Wege zur modernen sozialistischen Landwirtschaft

Im gleichen Maße, wie sich die sozialistische Landwirtschaft festigte und der Ausbau ihrer materiell-technischen Basis voranschritt, reifte die Notwendigkeit heran, die landwirtschaftliche Produktion zu spezialisieren, zwischen LPG sowie zwischen LPG und VEG Kooperationsbeziehungen herzustellen und schrittweise zu industriemäßigen Produktionsmethoden überzugehen. Das war der Weg, um die Versorgung der Bevölkerung und der Industrie mit landwirtschaftlichen Erzeugnissen planmäßig zu verbessern. Nur auf diese Weise konnten Erkenntnisse der Agrarwissenschaft und die moderne Technik – wie der Mähdrescher E 605, Kartoffel- und Rübenkombines, der sowjetische Traktor K 700 – umfassend angewandt und rationell genutzt werden.

Seit Mitte der sechziger Jahre gingen Genossenschaften und volkseigene Güter zur freiwilligen Zusammenarbeit in Kooperationsgemeinschaften über. Sie begannen, die Ernte gemeinsam einzubringen, erwarben und nutzten gemeinsam moderne Maschinen, spezialisierten ihre Betriebe und führten gemeinsame Investitionen durch. Auch zwischen LPG, VEG sowie Betrieben der Nahrungsgüterwirtschaft und des Handels entwickelten sich vielfältige Kooperationsbeziehungen. Werktätige staatlicher und genossenschaftlicher sozialistischer Betriebe in Landwirtschaft, Industrie und Handel schlossen sich zu neuen, sozialistischen Kollektiven zusammen. Dies war ein Ausdruck für die dynamische Entwicklung der sozialistischen Produktionsverhältnisse.

Nach dem Sieg und der Festigung der sozialistischen Produktionsverhältnisse auf dem Lande sah die SED in der Kooperation das entscheidende Kettenglied auf dem Wege zur modernen sozialistischen Landwirtschaft. Sie wandte damit den Leninschen Genossenschaftsplan und entsprechende Erfahrungen der Sowjetunion und anderer sozialistischer Länder schöpferisch an.

Die SED orientierte darauf, vorrangig die Kooperation in der Feld- und Grünlandwirtschaft zu entwickeln, da hierfür die günstigsten Voraussetzungen bestanden. Ende der sechziger Jahre gingen fortgeschrittene LPG zum gemeinsamen Anbau bestimmter Kulturen und schließlich zur gemeinsamen Organisation ihrer gesamten Feldwirtschaft über. Sie schufen die ersten kooperativen Abteilungen Pflanzenproduktion (KAP) mit bewirtschafteten Flächen bis zu 5000 Hektar. Eine wertvolle Hilfe beim Ausbau der materiell-technischen Basis und bei der Chemisierung der Landwirtschaft leisteten die Kreisbetriebe für Landtechnik und die Agrochemischen Zentren. Die ersten komplexen Meliorationsvorhaben, insbesondere zum Beregnen größerer Flächen, wurden verwirklicht.

Gleichzeitig entstanden Ende der sechziger Jahre in Eberswalde, Ferdinandshof, Königs Wusterhausen und einigen anderen Orten die ersten industriemäßigen Anlagen der Tierproduktion, die bald eine außerordentlich hohe Produktivität erreichten und wichtige Erfahrungen für die weitere Konzentration und Spezialisierung der landwirtschaftlichen Produktion vermittelten.

Hochschul- und Akademiereform

Unter den Bedingungen der wissenschaftlich-technischen Revolution wurde die Wissenschaft immer mehr zu einem entscheidenden Faktor für die Entwicklung der Produktivkräfte. Dem Anfang 1966 reorganisierten Forschungsrat der DDR mit Max Steenbeck als Vorsitzendem fiel die Aufgabe zu, die Forschung organisch in den gesellschaftlichen Reproduktionsprozeß einzugliedern.

Mit dem Ziel, Wissenschaft und Produktion enger miteinander zu verbinden, begannen die Universitäten, Hochschulen und Akademieinstitute in der zweiten Hälfte der sechziger Jahre, ihre Forschungskapazitäten stärker auf die Lösung volkswirtschaftlich wichtiger Aufgaben zu konzentrieren. Durch die weitere sozialistische Umgestaltung der Hochschulen und Universitäten, die dritte Hochschulreform seit 1945/1946, wurden Ausbildung und Erziehung der Studenten sowie Leitung und Organisation der wissenschaftlichen Arbeit verbessert. Mehr und mehr setzten sich in den Wissenschaften die Prinzipien der sozialistischen Gemeinschaftsarbeit durch. Die Bildung von Sektionen an den Universitäten und Hochschulen förderte die Kooperation in Forschung, Ausbildung und Erziehung über die bisherigen Institutsgrenzen hinaus. Zugleich wurden aber viele Probleme aufgeworfen, deren Klärung längere Zeit erforderte, ging es doch um Eingriffe in Formen des Universitätslebens, die teilweise seit Jahrhunderten bestanden hatten. Auch Überspitzungen waren zu korrigieren, so die Vernachlässigung kleiner Disziplinen an einigen Lehranstalten.

Erstmals wurde im Planjahrfünft 1966–1970 nach einem langfristigen zentralen Plan der gesellschaftswissenschaftlichen Forschung gearbeitet. Den wissenschaftlichen Instituten der SED, Ministerien und Akademieinstituten wurde die Funktion von Leiteinrichtungen für die gesellschaftswissenschaftlichen Disziplinen übertragen; gleichzeitig waren sie für die langfristige Planung sowie für die zentrale Leitung und Koordinierung der Forschung verantwortlich. Die Gesellschaftswissenschaftler verstärkten ihre Anstrengungen, den Marxismus-Leninismus zu verbreiten, Lösungswege für neue Aufgaben auszuarbeiten, die die gesellschaftliche Entwicklung mit sich brachte, die Lehren der Geschichte zu vermitteln und die Auseinandersetzung mit der bürgerlichen Ideologie wirksamer zu führen. 1965 hatte das Institut für Marxismus-Leninismus beim ZK der SED die Herausgabe der Werke von W. I. Lenin in 40 Bänden abgeschlossen. Damit lag zum ersten Mal eine umfassende Ausgabe der Werke W. I. Lenins in deutscher Sprache vor. 1968 wurde die Herausgabe der Werke von Karl Marx und Friedrich Engels in 40 Bänden abgeschlossen. Im Jahre 1966 erschien die ‹Geschichte der deutschen Arbeiterbewegung in acht Bänden›.

Ende der sechziger Jahre wurde die Akademiereform eingeleitet. Die Akademie der Wissenschaften entwickelte sich als Forschungsakademie der sozialistischen Gesellschaft in der DDR, die ihre Aufgabe darin sieht, ihr gesamtes Potential für die Lösung gesellschaftlich und volkswirtschaftlich entscheidender Aufgaben einzusetzen. Das Forschungspotential der Akademie wurde profiliert und in großen Zentralinstituten zusammengefaßt, die sich mehr und mehr zu Zentren der Grundlagen- und angewandten Forschung auf ihrem Gebiet entwickelten. Auf Grund der wachsenden Bedeutung der pädagogischen Forschung wurde im Jahre 1970 die Akademie der Pädagogischen Wissenschaften der DDR gegründet. Die Akademien, Hochschulen und Universitäten verstärkten die Zusammenarbeit mit Partnereinrichtungen in der Sowjetunion und anderen sozialistischen Ländern und nahmen in zunehmendem Maße gemeinsame Forschungsaufgaben in Angriff.

Wachsende geistig-kulturelle Bedürfnisse der Werktätigen

Mit dem weiteren Aufbau des Sozialismus wuchsen die geistig-kulturellen Interessen und Bedürfnisse zahlreicher Arbeiter und anderer Werktätiger. Die Verbesserung der Arbeits- und Lebensbedingungen schuf neue Möglichkeiten für die Weiterbildung und kulturelle Betätigung. Einen stürmischen Aufschwung nahm das Fernsehen. Von 1959 bis 1969 erhöhte sich die Zahl der Rundfunk- und Fernsehteilnehmer von rund 600 000 auf mehr als 4,3 Millionen. Die Bewegung der sozialistischen Gemeinschaftsarbeit hatte großen Anteil daran, daß das Kulturniveau und die geistig-kulturellen Bedürfnisse der Werktätigen stiegen. Viele sozialistische Kollektive erarbeiteten sich Kultur- und Bildungspläne. Gemeinsam mit den Betrieben und örtlichen Staatsorganen sorgten der FDGB, die FDJ und der Deutsche Turn- und Sportbund dafür, daß die vorhandenen Einrichtungen für Erholung, Bildung, Kultur und Sport besser genutzt und neue geschaffen wurden. Die Kontakte zwischen Betrieben und kulturellen Einrichtungen, Arbeitskollektiven und Kulturschaffenden wurden enger und vielfältiger.

Die eigene kulturelle Betätigung vieler Werktätiger wurde zu einem wichtigen Element des geistig-kulturellen Lebens in der DDR. Es entstanden zahlreiche Chöre von Laienkünstlern, Blasorchester und Tanzkapellen, Zirkel schreibender Arbeiter, Zirkel der bildenden Kunst, Filmzirkel und Ensembles junger Talente. An den Arbeiterfestspielen und ökonomisch-kulturellen Leistungsvergleichen nahm eine wachsende Zahl von Werktätigen teil. Neue Formen kultureller Selbstbetätigung, wie Betriebs- und Dorffestspiele, verbreiteten sich rasch. 1970 fanden 340 Betriebsfestspiele statt, an denen rund eine Million Werktätiger aktiv teilnahmen. Die von der FDJ ins Leben gerufene Singebewegung fand unter der Jugend großen Widerhall. Dank der Unterstützung durch die SED, die Massenorganisationen, die staatlichen Organe und viele Berufskünstler erhöhten zahlreiche Volkskunstgruppen und -zirkel die künstlerische Qualität und die ideologisch-politische Wirksamkeit ihrer Arbeit.

So war das Kunstleben beim beginnenden Aufbau des entwickelten Sozialismus durch eine Fülle von Aktivitäten gekennzeichnet, die der Vielfalt und Differenziertheit der geistig-kulturellen Bedürfnisse der Werktätigen besser entsprachen. Zugleich zeigte sich die Notwendigkeit, alle Bereiche der Kultur – von der Arbeitskultur und der Gestaltung der Umwelt über die Aneignung des kulturellen Erbes bis zu den Künsten und dem geistig-kulturellen Leben in den Betrieben, Städten und Dörfern – stärker in ihrer Wechselwirkung zu entwickeln.

In den sechziger Jahren nahmen Körperkultur und Sport einen stürmischen Aufschwung. Die Volkssportbewegung erfaßte Millionen Werktätiger. 1966 wurde die erste Kinder- und Jugendspartakiade mit 1,8 Millionen Teilnehmern durchgeführt. Die Spartakiadebewegung förderte die regelmäßige sportliche Betätigung der Kinder und Jugendlichen. Sie ebnete auch vielen Talenten den Weg; nicht wenige spätere Olympiasieger und Weltmeister errangen hier ihre ersten Medaillen.

Auch im Leistungssport begann die vorausschauende und vielfältige Förderung von Körperkultur und Sport durch die SED und den sozialistischen Staat Früchte zu tragen. In der Leichtathletik, im Schwimmen, Rudern und auf anderen Gebieten erzielten Sportler der DDR international beachtete Erfolge. Mit allen Mitteln versuchte die BRD jedoch auch weiterhin, im Sinne ihrer Alleinvertretungsanmaßung die DDR von der gleichberechtigten Teilnahme am internationalen Wettkampfsport fernzuhalten. Die Unterstützung durch die Sportverbände der Sowjetunion und der anderen sozialistischen Länder und die hervorragenden Leistungen der Sportler der DDR, wie Karin Balzer, Margitta Gummel, Ingrid Krämer-Gulbin, Roland Matthes, Helmut Recknagel, Gustav Adolf Schur, Manfred Wolke und vieler anderer, ließen die BRD auf diesem Gebiet mit ihrem Alleinvertretungsanspruch scheitern. Dem Nationalen Olympischen Komitee der DDR wurden 1968 alle Rechte eines nationalen olympischen Komitees zuerkannt. An den Olympischen Sommerspielen in Mexiko im gleichen Jahr nahm die DDR erstmals mit einer eigenen Mannschaft teil. Sie errang in der Medaillenwertung hinter den USA und der UdSSR den dritten Platz.

Die Erfolge auf dem Gebiet des Sports waren ein unübersehbarer Beweis für die Potenzen des Sozialismus. Sie machten die DDR auch in Ländern bekannt, deren Regierungen unter dem Druck der BRD und der NATO keine diplomatischen Beziehungen zur DDR unterhielten. Diese Erfolge trugen zum wachsenden internationalen Ansehen der DDR und zur Festigung des sozialistischen Staatsbewußtseins ihrer Bürger bei.

Die sozialistische Verfassung der DDR

Die Beratung des erweiterten Präsidiums des Nationalrats mit dem Kreisausschuß Torgau der Nationalen Front im Januar 1967 gab den Auftakt für eine neue Volksinitiative unter der Losung ‹Schöner unsere Städte und Gemeinden – Mach mit!›. Die Nationale Front setzte sich dafür ein, durch Verschönerung der Städte und Dörfer die Arbeits- und Lebensbedingungen der Bürger zu verbessern, das geistig-kulturelle Leben und die gesellschaftlichen Beziehungen zu entwickeln und örtliche Reserven für die Erfüllung volkswirtschaftlicher Aufgaben ausfindig zu machen. Die neue Volksbewegung knüpfte an die Traditionen des Nationalen Aufbauwerkes an. Sie führte nicht nur zu guten materiellen Ergebnissen – so erbrachte die ‹Torgauer Initiative› in einem Jahr zusätzliche Leistungen im Werte von mehr als 1 Milliarde Mark –, sondern es gelang auch, die politische Arbeit in den Wohngebieten besser zu koordinieren, das Zusammenwirken der Parteien und Massenorganisationen in der Nationalen Front unter Führung der SED enger zu gestalten.

Das bewährte Bündnis der Blockparteien unter Führung der SED spielte auch in der neuen Etappe der gesellschaftlichen Entwicklung eine wichtige Rolle. Die mit der SED befreundeten Parteien, CDU, DBD, LDPD und NDPD, konzentrierten sich stärker auf die Probleme der gesamtgesellschaftlichen Entwicklung. Durch ihre aktive Mitarbeit in den Volksvertretungen und Staatsorganen, in der Nationalen Front, der sozialistischen Volkswirtschaft und anderen Bereichen des gesellschaftlichen Lebens gestalteten die Funktionäre und Mitglieder dieser Parteien die weitere Entwicklung der DDR mit. Insbesondere halfen sie, das Bündnis der Klassen und Schichten unter Führung der Arbeiterklasse und ihrer Partei zu festigen, bei den ihnen nahestehenden Bürgern das sozialistische Staatsbewußtsein weiter auszubilden und sie stärker in den sozialistischen Aufbau einzubeziehen.

Seit dem Inkrafttreten der ersten Verfassung im Oktober 1949 hatten sich in der DDR grundlegende gesellschaftliche Veränderungen vollzogen. Diese mußten staatsrechtlich verankert und zugleich die verfassungsrechtlichen Grundlagen für die weitere Errichtung der sozialistischen Gesellschaft geschaffen werden. Im Januar 1968 stellte die Volkskammer den Entwurf der neuen, sozialistischen Verfassung der DDR zur Diskussion. In insgesamt über 750 000 Veranstaltungen nahmen Millionen Bürger aus allen Klassen und Schichten zu dem Entwurf Stellung. Sie unterbreiteten zahlreiche Vorschläge und Hinweise, die zu 118 Änderungen des Entwurfs führten. Mit der Volksaussprache waren neue Initiativen im sozialistischen Wettbewerb verbunden.

Am 6. April 1968 stimmten 94,5 Prozent der wahlberechtigten Bürger in einem Volksentscheid der neuen Verfassung zu und bekundeten damit ihre Verbundenheit mit dem sozialistischen Arbeiter-und-Bauern-Staat.

Die sozialistische Verfassung verankerte die revolutionären Errungenschaften und grundlegenden gesellschaftlichen Umgestaltungen, die von den Werktätigen der DDR erkämpft worden waren. Sie charakterisierte die sozialistische Staatsmacht als die politische Organisation der Werktätigen in Stadt und Land, die gemeinsam unter Führung der Arbeiterklasse und ihrer marxistisch-leninistischen Partei den Sozialismus verwirklichen. Die führende Rolle der Arbeiterklasse und der SED sowie die Rechte der Gewerkschaften als größter Klassenorganisation der Werktätigen, bei der umfassenden Mitwirkung an der Leitung von Staat, Wirtschaft und Gesellschaft wurden fixiert. Als unantastbare Grundlagen der sozialistischen Staats- und Gesellschaftsordnung bezeichnete die Verfassung die Ausübung aller Macht durch die Werktätigen, das Bündnis der Arbeiterklasse mit der Klasse der Genossenschaftsbauern, den Angehörigen der Intelligenz und den anderen Werktätigen, das sozialistische Eigentum an den Produktionsmitteln und die Leitung und Planung der gesellschaftlichen Entwicklung. Die Freundschaft und Zusammenarbeit mit der Sowjetunion und den anderen sozialistischen Staaten, ebenso die enge Waffenbrüderschaft mit den Armeen der Länder des Warschauer Vertrages wurden Verfassungsgrundsatz. Der Schutz des Friedens und des sozialistischen Vaterlandes wurde Verfassungspflicht für jeden Bürger.

Entwicklung der internationalen sozialistischen Beziehungen

Von weitreichender Bedeutung war die Bildung der Paritätischen Regierungskommission DDR–UdSSR für ökonomische und wissenschaftlich-technische Zusammenarbeit im März 1966. Sie übernahm die Aufgabe, die Fünfjahrpläne zu koordinieren und die direkte Zusammenarbeit zwischen den Staats- und Wirtschaftsorganen sowie zwischen strukturbestimmenden Industriezweigen beider Länder zu organisieren. Die Paritätische Regierungskommission DDR–UdSSR bewährte sich als ein Instrument zur bilateralen ökonomischen Integration.

Nach dem Vertrag mit der UdSSR kam es 1967 auch zur Unterzeichnung von Freundschafts- und Beistandsverträgen der

DDR mit Polen, der ČSSR, Ungarn und Bulgarien und 1972 mit Rumänien. Andere sozialistische Länder schlossen untereinander ebenfalls Verträge über Freundschaft, gegenseitigen Beistand und Zusammenarbeit. Es war die ‹zweite Generation› von Freundschaftsverträgen, die nach denen der vierziger und fünfziger Jahre nunmehr die zwischenstaatlichen sozialistischen Beziehungen völkerrechtlich regelten. Die DDR war ein fester Bestandteil des neuen bilateralen Vertragssystems. Mit diesen Verträgen wurden auch die Versuche imperialistischer Kreise durchkreuzt, zwischen den sozialistischen Staaten zu differenzieren, sie gegen die Sowjetunion auszuspielen und die DDR von ihren Verbündeten zu isolieren.

Auf der Grundlage der Freundschafts- und Beistandsverträge und der Beschlüsse und Empfehlungen des RGW vertiefte die DDR ihre Zusammenarbeit mit der Sowjetunion und den anderen sozialistischen Staaten. Die Perspektivpläne der RGW-Länder für das Jahrfünft von 1966 bis 1970 und die sich daraus ergebenden Warenlieferungen wurden koordiniert. Der Warenaustausch zwischen den RGW-Ländern erhöhte sich.

An der Seite der UdSSR und der anderen sozialistischen Staaten leistete die DDR dem vietnamesischen Volk, das sich seit Jahrzehnten imperialistischer Aggressoren erwehren mußte, solidarische Hilfe. Im Februar 1965 hatten die USA unter Bruch des Völkerrechts mit barbarischen Luftangriffen auf das Territorium der Demokratischen Republik Vietnam begonnen, nachdem sie jahrelang vergeblich versucht hatten, die Befreiungsbewegung in Südvietnam mit militärischer Gewalt zu vernichten. Wie in vielen anderen Ländern entstand auch in der DDR eine Bewegung der Solidarität mit Vietnam, die sich in umfangreichen Spenden, Hilfsaktionen, Kundgebungen und vielfältigen anderen Formen äußerte. Sie wurde zu der bis dahin größten Solidaritätsbewegung in der Geschichte der DDR. Sie zeugte davon, daß die internationale Solidarität zur Herzenssache von Millionen Bürgern der DDR geworden war.

Die DDR leistete auch der ČSSR solidarische Hilfe, als 1967/1968 konterrevolutionäre Kräfte, unterstützt von den Feinden des Sozialismus in den kapitalistischen Staaten, die sozialistische Staats- und Gesellschaftsordnung beseitigen wollten und das Land in einen Bürgerkrieg zu stürzen drohten. An der Seite von Einheiten der Sowjetarmee, der bulgarischen, polnischen und ungarischen Volksarmee halfen im August 1968 Einheiten der Nationalen Volksarmee der DDR den tschechoslowakischen Werktätigen, den Sozialismus gegen alle konterrevolutionären Anschläge zu verteidigen. Mit der entschlossenen Hilfe für die Brudervölker in der ČSSR entsprach die DDR der Verpflichtung, sowohl die nationalen Errungenschaften als auch die des Weltsozialismus mit allen Kräften zu schützen.

Das engere Zusammenwirken der sozialistischen Staaten beim weiteren Aufbau des Sozialismus und im Kampf gegen den Imperialismus machte neue Formen und Methoden der Beziehungen zwischen den regierenden marxistisch-leninistischen Parteien notwendig. Regelmäßige gegenseitige Besuche von Partei- und Regierungsdelegationen und Treffen der Generalsekretäre beziehungsweise Ersten Sekretäre der Bruderparteien wurden zur wichtigsten Form des Meinungsaustausches, der Austausch von Studiendelegationen der Zentralkomitees zur Hauptmethode, um die Erfahrungen der Bruderparteien kennenzulernen. 1967 wurde zwischen der SED und der KPdSU erstmals eine Vereinbarung über die Zusammenarbeit auf ideologischem und theoretischem Gebiet abgeschlossen. Vielfältige Beziehungen entwickelten sich zwischen Bezirksleitungen der SED und Gebietsleitungen der KPdSU – so zwischen Berlin und Moskau, Dresden und Leningrad, Leipzig und Kiew. Auch mit der PVAP, der KPČ, der USAP, der BKP und anderen Bruderparteien vertiefte die SED die Zusammenarbeit.

Außenpolitische Veränderungen reifen heran

Das Bündnis mit der Sowjetunion und den anderen sozialistischen Staaten, der Beitritt zum RGW 1950, zum Warschauer Vertrag 1955 und die aktive Teilnahme am Aufbau des Systems der internationalen sozialistischen Beziehungen gaben der DDR einen festen internationalen Rückhalt. Doch mehr als zwei Jahrzehnte mußte die DDR gegen die diplomatische Blockade der BRD und der anderen NATO-Mächte, für ihre gleichberechtigte Teilnahme an den internationalen Beziehungen kämpfen.

1963 hatte die DDR als einer der ersten Staaten den Moskauer Vertrag über das Verbot der Kernwaffenversuche unterzeichnet. Die imperialistischen Mächte mußten damit auf einem wichtigen Teilgebiet der internationalen Politik die gleichberechtigte Stellung der DDR erstmals anerkennen. Das geschah gegen den erbitterten Widerstand der BRD, deren CDU/CSU-Regierungen auch nach dem Rücktritt Konrad Adenauers im Jahre 1963 an der ebenso aussichtslosen wie gefährlichen Politik zur ‹Eingliederung› der DDR in die BRD festhielten. Noch 1965 entwarf der ‹Forschungsbeirat für Fragen der Wiedervereinigung Deutschlands› in Bonn ein Programm zur Annexion der DDR, in dem unter anderem vorgesehen war, die volkseigenen Betriebe wieder den Nazi- und Kriegsverbrechern zu übergeben und die LPG aufzulösen. Alleinvertretungsanmaßung der BRD und diplomatische Blockade der DDR sollten den Weg zur Annexion der DDR offenhalten. Auch die im Dezember 1966 aus Politikern von CDU, CSU und SPD gebildete Regierung der sogenannten Großen Koalition hielt an den alten Zielen fest. Sie versuchte lediglich, diese mit flexibleren Methoden durchzusetzen. Die sozialistische Gemeinschaft sollte aufgespalten, die DDR von ihren Verbündeten getrennt und durch gesteigerte ideologische Diversion die Wiederherstellung kapitalistischer Verhältnisse vorbereitet werden.

Die feste Verankerung der DDR in der sozialistischen Staatengemeinschaft durchkreuzte alle diese Pläne. Ihre konsequent antiimperialistische Politik und die Erfolge beim sozialistischen Aufbau erhöhten das Ansehen der DDR in vielen Ländern, besonders bei den um ihre Befreiung kämpfenden Völkern. Mit Irak, Syrien und anderen Ländern Afrikas und Asiens wurden

Generalkonsulate ausgetauscht und enge Wirtschaftsbeziehungen entwickelt. Auf Einladung des ägyptischen Präsidenten Gamal Abdel Nasser besuchte der Vorsitzende des Staatsrates der DDR, Walter Ulbricht, im Februar 1965 Ägypten. Alle Erpressungsversuche der BRD hatten diesen ersten offiziellen Besuch des Staatsoberhaupts der DDR in einem nichtsozialistischen Land nicht verhindern können. Als 1967 Israel Ägypten und Syrien überfiel, stellte sich die DDR konsequent auf die Seite der arabischen Völker, während die BRD den Aggressor unterstützte.

Die DDR trat auch in den sechziger Jahren mit vielen Initiativen hervor, um ihre Beziehungen zur BRD zu normalisieren. Aber auch jetzt wurden alle ihre Vorschläge ignoriert oder abgelehnt. In den sechziger Jahren trat in aller Deutlichkeit zutage, daß die gegensätzlichen gesellschaftlichen Entwicklungsprozesse in der DDR und der BRD zu geschichtlichen Entscheidungen in der nationalen Frage geführt hatten: In der DDR begann sich die sozialistische deutsche Nation zu entwickeln, während in der BRD die bürgerliche Nation fortbestand. Eine Vereinigung der sozialistischen DDR und der imperialistischen BRD war undenkbar; der Prozeß der Abgrenzung zwischen DDR und BRD erwies sich als unumkehrbar. Infolge der aggressiven und revanchistischen Politik der BRD war auch der Weg zu einer Konföderation, wie ihn die DDR seit 1957 vorgeschlagen hatte, versperrt. Zwischen den beiden deutschen Staaten waren nur noch völkerrechtliche Beziehungen im Geiste der friedlichen Koexistenz möglich.

Im September 1967 unterbreitete Ministerpräsident Willi Stoph dem Bundeskanzler der BRD den Entwurf eines Vertrages über die Herstellung und Pflege normaler Beziehungen zwischen DDR und BRD, der den veränderten Bedingungen Rechnung trug. Zwar wurde dieser Vorschlag wie vorher so viele andere ebenfalls abgelehnt, doch stieß jetzt auch in kapitalistischen Ländern die vom Imperialismus verhängte diplomatische Blockade der DDR immer mehr auf Kritik. Es entfaltete sich eine weltweite Bewegung für die Anerkennung der DDR. Das war nicht zuletzt den großen Anstrengungen der kommunistischen und Arbeiterparteien in den kapitalistischen Ländern zu danken, die beharrlich für die Anerkennung der DDR eintraten. In der BRD war es vor allem die 1968 neugebildete kommunistische Partei, die DKP, die die Herstellung gleichberechtigter, völkerrechtlicher Beziehungen zwischen DDR und BRD forderte.

Von entscheidender Bedeutung war, daß die Bewegung für die Anerkennung der DDR zu einem wesentlichen Bestandteil des Ringens um ein System der kollektiven Sicherheit in Europa wurde. Im Juli 1966 unterbreitete der Politische Beratende Ausschuß der Staaten des Warschauer Vertrages, anknüpfend an Vorschläge der Sowjetunion aus den Jahren 1954/1955 und diese weiterführend, auf seiner Tagung in Bukarest ein umfassendes Programm für die Sicherung des Friedens in Europa, das die kommunistischen und Arbeiterparteien Europas auf ihrer Tagung in Karlovy Vary im April 1967 voll unterstützten. Kernpunkt des Programms war die Aufforderung an alle europäischen Regierungen, die Unantastbarkeit der Grenzen, einschließlich der Grenzen der DDR, Polens und der ČSSR, völkerrechtlich verbindlich anzuerkennen und zwischen allen Staaten des Kontinents, einschließlich der DDR, gleichberechtigte Beziehungen zu entwickeln. Es wurde vorgeschlagen, eine Konferenz aller europäischen Staaten über die Gewährleistung der Sicherheit in Europa und die Zusammenarbeit auf dem Kontinent einzuberufen.

Die Bukarester Tagung leitete eine neue Etappe des Kampfes für Frieden, Sicherheit und Zusammenarbeit in Europa ein. Sie wies den Weg zu einer Wende vom kalten Krieg des Imperialismus zur internationalen Entspannung. Sie gab auch dem Kampf für die internationale Anerkennung der DDR großen Auftrieb. In zahlreichen kapitalistischen und Entwicklungsländern bildeten sich neue Freundschaftsgesellschaften, die dafür eintraten, die DDR anzuerkennen, ihre Grenzen zu respektieren und ihr die gleichberechtigte Mitarbeit in den Vereinten Nationen zu ermöglichen. Auch realistisch denkende Kräfte in sozialdemokratischen und bürgerlichen Parteien und in Regierungen kapitalistischer Länder gelangten immer mehr zu der Einsicht, daß die Alleinvertretungsanmaßung der BRD und die Hallstein-Doktrin Instrumente des kalten Krieges und schwerwiegende Hindernisse auf dem Wege zur internationalen Entspannung waren. Bei den Regierungen einer wachsenden Zahl von Entwicklungsländern setzte sich die Erkenntnis durch, daß die volle Anerkennung der DDR auch den Interessen ihrer Völker dienen würde. 1969/1970 nahmen Irak, Syrien, Ägypten, Algerien und weitere neun Staaten Afrikas und Asiens diplomatische Beziehungen zur DDR auf.

Ende 1969 wurde in der BRD erstmals eine Koalitionsregierung von SPD und FDP mit Willy Brandt als Bundeskanzler gebildet. Angesichts der unübersehbaren Veränderungen im Kräfteverhältnis zugunsten des Sozialismus und des offenkundigen Bankrotts der traditionellen Außenpolitik der BRD in bezug auf die sozialistischen Länder, sah sich diese Regierung veranlaßt, einige unhaltbar gewordene außenpolitische Positionen aufzugeben. Hatte noch im gleichen Jahr der CDU-Bundeskanzler in der DDR weiterhin nur ein ‹Phänomen› oder ‹Gebilde› sehen wollen, so sprach die neue Regierung erstmals von der Existenz zweier deutscher Staaten. Doch war auch sie zunächst noch bestrebt, der allgemeinen internationalen Anerkennung der DDR entgegenzuwirken und die DDR unter Druck zu setzen. Verhandlungen zwischen Ministerpräsident Willi Stoph und dem Bundeskanzler der BRD, Willy Brandt, über die Normalisierung der Beziehungen zwischen beiden Staaten, die im ersten Halbjahr 1970 in Kassel und in Erfurt stattfanden, führten deshalb noch zu keinem Ergebnis.

Zur gleichen Zeit ließen führende Politiker kapitalistischer Staaten ihre Bereitschaft erkennen, über Probleme der europäischen Sicherheit zu verhandeln. Seit April 1970 fanden Verhandlungen zwischen Vertretern der UdSSR, der USA, Großbritanniens und Frankreichs über eine Regelung Westberlin betreffender Probleme statt. 1970 wurden im August in Moskau ein Vertrag zwischen der UdSSR und der BRD und im Dezember in Warschau ein Vertrag zwischen der Volksrepublik Polen und der BRD unterzeichnet. Zum ersten Male erkannte in diesen Verträgen eine Regierung der BRD in völkerrechtlich verbindlicher Form die territoriale Integrität aller Staaten in Europa und die Unverletzlichkeit ihrer Grenzen an, einschließlich der Oder-Neiße-Grenze und der Grenzen zwischen DDR und BRD.

All dies zeugte davon, daß sich dank der konsequenten Friedenspolitik der UdSSR und der anderen sozialistischen Staaten, dank der Anstrengungen aller Friedenskräfte Tendenzen einer internationalen Entspannung abzeichneten. Zugleich wurde immer mehr deutlich, daß die Aufnahme völkerrechtlicher Beziehungen zur DDR durch alle Staaten eine unerläßliche Bedingung der internationalen Entspannung war.

Ergebnisse und Erfahrungen der sechziger Jahre

Im Juni 1969 fand in Moskau die Internationale Beratung der Vertreter von 75 kommunistischen und Arbeiterparteien statt. Die Ereignisse des zurückliegenden Jahrzehnts hatten bestätigt, daß die Einschätzung der Moskauer Beratungen von 1957 und 1960 über den Charakter und die Haupttendenzen unserer Epoche richtig war. Die sozialistische Gesellschaftsordnung hatte ihre Lebenskraft bewiesen. Gescheitert waren alle Versuche des Imperialismus, die sozialistische Staatengemeinschaft aufzuspalten. Die Spalterpolitik der chinesischen Führer war durchkreuzt worden. So konnten die Teilnehmer der Beratung feststellen, daß die Hauptrichtung der Entwicklung der Menschheit vom sozialistischen Weltsystem, von der internationalen Arbeiterklasse, von allen revolutionären Kräften bestimmt wird. Sie riefen zum gemeinsamen Kampf der Arbeiterklasse und aller antiimperialistischer Kräfte auf, um den Verbrechen des Imperialismus ein Ende zu bereiten und die Menschheit vom Imperialismus zu erlösen.

Die Teilnehmer hoben hervor, daß die Entwicklung des sozialistischen Weltsystems neue Perspektiven für das Voranschreiten und den Sieg des Sozialismus in der ganzen Welt eröffnet habe. ‹Die 60er Jahre›, erklärt L. I. Breshnew, ‹werden in der Geschichte des Weltsozialismus einen besonderen Platz einnehmen. Gerade in diesem Jahrzehnt haben viele Bruderländer die Schaffung der Grundlagen des Sozialismus beendet und sind zum Aufbau der entwickelten sozialistischen Gesellschaft übergegangen. Die immer reifer werdende sozialistische Ordnung nutzt die Vorzüge ihrer ökonomischen und sozialpolitischen Organisation, des ihr innewohnenden wahren Demokratismus immer vollständiger. All das ist ein echter, gewichtiger Beitrag zu unserer gemeinsamen Sache: der Festigung der antiimperialistischen Front.›/26/

Die KPdSU verfügte über die größten Erfahrungen bei der Errichtung und Ausgestaltung der sozialistischen Gesellschaft. Auch die anderen sozialistischen Länder hatten in den sechziger Jahren wichtige Erfahrungen gesammelt. Auf Grund all dieser Erkenntnisse und ihrer kollektiven Verallgemeinerung vermochten die kommunistischen und Arbeiterparteien die neuen Aufgaben umfassender und konkreter zu bestimmen. Sie erzielten große Fortschritte bei der Herausarbeitung gemeinsamer, im Wesen einheitlicher Auffassungen von den Merkmalen und dem historischen Platz der entwickelten sozialistischen Gesellschaft.

In der DDR war Anfang der sechziger Jahre, nach dem Sieg der sozialistischen Produktionsverhältnisse, die Notwendigkeit herangereift, die sozialistische Ordnung planmäßig auszugestalten. Die strategische Orientierung der SED, den Sozialismus nach dem Abschluß der Übergangsperiode in einem längeren Zeitraum auszugestalten, hatte sich als richtig erwiesen. Die Auffassungen über die sozialistische Gesellschaft, ihre Entwicklungsstadien und deren Kriterien hatten sich im Prozeß der Praxis und in der theoretischen Arbeit entwickelt und vertieft.

Es wurden aber auch Thesen aufgestellt, die sich als nicht richtig erwiesen, wie die, daß der Sozialismus eine relativ selbständige Gesellschaftsformation sei. Auch der damals verwendete Begriff sozialistische Menschengemeinschaft mußte zurückgenommen werden. Er barg die Gefahr, daß die noch bestehenden Unterschiede zwischen den einzelnen Klassen und Schichten in den Hintergrund gedrängt würden und man sich über die Zeit täuschte, die noch gebraucht wurde, diese Unterschiede aufzuheben.

In den sechziger Jahren wurden einige grundlegende Prozesse eingeleitet, die sich als Schritte auf dem Wege zur entwickelten sozialistischen Gesellschaft in der Praxis bewährten. Dazu gehörten die Orientierung auf die Erfordernisse der wissenschaftlich-technischen Revolution und der internationalen sozialistischen Arbeitsteilung sowie auf die komplexe sozialistische Rationalisierung, die engere Verbindung von zentraler Planung und Eigenverantwortung der Betriebe, die Bildung von Kombinaten in der Industrie und von Kooperationsverbänden in der Landwirtschaft und andere Maßnahmen zur Konzentration und Zentralisation in der Produktion, der Ausbau des sozialistischen Bildungswesens, die Weiterführung der Hochschul- und der Akademiereform, die Ausbreitung der sozialistischen Gemeinschaftsarbeit.

In den sechziger Jahren erlangte auch die auf Sicherung des Friedens gerichtete Außenpolitik der DDR neue Dimensionen. War diese in den fünfziger Jahren primär auf die Erfüllung des Potsdamer Abkommens und eine die Ergebnisse des zweiten Weltkrieges und der Nachkriegsentwicklung fixierende Friedensregelung gerichtet, so trat in den sechziger Jahren der Kampf um die Durchsetzung der Prinzipien der friedlichen Koexistenz zwischen Staaten gegensätzlicher Gesellschaftsordnung, insbesondere der Kampf um ein System der kollektiven Sicherheit in Europa, in den Vordergrund.

Auf seiner 14. Tagung im Dezember 1970 schätzte das Zentralkomitee der SED die Ergebnisse des Fünfjahrplans 1966–1970 ein und verallgemeinerte Erfahrungen bei der weiteren Errichtung der sozialistischen Gesellschaft. Dank den Anstrengungen von Millionen Werktätigen hatten die sozialistische

Staats- und Gesellschaftsordnung weiter gestärkt, das materielle und kulturelle Lebensniveau der Werktätigen weiter verbessert werden können. Das Nationaleinkommen hatte 100 Milliarden Mark überschritten; es war von 84 Milliarden Mark 1965 auf 108 Milliarden Mark 1970 gestiegen. Der Zuwachs war nahezu doppelt so hoch wie im vergangenen Jahrfünft. Die Industrieproduktion war jährlich um 6,5 Prozent, die Arbeitsproduktivität um 6 Prozent gestiegen. Besonders rasch hatten sich die Industriezweige Elektrotechnik, Elektronik, Petrolchemie, Chemieanlagenbau, Landmaschinenbau und der Metalleichtbau entwickelt. Die Genossenschaftsbauern und Landarbeiter hatten die Marktproduktion tierischer Erzeugnisse planmäßig um 21 Prozent erhöht. Bei Schlachtvieh, Geflügel und Eiern wurden die Planziele überboten. Hingegen konnte die vorgesehene Steigerung bei pflanzlichen Produkten und bei Milch nicht erreicht werden. Der Außenhandelsumsatz stieg um 60 Prozent; das war weit mehr, als der Plan vorgesehen hatte.

Die Fortschritte bei der weiteren Verbesserung der Lebensbedingungen der Werktätigen widerspiegelten sich in der Erhöhung des Einzelhandelsumsatzes um 26 Prozent und des Realeinkommens pro Kopf der Bevölkerung um 22 Prozent. Der Aufbau der Stadtzentren von Berlin, Dresden, Karl-Marx-Stadt, Leipzig und anderen Städten schritt voran. In Halle-Neustadt und Rostock-Lütten Klein entstanden neue Städte oder Stadtteile.

Gleichzeitig waren im Verlaufe des Fünfjahrplans viele neue und komplizierte Entwicklungsprobleme aufgetreten. Durch strukturpolitische Entscheidungen und zusätzlich in den Plan aufgenommene Vorhaben hatten sich einige Disproportionen in der Volkswirtschaft verschärft, besonders die zwischen Energieaufkommen und -bedarf sowie zwischen Finalproduzenten und Zulieferindustrie. Zunehmende Schwierigkeiten bereitete die Versorgung der Volkswirtschaft mit Rohstoffen und Materialien. In einigen Bereichen, so im Bauwesen und in der Gießereiproduktion, waren beträchtliche Planrückstände entstanden. All dies komplizierte die wirtschaftliche Situation, führte zu Schwierigkeiten in der Versorgung der Bevölkerung und hemmte die Aktivität der Werktätigen.

Das Zentralkomitee stellte fest, daß es unumgänglich ist, immer von den objektiven ökonomischen Gesetzen des Sozialismus auszugehen und die reale Lage zu berücksichtigen. Es beschloß Maßnahmen, um die Kontinuität und Stabilität des volkswirtschaftlichen Reproduktionsprozesses zu gewährleisten und die Versorgung der Bevölkerung ständig zu verbessern. Die Beschlüsse der 14. Tagung des ZK der SED orientierten auf die komplexe Entwicklung der sozialistischen Volkswirtschaft und der gesamten sozialistischen Gesellschaft, um die bestmöglichen Bedingungen für die Entfaltung der Schöpferkraft der Arbeiterklasse und aller anderen Werktätigen zu schaffen.

Im Oktober 1961 provozierten Einheiten der US-Armee in der Berliner Friedrichstraße. Die weiße Linie auf dem Pflaster markiert die Staatsgrenze der DDR

Vergebliche Klimmzüge

US-General Clay vor dem Brandenburger Tor

Am Abend des 27. August 1961 versuchten Westberliner Rowdys an der Staatsgrenze der DDR Zwischenfälle zu provozieren. Sie wurden mit Wasserwerfern abgewehrt

Aufrufe

‹Das Vaterland ruft! Schützt unsere sozialistische Republik› war ein Aufruf des Sekretariats des Zentralrates der FDJ vom 16. August 1961 überschrieben. In Dresden, Schwerin, Karl-Marx-Stadt, Erfurt (von oben) und anderen Orten meldeten sich zahlreiche Jugendliche zum Dienst in bewaffneten Organen der DDR.

In der Brennerei des VEB Elektrokohle Berlin-Lichtenberg. Am 6. September 1961 schlugen die Arbeiter der Abteilung Elektrodendreherei des VEB Elektrokohle ein ‹Produktionsaufgebot der Arbeiter und Intelligenz› vor. ‹Der 13. August 1961 zeigt: Je stärker die Deutsche Demokratische Republik, desto stärker der Friede in Deutschland!› Auf dieser Erkenntnis bauten die Elektroköhler ihr Programm zur Steigerung der Arbeitsproduktivität auf. Dem Aufruf schlossen sich zunächst vor allem Brigaden der sozialistischen Arbeit an. 1962 stieg die Arbeitsproduktivität in der sozialistischen Industrie der DDR gegenüber 1961 auf 108 Prozent

Gäste und Feste

Juri Gagarin, der erste Kosmonaut, und Valentina Tereschkowa, die erste Kosmonautin, kamen im Oktober 1963 für 6 Tage in die DDR. Ihr Besuch verlief wie ein großes Volksfest

Im September 1961 besuchte der Kosmonaut German Titow 5 Tage die DDR. Auf seinem Weg durch das Land begleitete ihn millionenfacher Jubel

German Titow gab in Leipzig eine Pressekonferenz

Volksfest im Pelzmühlenpark in Karl-Marx-Stadt am Nachmittag des 17. September 1961, dem Tag der Wahlen zu den örtlichen Volksvertretungen in der DDR. Nach dem Wahlsonntag nahmen 282 640 Bürger ihre Tätigkeit als Abgeordnete oder Nachfolgekandidaten auf

207

700 Meter im Durchmesser

Neubrandenburg wurde 1248 gegründet. Es besitzt eine fast vollständig erhaltene 2300 m lange mittelalterliche Stadtbefestigung. Eine vorwiegend aus Feldsteinen errichtete und durchschnittlich 7,5 m hohe Mauer schützte mit zwei Gräben und Wällen einst die Siedlung. Die 4 alten Stadttore, das Friedländer, das Treptower, das Stargarder und das Neue Tor, gehören heute zu den Sehenswürdigkeiten Neubrandenburgs. Der Befestigungsring, der die Stadt umschloß, besaß einen Durchmesser von 700 m. Die Wohnhäuser Neubrandenburgs wurden im zweiten Weltkrieg zum allergrößten Teil vernichtet; Rathaus, Stadtpalais und andere kulturhistorisch wertvolle Bauten fielen ebenfalls Bomben und Granaten zum Opfer. Als der Wiederaufbau begann, blieb der mittelalterliche Stadtgrundriß im Zentrum weitgehend gewahrt. Bis 1965 entstanden 5000 Neubauwohnungen. Von 1963 bis 1965 wuchs das 16geschossige ‹Haus der Kultur und Bildung› im Mittelpunkt des Stadtkerns. In ihm finden die Besucher einen repräsentativen Saal, Kinder-, Erwachsenen- und Musikbibliothek, Klub- und Zirkelräume, Ballettsaal und andere Räumlichkeiten mit vielerlei Gelegenheiten, Wissen und Können zu erweitern

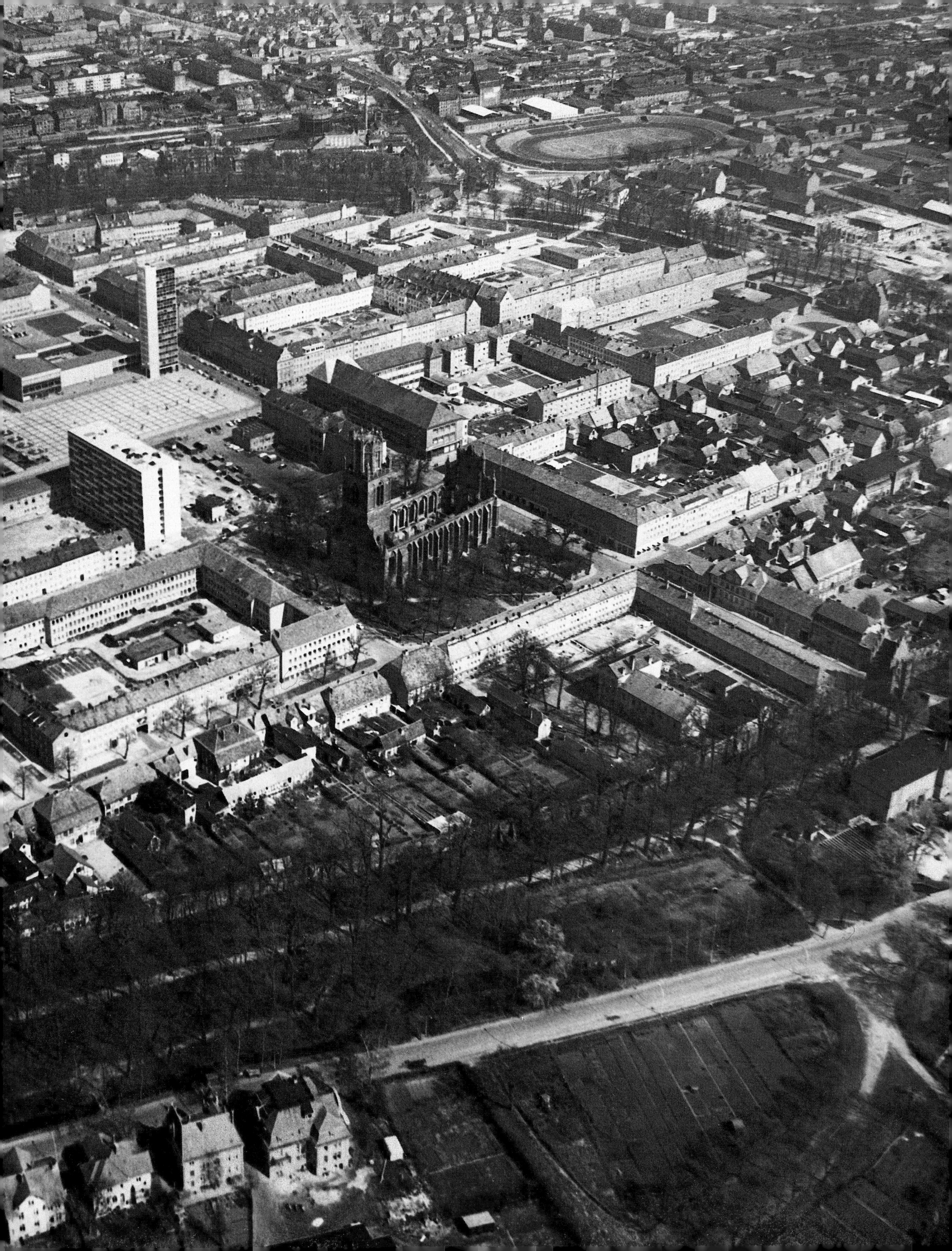

210

VI. Parteitag der SED

Arbeiter des VEB Schwermaschinenbau Verlade- und Transportanlagen Leipzig verabschiedeten die Delegierten ihres Bezirkes zum VI. Parteitag der SED

Vom 15. bis 21. Januar 1963 berieten die 1881 Delegierten mit beschließender und 577 Delegierten mit beratender Stimme in der Berliner Werner-Seelenbinder-Halle. Der Partei gehörten zu diesem Zeitpunkt 1 556 540 Mitglieder und 95 545 Kandidaten an. 70 kommunistische und Arbeiterparteien hatten Delegationen zum Parteitag entsandt. Die Beschlüsse des VI. Parteitages wiesen Weg und Ziel für den umfassenden Aufbau des Sozialismus, der neuen strategischen Aufgabe der Partei

---

Während seiner 1. Tagung am 21. Januar 1963 wählte das ZK der SED Walter Ulbricht und Otto Grotewohl (sitzend), Kurt Hager, Paul Verner, Alfred Neumann, Bruno Leuschner, Paul Fröhlich, Erich Mückenberger, Friedrich Ebert, Hermann Matern, Willi Stoph, Albert Norden, Erich Honecker, Herbert Warnke (vordere Reihe) zu Mitgliedern und Werner Jarowinsky, Günter Mittag, Georg Ewald, Gerhard Grüneberg, Erich Apel, Margarete Müller, Horst Sindermann, Hermann Axen (hintere Reihe) zu Kandidaten seines Politbüros. Walter Ulbricht wurde erneut mit der Funktion des Ersten Sekretärs des Zentralkomitees betraut

Qualitätsarbeit

Durch den Bau einer Schmierölfabrik im Mineralölwerk Lützkendorf erhöhte sich die Erdölverarbeitungskapazität in diesem Werk auf das Dreieinhalbfache. Die neue Produktionsstätte nahm in den Jahren 1961 bis 1963 schrittweise den Betrieb auf

Für den Turbinenbau ist Edelstahl unentbehrlich. Er ist dort notwendig, wo mit hohen Belastungen, extremen Temperaturen, dem Einwirken von Säuren und anderen außergewöhnlichen Bedingungen gerechnet werden muß. Edelstahl wird für Wälzlager ebenso gebraucht wie für Federn im Fahrzeugbau oder für Stifte, mit denen die Chirurgen Knochenbrüche nageln. In der DDR gab es kein Edelstahlwerk. *Am 2. Januar 1951 begann der Aufbau eines solchen Werkes bei Freital.* 1960 produzierte der neue Betrieb 300 verschiedene Stähle und Legierungen

Meißens Burg wurde im Winter 928/29 gegründet. 968 erfolgte die Erhebung zum Bischofssitz. 1710 nahm auf der Albrechtsburg die erste europäische Porzellanmanufaktur ihre Arbeit auf. Die künstlerische und technische Qualität des Porzellans mit den ‹Blauen Schwertern› begründete Meißens Weltruf

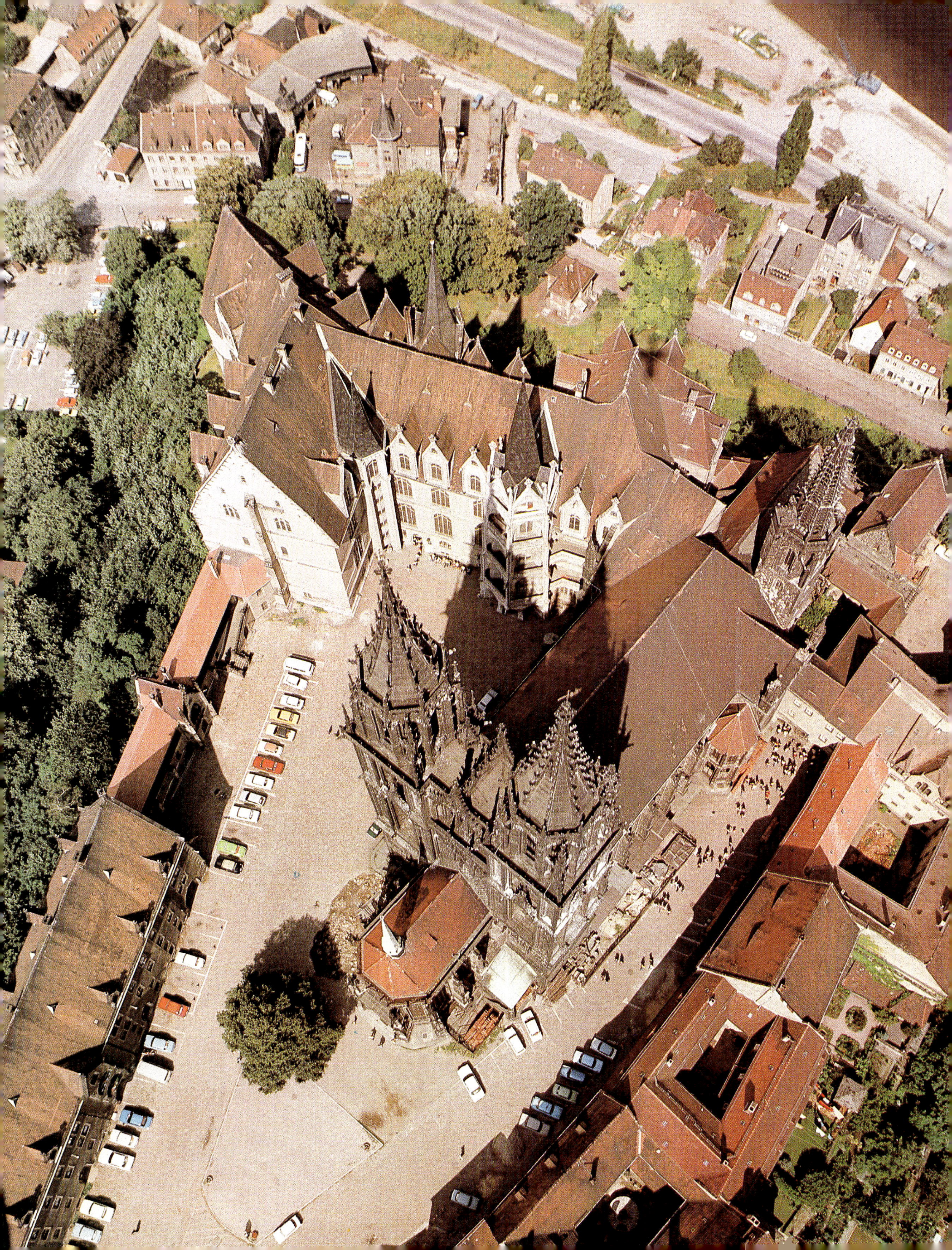

Sicherheit und Frieden

Nach dem Ableben von Otto Grotewohl am 21. September 1964 berief die Volkskammer Willi Stoph (Bildmitte), Mitglied des Politbüros des Zentralkomitees der SED, zum Vorsitzenden des Ministerrates

Außenminister Dr. Lothar Bolz unterzeichnete am 8. August 1963 in Moskau den Vertrag zur Beschränkung der Kernwaffenversuche

Der Staatsrat der DDR ratifizierte am 11. November 1963 den Moskauer Vertrag über das Verbot von Kernwaffenversuchen in der Atmosphäre, im kosmischen Raum und unter Wasser

Die Außenminister der UdSSR und der DDR tauschten am 26. September 1964 in Berlin die Ratifikationsurkunden zum Vertrag über Freundschaft, gegenseitigen Beistand und Zusammenarbeit zwischen der UdSSR und der DDR vom 12. Juni 1964 aus

Öl fließt an der Oder

Zentrale Meßwarte im Erdölverarbeitungswerk Schwedt

Rund 4500 km Entfernung überbrückt die Erdölleitung ‹Freundschaft› Die millionste Tonne sowjetischen Erdöls gelangte am 22. Juli 1964 durch die Leitung ‹Freundschaft› in die DDR. Von April 1964 bis November 1967 wurden allein in Schwedt 10 000 000 t sowjetischen Erdöls verarbeitet

Blumen und Maschinen

Blumen, Gemüsebau und Saatzucht sind mit Erfurts Namen verbunden. Aber auch Erzeugnisse des Maschinenbaus tragen ihn in viele Länder. Betriebe der Elektrotechnik, der Schuh-, Textil-, Holz-, Lebensmittel-, chemischen und polygraphischen Industrie sind in der Stadt beheimatet. Erfurts Territorium ist sehr altes Siedlungsgebiet. In einem Brief an Papst Zacharias II. vom Jahr 742 erwähnte Bonifatius den Ort Erphesfurt, der ‹schon von alters her eine Stadt heidnischer Bauern gewesen› sei. Die Anfänge des Erfurter Gartenbaus gehen in die erste Hälfte des 8. Jahrhunderts zurück. Mönche zogen Gemüse, Kräuter und Wein. Für 1315 läßt sich zum ersten Mal die Ausfuhr von Sämereien und für 1441 die von Hopfen, Anis, Kümmel, Wacholder, Kalmus und Hirse nachweisen. Planmäßig werden die vielen historischen Bauten der Stadt restauriert. Dom und Severikirche zählen zu den bekanntesten. Die Tradition der Gartenbauausstellungen eröffnete die Schau ‹Erfurt blüht› im Sommer 1950. Ihr folgte 1955 die ‹Gartenbauausstellung und Samenexportschau der DDR›

Gelände der Erfurter Gartenbauausstellungen. Die 1. Internationale Gartenbauausstellung (iga) fand auf Empfehlung der Ständigen Kommission für Landwirtschaft des RGW vom 28. April bis 15. Oktober 1961 hier statt

Die Krämerbrücke führt etwa seit dem Jahr 1100 über die Gera. An die Stelle der zunächst aus Holz errichteten Brücke trat 1325 der heute noch bestehende Steinbau. Er trägt 32 Fachwerkhäuser aus dem 16. bis 19. Jahrhundert

Das historische Zentrum Erfurts

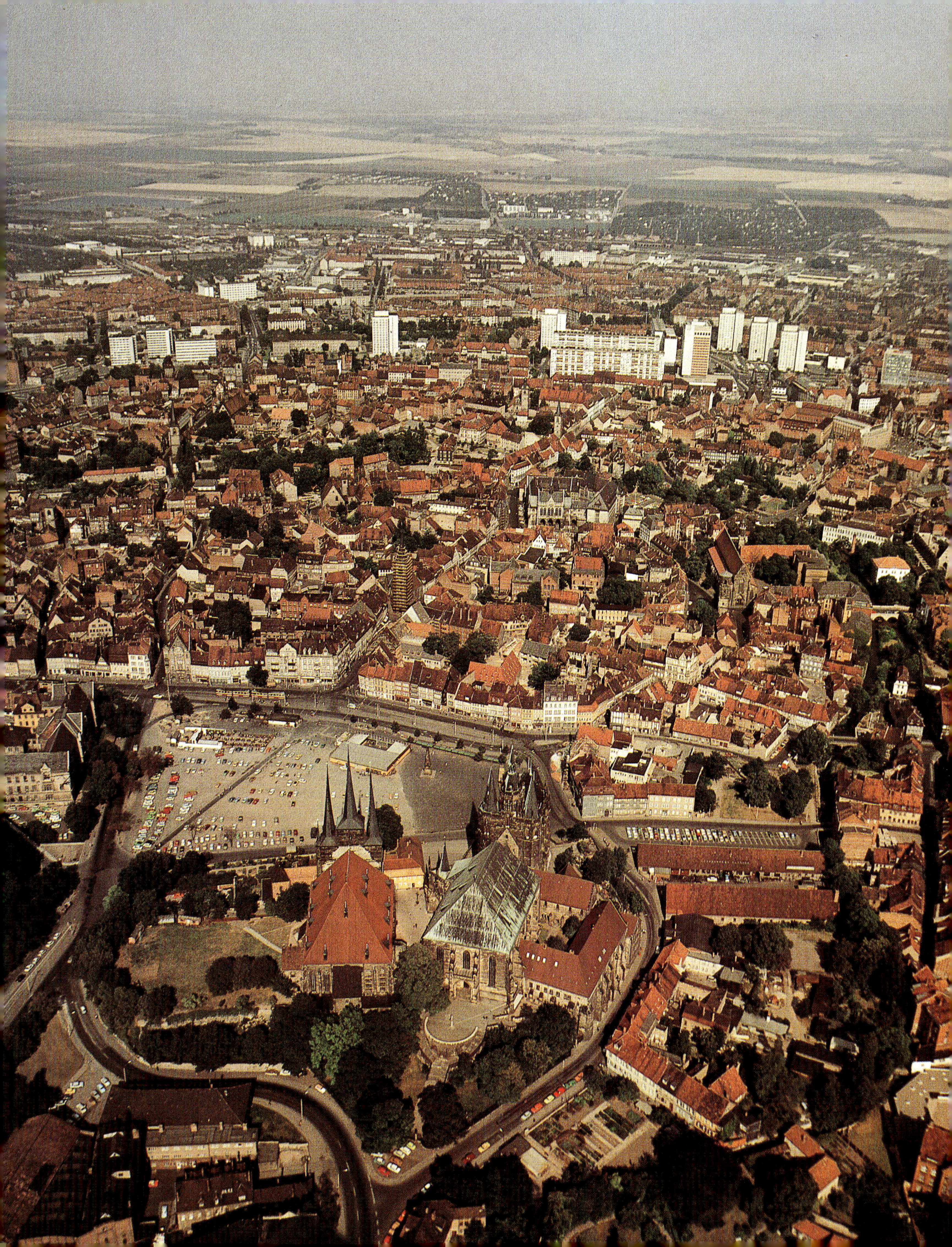

Die Vergangenheit mahnt

Der Jüdische Friedhof, Berlin, Schönhauser Allee, erhielt ein neues, würdiges Gesicht. Die St.-Hedwigs-Kathedrale, Berlin, wurde 1943 zerstört und 1963 neu geweiht

Fürsorge und Gesundheit

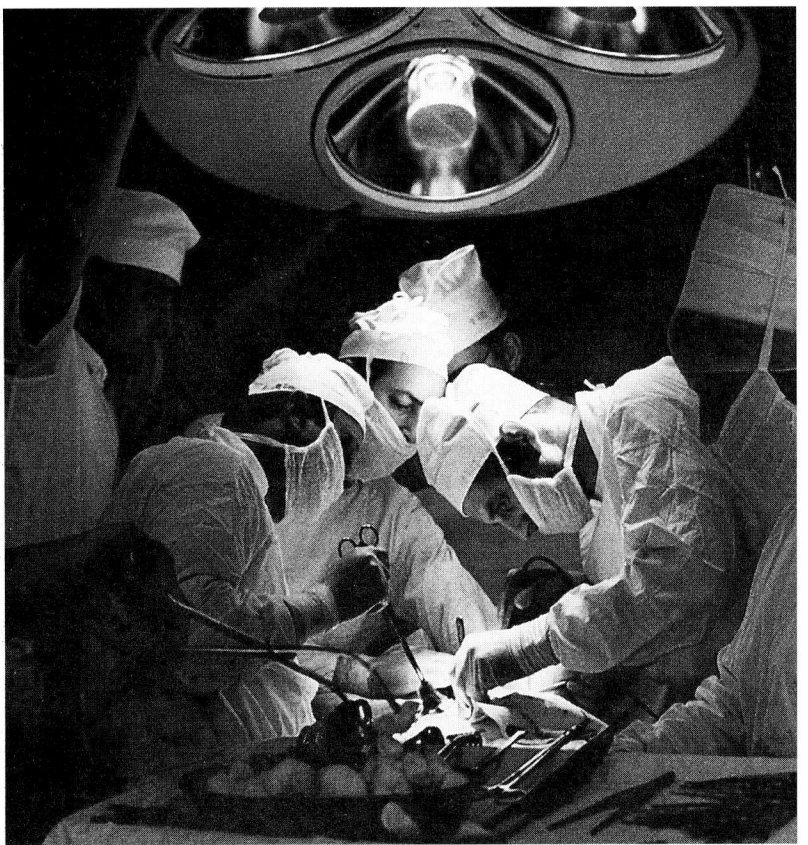

Operationssaal im Krankenhaus Berlin-Friedrichshain
In den Kur- und Badeorten der DDR erhielten 178 723 Personen 1963 eine Heilkur, 27 092 eine Genesungskur und 40 341 eine prophylaktische Kur. Dazu kamen 59 992 Kindererholungskuren. Das Produktionsvolumen der pharmazeutischen Industrie der DDR erhöhte sich von 1950 bis 1960 um mehr als das Zehnfache. Auf 10 000 Bürger entfiel 1963 eine Apotheke oder Zweigapotheke. 1939 stand in Deutschland für 1553 Einwohner ein Arzt zur Verfügung: 1964 in der DDR für 1000 Einwohner ein Arzt

In Erholungsgebieten der DDR entstanden besonders in den sechziger Jahren Ferienheime für kinderreiche Familien
Von April bis September 1965 berieten über 750 000 Bürger in 33 973 Veranstaltungen den Entwurf des neuen Familiengesetzbuches. Beim Ministerium für Justiz der DDR gingen 23 737 Vorschläge ein. Sie führten zu etwa 230 Änderungen im Text. Durch Beschluß der Volkskammer vom 20. Dezember 1965 trat das neue Familiengesetzbuch in Kraft

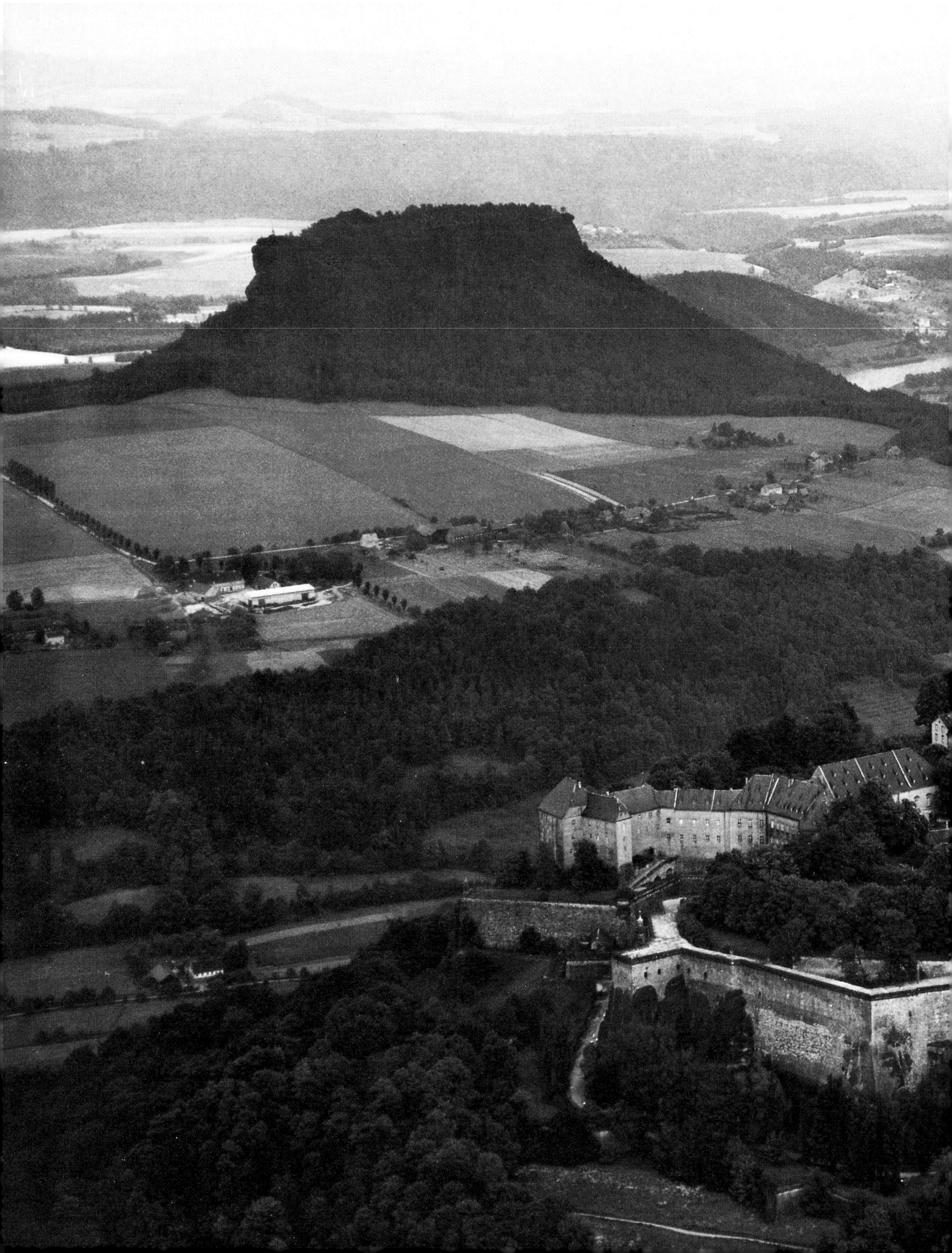

Die Festung Königstein und der Lilienstein im Elbsandsteingebirge. Burg und Siedlung Königstein wurden zum ersten Mal 1241 in einer Urkunde erwähnt. August Bebel war hier 1874 eingekerkert. Heute sind Museum und August-Bebel-Gedenkstätte auf dem Königstein ein beliebtes Ausflugsziel

Gastgeber

Vom 16. bis 19. Mai 1964 standen Berlins Straßen, Plätze und Quartiere wieder der Jugend zur Verfügung. Über 500000 waren zu ihrem Deutschlandtreffen gekommen

Einfallsreiche Quartierwerbung im April 1964 auf dem Alexanderplatz

Ein Agitationszug der Pankower FDJ wirbt für das Treffen der Jugend

Zuschauer Unter den Linden am Humboldt-Denkmal

Teilnehmer am Treffen der Jugend in der Berliner Rathausstraße

Das Gebäude des Staatsrates der DDR entstand in den Jahren 1962 bis 1964. Seine Vorderfront wird beherrscht vom rekonstruierten Portal des zerstörten Berliner Schlosses mit dem Balkon, von dem herab Karl Liebknecht am 9. November 1918 die sozialistische Republik ausgerufen hatte

Solidarität für Vietnam

Bis Ende 1965 erreichten die Solidaritätsspenden der Bevölkerung der DDR für Vietnam die Höhe von 3 000 000 M. 1968 stieg sie auf 100 000 000 M an

Fahrräder waren wichtige Transportmittel in Vietnam

Fahrräder, die von Solidaritätsspenden der Mitglieder des Schriftstellerverbandes der DDR, Mitarbeitern des VEB Fernmeldeanlagen Dresden und des Instituts für Reglertechnik Berlin gekauft wurden, gelangen zum Versand nach Vietnam

Baufachleute aus der DDR leisteten 1973 Hilfe beim Wiederaufbau in Vietnam

Vietnamesische Praktikantinnen im Transformatorenwerk ‹Karl Liebknecht›, Berlin-Oberschöneweide

Weißes Gold

Der Kalibergbau besitzt für die Volkswirtschaft der DDR große Bedeutung. Die Produktion von Kalisalzen stieg von 1336000 t im Jahr 1950 auf 3460000 t im Jahr 1981. Das Abteufen des ersten deutschen Steinsalzbergwerkes begann 1851 bei Erfurt. Nach 1860 lief der Abbau von Kalisalzen bei Staßfurt an. Im Gebiet um Kaiseroda kam es 1893 zu fündigen Bohrungen. Hier begann die Kaliproduktion im Jahr 1901. Der Konzern ‹Wintershall› riß 1919 die Kalischächte im Werragebiet an sich. Die Faschisten richteten in stillgelegten Schächten unterirdische Konzentrationslager ein.

Die Bahnlinie Unterbreizbach–Vacha führte teilweise über Gebiet der BRD. Um den Abtransport des Fördergutes zu unterbinden und so die Produktion zu stören, ließen BRD-Dienststellen und US-Besatzungsbehörden den Schienenstrang unterbrechen. In 90 Tagen entstand eine neue Bahnlinie, die nur über Territorium der DDR führt. *Nach einer Kundgebung am 1. September 1952 begannen die Arbeiten für die neue Strecke Vacha–Unterbreizbach*

Im Kalibergbau lag der Monatsrekord im Streckenvortrieb über Jahre bei 455 m. Im Juni 1963 brach die Besatzung der Maschine I aus dem Werk ‹Glück auf› in Sondershausen mit 520 m diesen Rekord. Im September 1963 übertrafen Bergarbeiter aus dem Werk ‹Karl Liebknecht› in Bleicherode die neue Leistung. Es gelangen ihnen 629 m Vortrieb

Wachsendes Ansehen

Die beständig wachsende Leistungsfähigkeit ihrer Volkswirtschaft machte die DDR in immer mehr Ländern zu einem geachteten und begehrten Handelspartner

Der Vorsitzende des Staatsrates der DDR, Walter Ulbricht, besuchte auf Einladung des Präsidenten Gamal Abdel Nasser vom 24. Februar bis 2. März 1965 Ägypten

Die DDR lieferte Brückenkabelkrane für das Ausladen und die Lagerung von Holz in die Sowjetunion. Der im Moskauer Holzverarbeitungskombinat montierte Kran beförderte in einem Zupacken 10t Holz über die Entfernung von 100m

Krane aus Eberswalde sind in vielen Häfen der Erde gefragt. Auch in Rotterdam arbeiten solche Krane

Lastkraftwagen vom Typ ‹Garant-Robur› aus Zittau bewährten sich in den sechziger Jahren in Vietnam

Das Harzer Bergtheater Thale ist eine der Natur- und Freilichtbühnen der DDR. Es besteht seit 1903. Von Thale aus ist es auch mit der Seilbahn zu erreichen. Urlaubern und Touristen bietet es in den Sommermonaten ein beachtliches Repertoire, das vom Schauspiel über die Operette bis zur Oper reicht. Die Zahl der Vorstellungen übersteigt in einer Spielzeit meist die 100

Bühne unter Sommerhimmel

Können und Wissen

Walter Felsenstein bei Probearbeiten für den ‹Othello›. Die Komische Oper in der Berliner Behrenstraße wurde in den Jahren 1891 und 1892 erbaut. Sie beherbergte das Metropol-Theater. Im zweiten Weltkrieg zerstört, erstand das Haus bereits 1947 neu. 1966 und 1967 erfolgte ein Umbau, durch den die Theatertechnik völlig modernisiert wurde, der Zuschauerraum aber seine ursprüngliche Gestalt wieder erhielt. Walter Felsenstein leitete das Theater von 1947 bis zu seinem Tod im Jahr 1976. Er führte das Ensemble zu bedeutenden künstlerischen Leistungen, die seinen internationalen Ruf begründeten. Felsensteins realistisches Musiktheater wird im Haus in der Behrenstraße weitergeführt

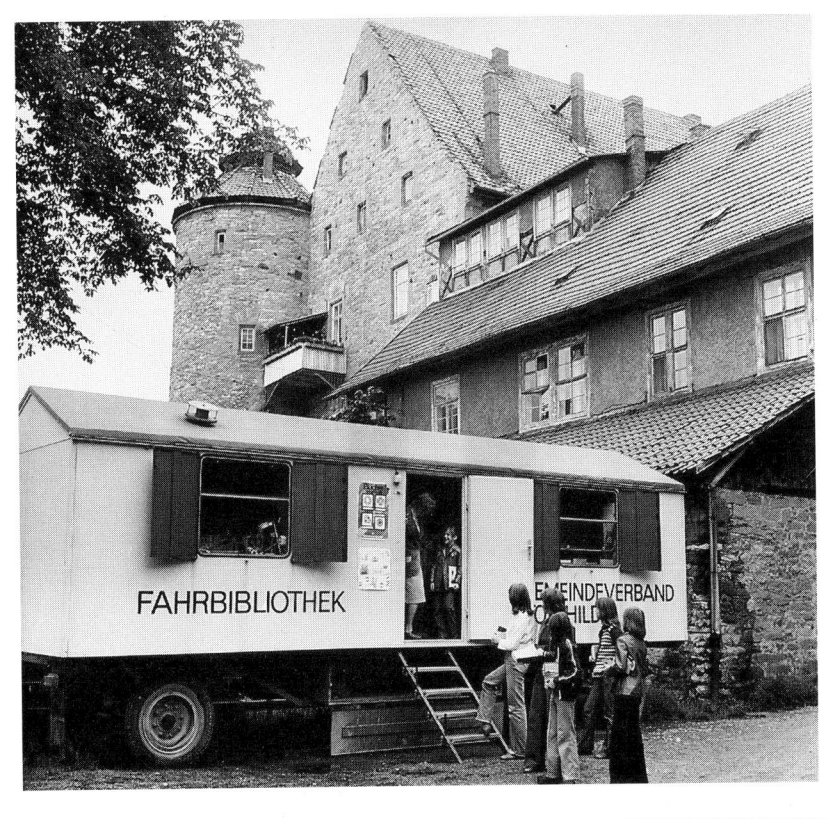

Die Fahrbibliothek des Gemeindeverbandes Römhild betreut die Einwohner von 14 ländlichen Gemeinden. Die Zahl der hauptberuflich geleiteten allgemeinen öffentlichen Bibliotheken und Ausleihstellen stieg von 2509 im Jahr 1960 auf 6994 im Jahr 1981. Der Anteil der Nutzer von Allgemein-, Gewerkschafts- und wissenschaftlichen Bibliotheken in der DDR betrug 1965 21,3 Prozent der Gesamtbevölkerung und 1981 30,7 Prozent. In den Kinderbuchabteilungen und den Kinderbibliotheken hatten sich 1960 745000 Leser unter 14 Jahren eingetragen, 1981 1153200

Einstein-Symposium 1965 in der Hauptstadt der DDR. Immer mehr Fachleute der verschiedensten Disziplinen kamen in die DDR, um an wissenschaftlichen Konferenzen teilzunehmen und Erfahrungen auszutauschen

In alter Schönheit

Der Zwinger ist wohl das berühmteste Bauwerk Dresdens. Er entstand in den Jahren 1709 bis 1728 nach Plänen Matthäus Daniel Pöppelmanns, versehen mit dem Skulpturenschmuck Balthasar Permosers. 1945 verwüsteten ihn angloamerikanische Bomber schwer. Um ihn vor dem völligen Verfall zu retten, begannen schon vor der Gründung der DDR Arbeiten zur Bewahrung und Wiederherstellung der noch vorhandenen Bausubstanz. 1964 fand die Rekonstruktion des Zwingers ihren Abschluß. Heute beherbergt er mehrere Museen: den Mathematisch-Physikalischen Salon, die Porzellangalerie und Teile der Gemäldegalerie Alte Meister

Der Zwinger im Juni 1948 und vom gleichen Standpunkt nach Abschluß der Rekonstruktion gesehen

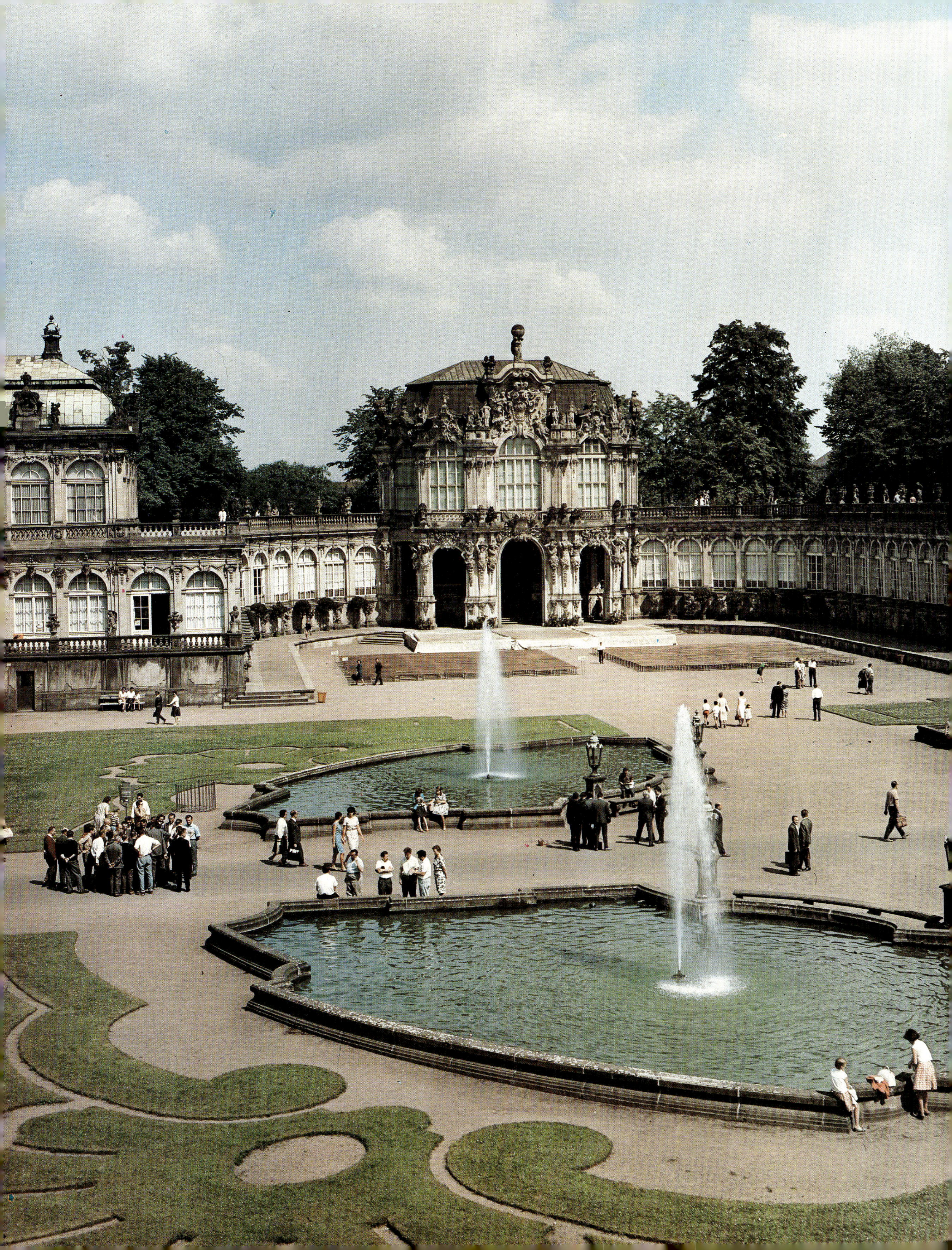

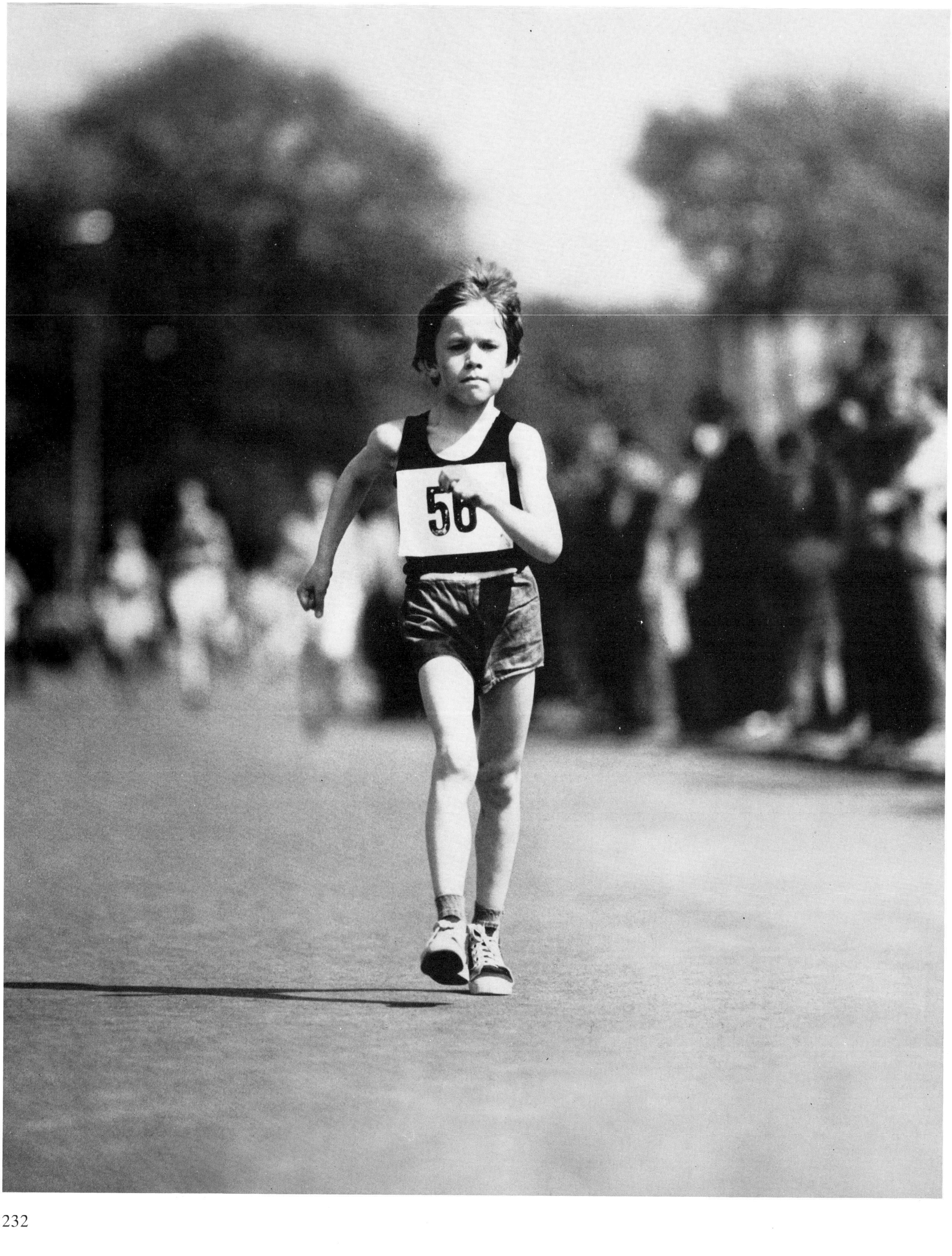
56

Siebenmeilenstiefel

Die erste Kinder- und Jugendspartakiade im Jahre 1966 leitete eine neue Etappe im Kinder- und Jugendsport ein. Von Jahr zu Jahr regten die Spartakiaden mehr junge Bürger an, aktiv Sport zu treiben. So qualifizierten sich 1967 in den Sommersportarten 57500 Kinder und Jugendliche für die Teilnahme an Bezirksspartakiaden und 2800 in den Wintersportarten. 1980 waren es in den Sommersportarten 96500 und in den Wintersportarten 5000

Thema Metallbearbeitung im polytechnischen Unterricht

Verkehrserziehung in den Klassen der Unterstufe

Aus dem Gesetz über das einheitliche sozialistische Bildungssystem vom 25. Februar 1965:

§1: Das Ziel des einheitlichen sozialistischen Bildungssystems ist eine hohe Bildung des ganzen Volkes, die Bildung und Erziehung allseitig und harmonisch entwickelter sozialistischer Persönlichkeiten, die bewußt das gesellschaftliche Leben gestalten, die Natur verändern und ein erfülltes, glückliches, menschenwürdiges Leben führen...

§2: Der sozialistische Staat sichert mit dem einheitlichen sozialistischen Bildungssystem allen Bürgern der Deutschen Demokratischen Republik das gleiche Recht auf Bildung...

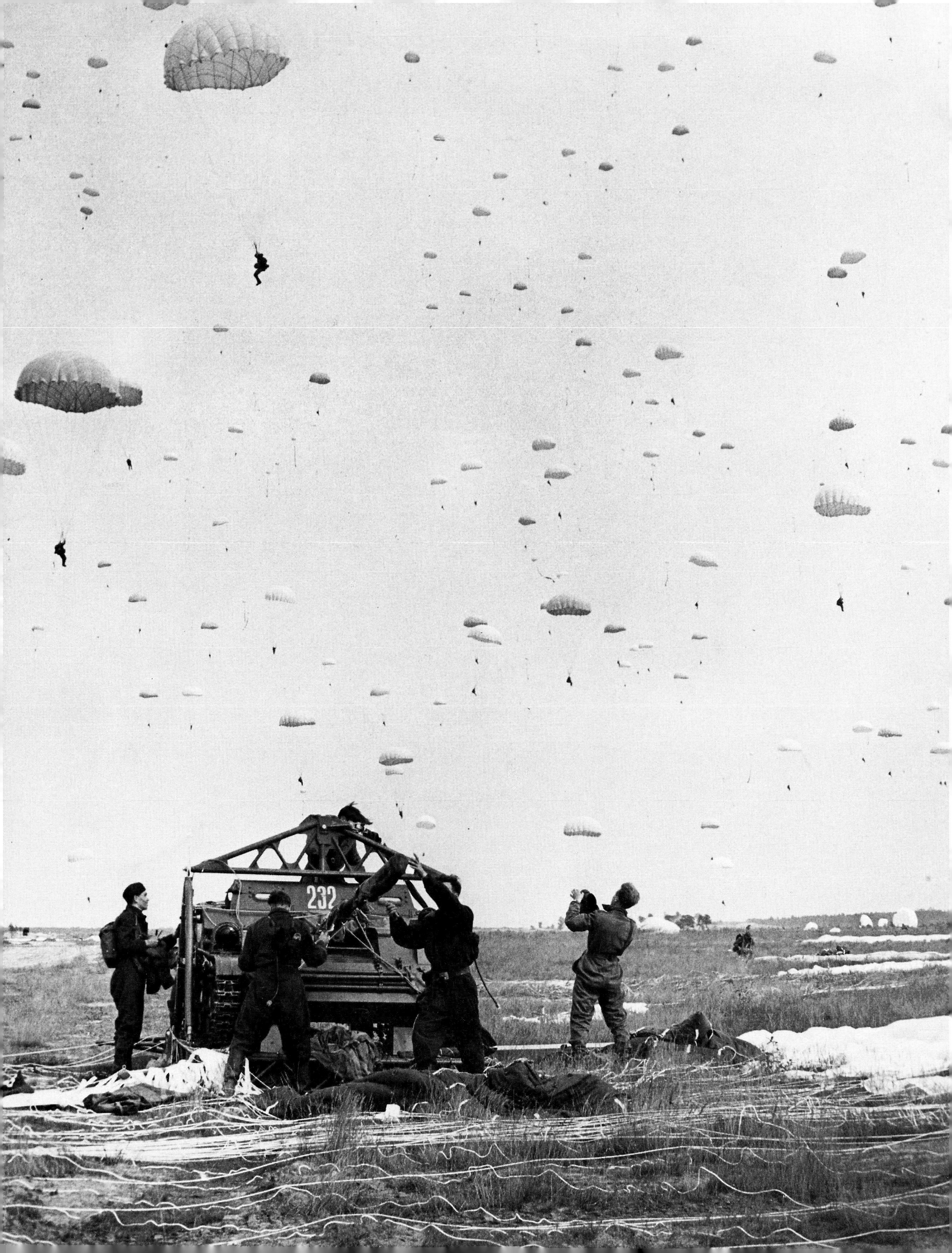
232

Oktobersturm

An der Truppenübung im April 1965 nahmen auch sowjetische Luftlandeverbände teil, die blitzschnell von ihren Standorten in das Manövergebiet verlegt wurden

1963 und 1965 fanden auf dem Territorium der DDR Herbstmanöver der Vereinten Streitkräfte der Warschauer Vertragsstaaten statt. Die Manöver ‹Quartett› (1963) und ‹Oktobersturm› (1965) bewiesen den Leistungsstand und die hohe Kampfmoral, die schnelle Einsatzbereitschaft und die Schlagkraft der beteiligten Verbände

Viermal Alexanderplatz

Der Alexanderplatz ist städtebaulicher Mittelpunkt der Hauptstadt der DDR, Berlin. Bis in das 19. Jahrhundert hinein befand sich hier ein Vieh-und Wollmarkt, an den ein Exerzierplatz grenzte. Als der russische Zar Alexander I. 1805 Berlin besuchte, erhielt der Platz ihm zu Ehren seinen Namen. Mit dem Wachsen der Stadt entwickelte sich der Alexanderplatz zu einem wichtigen Verkehrsknotenpunkt, wurde ein Handels- und Vergnügungszentrum. Im Mai 1945 lag er inmitten einer unübersehbaren Trümmerwüste. Als erste Neubauten am Alexanderplatz entstanden die Kongreßhalle und das Haus des Lehrers nach Plänen von Hermann Henselmann. Beide wurden 1964 vollendet. Seinen Abschluß fand das ganze Ensemble der Bauten am und um den Alexanderplatz mit den Wohn- und Geschäftshäusern in der Memhard- und der Karl-Liebknecht-Straße im Jahr 1984

Der Alexanderplatz 1945, um 1960, in der zweiten Hälfte der sechziger Jahre und zu Beginn der achtziger Jahre

237

Metallurgie

Die Produktion von Rohstahl erreichte 1946 in der sowjetischen Besatzungszone 152700 t und die von warmgewalztem Stahl 104000 t. In der DDR stieg diese Produktion bis 1960 auf 3749900 t bei Rohstahl und 2613300 t bei warmgewalztem Stahl. 1970 wurden 5052700 t bzw. 3406500 t und 1980 7308300 t bzw. 5128200 t erzeugt. Das durchschnittliche Monatseinkommen der in sozialistischen Betrieben der Metallurgie beschäftigten Produktionsarbeiter betrug 1967 794 Mark. Es stieg über 873 Mark im Jahr 1970, 1001 Mark 1975 und 1102 Mark 1978 auf 1162 im Jahr 1981

Werkhalle im VEB Edelstahlwerk ‹8. Mai 1945› Freital

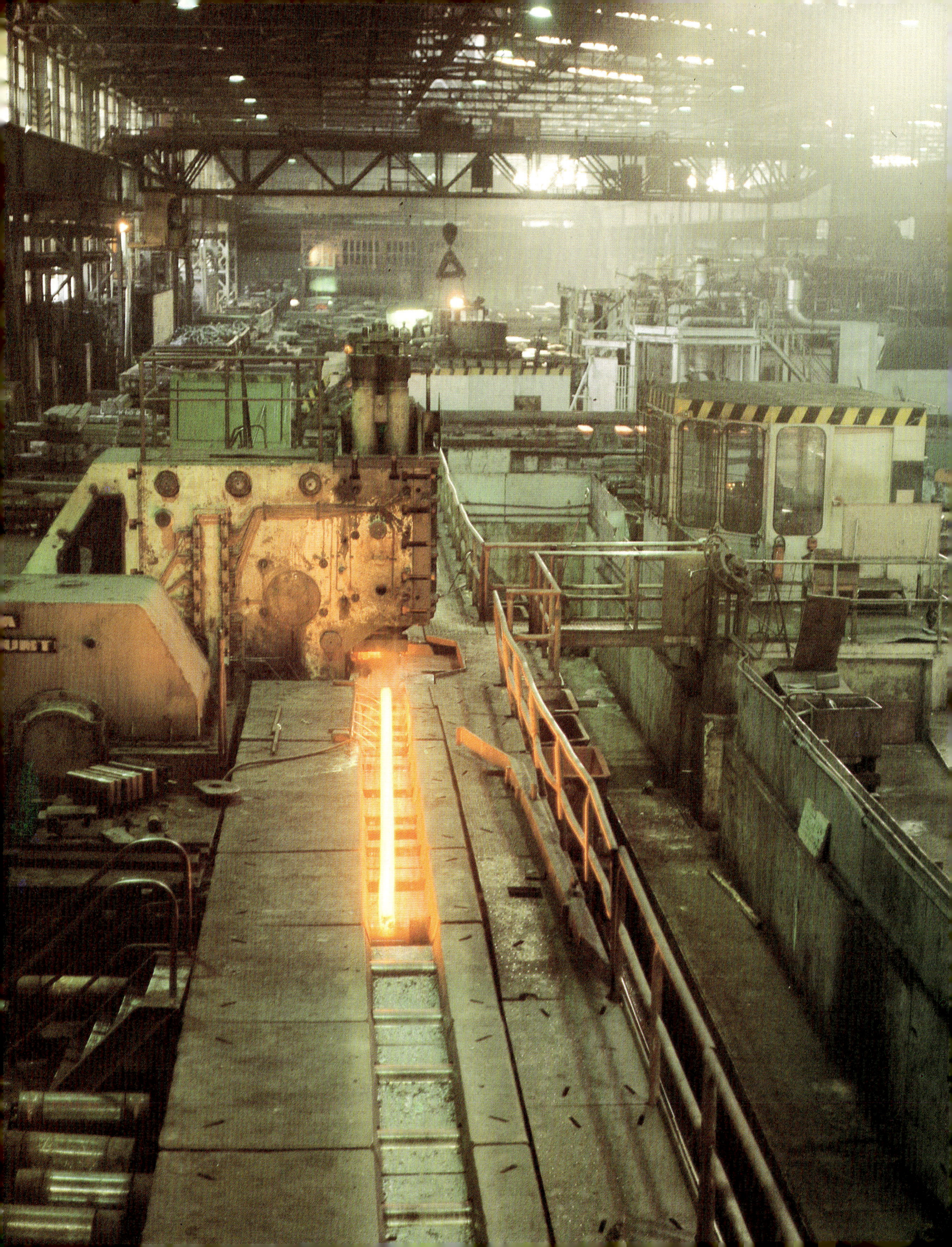

Bahnbrecher

Die Berliner Werner-Seelenbinder-Halle war vom 17. bis 22. April 1967 Tagungsort des VII. Parteitages der SED. Am Parteitag nahmen 2072 Delegierte mit beschließender und 100 mit beratender Stimme teil. Sie vertraten 1688926 Mitglieder und 80986 Kandidaten der Partei, die in 52508 Grundorganisationen organisiert waren

Die Mitglieder und Kandidaten des Politbüros des ZK der SED während einer Beratung am 26. Juli 1968. Stirnseite: Erich Honecker und Walter Ulbricht; linke Seite (von rechts): Hermann Matern, Willi Stoph, Alfred Neumann, Erich Mückenberger (verdeckt), Paul Verner, Kurt Hager, Gerhard Grüneberg, Margarete Müller, Günther Kleiber, Walter Halbritter; rechte Seite (von links): Friedrich Ebert, Herbert Warnke, Albert Norden, Paul Fröhlich, Günter Mittag, Horst Sindermann, Hermann Axen, Werner Jarowinsky, Georg Ewald

Kurt Kittler (Leipzig), Bernd Schröder (Regis-Breitingen), Kurt Müller (Tangerhütte), Margot Bäz (Rostock), Gerhard Kast (Berlin), Bruno Gering (Berlin) und Herbert Middelstädt (Grünow) lösten vor dem VII. Parteitag der SED in der ganzen Republik eine Bewegung gegen überlebte Arbeitseinstellung und -methoden aus. Sie traten als Bahnbrecher des Neuen vor die Öffentlichkeit und handelten so im Sinne des Statuts der Partei, das eine vorbildliche Arbeit forderte. Alle sieben wurden von ihren Genossen zum VII. Parteitag delegiert

ALLES FÜR DIE DDR – UNSER SOZIALISTISCHES VATERLAND

Markenzeichen

Jena besitzt seit 1332 Stadtrecht. Seine Universität, die heute den Namen Friedrich Schillers trägt, wurde 1558 feierlich eröffnet. Carl Zeiss richtete 1846 seine mechanische Werkstatt in Jena ein. Beide, Universität und Zeiss-Werk, haben auf die Entwicklung der Stadt entscheidenden Einfluß genommen. Der VEB Carl Zeiss Jena wuchs zu einem der größten Industriekombinate der DDR. 1971 arbeiteten 40 000 Werktätige in diesem Kombinat. Der Produktionswert des seit 1948 volkseigenen Betriebes erreichte 1950 den Stand von 1935 wieder und verzwölffachte sich bis 1970. Der Bau des 1968 konzipierten Universitätshochhauses begann 1970. Am 2. Oktober 1972 wurde es eingeweiht. In seinen 26 Geschossen sind unter anderem ein Lesesaal mit 320 Plätzen, 266 Arbeitsplätze für Forschungsstudenten und Diplomanden, 120 Seminarplätze und eine Mensa mit 500 Plätzen untergebracht

Eine Montagehalle des VEB Carl Zeiss Jena

Zentrum von Jena mit Markt, dem historischen Rathaus (links), der Stadtkirche St. Michaelis, dem Universitätshochhaus und dem hinter ihm liegenden Forschungshochhaus des VEB Carl Zeiss

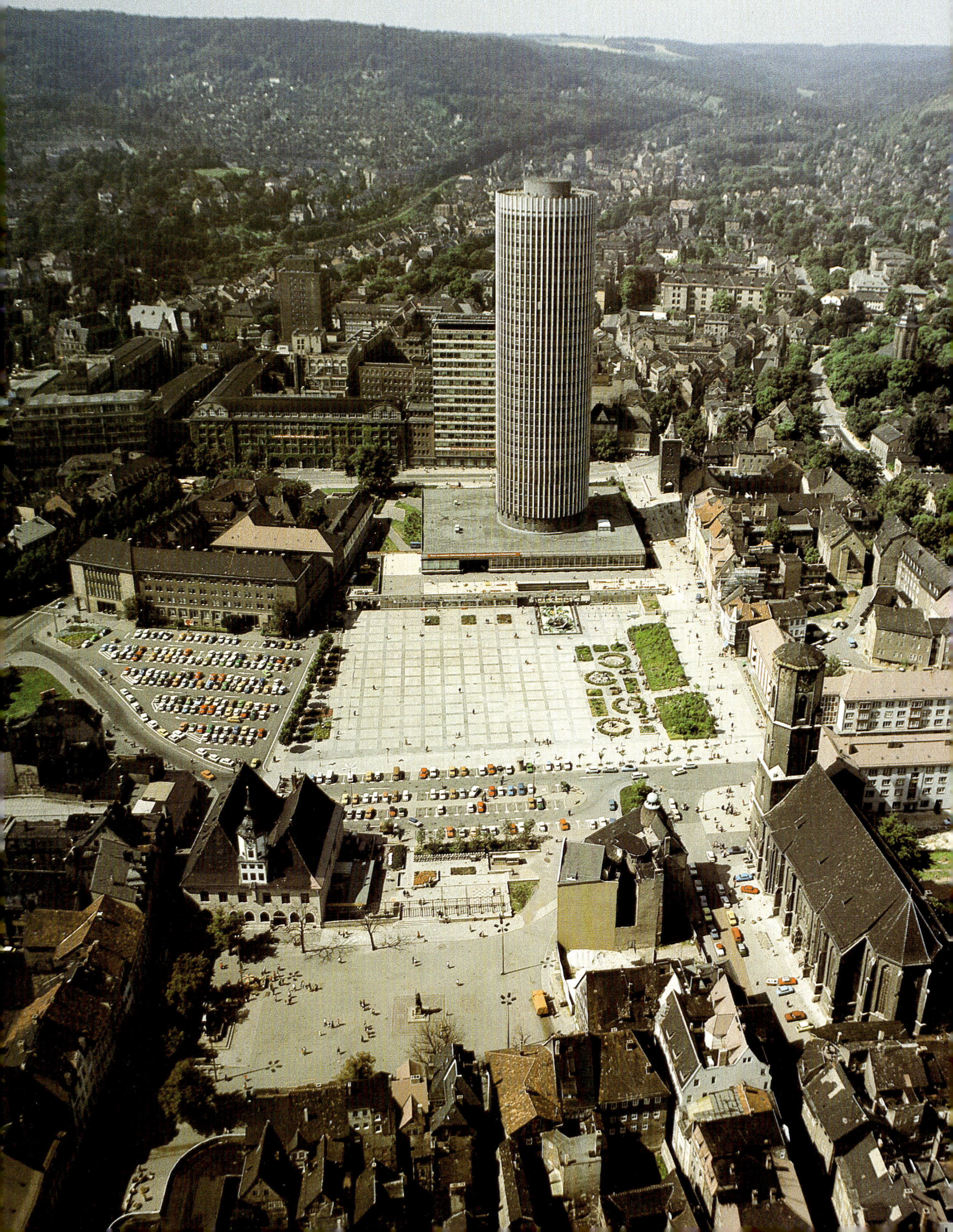

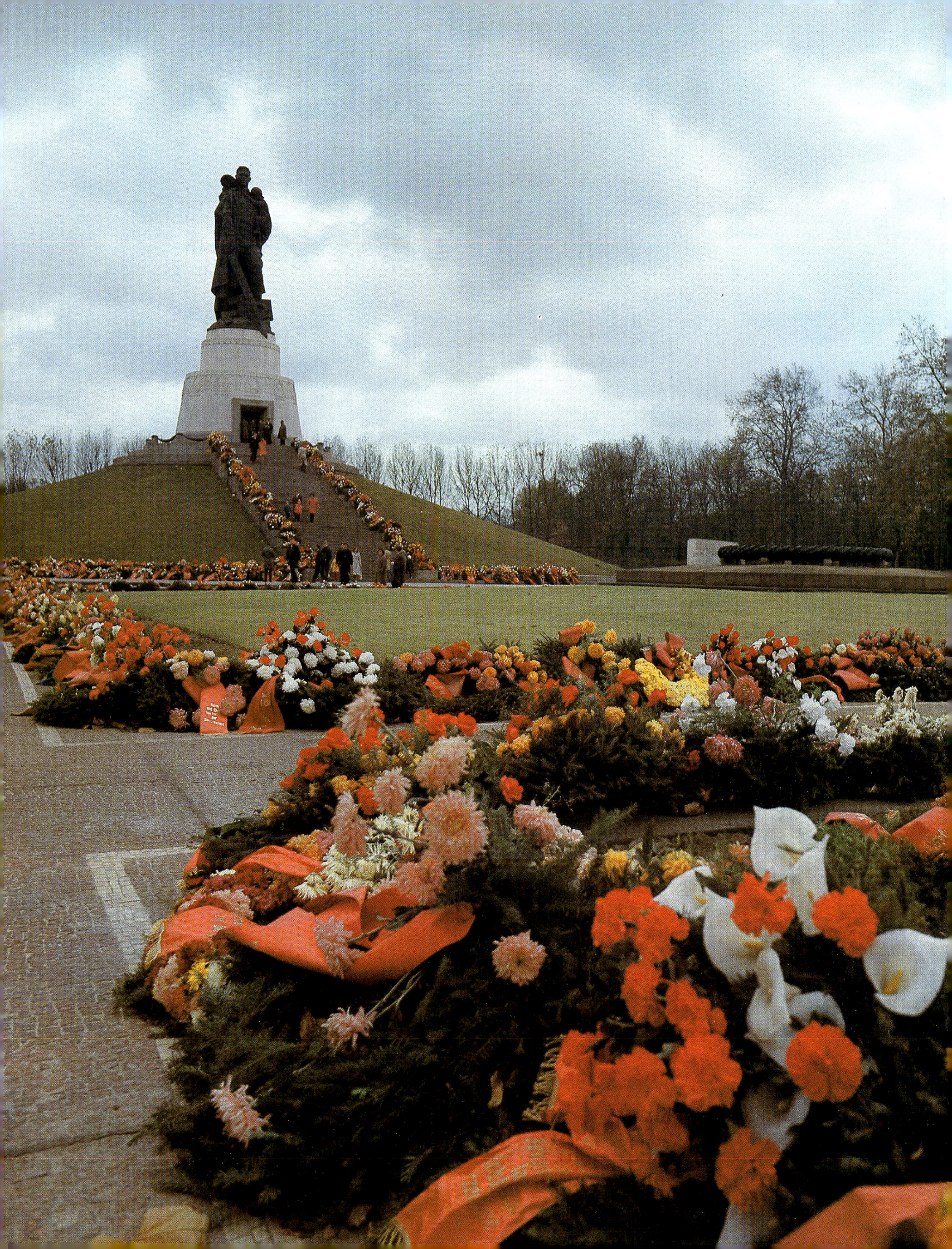

Dem Frieden verpflichtet

Sowjetisches Ehrenmal im Park von Berlin-Treptow

Berliner Schüler warben im Juni 1967 für die Ziele und die Kandidaten der Nationalen Front zur Wahl der Volkskammer der DDR, der Bezirkstage und der Berliner Stadtverordnetenversammlung am 3. Juli 1967

Aus Anlaß der Feierlichkeiten zum 50. Jahrestag der Großen Sozialistischen Oktoberrevolution weilte eine Partei- und Regierungsdelegation der DDR in der UdSSR. Am 8. November 1967 besichtigte sie den neuen Fernsehturm in Moskau-Ostankino

Über 140000 Einwohner Berlins bekundeten am 5. April 1968 Unter den Linden ihre Zustimmung zur neuen, sozialistischen Verfassung der DDR. Ähnliche Kundgebungen erlebten auch die Bezirkshauptstädte

Einen Platz für die erste Kaffeetafel auf dem Berliner Fernsehturm hatten sich Bauarbeiter während der Montage der Kugel geschaffen. Der Turm wuchs in den Jahren 1965 bis 1969 und wurde zum neuen Wahrzeichen der Hauptstadt der DDR

Wald und Pferde

In Graditz befindet sich das größte Gestüt für Vollblutpferde der DDR. Die Anfänge der Pferdezucht in dieser Gemeinde im Kreis Torgau gehen bis in das Jahr 1630 zurück. Als nach der Gründung der DDR die Arbeit im Graditzer Gestüt wieder begann, mußte mit einer vollkommen neuen Aufzucht angefangen werden. Sowjetische Fachleute leisteten Hilfe. Innerhalb von 20 Jahren wuchs der Bestand auf 120 Stuten. Mitte der siebziger Jahre besaß das Gestüt rund 300 Vollblüter

Holzeinschlag im Thüringer Wald. Die Waldfläche der DDR blieb über Jahrzehnte konstant. Sie betrug im Jahr 1950 2898604 ha und 1981 2961624 ha

Graues Schloß

Mit Forken, Äxten und Knüppeln bewaffnet, besetzten am 13. März 1848 Tagelöhner und Kleinbauern das Graue Schloß in Mihla. Sie forderten vom Feudalherrn die Rückgabe des Gemeindewaldes und der den Bauern genommenen Ländereien und Waldungen, wollten die Zahlung von Zinsen und Ablösungsgeldern an die Gutsherrschaft einstellen, beanspruchten das Recht, an 2 Tagen der Woche Laub und Leseholz in Wäldern der Adelsfamilie sammeln zu dürfen und verlangten die Liquidierung der Überreste der Leibeigenschaft. Ihr Sprecher war der Schuhmachergeselle Böttger. Aus Eisenach herbeigerufene Soldaten schlugen die Erhebung nieder. Mihlas Gemeindevertreter beschlossen im Januar 1970, das aus dem 16. Jahrhundert stammende Graue Schloß zum Kulturzentrum umzugestalten. Bis zu 300 freiwillige Helfer kamen an den Wochenenden. Eine gepflegte Grünanlage entstand. Im ehemaligen Feudalsitz wurde die Gemeindebibliothek untergebracht, bekamen Chor, Blaskapelle und andere Laienzirkel Probe- und Arbeitsräume, entstanden eine Gaststätte und ein Weinrestaurant. *In der Anlage vor dem Grauen Schloß erinnert eine Säule an den Schuhmachergesellen Böttger und die Ereignisse des 13. März 1848*

Der Mähdrescher E 512 kam 1968 zum ersten Mal zum Einsatz. Mit ihm begann ein neuer Abschnitt der Mechanisierung der Getreideernte

Quatrotandem-Anlage im Kaltwalzwerk des EKO. Am 28. Juni 1968 lief im Kaltwalzwerk die Produktion an. Die Jahreskapazität betrug 600000 t Bleche und Bänder. Sie lieferte das Werk an etwa 1300 andere Betriebe, die Metalleichtbauten, Elektrogeräte, Fahrzeuge, landwirtschaftliche Maschinen, Kühlschränke, Waschmaschinen usw. produzierten. Die Ausrüstung des Kaltwalzwerkes kam zu einem großen Teil aus der UdSSR, und 300 Arbeiter, Techniker und Ingenieure des EKO hatten sich zuvor in der Sowjetunion auf ihre Arbeit im neuen Werk mehrere Monate vorbereiten können

Bleche und Bänder

VEB Gaskombinat Schwarze Pumpe

Weihnachtsbräuche

Hunderttausende Fichten und Kiefern rollen im Spätherbst jeden Jahres auf Schienen und Straßen zum Verkauf in die Städte und Dörfer

Bläser musizieren zur Weihnachtszeit auf dem Obermarkt in Freiberg. Solche Konzerte zur Weihnachtszeit sind Tradition in vielen Orten der Republik

In der Hauptstadt der DDR und in allen größeren Städten erfreuen in jedem Dezember die Weihnachtsmärkte zahlreiche Besucher

Stadthalle von Karl-Marx-Stadt und Interhotel ‹Kongreß›. 1165 ist mit Sicherheit das Gründungsjahr des ehemaligen Chemnitz. Im 16. Jahrhundert entwickelte es sich zum Zentrum der sächsischen Weberei und Tuchmacherei. Nach 1850 setzte sich auch hier die Dampfmaschine durch.

Rasch wachsende kapitalistische Betriebe bestimmten das Gesicht der Stadt. Im zweiten Weltkrieg wurde ihr Zentrum durch Luftangriffe zu 90 Prozent zerstört. Von 1945 bis 1975 konnten etwa 40000 Familien neue Wohnungen beziehen. 1953 wurden Stadt und Bezirk nach dem größten Sohn des deutschen Volkes, Karl Marx, benannt. 1961 beschloß der Rat der Stadt einen großzügigen Aufbauplan für den Stadtkern. Der Bezirk Karl-Marx-Stadt besitzt neben der Hauptstadt der DDR, Berlin, den höchsten Industrialisierungsgrad unter allen Bezirken. Profilbestimmend sind die Industriezweige Schwermaschinenbau, allgemeiner Maschinenbau, Elektrotechnik, Feinmechanik/Optik, Textilindustrie und Fahrzeugbau

Industriezentrum

Rekultivierung

Der Knappensee bei Hoyerswerda ist das erste Naherholungsgebiet in der Lausitz, das durch Rekultivierung eines ehemaligen Braunkohletagebaus entstand. Seine Wasserfläche von knapp 300 ha und seine Ufer bieten Urlaubern aus der DDR und benachbarten sozialistischen Ländern vielfältige Erholungsmöglichkeiten.

Auf der Grundlage gesetzlicher Bestimmungen wurden schon zu Beginn der sechziger Jahre langfristige Rekultivierungspläne ausgearbeitet. In der Nachbarschaft des Knappensees entstand ein neues Naherholungsgebiet, der Silbersee, mit 400 ha Wasserfläche. Der Senftenberger See, ebenfalls ein früherer Tagebau, übertrifft die Größe des Berliner Müggelsees beträchtlich. Bei Leipzig verwandelte sich der Tagebau Kulkwitz in ein 350 ha großes Erholungsgebiet

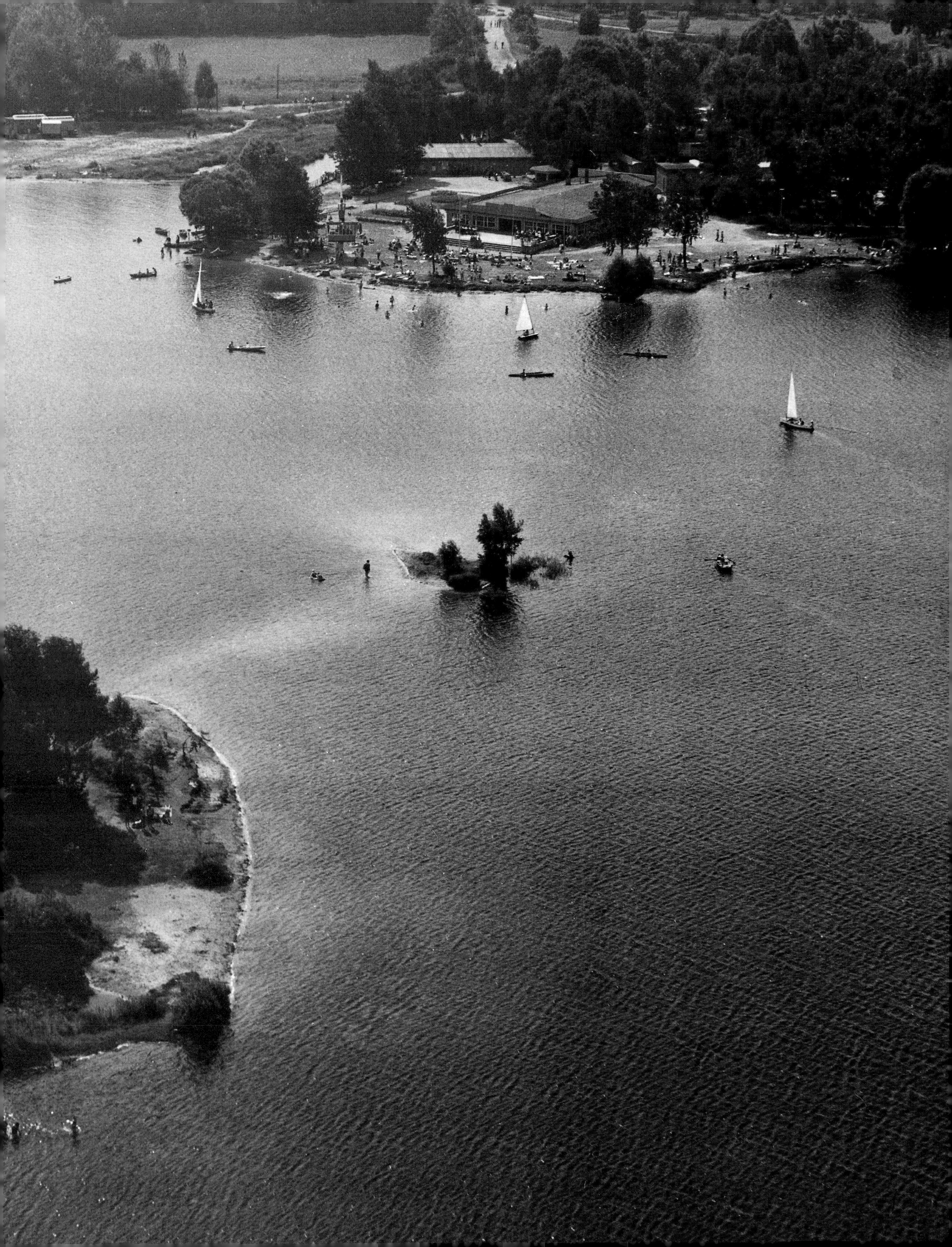

Roter Turm und Rosen

100 Jahre lag im August 1969 die Gründung der Sozialdemokratischen Arbeiterpartei (SDAP) zurück. In einem der beiden Tagungslokale des Gründungskongresses, dem *Eisenacher Hotel ‹Goldener Löwe›*, wurde zu diesem Jubiläum eine Nationale Gedenkstätte eingerichtet

Der Rote Turm und die Marktkirche sind Wahrzeichen Halles. Die Stadt entwickelte sich aus einem karolingischen Kastell, das hier um das Jahr 800 bestand. Sie verdankte ihr wirtschaftliches Aufblühen im Mittelalter vor allem der Salzgewinnung. Die im 19. Jahrhundert entdeckten Braunkohlevorkommen besaßen große Bedeutung für die Wandlung Halles zum Industriezentrum

Springbrunnen in Halle-Neustadt. 1964 begann der Aufbau dieses jungen Ortes, der eine Fläche von 900 ha einnimmt und bis 1982 mehr als 93 000 Bürgern Heimstatt wurde. Das Leben in den Schwesterstädten Halle und Halle-Neustadt wird weitgehend durch große Chemiebetriebe bestimmt. Um gute Umweltbedingungen zu schaffen, sind 43 Prozent des Territoriums von Halle-Neustadt als Grün- und Gehölzflächen angelegt und mit 1 000 000 Zierpflanzen und Sträuchern, 600 000 Bäumen und 200 000 Rosenstöcken bepflanzt worden

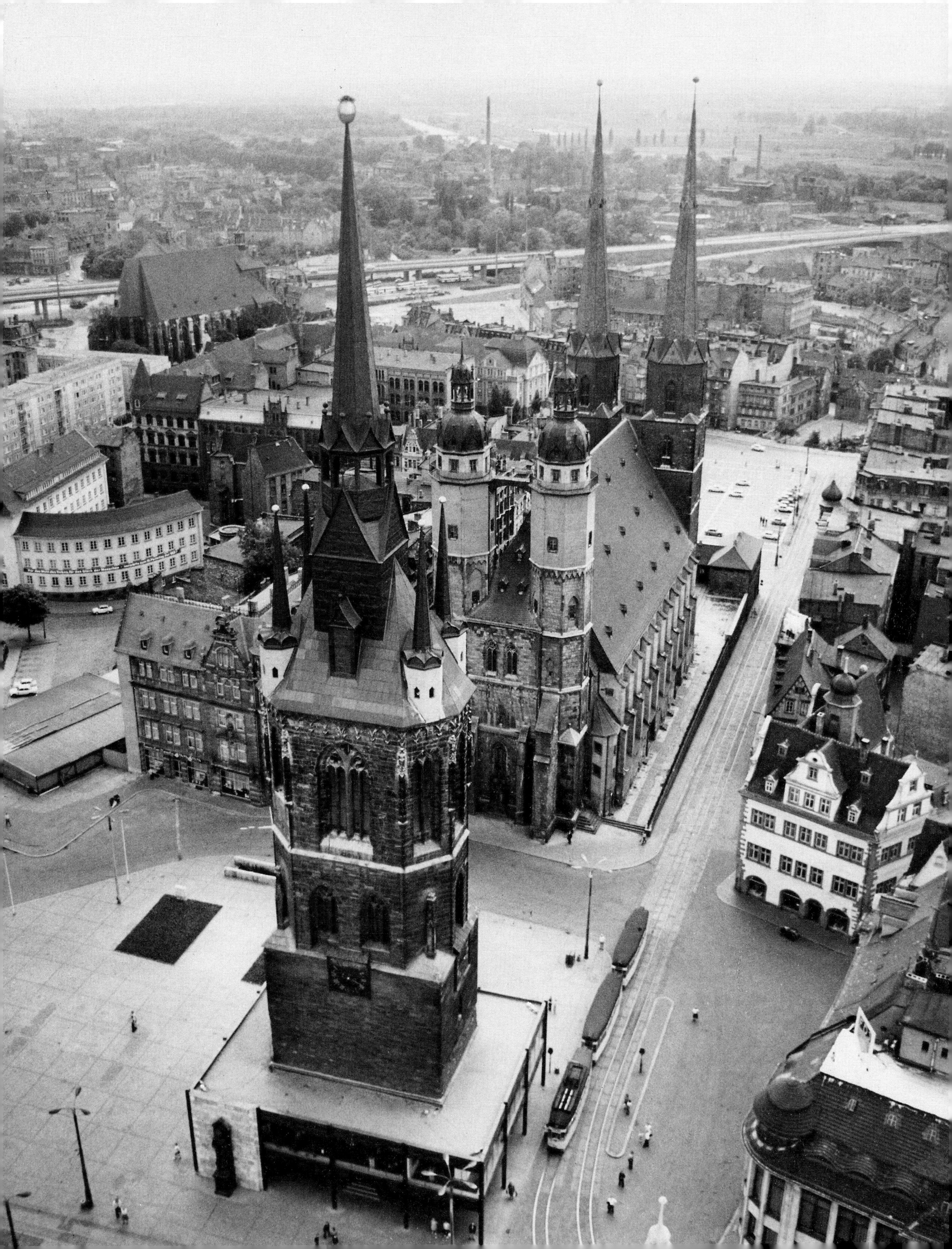

Urlaub

Auf Beschluß des Bundesvorstandes des FDGB nahm der Feriendienst der Gewerkschaften im Mai 1947 seine Tätigkeit auf. In 10 FDGB-Heimen und in Vertragshäusern konnten 17500 Gäste ihren Urlaub verbringen. 1949 stieg die Zahl dieser Urlauber auf 210000 und erreichte 1968 1000000. Durch Aus- und Neubauten schufen der Feriendienst der Gewerkschaften und die Betriebe bis 1980 Urlaubsmöglichkeiten für 3000000 Werktätige pro Jahr.

Wasserwanderer in der Schleuse Wendisch-Rietz

Auf den Dresdener Elbwiesen

Abend an der Ostseeküste bei Kühlungsborn

Seite 258:
Schloß und Park Pillnitz im Südosten Dresdens

257

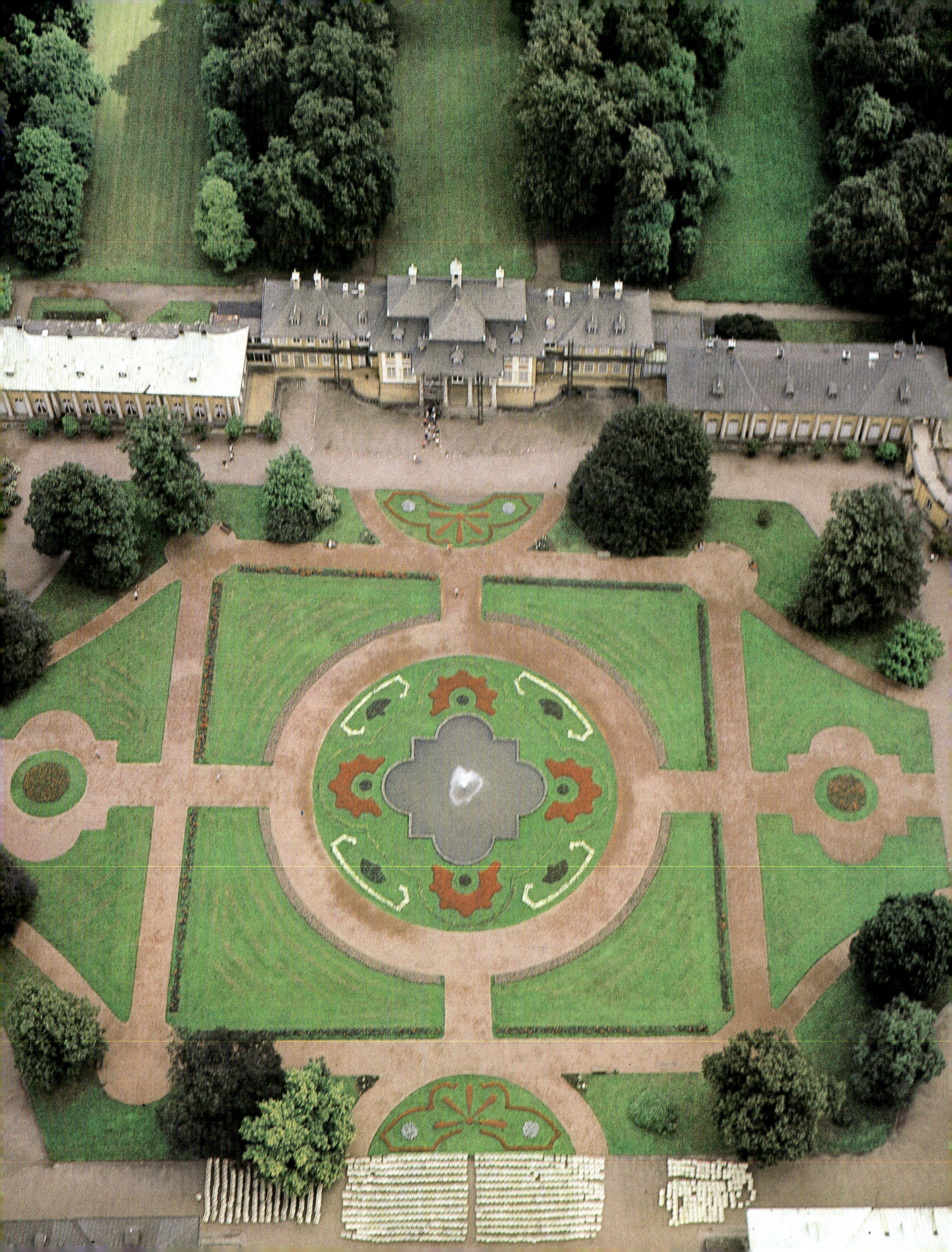

Die weitere Gestaltung der entwickelten sozialistischen Gesellschaft 1971–1984 4

Der VIII. Parteitag der SED

Der XXIV. Parteitag der KPdSU, der vom 30. März bis 9. April 1971 stattfand, stellte fest, daß der Weltsozialismus in eine neue Entwicklungsetappe eingetreten war. Deutlicher als in den vorangegangenen Jahren konnten die Vorzüge des Sozialismus, seine geschichtliche Überlegenheit über den Imperialismus wirksam werden. Ein umfassendes Friedensprogramm, das der Parteitag beschloß, wies den Weg, die aggressiven Kräfte weiter zurückzudrängen, Frieden und internationale Sicherheit zu gewährleisten.

Die 16. Tagung des Zentralkomitees der SED am 3. Mai 1971 bestätigte den von Erich Honecker erstatteten Bericht der Delegation der SED, die am XXIV. Parteitag der KPdSU teilgenommen hatte. Sie entsprach der Bitte Walter Ulbrichts, ihn aus Altersgründen von seiner Funktion als Erster Sekretär des ZK der SED zu entbinden, und wählte ihn in Anerkennung seiner Verdienste zum Vorsitzenden der SED. Entsprechend einem Vorschlag des Politbüros, den Walter Ulbricht dem Plenum unterbreitete, wählte die 16. Tagung Erich Honecker zum Ersten Sekretär des Zentralkomitees der SED.

Erich Honecker, am 25. August 1912 in Neunkirchen (Saar) als Sohn eines Bergarbeiters geboren und Dachdecker von Beruf, kämpfte seit frühester Jugend in den Reihen der revolutionären Arbeiterbewegung. 1929 trat er der KPD bei. Seit 1931 übte er hauptamtliche Funktionen im KJVD aus. Wegen aktiver Teilnahme am antifaschistischen Widerstandskampf war er von 1935 bis 1945 eingekerkert. Nach der Befreiung vom Faschismus gehörte Erich Honecker zu den Gründern der FDJ. Als Vorsitzender ihres Zentralrates von 1946 bis 1955 hatte er hervorragenden Anteil an der Entwicklung der FDJ zum sozialistischen Jugendverband. Seit Gründung der SED gehörte Erich Honecker ihrem Parteivorstand beziehungsweise Zentralkomitee an. 1950 wurde er Kandidat, 1958 Mitglied des Politbüros und Sekretär des ZK der SED. Im Kollektiv der Parteiführung erwarb er sich große Verdienste um die Ausarbeitung und Verwirklichung der Politik der SED.

Ein Jahrzehnt war vergangen, seit die Bedingungen geschaffen worden waren, daß sich der Sozialismus in der DDR auf seinen eigenen Grundlagen entwickeln konnte. Viele innen- und außenpolitische Fragen waren herangereift, die beantwortet werden mußten. Vor dieser Aufgabe stand der VIII. Parteitag der SED, der vom 15. bis 19. Juni 1971 in Berlin stattfand.

Der VIII. Parteitag beschloß die Strategie und Taktik zur weiteren Gestaltung der entwickelten sozialistischen Gesellschaft in der DDR und erarbeitete die dabei im einzelnen zu lösenden Aufgaben. Seine wegweisenden Beschlüsse stützten sich auf die bisherigen Erfahrungen beim Aufbau des Sozialismus in der DDR und auf die Erkenntnisse und Erfahrungen der KPdSU und der anderen Bruderparteien. Der Parteitag kennzeichnete den historischen Platz des entwickelten Sozialismus und betonte, daß bis zu dessen vollständiger Gestaltung noch ein längerer Weg zurückgelegt werden müsse, daß dafür ein wesentlich höheres Niveau der Produktivkräfte, der sozialistischen gesellschaftlichen Beziehungen und des sozialistischen Bewußtseins aller Werktätigen erforderlich sei.

Deutlicher denn je hob der VIII. Parteitag den Sinn des Sozialismus und damit das wichtigste Anliegen der Partei hervor. Erich Honecker erklärte im Bericht des Zentralkomitees: ‹Wir kennen nur ein Ziel, das die gesamte Politik unserer Partei durchdringt: alles zu tun für das Wohl des Menschen, für das Glück des Volkes, für die Interessen der Arbeiterklasse und aller Werktätigen. Das ist der Sinn des Sozialismus. Dafür arbeiten und kämpfen wir.›/27/ Die größeren ökonomischen Potenzen machten es möglich und für die weitere Entwicklung der sozialistischen Gesellschaft war es notwendig, Fortschritte in der Wirtschaft rascher und umfassender für die Verbesserung der Arbeits- und Lebensbedingungen der Werktätigen zu nutzen. Dementsprechend wurde in der vom Parteitag beschlossenen Direktive für den Fünfjahrplan 1971–1975, die Willi Stoph begründete, die weitere Erhöhung des materiellen und kulturellen Lebensniveaus des Volkes auf der Grundlage eines hohen Entwicklungstempos der Produktion, der Erhöhung der Effektivität, des wissenschaftlich-technischen Fortschritts und des Wachstums der Arbeitsproduktivität zur Hauptaufgabe erklärt. Diese Hauptaufgabe machte den Zusammenhang deutlich zwischen dem Ziel der Politik der SED und den Mitteln, es zu erreichen.

Der Parteitag bezeichnete die Intensivierung der Produktion als Hauptweg der weiteren Entwicklung der sozialistischen Volkswirtschaft. Er hob die großen Möglichkeiten der sozialistischen Rationalisierung und die bedeutende Rolle von Wissenschaft und Technik hervor. Im nächsten Planjahrfünft sollten eine kontinuierliche und stabile Entwicklung und eine effektivere Struktur der Volkswirtschaft erreicht werden. Die rationellere Erzeugung von mehr und besseren Konsumgütern und größere Initiativen der Handels- und Dienstleistungseinrichtungen wurden zu wichtigen Aufgaben erklärt. Die Landwirtschaft zu intensivieren und industriemäßige Produktionsmethoden anzuwenden war unerläßlich, um die Hauptaufgabe erfüllen und die Volkswirtschaft planmäßig proportional entwickeln zu können.

Der Parteitag beschloß das bisher umfassendste Sozialprogramm in der Geschichte der DDR. Es sah Lohn- und Rentenerhöhungen, verbesserte Dienstleistungen und höhere Zuwendungen aus den gesellschaftlichen Fonds für die Bevölkerung vor. Sein Kernstück war das Wohnungsbauprogramm. Durch Neubau, Modernisierung, Um- und Ausbau von 500 000 Wohnungen sollten besonders die Lebensbedingungen der Arbeiterklasse verbessert werden. Zugleich wurden weitreichende Beschlüsse gefaßt zur Entwicklung des Bildungs- und des Gesundheitswesens, zum Umweltschutz und zur Förderung des geistig-kulturellen Lebens.

Der Parteitag bekräftigte, daß die DDR für alle Zeiten Bestandteil der sozialistischen Staatengemeinschaft ist. Die DDR noch fester mit dieser Gemeinschaft zu verbinden, vor allem ihr Bündnis mit der Sowjetunion noch enger zu gestalten, bezeichnete er als Grundbedingung, um die Lebensinteressen der Arbeiterklasse und der anderen Werktätigen zu verwirklichen. Die Aufgaben der DDR bei der weiteren Stärkung der sozialistischen Gemeinschaft, insbesondere bei der Entwicklung der sozialistischen ökonomischen Integration und im Rahmen der koordinierten Außen- und Militärpolitik der sozialistischen Verteidigungskoalition, nahmen in den Beratungen des Parteitages einen bedeutenden Platz ein.

Übereinstimmend mit dem Friedensprogramm des XXIV. Parteitages der KPdSU, beschloß die SED ein Fünfpunkteprogramm als ihren Beitrag für Frieden und Sicherheit in Europa. Es brachte folgende politische Zielstellungen und Haltungen der SED und der DDR zum Ausdruck: 1. baldmögliche Einberufung einer europäischen Sicherheitskonferenz, 2. Aufnahme der DDR in die UNO und deren Spezialorganisationen, 3. Bereitschaft der DDR, mit allen Staaten diplomatische Beziehungen aufzunehmen, 4. Herstellung normaler völkerrechtlicher Beziehungen auch zur BRD, 5. Normalisierung des Verhältnisses zwischen der DDR und Westberlin.

Die SED stellte in diesem Zusammenhang fest, daß über die nationale Frage die Geschichte bereits entschieden hatte. Sie wies die von den bürgerlichen Parteien und von sozialdemokratischen Politikern in der BRD propagierten Auffassungen zurück, daß weiterhin eine einheitliche deutsche Nation existiere und zwischen DDR und BRD ‹besondere innerdeutsche Beziehungen› bestünden. Die Gesetzmäßigkeiten der gesellschaftlichen Entwicklung, der unversöhnliche Gegensatz von Sozialismus und Imperialismus hatten in allen gesellschaftlichen Bereichen objektiv zu immer schärferer Abgrenzung der sozialistischen DDR und der imperialistischen BRD geführt. Im Gegensatz zur BRD, in der die in antagonistische Klassen gespaltene bürgerliche deutsche Nation fortbestand, war mit der Errichtung der politischen Macht der Arbeiterklasse und dem Aufbau des Sozialismus die Herausbildung der sozialistischen deutschen Nation in der DDR eingeleitet worden. Zwischen der DDR und der BRD konnte es nur Beziehungen geben, wie sie zwischen Staaten gegensätzlicher Gesellschaftsordnung möglich sind: Beziehungen der friedlichen Koexistenz auf der Grundlage der Normen des Völkerrechts.

Die neuen Aufgaben machten es notwendig, die Arbeiterklasse zu befähigen, ihrer gesellschaftlichen Stellung immer besser gerecht zu werden. Der Parteitag verpflichtete alle Mitglieder, Leitungen und Organisationen der Partei, den Ideen und Vorschlägen, den Bedürfnissen und Interessen der Arbeiter stets die erforderliche Aufmerksamkeit zu widmen. Er hob die Verantwortung der Gewerkschaften, vor allem aber die wachsende Rolle der marxistisch-leninistischen Partei hervor. Die Leitungstätigkeit der SED, so bekräftigte der Parteitag, besteht letzlich in der politischen Führung der Gesellschaft. Die führende Rolle der SED sichert die feste Einheit von Partei, Arbeiterklasse und allen anderen Werktätigen. Sie ist entscheidend für jeden Erfolg des sozialistischen Aufbaus.

Das vom VIII. Parteitag gewählte Zentralkomitee wählte zu Mitgliedern des Politbüros Hermann Axen, Friedrich Ebert, Gerhard Grüneberg, Kurt Hager, Erich Honecker, Werner Krolikowski, Werner Lamberz, Günter Mittag, Erich Mückenberger, Alfred Neumann, Albert Norden, Horst Sindermann, Willi Stoph, Walter Ulbricht, Paul Verner und Herbert Warnke, zu Kandidaten des Politbüros Georg Ewald, Walter Halbritter, Werner Jarowinsky, Günther Kleiber, Erich Mielke, Margarete Müller und Harry Tisch. Zum Ersten Sekretär des Zentralkomitees wurde Erich Honecker gewählt.

Der VIII. Parteitag war ein herausragendes Ereignis in der Geschichte der SED und der DDR. Er leitete eine neue Etappe bei der Gestaltung des entwickelten Sozialismus in der DDR im Bündnis mit der UdSSR und den anderen Staaten der sozialistischen Gemeinschaft ein. Seine weitreichenden Beschlüsse bestimmten entscheidend das Leben des Volkes der DDR.

Die Einheit von Wirtschafts- und Sozialpolitik

Die Beschlüsse des VIII. Parteitags lösten große Initiativen der Arbeiter, der Genossenschaftsbauern, der Intelligenz und der anderen Werktätigen aus. Dem Aufruf der Werktätigen des VEB Stahlgießerei ‹Elstertal› Silbitz, unter der Losung ‹Planmäßig produzieren – klug rationalisieren – uns allen zum Nutzen!› den Plan kontinuierlich zu erfüllen und zu überbieten, schlossen sich zahlreiche Betriebskollektive an. In ihren Wettbewerbsprogrammen stellten sie sich gleichzeitig Aufgaben, deren Lösung die Arbeits- und Lebensbedingungen unmittelbar verbessern sollte. In der Landwirtschaft gab die LPG ‹Weltfrieden› in Tucheim, Kreis Genthin, den Auftakt zum Wettbewerb nach dem Parteitag. Viele Genossenschaftsbauern und Landarbeiter stellten sich das Ziel, die landwirtschaftliche Produktion durch Kooperation und Übergang zu industriemäßigen Produktionsmethoden zu intensivieren. Auch hier wurde eine gleichzeitige Verbesserung der Arbeits- und Lebensbedingungen angestrebt.

Im Sinne der Beschlüsse des VIII. Parteitags konzentrierten sich die SED und die Staats- und Wirtschaftsorgane darauf, die stabile und kontinuierliche Entwicklung der sozialistischen Volkswirtschaft zu gewährleisten. Nicht nur die Stabilität der hohen Wachstumsraten und des Produktionsrhythmus mußte gesichert, sondern im gleichen Maße auch die Stabilität der Versorgung und der Verbraucherpreise erreicht werden. Gerade dieses Herangehen, diese ständige Verbindung von Wirtschafts- und Sozialpolitik, entsprach der als Hauptaufgabe bezeichneten Generallinie der SED und des sozialistischen Staates.

Die Hauptaufgabe zu verwirklichen erforderte große Anstrengungen. Die Ende der sechziger Jahre entstandenen beziehungsweise deutlicher aufgetretenen volkswirtschaftlichen Disproportionen störten die kontinuierliche Wirtschaftsentwicklung und auch die Versorgung der Bevölkerung. Sie zu überwinden war nicht von heute auf morgen möglich. Auch war es notwendig, überall Klarheit über das Wesen der Hauptaufgabe, besonders über den untrennbaren Zusammenhang von stabilem Wirtschaftswachstum und Sozialpolitik, zu schaffen. Dabei mußte auch Meinungen entgegengetreten werden, daß die Hauptaufgabe nur eine zeitweilige Orientierung sei. Mit allem Nachdruck erklärte die SED, daß die Hauptaufgabe eine prinzipielle und langfristige Orientierung ist, die sich aus dem ökonomischen Grundgesetz des Sozialismus ergibt, ein Mittel, mit dem die Arbeiterklasse ihre historische Mission verwirklicht. Sie hat große gesellschaftliche Wirkungen, sie entfaltet Triebkräfte, die in Richtung auf den Kommunismus weisen.

Ende der sechziger/Anfang der siebziger Jahre trat der Widerspruch zwischen den sozialistischen Produktionsverhältnissen und der zunehmenden Vergesellschaftung der Produktion in der DDR einerseits und den Eigentumsverhältnissen in den Privatbetrieben, Betrieben mit staatlicher Beteiligung und industriell produzierenden PGH andererseits immer deutlicher hervor. Die Produktivität und Effektivität der meisten dieser Betriebe, die besonders Konsumgüter produzierten und oft auch große Exportverpflichtungen hatten, lag unter dem Niveau der volkseigenen Betriebe. Die zum Teil noch bestehenden kapitalistischen Eigentumsverhältnisse hemmten die Entwicklung des Bewußtseins und der Initiative der dort beschäftigten Werktätigen. Es wurde deshalb immer dringlicher, die sozialistischen Produktionsverhältnisse auch in diesem Bereich voll durchzusetzen.

Im Februar 1972 beschlossen die Führung der SED und der Ministerrat, private Industrie- und Baubetriebe, Betriebe mit staatlicher Beteiligung sowie große PGH, die in ihrem Charakter Industriebetrieben glichen, in volkseigene Betriebe umzuwandeln. Der sozialistische Staat kaufte die privaten oder genossenschaftlichen Anteile auf. Von eigens dazu geschaffenen staatlichen Kommissionen wurden bis Mitte 1972 11 300 neue volkseigene Betriebe gebildet, in denen 585 000 Werktätige beschäftigt waren. Sie erzeugten jährlich Waren im Werte von rund 27 Milliarden Mark. 85 Prozent der ehemaligen Unternehmer, Komplementäre und Betriebsleiter wurden mit verantwortlichen Funktionen in den neuen VEB betraut. Der beharrlichen politisch-ideologischen und organisatorischen Arbeit der Bezirks- und Kreisleitungen der SED war es vor allem zu danken, daß diese Aktion innerhalb weniger Monate ohne wesentliche Störungen in der Produktion erfolgreich durchgeführt werden konnte. Auch der aktive Einsatz zahlreicher Mitglieder der LDPD, der NDPD und der CDU hatte hierzu beigetragen.

Der 1956 eingeleitete Prozeß, private Industriebetriebe durch Beteiligung des sozialistischen Staates und durch Kooperation mit volkseigenen Betrieben schrittweise in die sozialistische Umgestaltung einzubeziehen, war damit abgeschlossen. Die sozialistischen Produktionsverhältnisse wurden gefestigt, das staatliche sozialistische Eigentum beträchtlich erweitert. Die völlige Durchsetzung sozialistischer Produktionsverhältnisse in der Industrie stärkte die führende Rolle der Arbeiterklasse und schuf günstigere Bedingungen, um die politisch-moralische Einheit des Volkes der DDR zu entwickeln.

Entsprechend den Beschlüssen des VIII. Parteitages wurde auf die Intensivierung der Volkswirtschaft in der Wirtschaftspolitik und im sozialistischen Wettbewerb zunehmendes Gewicht gelegt. Sie erwies sich immer mehr als der ausschlaggebende Faktor des Wirtschaftswachstums und als unerläßlich, um die wachsenden materiellen und kulturellen Bedürfnisse der Werktätigen immer besser zu befriedigen.

Die Werktätigen vieler Betriebe rangen darum, die vorhandenen Produktionsanlagen besser auszulasten, sie zu modernisieren und durch zielstrebige Nutzung des wissenschaftlich-technischen Fortschritts mit der gleichen Zahl von Arbeitskräften mehr zu produzieren. Ihre Verpflichtungen zur Übererfüllung des Planes faßten die Arbeiter des VEB ‹Ernst-Thälmann-Werk› Magdeburg in einem Gegenplan zusammen. Nach ihrem Beispiel beschlossen die Gewerkschaftsvertrauensleute vieler weiterer Betriebe solche Gegenpläne. Horst Franke und Gerd Pfeiffer vom VEB Elbtalwerk Heidenau entwickelten eine neue Form des Wettbewerbs, die Arbeit nach persönlich-schöpferischen Plänen, wobei sie Erfahrungen sowjetischer Arbeiter auswerteten. Die Pläne förderten den abrechenbaren Wettbewerb zwischen den Brigaden und einzelnen Arbeitern.

Nach einer Stagnation Ende der sechziger Jahre nahm die Neuererbewegung einen großen Aufschwung. Von 661 000 im Jahre 1970 stieg die Zahl der Neuerer auf 1,2 Millionen im Jahre 1973, der volkswirtschaftliche Nutzen der realisierten Neuerervorschläge von rund 2,5 auf rund 3,5 Millionen Mark. Etwa 60 Prozent der Neuerer waren Produktionsarbeiter. 1973 beteiligten sich erstmals über 200 000 Produktionskollektive am Wettbewerb um den Titel ‹Kollektiv der sozialistischen Arbeit›.

Viele Betriebe erarbeiteten Intensivierungskonzeptionen. Sie führten den Wettbewerb unter der Losung ‹Aus jeder Mark, jeder Stunde Arbeitszeit, jedem Gramm Material einen größeren Nutzeffekt!›. Die Partei- und Gewerkschaftsorganisationen verstanden es immer besser, bei der Festlegung der Wettbewerbsziele von den konkreten Bedingungen und Planaufgaben im Betrieb, Kombinat und Wirtschaftszweig auszugehen und vielfältige Formen des Wettbewerbs zu entwickeln.

Die Genossenschaftsbauern und Landarbeiter unternahmen ebenfalls große Anstrengungen, die Produktion durch Kooperation und Übergang zu industriemäßigen Produktionsmethoden, durch Chemisierung, Mechanisierung und Melioration sowie durch Züchtung ertragreicher Pflanzensorten und Tierrassen zu intensivieren. Große Mittel wurden für den Ausbau der materiell-technischen Basis der Landwirtschaft zur Verfügung gestellt. Mehr und mehr entwickelte sich die direkte Zusammenarbeit von Bauern und Arbeitern in der Produktion. Besondere Bedeutung kam dabei den Betrieben der volkseigenen Nahrungsgüterwirtschaft, den Kreisbetrieben für Landtechnik sowie den Agrochemischen Zentren und Brigaden als Stützpunkten der Arbeiterklasse auf dem Lande zu.

Als geeignete Übergangsform für die späteren industriemäßig produzierenden LPG und VEG Pflanzenproduktion erwiesen sich die kooperativen Abteilungen Pflanzenproduktion. Von 1972 bis 1973 verdoppelte sich die Zahl der KAP; sie stieg auf über 1000. Etwa 60 Prozent der landwirtschaftlichen Nutzfläche wurden von ihnen bewirtschaftet. Kooperationsräte leiteten und organisierten das Zusammenwirken der LPG und VEG, der Kreisbetriebe für Landtechnik und der Agrochemischen Zentren. In der Tierproduktion wurden industriemäßige Anlagen erweitert, andere rekonstruiert und neue, noch leistungsfähigere errichtet.

Die seit Jahrzehnten erfolgreiche Bündnispolitik der Arbeiterklasse bewährte sich auch bei der Arbeit an der Hauptaufgabe. Durch staatliche Hilfe und die Erteilung neuer Gewerbegenehmigungen sowie durch Kooperation mit volkseigenen Industrie- und Dienstleistungsbetrieben konnten die Genossenschafts- und privaten Handwerker, Einzelhändler und Kleingewerbetreibenden – insgesamt, einschließlich der hier beschäftigten Angestellten, über 500 000 Werktätige – wirksamer zur Versorgung der Bevölkerung und damit zur Erfüllung der Hauptaufgabe beitragen.

Die Beschlüsse des VIII. Parteitages und die angestrengte Arbeit der Werktätigen führten zu höherer Stabilität und Kontinuität des gesellschaftlichen Reproduktionsprozesses. Trotz zusätzlicher Belastungen, die sich aus der Ende 1973 einsetzenden Krise auf dem kapitalistischen Weltmarkt und der beträchtlichen Erhöhung der Preise für Roh- und Brennstoffe für die Volkswirtschaft der DDR ergaben, konnten die Wirtschaftspläne erfüllt und besonders in der Zulieferindustrie, der Energieerzeugung und der Produktion von Konsumgütern höhere Zuwachsraten erreicht werden. Bedeutenden Anteil daran hatte die enge wirtschaftliche Zusammenarbeit mit der UdSSR und den anderen Ländern des RGW.

Die positive Entwicklung der Volkswirtschaft ermöglichte weitreichende Maßnahmen zur Verwirklichung des vom VIII. Parteitag beschlossenen sozialpolitischen Programms. Der gemeinsame Beschluß des Zentralkomitees der SED, des Bundesvorstandes des FDGB und des Ministerrates vom April 1972 sah vor, die Renten und Leistungen der Sozialversicherung für 3,5 Millionen Bürger zu erhöhen, berufstätige Mütter, junge Ehen und kinderreiche Familien besonders zu fördern, die Wohnverhältnisse vor allem von Arbeitern zu verbessern sowie die Mieten für Neubauwohnungen in ein angemessenes Verhältnis zum Einkommen zu bringen. Für 1,7 Millionen Werktätige wurden die Mindestlöhne erhöht. Alle diese Maßnahmen erweiterten den Anteil der Arbeiterklasse am Nationaleinkommen und festigten ihre gesellschaftliche Stellung.

Große Anstrengungen wurden im Wohnungsbau unternommen. Im Oktober 1973 beschloß das ZK der SED ein umfassendes Wohnungsbauprogramm für die Jahre 1976–1990. In dieser Zeit sollen 2,8 bis 3 Millionen Wohnungen – bei einem Bestand von 6,2 Millionen Wohnungen zu Beginn der siebziger Jahre – gebaut oder modernisiert und damit die Wohnungsfrage als soziales Problem gelöst werden. Zugleich ist vorgesehen, mit dem Bau von Wohnungen auch die notwendigen Kinderkrippen und -gärten, Schulen, Einkaufszentren, Versorgungseinrichtungen usw. zu schaffen.

SED, FDGB und Ministerrat beschlossen weiterhin, die medizinische Betreuung der Bevölkerung zu verbessern, die Löhne und Gehälter für einige Beschäftigtengruppen zu erhöhen sowie den Mindesturlaub von 15 auf 18 Tage zu erhöhen.

Die Erfolge bei der Verwirklichung der Hauptaufgabe ließen mehr und mehr Werktätige erkennen, daß sich angestrengte Arbeit nicht erst in ferner Zukunft, sondern unmittelbar auf ihr Lebensniveau auswirkt. Ihr Vertrauen in die Richtigkeit der Politik der SED und der sozialistischen Staatsmacht wuchs, die Erfolge spornten sie zu hohen Arbeitsleistungen an. So gingen vom Kampf um die Verwirklichung der Hauptaufgabe starke Impulse für die Entwicklung des Bewußtseins der Arbeiterklasse und der anderen Werktätigen, für die Entfaltung ihrer Initiative aus.

Die politische Organisation des Sozialismus

Der VIII. Parteitag hatte hervorgehoben, daß sich die Rolle der Staatsmacht bei der Gestaltung der entwickelten sozialistischen Gesellschaft weiter erhöht. Um den Anforderungen genügen zu können, wurden von der Volkskammer mehrere wichtige Gesetze verabschiedet.

Das Gesetz über den Ministerrat der DDR vom Oktober 1972 erhöhte die Rechte und die Verantwortung des Ministerrates und der Ministerien für die Leitung und Planung aller Bereiche des gesellschaftlichen Lebens. Der Ministerrat hatte als oberstes Exekutivorgan der Volkskammer zu wirken und durfte durch kein anderes staatliches Organ in seiner Wirksamkeit eingeschränkt werden. Das im Juli 1973 beschlossene Gesetz über die örtlichen Volksvertretungen und ihre Organe, dessen Entwurf von 1,5 Millionen Bürgern diskutiert worden war, bestimmte genauer die Verantwortung der örtlichen Volksvertretungen, der Räte, Kommissionen und Abgeordneten für die Erfüllung der staatlichen Pläne und die Verbesserung der Arbeits-

und Lebensbedingungen der Werktätigen im Zusammenwirken mit volkseigenen Betrieben und Kombinaten.

Gemeinsam mit Betrieben leiteten Volksvertretungen und ihre Räte Maßnahmen ein, um den Berufsverkehr und die Versorgung zu verbessern, die Gesundheits- und Sozialeinrichtungen auszubauen, die Naherholung und den Umweltschutz zu fördern. Viele Impulse gingen von einer Beratung des Nationalrats mit über tausend Aktivisten der Nationalen Front im November 1972 in Dresden aus, die dazu aufrief, den Wettbewerb ‹Schöner unsere Städte und Gemeinden – Mach mit!› weiterzuführen.

Aus dem Zusammenwirken von Städten und Gemeinden zur Lösung gemeinsamer Aufgaben waren in der zweiten Hälfte der sechziger Jahre in Berlstedt und anderen Orten die ersten Gemeindeverbände entstanden. Nach dem VIII. Parteitag der SED hatten sich zahlreiche neue Gemeindeverbände gebildet. Sie arbeiteten auf der Grundlage eines von den Volksvertretungen beschlossenen Statuts, das auch die Beziehungen zu den im Territorium gelegenen Betrieben regelte, und eines langfristigen Arbeitsprogramms. Gemeinsam wurden Maßnahmen der territorialen Rationalisierung, der Werterhaltung und Instandsetzung eingeleitet, wurden die Wohnverhältnisse vieler Bürger verbessert, Dienstleistungseinrichtungen, Bibliotheken und Sportstätten errichtet. Ende 1973 gab es bereits 244 Gemeindeverbände, denen 1825 Städte und Gemeinden mit nahezu 2 Millionen Bürgern angehörten.

Am 1. August 1973 starb der Vorsitzende des Staatsrates der DDR und langjährige Erste Sekretär des Zentralkomitees der SED, Walter Ulbricht. Die Volkskammer wählte am 3. Oktober 1973 Willi Stoph zum Vorsitzenden des Staatsrates und berief Horst Sindermann zum Vorsitzenden des Ministerrats der DDR.

Horst Sindermann, am 5. September 1915 in Dresden geboren und Journalist von Beruf, war 1929 dem Kommunistischen Jugendverband beigetreten. Wegen aktiver Teilnahme am antifaschistischen Widerstandskampf hatten ihn die Faschisten 11 1/2 Jahre eingekerkert. Nach der Befreiung übernahm Horst Sindermann verantwortliche Funktionen in der KPD beziehungsweise SED. 1963 wurde er Mitglied des Zentralkomitees und 1. Sekretär der Bezirksleitung Halle der SED. Seit 1963 gehörte er als Kandidat, seit 1967 als Mitglied dem Politbüro des ZK der SED an. 1971 wurde Horst Sindermann zum Ersten Stellvertreter des Vorsitzenden des Ministerrats der DDR berufen.

Im Januar 1974 beschloß die Volkskammer das Gesetz über die Teilnahme der Jugend an der Gestaltung der entwickelten sozialistischen Gesellschaft und über ihre allseitige Förderung. Der Entwurf war von mehr als 5,4 Millionen Bürgern erörtert worden. Mit diesem Gesetz setzte der sozialistische Staat die bewährte Tradition, der Jugend Vertrauen entgegenzubringen und Verantwortung zu übertragen, fort. Die entwickelte sozialistische Gesellschaft mitzugestalten, die Freundschaft zur Sowjetunion und zu den anderen sozialistischen Staaten zu festigen und aktive antiimperialistische Solidarität zu üben, das sind große und revolutionäre Aufgaben der Jugend, die zu erfüllen Einsatzbereitschaft, Initiative und vor allem einen klaren politischen Standpunkt erfordern.

Bedeutsam für die weitere Ausgestaltung des sozialistischen Rechts war auch das Zivilgesetzbuch, das im Januar 1976 in Kraft trat. Es war dazu angetan, die sozialistische Lebensweise zu fördern. Mit ihm wurde das letzte in der DDR noch gültige bürgerliche Gesetzwerk abgelöst.

Die sozialistische Demokratie drückte sich nicht nur in Gesetzen aus, sondern auch und vor allem in den tagtäglichen Aktivitäten von Millionen Bürgern. 1974 waren annähernd 200 000 Bürger als Abgeordnete tätig, 550 000 arbeiteten in den ständigen Kommissionen und Aktivs der örtlichen Volksvertretungen, 335 000 in 17 000 Ausschüssen der Nationalen Front mit. Den Elternbeiräten und -aktivs gehörten 660 000 Bürger an. 45 000 waren gewählte Schöffen, 184 000 Mitglieder in den Kommissionen, Ausschüssen und Komitees der Arbeiter-und-Bauern-Inspektion.

Der Anteil der Arbeiterklasse an diesen gesellschaftlichen Aktivitäten hatte sich erhöht. So entstammten 57 Prozent der Abgeordneten der Volkskammer und 60 Prozent der Abgeordneten der örtlichen Volksvertretungen der Arbeiterklasse. Mehr als 80 Prozent der Bürgermeister waren Arbeiter oder Bauern. Von den 7,8 Millionen Mitgliedern des FDGB waren 1,7 Millionen gewählte Interessenvertreter der Werktätigen; 234 000 davon waren Vertrauensleute. Hunderttausende Arbeiter und Angestellte arbeiteten in Jugend- und Frauenausschüssen und als Mitglieder Ständiger Produktionsberatungen. Millionen Werktätige nahmen jährlich an den Plandiskussionen und Rechenschaftslegungen in den sozialistischen Betrieben teil. Erfolgreich entwickelte sich auch die genossenschaftliche Demokratie in den LPG, Kooperationsverbänden und PGH.

So wurde in der DDR die politische Organisation des Sozialismus, die sich im Prozeß der sozialistischen Umgestaltung herausgebildet hatte, nach dem VIII. Parteitag der SED weiter vervollkommnet. Die politische Organisation des Sozialismus umfaßt das System gesellschaftlicher und staatlicher Organisationen und Institutionen. Durch sie verwirklicht die Arbeiterklasse unter Führung der SED ihre politische Macht, festigt sie das Bündnis mit den anderen werktätigen Klassen und Schichten, leitet sie die planmäßige Gestaltung der sozialistischen Gesellschaft, gewährleistet sie deren zuverlässigen Schutz und gestaltet sie die sozialistischen Beziehungen zwischen der Gesellschaft, den Kollektiven und den einzelnen Werktätigen.

Den Kern der politischen Organisation des Sozialismus bildet die SED, die Partei der Arbeiterklasse und des ganzen werktätigen Volkes, deren Aufgabe darin besteht, die gesellschaftliche Entwicklung in der DDR auf der Grundlage einer wissenschaftlich fundierten Strategie und Taktik politisch zu leiten. Der Staat ist das Hauptinstrument der Arbeiterklasse zur weiteren Verwirklichung ihrer historischen Mission. Zur politischen Organisation des Sozialismus gehören ebenfalls die befreundeten Parteien DBD, CDU, LDPD und NDPD mit ihren rund 350 000 Mitgliedern, die Massenorganisationen, die Nationale Front, die Berufs- und andere freiwillige Vereinigungen der Werktätigen, die Arbeitskollektive in den Betrieben und Einrichtungen und die zahlreichen ehrenamtlichen Gremien in den verschiedensten

Bereichen des gesellschaftlichen Lebens sowie das System rechtlicher und gesellschaftlicher Normen. Die Wechselbeziehungen zwischen allen Gliedern der politischen Organisation des Sozialismus werden immer vielfältiger.

Den tiefgreifenden Veränderungen, die sich in der DDR, aber auch in den internationalen Beziehungen seit der Annahme der sozialistischen Verfassung im Jahre 1968 vollzogen hatten, trug das von der Volkskammer beschlossene Gesetz zur Ergänzung und Änderung der Verfassung der DDR Rechnung, das am 7. Oktober 1974, dem 25. Jahrestag der DDR, in Kraft trat. In der neuen Präambel der Verfassung wurde erklärt, daß das Volk der DDR in Fortsetzung der revolutionären Traditionen der deutschen Arbeiterklasse und gestützt auf die Befreiung vom Faschismus in Übereinstimmung mit den Prozessen unserer Epoche sein Recht auf Selbstbestimmung verwirklicht und die entwickelte sozialistische Gesellschaft gestaltet.

Die DDR wurde als ein sozialistischer Staat der Arbeiter und Bauern charakterisiert, der für immer mit der UdSSR verbündet und untrennbarer Bestandteil der sozialistischen Staatengemeinschaft ist. Die Verfassung verankerte die Ergebnisse, die seit dem VIII. Parteitag bei der Vervollkommnung der sozialistischen Staats- und Gesellschaftsordnung in der DDR erzielt wurden. Die Aufgaben und Befugnisse des obersten staatlichen Machtorgans, der Volkskammer, des Staatsrates und des Ministerrats wurden klar umrissen und aufeinander abgestimmt.

Die Verfassung wurde auch in den Punkten geändert und ergänzt, wo die Konsequenzen aus der Abgrenzung zwischen DDR und BRD gezogen werden mußten. Sie ist die Verfassung der sozialistischen deutschen Nation, die sich in der DDR entwickelt. Das ist ein historisch neuer Typ der Nation, eine von antagonistischen Widersprüchen freie, stabile Gemeinschaft freundschaftlich verbundener Klassen und Schichten, die von der Arbeiterklasse und ihrer marxistisch-leninistischen Partei geführt wird. Die sozialistische deutsche Nation umfaßt das Volk der DDR, das auf dem Territorium der DDR lebt und sich einen souveränen sozialistischen Staat geschaffen hat. Ihre ökonomische Grundlage ist die auf dem gesellschaftlichen Eigentum beruhende sozialistische Volkswirtschaft. Die herrschende Ideologie ist der Marxismus-Leninismus. Die sozialistische deutsche Nation in der DDR ist ein untrennbarer Bestandteil der Gemeinschaft sozialistischer Nationen.

Übergang zur sozialistischen ökonomischen Integration. Der Freundschaftsvertrag DDR–UdSSR

Die weitgespannten Aufgaben zur Gestaltung der entwickelten sozialistischen Gesellschaft und die Auseinandersetzung mit dem Imperialismus erforderten den engeren Zusammenschluß der Länder der sozialistischen Gemeinschaft. Die entscheidende materielle Grundlage dafür bildete der Übergang zur sozialistischen ökonomischen Integration. Das ist ein langfristiger Prozeß, der alle Wirtschaftsbereiche erfaßt und von den regierenden marxistisch-leninistischen Parteien sorgsam gesteuert wird.

Die XXV. Tagung des RGW im Juli 1971 beschloß das ‹Komplexprogramm für die weitere Vertiefung und Vervollkommnung der Zusammenarbeit und Entwicklung der sozialistischen ökonomischen Integration der Mitgliedsländer des RGW›. Dieses Programm enthält die Hauptziele, -richtungen und -methoden der wirtschaftlichen und wissenschaftlich-technischen Zusammenarbeit der Länder des RGW für einen Zeitraum von 15 bis 20 Jahren. Hohe Effektivität und stabiles Wachstum der sozialistischen Volkswirtschaften durch die langfristig geplante, zunehmende Verflechtung der Forschungs- und Produktionspotentiale der beteiligten Länder ist das Ziel, das mit diesem Programm erstrebt wird.

Die Realisierung des Komplexprogramms ist mit der Weiterführung bewährter Formen der Zusammenarbeit – wie dem Außenhandel und dem ständigen Erfahrungsaustausch – und zugleich mit der Herausbildung neuer Formen und der Erschließung neuer Bereiche der Zusammenarbeit verbunden. So begannen die beteiligten Staaten, darunter auch die DDR, den Aufbau neuer großer Industriebetriebe und die Nutzung von Rohstoffvorkommen gemeinsam zu planen, zu finanzieren und im arbeitsteiligen Prozeß zu sichern. Dazu gehören der gemeinsame Bau eines großen Zellstoffkombinats bei Ust-Ilimsk und des Asbestkombinats Kijembai sowie die Erschließung der Orenburger Gaskondensatlagerstätten in der UdSSR, der Bau der 5000 Kilometer langen Erdgasleitung ‹Nordlicht› vom sibirischen Tjumen bis in die DDR, die 1973 in Betrieb genommen wurde, sowie der Erdgasleitung ‹Sojus› von Orenburg bis zur Westgrenze der UdSSR und die Zusammenarbeit bei der Produktion von eisenhaltigen Rohstoffen. Die RGW-Länder bildeten weitere internationale Wirtschaftsvereinigungen, so auf dem Gebiet des Textilmaschinenbaus und der Produktion synthetischer Fasern.

In der ersten Hälfte der siebziger Jahre wurden auch weitere Fortschritte in der Zusammenarbeit der RGW-Länder auf dem Gebiet der Planung erzielt. So wurden den Fünfjahrplänen 1976–1980 der beteiligten Länder, ausgehend vom Komplexprogramm, erstmals auf lange Sicht die Erfordernisse der sozialistischen ökonomischen Integration zugrunde gelegt. Die XXVII. Tagung des RGW im Juni 1973 beschloß die Ausarbeitung gemeinsamer Zielprogramme für die Zusammenarbeit in wichtigen Zweigen der materiellen Produktion für einen Zeitraum von 15 bis 20 Jahren.

Die DDR beteiligte sich aktiv an der Arbeit des RGW und seiner Organe und multilateralen Vereinigungen. Sie verstärkte auch die bilaterale wirtschaftliche Zusammenarbeit. Der Außenhandelsumsatz der DDR mit den anderen Ländern des RGW, zu denen 1972 Kuba kam, erhöhte sich von 26,7 Milliarden im Jahre 1970 auf 49,2 Milliarden Valuta-Mark im Jahre 1975. Dabei nahmen der Export und Import spezialisierter Erzeugnisse schneller zu als der Warenaustausch insgesamt.

Besonders eng gestaltete sich die Zusammenarbeit der DDR mit ihrem größten Wirtschaftspartner, der UdSSR. Der Warenaustausch zwischen beiden Ländern erhöhte sich von 1971 bis 1975 gegenüber dem vorangegangenen Planjahrfünft um 50 Prozent. Dabei wuchs der Anteil des Außenhandelsumsatzes, der aus arbeitsteiliger Produktion stammte, von 0,7 Prozent im Jahre 1970 auf 27 Prozent im Jahre 1974. Es wurde begonnen, die langfristige Entwicklung der Volkswirtschaften beider Länder abzustimmen. Die Paritätische Regierungskommission DDR–UdSSR trug wesentlich dazu bei, daß sich vielfältige Kooperationsbeziehungen entwickelten. Bei der Sicherung der Energie- und Brennstoffversorgung, einem zentralen Problem bei der Entwicklung der modernen sozialistischen Volkswirtschaft, wurden weitere gemeinsame Lösungswege beschritten. Beide Länder gingen dazu über, gemeinsame Konzeptionen für die Entwicklung ganzer Industriezweige auszuarbeiten. Sie begannen, die technischen Standards zu vereinheitlichen.

Erste Erfahrungen sammelten die DDR und die UdSSR bei der Bildung gemeinsamer Wirtschaftsorganisationen, wie ‹Assofoto› auf dem Gebiet der Fotochemie und ‹Domochim› auf dem Gebiet der Haushaltchemie. Es erweiterten sich die Direktbeziehungen zwischen Ministerien, Betrieben und wissenschaftlichen Einrichtungen beider Länder. 1975 wurden weit über die Hälfte aller Forschungsaufgaben der Akademie der Wissenschaften der DDR im Zusammenwirken mit Partnern aus der UdSSR bearbeitet. Auch der Austausch von Produktionsarbeitern begann sich zwischen Betrieben beider Staaten zu entwickeln. 1974 wurde die Arbeit an der ‹Drushba-Trasse›, dem DDR-Abschnitt der Erdgasleitung ‹Sojus›, aufgenommen. Die FDJ erklärte diese Aufgabe zum zentralen Jugendobjekt.

Erfolgreich entwickelte sich auch die bilaterale Zusammenarbeit mit Polen, der ČSSR und anderen RGW-Ländern. Die DDR und Polen errichteten das Baumwollkombinat ‹Freundschaft› in Zawiercie, das erste gemeinsame Produktionsunternehmen im RGW.

Ebenso wie in Wirtschaft, Wissenschaft und Technik entwickelten sich vielfältige Beziehungen zwischen den sozialistischen Ländern auch auf anderen Gebieten. 1973 wurden erstmals ein langfristiger Plan für die Zusammenarbeit zwischen der DDR und der UdSSR auf kulturellem Gebiet und Vereinbarungen über die Zusammenarbeit auf ideologischem und theoretischem Gebiet unterzeichnet.

Mit der gemeinsamen Herausgabe der Marx-Engels-Gesamt-Ausgabe (MEGA) durch die Institute für Marxismus-Leninismus beim Zentralkomitee der KPdSU und beim Zentralkomitee der SED wurde das bisher größte Gemeinschaftsprojekt zwischen beiden Ländern auf gesellschaftswissenschaftlichem Gebiet in Angriff genommen.

Den neuen Bedingungen und Anforderungen entsprechend, erweiterten und vertieften die marxistisch-leninistischen Parteien der sozialistischen Staatengemeinschaft seit dem Beginn der siebziger Jahre ihre multi- und bilaterale Zusammenarbeit wesentlich. Es bildete sich ein umfassendes System der Zusammenarbeit, des Meinungs- und Erfahrungsaustausches, der Abstimmung und Koordinierung der Strategie und Politik heraus. Den wichtigsten Platz nahmen dabei die regelmäßigen direkten Kontakte zwischen den führenden Repräsentanten der Parteien ein, und zwar sowohl auf multilateraler als auch auf bilateraler Ebene. So fanden in der Zeit vom VIII. Parteitag der SED bis Mai 1976 zwischen Erich Honecker und L.I. Breshnew 20 Begegnungen statt. Auch Mitglieder und Kandidaten der Politbüros und der Zentralkomitees der SED und der KPdSU sowie Mitarbeiter aus deren Abteilungen trafen sich zu vielen Arbeitsberatungen. Die Beziehungen zwischen Bezirksorganisationen der SED und Republik- beziehungsweise Gebietsorganisationen der KPdSU erweiterten sich ebenfalls beträchtlich. Die Zusammenarbeit zwischen beiden Parteien entwickelte sich auf der Grundlage langfristiger gemeinsamer Pläne.

Im Mittelpunkt der Zusammenarbeit standen die vielfältigen Probleme, die sich aus der neuen Etappe des sozialistischen Aufbaus in beiden Ländern, aus der Entwicklung der sozialistischen Staatengemeinschaft und auf außenpolitischem Gebiet ergaben. Insbesondere verstärkten die SED und die KPdSU ihre Anstrengungen zur Vereinigung der materiellen, wissenschaftlichen und kulturellen Potenzen beider Länder.

Auch mit den Bruderparteien in Bulgarien, der ČSSR, Kuba, Polen, Ungarn und anderen sozialistischen Ländern erweiterte und vertiefte die SED die Zusammenarbeit. Die direkten Kontakte zwischen staatlichen Organen, gesellschaftlichen Organisationen, Betrieben, Schulen, wissenschaftlichen und kulturellen Einrichtungen nahmen ebenfalls zu. Dadurch kam es zu persönlichen Begegnungen und freundschaftlichen Verbindungen von Millionen Bürgern der sozialistischen Länder.

Um die benachbarten sozialistischen Völker enger zusammenzuführen, vereinbarten die SED, die PVAP und die KPČ den paß- und visafreien Reiseverkehr zwischen der DDR, Polen und der ČSSR ab Januar beziehungsweise Februar 1972. Die Zunahme des Reiseverkehrs übertraf alle Erwartungen. Allein 1972 besuchten mehr als 12,4 Millionen Bürger der DDR die Nachbarländer, und über 11,2 Millionen Bürger Polens und der ČSSR reisten in die DDR.

Die großen Fortschritte in der Entwicklung der DDR und der UdSSR seit dem Beginn der siebziger Jahre, die neuen Dimensionen der Zusammenarbeit beider Staaten und der marxistisch-leninistischen Parteien sowie die bedeutenden Veränderungen der Lage in der Welt und in Europa machten es möglich und notwendig, neue vertragliche Grundlagen für das brüderliche Bündnis zu schaffen. Am 7. Oktober 1975 unterzeichneten Erich Honecker und L.I. Breshnew in Moskau den Vertrag über Freundschaft, Zusammenarbeit und gegenseitigen Beistand zwischen der DDR und der UdSSR. Der Vertrag ist die völkerrechtliche Grundlage für die langfristige Zusammenarbeit beider Staaten bis ins kommende Jahrtausend hinein. Er umfaßt alle wesentlichen Seiten der beiderseitigen Beziehungen und gewährleistet die sichere Perspektive der DDR auf den Bahnen des Sozialismus und Kommunismus. Der Vertrag hat die weitere Annäherung der sozialistischen Staaten und Nationen zum Ziel. Er entspricht den Grundinteressen der gesamten sozialistischen Staatengemeinschaft und dient deren weiterer Festigung.

Der neue Freundschafts- und Beistandsvertrag mit der

UdSSR widerspiegelt die internationale Stellung der DDR als souveräner sozialistischer Staat, der in völkerrechtlich anerkannten und gesicherten Grenzen existiert und als Mitglied der Gemeinschaft sozialistischer Staaten eine aktive Politik des Friedens und der friedlichen Koexistenz betreibt. Er schiebt allen aggressiven Plänen gegen die DDR einen Riegel vor.

Weltweite internationale Anerkennung der DDR

Anfang der siebziger Jahre gelang es, insbesondere auf dem europäischen Kontinent, eine Wende vom kalten Krieg des Imperialismus zur internationalen Entspannung einzuleiten. Den entscheidenden Anteil daran hatten die konsequente Friedenspolitik der Sowjetunion und das gemeinsame, koordinierte Handeln der sozialistischen Staaten.

Im September 1971 unterzeichneten die Vertreter der UdSSR, der USA, Großbritanniens und Frankreichs ein Vierseitiges Abkommen über Westberlin, in dem sich die vier Staaten verpflichteten, die Beseitigung von Spannungen in diesem Gebiet zu fördern und strittige Fragen ausschließlich mit friedlichen Mitteln beizulegen. Die Westmächte bestätigten, daß Westberlin kein Bestandteil der BRD ist und auch weiterhin nicht von ihr regiert wird. Zwei Monate später unterzeichneten Vertreter der DDR und der BRD ein Abkommen über den Transitverkehr zwischen der BRD und Westberlin, dem Vereinbarungen zwischen der DDR und dem Senat von Westberlin über den Reise- und Besucherverkehr folgten.

Mit der Regelung Westberlin betreffender Probleme waren nicht nur in einer der kompliziertesten Fragen der europäischen Nachkriegsentwicklung bedeutende Fortschritte erzielt worden, sondern in dem Abkommen akzeptierten die Westmächte und die BRD auch erstmals in völkerrechtlich verbindlicher Form die Existenz der DDR als souveräner Staat.

Trotz anhaltenden Widerstandes entspannungsfeindlicher Kräfte in der BRD, die sich besonders in der CDU/CSU konzentrierten, traten diese Abkommen sowie die Verträge der UdSSR und Polens mit der BRD vom August und Dezember 1970 im Juni 1972 in Kraft. Am 21. Dezember 1972 wurde nach langwierigen Verhandlungen der Bevollmächtigten der DDR, Michael Kohl, und der BRD, Egon Bahr, in Berlin der Vertrag über die Grundlagen der Beziehungen zwischen der DDR und der BRD unterzeichnet. Er regelt die Beziehungen zwischen DDR und BRD als zwei souveränen, gleichberechtigten und voneinander unabhängigen Staaten gemäß den Prinzipien der friedlichen Koexistenz zwischen Staaten gegensätzlicher Gesellschaftsordnung. Beide Staaten gingen davon aus, daß keiner den anderen international vertreten oder in seinem Namen handeln kann. In dem 1973 abgeschlossenen Vertrag mit der ČSSR mußte die BRD die Nichtigkeit des Münchner Abkommens von 1938 und damit die Unantastbarkeit der Grenzen der ČSSR anerkennen.

Das gesamte in den Jahren 1970 bis 1973 geschaffene Vertragswerk bedeutete die völkerrechtlich verbindliche Anerkennung der im Ergebnis des zweiten Weltkrieges und der Nachkriegsentwicklung in Europa entstandenen Realitäten, besonders der Unantastbarkeit der Grenzen, einschließlich der Grenzen der DDR. Es trug wesentlich zur Normalisierung der Beziehungen zwischen Staaten gegensätzlicher Gesellschaftsordnung bei.

Die positiven Veränderungen auf dem europäischen Kontinent waren mit der weltweiten Anerkennung der DDR als souveräner Staat unmittelbar verknüpft. Im November 1972 wurde die DDR in die UNESCO aufgenommen. Am 18. September 1973 wurde sie Mitglied der UNO. Die DDR nahm gleichberechtigt an der Konferenz über Sicherheit und Zusammenarbeit in Europa teil, deren erste Phase im Juli 1973 in Helsinki begonnen hatte.

Im ersten Jahr ihres Bestehens war die DDR von 11 sozialistischen Staaten diplomatisch anerkannt worden. Von 1957 bis 1971 nahmen 2 sozialistische und 17 Nationalstaaten mit ihr diplomatische Beziehungen auf. Der entscheidende Durchbruch wurde 1972 und 1973 erzielt. In diesen beiden Jahren wurde die DDR von 70 Staaten diplomatisch anerkannt, darunter von Indien im Oktober 1972, Großbritannien und Frankreich im Februar 1973. Im September 1974 nahmen die DDR und die USA diplomatische Beziehungen zueinander auf. 1974, im 25. Jahr ihres Bestehens, war die DDR von über 100 Staaten diplomatisch anerkannt.

Mit der Aufnahme in die UNO und der Herstellung diplomatischer Beziehungen zu fast allen Staaten der Erde fand der mehr als zwei Jahrzehnte während Kampf der sozialistischen Staatengemeinschaft, aller antiimperialistischen Kräfte um die völkerrechtliche Anerkennung der DDR als unabhängiger und souveräner Staat und um ihre völlig gleichberechtigte Teilnahme am internationalen Leben seinen erfolgreichen Abschluß. Die von den USA, der BRD und deren Verbündeten organisierte diplomatische Blockade der DDR und die zu diesem Zweck verkündete Hallstein-Doktrin waren ebenso zusammengebrochen wie die Alleinvertretungsanmaßung der BRD. Die vom VIII. Parteitag der SED beschlossenen außenpolitischen Ziele hatten sich als real erwiesen, der Kampf für sie war erfolgreich gewesen.

Am 1. August 1975 unterzeichnete Erich Honecker im Namen der DDR die Schlußakte der Konferenz über Sicherheit und Zusammenarbeit in Europa. Darin vereinbarten die höchsten Repräsentanten von 33 europäischen Staaten, der USA und Kanadas zum ersten Mal in der Geschichte des Kontinents Normen und Prinzipien der Beziehungen zwischen den Teilnehmerstaaten, die dem Völkerrecht und den Grundsätzen der friedlichen Koexistenz von Staaten unterschiedlicher sozialer Ordnung entsprachen. Von besonderer Bedeutung war die Anerkennung der Prinzipien der souveränen Gleichheit, der Unverletzlichkeit der Grenzen, der Nichteinmischung in die inneren Angelegenheiten anderer Staaten und der Verzicht auf Gewaltandrohung oder -anwendung. Die positiven Ergebnisse der Konferenz über Sicherheit und Zusammenarbeit in Europa eröffneten neue Perspektiven für den weiteren Kampf um den Frieden und die internationale Entspannung.

Auch in anderen Teilen der Welt errangen die Fortschrittskräfte große Erfolge. Anfang 1973 sah sich der USA-Imperialismus gezwungen, die verbrecherischen Kriegshandlungen gegen das vietnamesische Volk einzustellen. Im Frühjahr 1975 brach das volksfeindliche, von den USA gestützte Regime in Südvietnam völlig zusammen. Mit der Proklamierung der Sozialistischen Republik Vietnam im Juli 1976 fand der jahrzehntelange heroische Befreiungskampf des vietnamesischen Volkes seine Krönung. Auch Laos und Kampuchea errangen ihre Unabhängigkeit. Der Sieg der Völker von Vietnam, Laos und Kampuchea brachte die größte militärische Gegenoffensive der imperialistischen Hauptmacht gegen die revolutionären Kräfte nach dem zweiten Weltkrieg endgültig zum Scheitern.

Zu diesen historischen Erfolgen hatte die vielfältige solidarische Hilfe maßgeblich beigetragen, die die UdSSR und die anderen sozialistischen Länder, darunter auch die DDR, den Völkern Indochinas stets erwiesen hatten. Die Aktionen zur Unterstützung Vietnams waren zur größten und breitesten Solidaritätsbewegung in der Geschichte der DDR geworden. Unter der Losung ‹Solidarität jetzt erst recht!› rief die SED die Werktätigen der DDR dazu auf, das vietnamesische Volk auch nach dem Sieg über die Aggressoren zu unterstützen, ihm bei der Überwindung der schweren Kriegsfolgen und beim weiteren sozialistischen Aufbau zu helfen. Dank der Solidaritätsleistungen von Millionen Werktätiger konnte die Hilfe für Vietnam von 1974 bis 1975 verdoppelt werden.

Die DDR übte ebenfalls aktive Solidarität mit dem chilenischen Volk in seinem Kampf gegen die faschistische Junta, die im September 1973 in einem konterrevolutionären Militärputsch die verfassungsmäßige Regierung der Unidad Popular gestürzt hatte und danach einen Mordfeldzug gegen alle Antifaschisten einleitete.

Die solidarische Hilfe der DDR erfuhren auch die Völker des Nahen Ostens in ihrem Kampf gegen die israelischen Okkupanten, die von einem barbarischen Rassistenregime geknebelten Völker im Süden Afrikas, das Volk in Portugal, das im April 1974 der ältesten faschistischen Diktatur auf europäischem Boden ein Ende setzte, die nationale Befreiungsbewegung in den ehemaligen portugiesischen Kolonien, so in Angola, Guinea-Bissau und Moçambique, die Völker in Äthiopien, Kongo und anderen Ländern, die im schweren Kampf gegen die innere und äußere Reaktion den Weg des sozialen Fortschritts beschritten. Die antiimperialistische Solidarität des Volkes der DDR erlebten die Vertreter von 1700 nationalen und internationalen Organisationen aus 140 Ländern, die sich Ende Juli/Anfang August 1973 zu den X. Weltfestspielen der Jugend und Studenten in Berlin trafen. Dieses Festival wurde zu der bis dahin größten und umfassendsten Manifestation der Weltjugend für Solidarität, Frieden und gesellschaftlichen Fortschritt.

Der sich in Europa abzeichnende Entspannungsprozeß, der Sieg des vietnamesischen Volkes, der Zusammenbruch des letzten großen, des portugiesischen Kolonialreiches und viele andere Ereignisse zeugten davon, daß sich das internationale Kräfteverhältnis tiefgreifend zugunsten des Sozialismus und aller antiimperialistischen Kräfte verändert hatte. Doch machten der faschistische Putsch in Chile, die Fortdauer der Okkupation arabischer Gebiete durch Israel und andere Aggressionsakte der Weltreaktion zugleich deutlich, daß dem Imperialismus unvermindert die Tendenz zur Reaktion und zur Aggression eigen ist. Militante Kreise der NATO betrachteten die Entspannung nur als eine zeitweilige Atempause. Sie entfachten Verleumdungskampagnen gegen die sozialistischen Länder und versuchten, der Schlußakte von Helsinki, dem Grundlagenvertrag zwischen DDR und BRD und dem Vierseitigen Abkommen über Westberlin eine dem Sinn dieser Dokumente widersprechende Auslegung zu geben. Bürgerliche und rechtssozialdemokratische Politiker und Ideologen, besonders in der BRD, suchten den Entspannungsprozeß auszunutzen, um antikommunistische und bürgerlich-nationalistische Ideen in die DDR und andere sozialistische Staaten hineinzutragen.

Jähe Wendungen in der internationalen Politik, eine erneute Gefährdung des Friedens waren daher nicht auszuschließen. Die UdSSR und die anderen Staaten der sozialistischen Gemeinschaft unternahmen deshalb große Anstrengungen, den Entspannungsprozeß zu vertiefen und insbesondere die politische Entspannung durch die militärische Abrüstung zu ergänzen. Da imperialistische Kräfte ihre feindlichen Absichten gegenüber dem Sozialismus nicht aufgegeben hatten und das Wettrüsten forcierten, trug die sozialistische Gemeinschaft gleichzeitig dafür Sorge, die Verteidigungskraft der Organisation des Warschauer Vertrags zu gewährleisten. Unter der Führung der SED erfüllte die Nationale Volksarmee der DDR die Beschlüsse des Komitees der Verteidigungsminister zur Entwicklung der Streitkräfte der sozialistischen Militärkoalition. Die SED verstärkte die sozialistische Wehrerziehung vor allem der Jugend der DDR. Sie betonte, daß die Durchsetzung der friedlichen Koexistenz auch bedeutet, stets wachsam und bereit zu sein, die sozialistischen Errungenschaften gegen alle Anschläge zu verteidigen.

Weiterer Aufschwung von Kultur, Bildung und Wissenschaft

Ausgehend von den Beschlüssen des VIII. Parteitags, legte die 6. Tagung des ZK der SED im Juli 1972 ein langfristiges Programm für die Kulturentwicklung dar. Die SED betonte, daß ein hohes Bildungs- und Kulturniveau ein Merkmal des entwickelten Sozialismus ist und zu den Voraussetzungen für den späteren allmählichen Übergang zum Kommunismus gehört. Sie machte darauf aufmerksam, daß es dabei um die kulturvolle Gestaltung der Gesamtheit der Lebens- und Arbeitsbedingungen gehe, um alle materiellen und geistigen Werte, um die Ideen und Kenntnisse, durch deren Aneignung sich die Menschen zu sozialistischen Persönlichkeiten entwickeln. Das Zentralkomitee hob erneut die große Verantwortung der Kulturschaffenden hervor und forderte alle Parteimitglieder in den kulturellen Institutionen auf, Prinzipienfestigkeit mit Feingefühl für die komplizierten Probleme des künstlerischen Schaffens zu verbinden.

Die Kulturpolitik der SED und der Regierung förderte das Vertrauensverhältnis zwischen Partei und Staat und der großen Mehrheit der Künstler. Daran scheiterten auch vielfältige Versuche von seiten der BRD, die kontinuierliche Entwicklung der sozialistischen Nationalkultur aufzuhalten und über den geistig-kulturellen Bereich in die DDR einzudringen. Viele neue Werke entstanden, die von den Ideen des sozialistischen Patriotismus und proletarischen Internationalismus geprägt waren und sich durch Lebensnähe und Konkretheit auszeichneten. Charakteristisch war die wachsende Vielfalt der Themen, Genres und Formen, der individuellen Handschriften.

In der Literatur, so in Romanen und Erzählungen von Günter Görlich, Hermann Kant, Erik Neutsch und Brigitte Reimann, rückte das Nachsinnen über Verantwortung und Wert des einzelnen Menschen, die zunehmende Bedeutung des subjektiven Faktors im Sozialismus reflektierend, stärker in das Zentrum künstlerischer Gestaltung. Andere literarische Arbeiten, so von Günter de Bruyn, Anna Seghers und Erwin Strittmatter, widerspiegelten den Prozeß geistiger Selbstverständigung über die Funktionen der Kunst in der Gesellschaft.

Einen großangelegten Versuch, den vielschichtigen Beziehungen von Geschichte und Gegenwart, Individuum und Gesellschaft künstlerische Gestalt zu geben, unternahm Jurij Brězan in seinem Roman ‹Krabat oder die Verwandlung der Welt›. Er knüpfte dabei an Motive sorbischer Volksmärchen und -sagen an. Außerordentliche Resonanz fanden beeindruckende literarische Zeugnisse über den antifaschistischen Widerstandskampf, so Ruth Werners Buch ‹Sonjas Rapport›, und über den Wandlungsprozeß eines jungen Deutschen in polnischer Gefangenschaft, den Hermann Kant in seinem Roman ‹Der Aufenthalt› nachzeichnete. Der Dramatiker Peter Hacks trat mit weiteren Bühnenstücken hervor, in denen aus historischen Ereignissen, oftmals durch die Adaption großer Werke des Altertums, Lehren für die Gegenwart gezogen wurden. Vielgespielte zeitgenössische Komödien schrieb Rudi Strahl. Zahlreiche neue Talente meldeten sich zu Wort. In fast jedem Jahr erschienen Erstlingsarbeiten von 10 bis 12 jungen Autoren.

Vielfalt der Themen und Formen, der individuellen Ausdrucksweisen bei ausgeprägtem sozialistischem Ideengehalt waren auch für zahlreiche Schöpfungen der bildenden Kunst charakteristisch, so in den von Willi Sitte gestalteten Arbeiterpersönlichkeiten, in den Plastiken Fritz Cremers, den Porträts von Bernhard Kretschmar, Wolfgang Mattheuer, Curt Querner, den Landschaftsbildern von Konrad Knebel und Wilhelm Rudolph oder in grafischen Arbeiten von Künstlern der jüngeren Generation, wie Armin Münch und Ronald Paris. Eine wachsende Zahl von bildenden Künstlern, so Bernhard Heisig und Werner Tübke, gestaltete historische Themen oder, wie Lea Grundig, Harald Hakenbeck, Nuria Quevedo und Karl-Erich Müller, das Thema der internationalen Solidarität.

Große Aufmerksamkeit galt weiterhin der Pflege des kulturellen Erbes und dem internationalen Kulturaustausch, wovon unter anderem die 1000-Jahr-Feier der Stadt Weimar, die Internationalen Bach-Feste in Weimar und die Veranstaltungen zum 450. Jahrestag des deutschen Bauernkrieges im Jahre 1975 zeugten. Kultur und Kunst der Sowjetunion und der anderen Staaten der sozialistischen Gemeinschaft hatten längst einen festen Platz im kulturellen Leben der DDR. So kamen etwa ein Drittel der aufgeführten zeitgenössischen Bühnenstücke aus befreundeten sozialistischen Ländern, vor allem aus der Sowjetunion. Multilaterale Veranstaltungen, wie die Internationale Kunstausstellung sozialistischer Länder ‹30 siegreiche Jahre›, die 1975 in mehreren Ländern gezeigt wurde, und die ebenfalls 1975 in Erfurt erstmals durchgeführte Ausstellung des Kunsthandwerks in sozialistischen Ländern, bewährten sich ebenso wie einzelnen Künsten gewidmete Festtage der Bruderländer. Ein wichtiger Schritt zur weiteren Vertiefung der geistig-kulturellen Zusammenarbeit der DDR mit den Bruderländern war die Vereinbarung langfristiger Pläne für die kulturelle und wissenschaftliche Zusammenarbeit für den Zeitraum 1976–1980 mit der UdSSR, Bulgarien, der ČSSR, Kuba, der Mongolischen Volksrepublik, Polen und Ungarn.

Die Gestaltung der entwickelten sozialistischen Gesellschaft, die damit verbundene Erhöhung des materiellen und kulturellen Lebensstandards und des Bildungsniveaus förderten die Herausbildung vielfältiger und differenzierter geistig-kultureller Bedürfnisse der Werktätigen. Die Aneignung des kulturellen Erbes und der sozialistischen Nationalkultur wurde zum Lebensbedürfnis einer wachsenden Zahl von Bürgern.

Etwa jeder vierte Bürger der DDR gehörte Mitte der siebziger Jahre zu den ständigen Lesern in den 13 000 staatlichen und 5000 Gewerkschaftsbibliotheken. Obwohl die DDR in der Buchproduktion einen der vordersten Plätze in der Welt einnimmt, war es vor allem bei schöngeistiger Literatur bei weitem nicht möglich, der ständig wachsenden Nachfrage zu entsprechen. Ähnliches galt für die Produktion von Schallplatten. Mit 60 Theatern, die 110 Bühnen bespielen, ist die DDR – gemessen an Größe und Bevölkerungszahl – eines der theaterreichsten Länder der Welt. Jährlich besuchen rund 12 Millionen Bürger, über die Hälfte davon Jugendliche, die Theater und rund 3 Millionen Konzertveranstaltungen. Von Mal zu Mal erhöhte sich die Besucherzahl der in Dresden stattfindenden Kunstausstellungen der DDR.

Auch das volkskünstlerische Schaffen zeugte von der Breite und Vielfalt des geistig-kulturellen Lebens. Etwa 1,3 Millionen Bürger betätigten sich in der ersten Hälfte der siebziger Jahre in ihrer Freizeit in den verschiedensten Formen künstlerisch. Von ihnen waren über eine halbe Million in rund 21 000 Gruppen und Arbeitsgemeinschaften organisiert. Den größten ständigen Teilnehmerkreis hatten Chöre und Singegruppen, Orchester und Kapellen sowie Zirkel der bildnerischen und angewandten Kunst. Zum bedeutendsten kulturellen Festival der Werktätigen wurden die bis 1972 alljährlich und seitdem alle zwei Jahre durchgeführten Arbeiterfestspiele.

Trotz der Fortschritte im geistig-kulturellen Leben war es

noch nicht möglich, die außerordentlich rasch gewachsenen und vielfältigen kulturellen Bedürfnisse der Werktätigen immer in dem notwendigen Maße zu befriedigen. So war die Zahl der niveauvollen literarischen Arbeiten und Bühnenstücke, die Probleme unserer Zeit behandeln, noch zu gering. Die Möglichkeiten interessanter Freizeitgestaltung waren besonders für die Jugend mancherorts noch immer begrenzt. Auch blieben innerhalb der einzelnen Klassen und Schichten die geistig-kulturellen Bedürfnisse unterschiedlich ausgeprägt.

Auf dem Gebiet der Volksbildung wurde nach dem VIII. Parteitag der SED der Aufbau der zehnklassigen allgemeinbildenden polytechnischen Oberschule im wesentlichen abgeschlossen. Das für 1975 gestellte Ziel, 90 Prozent aller Schüler in die 9. und 10. Klasse aufzunehmen, wurde schon 1973 erreicht. Auf der Grundlage der seit 1968 schrittweise eingeführten neuen Lehrpläne erhöhte sich das Niveau der Bildung. Zwischen den meisten Schulen und sozialistischen Betrieben entwickelten sich vielfältige Beziehungen. Nahezu alle Schüler der 8. Klassen nahmen Mitte der siebziger Jahre an der Jugendweihe teil. 1954/1955, als die Ausschüsse für Jugendweihe gegründet wurden, hatte jeder fünfte Schüler teilgenommen.

An den 7 Universitäten und 47 weiteren Hochschulen sowie den rund 250 Fachschulen trug die Entführung neuer oder die Präzisierung vorhandener Lehrpläne und Studienprogramme dazu bei, die Qualität der Ausbildung und Erziehung der Studenten zu verbessern. 1975 kamen auf 10 000 Einwohner in der DDR 81 Studierende an Hochschulen und 93 an Fachschulen. 1960 waren es 58 beziehungsweise 73 gewesen. Für wichtige Gebiete der Hochschulforschung wurden langfristige Konzeptionen ausgearbeitet. Durch stärkere Konzentration der Forschung auf gesellschaftliche und volkswirtschaftliche Schwerpunkte erhöhte sich deren Effektivität. Die höchsten Bildungsstätten der DDR, an denen auch zahlreiche junge Menschen aus befreundeten Ländern studieren, darunter aus vielen Entwicklungsländern, wurden ihrer Verantwortung als ein politisch-ideologisches und wissenschaftlich-theoretisches Zentrum im jeweiligen Territorium immer besser gerecht.

Große Fortschritte gab es in der Berufsausbildung, beruflichen Qualifizierung und Weiterbildung der Werktätigen. Für über 300 Lehrberufe, darunter 28 Grundberufe, wurden einheitliche Ausbildungspläne erarbeitet oder die bestehenden präzisiert. Etwa jeder vierte Werktätige nahm 1975 an Aus- und Weiterbildungen teil. Einen festen Platz im gesellschaftlichen Leben der DDR erlangten die vom FDGB organisierten Schulen der sozialistischen Arbeit, die in enger Verbindung mit der Praxis Grundkenntnisse des Marxismus-Leninismus, ökonomisches Wissen und kulturelle Bildung vermitteln. Die ersten Schulen der sozialistischen Arbeit waren 1972, gestützt auf Erfahrungen der sowjetischen Gewerkschaften, im VEB Chemiekombinat Bitterfeld entstanden.

Der VIII. Parteitag hatte die bedeutende Rolle der Wissenschaften bei der weiteren Gestaltung der entwickelten sozialistischen Gesellschaft, insbesondere bei der Verwirklichung der Hauptaufgabe, hervorgehoben. Auf Initiative der SED wurden die Mittel zur Förderung von Wissenschaft und Technik weiter erhöht. Von 1971 bis 1973 konnten über 6000 wissenschaftliche und technische Neu- oder Weiterentwicklungen in die Produktion übergeführt werden. Jedoch blieb der Anteil der Erzeugnisse von hohem wissenschaftlich-technischem Niveau an der gesamten Produktion noch zu gering.

1974 beschloß das Politbüro des ZK der SED ein Dokument über die langfristige Entwicklung der naturwissenschaftlichen und mathematischen Grundlagenforschung in den Einrichtungen der Akademie der Wissenschaften der DDR und des Ministeriums für Hoch- und Fachschulwesen und eine langfristige Konzeption zur Entwicklung der Naturwissenschaft und Technik für wichtige Bereiche der Volkswirtschaft. Zur Verbreitung neuester Erkenntnisse der Sowjetwissenschaft trugen die erstmals 1973 in Berlin veranstalteten ‹Tage der sowjetischen Wissenschaft und Technik› bei.

In der gesellschaftswissenschaftlichen Forschung, Lehre und Propaganda wurden ebenfalls weitere Fortschritte erzielt. Die Gesellschaftswissenschaftler der DDR legten Lehr- und Handbücher und andere Publikationen zur marxistisch-leninistischen Philosophie, zur politischen Ökonomie, zur Geschichte des deutschen Volkes und zur Auseinandersetzung mit der bürgerlichen Ideologie vor. Sie waren bemüht, das theoretische Niveau, die Wirksamkeit und die Effektivität ihrer Arbeit zu erhöhen. Auch auf diesem Gebiet wurde die Zusammenarbeit mit sowjetischen Wissenschaftlern intensiver. Neue Anforderungen ergaben sich aus der Mitgliedschaft von Wissenschaftlern der DDR in den internationalen Vereinigungen und Organisationen, die nach der weltweiten Anerkennung der DDR stark zunahm.

Die SED schenkte der theoretischen Arbeit große Aufmerksamkeit und setzte sich nachdrücklich für deren Förderung ein. Sie forderte die Gesellschaftswissenschaftler auf, die tiefgreifenden Wandlungen, die sich bei der weiteren Gestaltung der entwickelten sozialistischen Gesellschaft vollziehen, ständig vom Standpunkt der marxistisch-leninistischen Theorie einzuschätzen, Schlußfolgerungen für das weitere Vorwärtsschreiten daraus abzuleiten und nach Antworten zu suchen auf neue Fragen der gesellschaftlichen Entwicklung.

Eine erfolgreiche Periode

Der Fünfjahrplan 1971–1975, dessen Ziele real, aber anspruchsvoll waren, wurde erfüllt und in einigen wesentlichen Kennziffern sogar überboten. Das produzierte Nationaleinkommen erhöhte sich gegenüber 1970 um fast ein Drittel, und zwar von 109,5 Milliarden Mark auf 142,4 Milliarden Mark. Der jährliche Zuwachs betrug 5,4 statt der geplanten 4,5 Prozent. Die industrielle Warenproduktion stieg um 37 Prozent. Der jährliche Zuwachs betrug 6,5 Prozent, geplant waren 5,9 Prozent. Damit wurde sowohl beim Nationaleinkommen als auch in der industriellen Warenproduktion der größte Anstieg in einer Fünfjahrplanperiode erreicht. 1976 erzeugte die DDR das Doppelte der

Industrieproduktion des ehemaligen Deutschen Reiches im Jahre 1936 – und das mit nur einem Viertel der damaligen Bevölkerungszahl.

Mit Erfolg wurde im Fünfjahrplan 1971–1975 begonnen, eine Reihe herangereifter volkswirtschaftlicher Probleme zu lösen. Dazu gehörten der weitere Ausbau der Energiebasis, die kontinuierliche Versorgung der Industrie mit Rohstoffen und Materialien sowie die Förderung der Zulieferindustrie und der Bauproduktion. So wurden 1971–1975 ebensoviel Bauleistungen erbracht wie in den Jahren 1950–1964 zusammengenommen.

Die Produktion pflanzlicher und tierischer Erzeugnisse lag in den Jahren 1971–1975 um 11 Prozent höher als im vorangegangenen Planjahrfünft bei weiterer Verringerung der Anzahl der in der Landwirtschaft Beschäftigten. 1974 wurden 39,7 Dezitonnen Getreide je Hektar geerntet und im Jahresdurchschnitt 1971–1975 36,2 Dezitonnen – die weitaus höchsten Ergebnisse seit Bestehen der DDR. Bis auf Zucker, Obst, Gemüse und einen Teil des Brotgetreides konnte die Bevölkerung vollständig aus der eigenen landwirtschaftlichen Produktion mit Grundnahrungsmitteln versorgt werden.

In der Industrie bestanden nunmehr durchgängig sozialistische Produktionsverhältnisse. Die Kombinate hatten sich gefestigt, weitere waren gebildet worden. Etwa zwei Drittel aller Arbeiter und Angestellten in der Industrie waren jetzt in Betrieben mit über 1000 Beschäftigten tätig. Auch in der Landwirtschaft schritt der Prozeß der Vergesellschaftung und Konzentration der Produktion voran. Die LPG und VEG und ihre kooperativen Einrichtungen bewährten sich als moderne Formen sozialistischen Wirtschaftens.

Der Übergang von der vorwiegend extensiven zur vorwiegend intensiven Erweiterung des volkswirtschaftlichen Potentials war somit erfolgreich vollzogen worden. Die sozialistischen Produktionsverhältnisse konnten ausgedehnt, gefestigt und vervollkommnet, die materiell-technische Basis des Sozialismus beträchtlich ausgebaut werden. Damit wurde deutlich, daß die Gestaltung der entwickelten sozialistischen Gesellschaft ein dynamischer Prozeß tiefgreifender Veränderungen ist.

Der gesamte Außenhandelsumsatz der DDR hatte sich gegenüber dem vorangegangenen Jahrfünft um 75 Prozent, der Außenhandel mit der UdSSR und den anderen sozialistischen Staaten um 83 Prozent erhöht. 70 Prozent des Außenhandelsumsatzes der DDR entfielen auf die RGW-Partner. Der Warenaustausch mit ihnen überschritt erstmals die 10-Milliarden-Rubel-Grenze. Wichtige Projekte wurden gemeinsam mit der Sowjetunion und anderen RGW-Partnern in Angriff genommen, die Koordinierung der Pläne mit diesen Ländern für den Zeitraum 1976–1980 abgeschlossen.

Zur Erfüllung des Fünfjahrplans hatte die von den Gewerkschaften geführte Wettbewerbsbewegung wesentlich beigetragen. Die Zahl der Werktätigen, die um den Staatstitel ‹Kollektiv der sozialistischen Arbeit› kämpften, war von 2,5 Millionen im Jahr 1970 auf über 4 Millionen im Jahr 1975 gestiegen, die der Neuerer von 700000 auf 1,5 Millionen.

Die Ergebnisse der ökonomischen Entwicklung ermöglichten es, das bisher umfassendste sozialpolitische Programm in der Geschichte der DDR zu verwirklichen. Die vom VIII. Parteitag der SED gestellte Aufgabe, durch Umbau und Modernisierung 500000 Wohnungen zu schaffen, wurde mit 609000 Wohnungen beträchtlich übererfüllt. Dadurch konnten die Wohnverhältnisse für etwa 1,8 Millionen Bürger verbessert werden. Zwei Drittel der Neubauwohnungen wurden an Arbeiterfamilien vergeben. 3,7 Millionen Werktätige erhielten höhere Löhne, die bisher spürbarste Erhöhung der Renten wurde vorgenommen. Große Aufmerksamkeit galt der Verbesserung der Lebensbedingungen kinderreicher Familien und berufstätiger Mütter. Auch in der Versorgung der Bevölkerung mit Waren und Dienstleistungen gab es sichtbare Fortschritte. Der Einzelhandelsumsatz erhöhte sich um 28 Prozent. Für das Bildungs-, Gesundheits- und Sozialwesen, für die Sicherung stabiler Mieten und Verbraucherpreise stellte der Staat umfangreiche Mittel zur Verfügung. Diese und andere Verbesserungen führten dazu, daß das Realeinkommen der Bevölkerung im Jahre 1975 um nahezu ein Drittel gegenüber 1970 anwuchs.

Die vom VIII. Parteitag der SED beschlossene Politik hatte sich bewährt. Deutlicher denn je traten die Vorzüge des Sozialismus hervor. Die Erfolge waren um so höher zu bewerten, da sie trotz außenwirtschaftlicher Belastungen erzielt wurden, die sich aus steigenden Rohstoffpreisen und aus den Auswirkungen der Wirtschaftskrise in kapitalistischen Ländern ergaben.

Die weitere Gestaltung der entwickelten sozialistischen Gesellschaft in der DDR war in die erfolgreiche Entwicklung des Weltsozialismus eingeschlossen. In der ersten Hälfte der siebziger Jahre wuchsen Kraft und Einfluß des Weltsozialismus in bisher stärkstem Maße. Von 1971 bis 1975 erhöhten die Mitgliedsländer des RGW ihre Industrieproduktion um 45 Prozent, während es in den entwickelten kapitalistischen Ländern nur 9 Prozent waren. Einer jährlichen Steigerung des Realeinkommens um rund 5 Prozent in den RGW-Ländern stand ein Rückgang des Realeinkommens der Werktätigen in zahlreichen kapitalistischen Ländern infolge inflationärer Preissteigerungen gegenüber. Die Zahl der Arbeitslosen erreichte allein in den kapitalistischen Ländern Europas 1975 die Rekordhöhe von 5 Millionen.

1975 übertraf die Wirtschaftskraft der Staaten der sozialistischen Gemeinschaft das Niveau von 1965 um mehr als das Doppelte. Die Länder des RGW, in denen 9 Prozent der Weltbevölkerung lebten, hatten einen Anteil von rund 34 Prozent an der Weltindustrieproduktion. In allen Ländern der sozialistischen Gemeinschaft waren die bis dahin umfangreichsten sozialpolitischen Programme in Angriff genommen worden. 60 Millionen Menschen – etwa ein Sechstel der gesamten Bevölkerung in den damals zum RGW gehörenden Ländern – zogen im Planjahrfünft 1971–1975 in neue, moderne Wohnungen ein.

Wichtige Fortschritte hatten die Länder des RGW beim Übergang zur sozialistischen ökonomischen Integration erzielt. Die Verflechtung ihrer Volkswirtschaften, ihres ökonomischen und wissenschaftlich-technischen Potentials schritt voran. Ihr gegenseitiger Außenhandelsumsatz erhöhte sich von 1970 bis 1975 fast auf das Doppelte. Erheblich umfangreicher wurden der kulturelle Austausch und die persönlichen Kontakte zwischen den Bürgern der sozialistischen Länder.

So bildeten sich immer mehr gemeinsame Elemente in der Entwicklung der sozialistischen Staaten und Völker heraus. Ihre allmähliche Annäherung zeichnete sich immer deutlicher ab. Das ist ein langfristiger, komplizierter Prozeß, der von den marxistisch-leninistischen Parteien geleitet wird. Er wirft viele neue Probleme auf, für deren Lösung erst Erfahrungen gesammelt werden müssen, und stellt ständig wachsende Anforderungen an alle beteiligten Länder.

Der XXV. Parteitag der KPdSU, der vom 24. Februar bis 5. März 1976 stattfand, konnte feststellen, daß der Einfluß der Länder des Sozialismus auf das Weltgeschehen immer stärker und tiefer wird. Er umriß die neuen Ziele auf dem Wege des weiteren Voranschreitens zum Kommunismus, im Kampf für Frieden und Sicherheit, für die Freiheit und Unabhängigkeit der Völker. Er bezeichnete es als erstrangige Aufgabe der sozialistischen Länder, durch die ständige Festigung ihrer Einheit und die allseitige Entwicklung ihrer Zusammenarbeit ihren gemeinsamen Beitrag zur Festigung des Friedens immer gewichtiger zu machen.

Der IX. Parteitag.
Das neue Programm der SED

Vom 18. bis 22. Mai 1976 fand der IX. Parteitag der SED statt. Er tagte erstmals im neuerrichteten Palast der Republik in Berlin, der am 23. April eröffnet worden war.

Den Bericht des Zentralkomitees erstattete Erich Honecker. Er konnte feststellen, daß die Beschlüsse des VIII. Parteitags verwirklicht worden waren. Die seitdem vergangenen Jahre zählten zu den erfolgreichsten in der Geschichte der DDR. Doch war auch die weitere Gestaltung der entwickelten sozialistischen Gesellschaft kein widerspruchsfreier Prozeß gewesen. Alle Erfolge waren das Ergebnis angestrengter Arbeit der Werktätigen unter Führung der SED.

Ausgehend von dem Erreichten, den neu gewonnenen Erkenntnissen und den Erfahrungen der UdSSR und anderer sozialistischer Staaten, beschloß der Parteitag das neue Programm der SED. Darin wird das Ziel gestellt, in der DDR weiterhin die entwickelte sozialistische Gesellschaft zu gestalten und so grundlegende Voraussetzungen für den allmählichen Übergang zum Kommunismus zu schaffen. Das Programm charakterisierte die wesentlichen Merkmale und Kriterien der entwickelten sozialistischen Gesellschaft und bezeichnete deren weitere Gestaltung als einen historischen Prozeß tiefgreifender politischer, ökonomischer, sozialer und geistig-kultureller Wandlungen. Es bekräftigte, daß sich die SED in ihrem gesamten Wirken davon leiten läßt, alles zu tun für das Wohl des Volkes, für die Interessen der Arbeiterklasse und aller anderen Werktätigen.

Das Programm verknüpfte die perspektivischen Entscheidungen mit konkreten Maßnahmen zur weiteren Gestaltung der entwickelten sozialistischen Gesellschaft nach dem bewährten Prinzip der Einheit von Wirtschafts- und Sozialpolitik. Das Wohnungsbauprogramm wurde als Kernstück der Sozialpolitik der SED charakterisiert. In Abhängigkeit vom Entwicklungstempo der Arbeitsproduktivität, der wichtigsten Quelle des wirtschaftlichen Wachstums, soll der Erholungsurlaub differenziert verlängert, die 40-Stunden-Woche durch die Verkürzung der täglichen Arbeitszeit schrittweise eingeführt werden. Die materiell-technische Basis der Volkswirtschaft soll so ausgebaut werden, daß ein planmäßiges, dynamisches Wachstum der Produktivkräfte gewährleistet wird. Hauptweg der wirtschaftlichen Entwicklung der DDR ist die Intensivierung der gesellschaftlichen Produktion, Hauptfaktor der Intensivierung der wissenschaftlich-technische Fortschritt. Auf lange Sicht sollen die Energie- und Rohstoffbasis der DDR weiter ausgebaut, aber auch beträchtliche Mittel für die Förderung der Konsumgüterproduktion, der Dienstleistungen und des Handels eingesetzt werden. Für die Landwirtschaft ist die Aufgabe, die Produktion weiter zu intensivieren und industriemäßige Produktionsmethoden anzuwenden, um eine stabile Versorgung zu gewährleisten und die Lebensbedingungen des Dorfes denen der Stadt anzunähern.

Das Programm begründet, daß bei der weiteren Gestaltung der entwickelten sozialistischen Gesellschaft die führende Rolle der Arbeiterklasse und ihrer marxistisch-leninistischen Partei sowie die Bedeutung der Gewerkschaften in allen Bereichen des gesellschaftlichen Lebens wächst. Das Bündnis der Arbeiterklasse mit den Genossenschaftsbauern, der Intelligenz sowie den Handwerkern und Gewerbetreibenden ist nach wie vor von unverminderter Wichtigkeit. Die soziale Annäherung der Klassen und Schichten unter Führung der Partei wird als gesetzmäßiger, langwieriger Prozeß bezeichnet, der zur Festigung der politisch-moralischen Einheit des Volkes führen wird, zur weiteren Entfaltung der sozialistischen Lebensweise.

Die Politik der SED ist auf die weitere allseitige Stärkung des sozialistischen Staates der Arbeiter und Bauern als einer Form der Diktatur des Proletariats gerichtet, die die Interessen des gesamten Volkes der DDR vertritt. Die Hauptrichtung, in der sich die sozialistische Staatsmacht entwickelt, ist die weitere Entfaltung und Vervollkommnung der sozialistischen Demokratie. Die SED bekräftigte, daß das bewährte Zusammenwirken mit den befreundeten Parteien und Massenorganisationen im Demokratischen Block und in der Nationalen Front zu den Prinzipien ihrer Bündnispolitik gehört. Sie erklärte, daß sie auch künftig der Nationalen Front als umfassender sozialistischer Volksbewegung große Aufmerksamkeit widmen werde.

Das Programm stellt hohe Aufgaben zur Entwicklung der Wissenschaft, des Bildungswesens und der sozialistischen Nationalkultur. Die SED wirkt dafür, daß sich die sozialistische Lebensweise in allen Bereichen immer mehr ausprägt – bei der Arbeit und in der Freizeit, im Arbeitskollektiv und in den Lebensgewohnheiten.

Hauptziel der außenpolitischen Tätigkeit der SED ist es, gemeinsam mit der Sowjetunion und den anderen sozialistischen Staaten die günstigsten internationalen Bedingungen für den sozialistischen und kommunistischen Aufbau zu sichern. Dazu ist auch ein hohes Niveau der Landesverteidigung erforderlich.

Die SED ging davon aus, daß die DDR alle ihre Aufgaben nur im Zusammenwirken mit der UdSSR und den anderen Bruderländern, als fester Bestandteil der sozialistischen Staatengemeinschaft lösen kann. Die umfassende Zusammenarbeit mit der KPdSU und der Sowjetunion weiter zu vertiefen, sollte ihr auch künftig vorrangiges Anliegen sein. In der zielstrebigen Vertiefung der sozialistischen ökonomischen Integration sah die SED eine ihrer wichtigsten Aufgaben.

Der IX. Parteitag beschloß die Direktive zum Fünfjahrplan 1976–1980. Der auf seiner Grundlage erarbeitete und von der Volkskammer bestätigte Plan sah vor, das produzierte Nationaleinkommen 1980 gegenüber 1975 auf 127,9 Prozent, die Arbeitsproduktivität in der Industrie auf 130 Prozent und die industrielle Warenproduktion auf 134 Prozent zu erhöhen. Der Plan sah die weitere Verbesserung der materiellen und kulturellen Lebensbedingungen der Bevölkerung vor. Durch Neubau und Modernisierung sollten bis 1980 750000 Wohnungen geschaffen und dadurch die Wohnbedingungen für 2,2 Millionen Bürger verbessert werden. Umfangreiche Mittel wurden für den weiteren Aufbau Berlins als politisches, wirtschaftliches und geistigkulturelles Zentrum vorgesehen. Im Februar 1978 faßte das Politbüro des Zentralkomitees der SED einen speziellen Beschluß über die weitere Entwicklung der Hauptstadt der DDR bis zum Jahre 1990. Er sah unter anderem eine Konzentration der Bautätigkeit auf Berlin vor.

Der Parteitag beschloß ein neues Statut der SED, das die Mitglieder stärker auf die neuen Aufgaben bei der weiteren Gestaltung der entwickelten sozialistischen Gesellschaft orientierte.

Das vom Parteitag gewählte Zentralkomitee wählte Erich Honecker zum Generalsekretär des Zentralkomitees der SED.

Mit dem vom IX. Parteitag beschlossenen Programm der SED, dem am 25. Jahrestag der DDR in Kraft getretenen Gesetz zur Ergänzung und Änderung der Verfassung der DDR und dem ein Jahr darauf unterzeichneten Freundschafts- und Beistandsvertrag mit der UdSSR besitzt das Volk der DDR drei grundlegende Dokumente, in denen die Hauptrichtungen der Innen- und Außenpolitik auf lange Sicht festgelegt sind. Unmittelbar nach dem IX. Parteitag, am 27. Mai 1976, wurde der gemeinsame Beschluß des ZK der SED, des Bundesvorstandes des FDGB und des Ministerrates über die Fortsetzung des sozialpolitischen Programms in den Jahren 1976–1980 veröffentlicht. Er sah umfangreiche Lohn- und Rentenerhöhungen und die Verlängerung des Urlaubs vor. Allein im Jahre 1976 wurden auf der Grundlage dieses Beschlusses die Lebensbedingungen für 5,6 Millionen Werktätige spürbar verbessert. Insgesamt brachten die seit 1972 vorgenommenen Rentenerhöhungen den älteren Bürgern die bisher bedeutendste Steigerung ihres Einkommens.

Die Wahlen zur Volkskammer und zu den Bezirkstagen im Oktober 1976 waren ein überzeugender Beweis des Vertrauens in die Politik der SED und der sozialistischen Staatsmacht. Von den 500 Abgeordneten der neuen Volkskammer gehörten 127 zur Fraktion der SED, je 52 zu denen der CDU, DBD, LDPD und NDPD, 68 zur Fraktion des FDGB, 40 zu der der FDJ, 35 zur DFD-Fraktion und 22 zur Fraktion des Kulturbundes. Die Volkskammer wählte Erich Honecker zum Vorsitzenden des Staatsrates und Horst Sindermann zum Präsidenten der Volkskammer. Willi Stoph wurde zum Vorsitzenden des Ministerrats berufen. Erich Honecker bekräftigte die Entschlossenheit der Partei- und Staatsführung, den bewährten Kurs konsequent fortzusetzen.

Wirtschaftswachstum unter erschwerten Bedingungen

Um die auf Wachstum, Wohlstand und Stabilität gerichtete Politik der SED und des sozialistischen Staates zu realisieren, war es vor allem notwendig, die weitere kontinuierliche Entwicklung der Volkswirtschaft zu gewährleisten. Der Fünfjahrplan 1976–1980 war erstmals bis auf die Kombinate und Betriebe aufgegliedert. Er ging davon aus, daß die Beschleunigung des wissenschaftlich-technischen Fortschritts zur Schlüsselfrage für den weiteren Leistungsanstieg geworden war. Deshalb war es ein guter Auftakt, daß der Staatsplan Wissenschaft und Technik 1976 erstmals monatlich abgerechnet wurde.

Eine nüchterne Bilanz ergab aber auch, daß nur etwa 10 Prozent der wissenschaftlich-technischen Ergebnisse der DDR den internationalen Höchststand mitbestimmten. Um hier eine Änderung herbeizuführen, wurden die Entwicklung und Anwendung der Mikroelektronik in der Volkswirtschaft und seit 1979 der Einsatz von Industrierobotern besonders nachhaltig gefördert. Am Ende des Fünfjahrplans gehörte die DDR zu den wenigen Ländern der Welt, die auf wichtigen Gebieten in der Lage waren, mikroelektronische Bauelemente zu entwickeln und zu produzieren. Von Fortschritten bei der Einführung der Robotertechnik zeugte die Inbetriebnahme des ersten Nähroboters der DDR im Lößnitzer Bekleidungswerk Ende 1980.

Große Anstrengungen galten auch weiterhin dem Ausbau der Energie- und Rohstoffbasis, wofür 60 Prozent aller Investitionen der Industrie eingesetzt wurden. Besonders wichtig waren das Erschließen eigener Rohstoffe sowie das Erfassen und Verwerten von Sekundärrohstoffen und industriellen Abprodukten. Vorrangig gefördert wurden ebenfalls der Maschinenbau, über dessen Erzeugnisse der wissenschaftlich-technische Fortschritt in die verschiedenen Zweige der Volkswirtschaft Eingang fand, und einige Zweige der Konsumgüterindustrie.

Die Bemühungen zur Beschleunigung des wissenschaftlich-technischen Fortschritts führten zur Einsparung von Energie und Rohstoffen und zu höherer Effektivität der Produktion. Auf einigen Gebieten konnte mit weniger Arbeitskräften mehr produziert werden. Die Erfahrungen zeigten aber auch, daß noch weit größere Anstrengungen zur Intensivierung der Produktion erforderlich waren.

Dies ergab sich auch aus den Verpflichtungen, die die DDR zu ihrem eigenen und zum gemeinsamen Nutzen der sozialistischen Bruderländer im RGW eingegangen war. Die DDR beteiligte sich an mehreren großen Investitionsvorhaben des RGW. Ende 1974 vereinbarten die Mitgliedsländer des RGW, die RGW-Vertragspreise von nun an jährlich auf der Basis der durchschnittlichen Weltmarktpreise der jeweils vorausgegangenen fünf Jahre festzulegen.

Die Entwicklung der Wirtschaftsbeziehungen der DDR mit kapitalistischen Ländern begann sich mit dem Zusammenbruch der diplomatischen Blockade gegen die DDR zu beschleunigen. Für die DDR stand außer Frage, daß solche Beziehungen für eine ökonomische Untermauerung des eingeleiteten Entspannungsprozesses unbedingt zu nutzen waren.

Was die Notwendigkeit einer Mobilisierung aller vorhandenen Potenzen zur Intensivierung der Produktion besonders dringlich werden ließ, war die Mitte der siebziger Jahre einsetzende bedeutende Verschlechterung der außenwirtschaftlichen Bedingungen. Auf dem kapitalistischen Weltmarkt erhöhten sich die Preise für einige Rohstoffe in drastischer Weise. Sie stiegen von 1970 bis 1980 bei Rohstoffen insgesamt fast um das Siebenfache, bei solchen mineralischen Ursprungs um mehr als das Dreizehnfache, bei Erdöl um das Sechzehnfache. Demgegenüber erhöhten sich die Preise für Fertigwaren nur um 289 Prozent. Die DDR traf diese Entwicklung besonders hart, da sie auf die Einfuhr wichtiger Rohstoffe angewiesen ist und vorwiegend Fertigwaren exportiert. Der scharfe Konkurrenzkampf auf dem kapitalistischen Weltmarkt schuf zusätzliche Erschwernisse für den Export.

Die SED stand vor der Frage, ob angesichts der grundlegend veränderten außenwirtschaftlichen Bedingungen die Politik der Hauptaufgabe fortgeführt werden könne. Sie entschied diese Frage nach gründlicher Prüfung positiv. Voraussetzung dafür war, die Anstrengungen zur Intensivierung der Volkswirtschaft, insbesondere zur Anwendung der Ergebnisse von Wissenschaft und Technik, wesentlich zu verstärken.

Der Meisterung dieser langfristigen Aufgabe diente der sozialistische Wettbewerb zum 30. Jahrestag der DDR, der an Umfang und Intensität alle bisherigen Wettbewerbe übertraf. Er wurde unter der Losung geführt: ‹Aus jeder Mark, jeder Stunde Arbeitszeit, jedem Gramm Material einen größeren Nutzeffekt!› Zahlreiche Arbeitskollektive konzentrierten sich darauf, den wissenschaftlich-technischen Fortschritt zu beschleunigen und seine ökonomische und soziale Wirksamkeit zu erhöhen. In Gegenplänen stellten sie sich das Ziel, mehr verteilbares Endprodukt, hochwertige Konsumgüter und konkurrenzfähige Exportwaren herzustellen.

Von großem Nutzen war die Anwendung sowjetischer Neuerermethoden, wie der Slobin-Methode und der Bassow-Initiative. Sehr gut bewährten sich von Werktätigen der DDR hervorgebrachte Formen, vor allem die persönlich- oder kollektivschöpferischen Pläne zur Steigerung der Arbeitsproduktivität, die Notizen zum Plan und die Initiativschichten. Neue Formen des Wettbewerbs fanden Verbreitung, so die Komplexwettbewerbe, die Aufgaben von der Forschung und Entwicklung über die Produktion bis zum Absatz umfaßten. Sie führten besonders bei der Einführung neuer Erzeugnisse und technologischer Verfahren in die Produktion zu guten Ergebnissen. Erste Erfahrungen wurden bei der Bildung von Akademie-Industrie-Komplexen und bei der Verwirklichung gemeinsamer Wettbewerbsprogramme von Industriebetrieben und Forschungseinrichtungen gesammelt.

Hervorragende Leistungen vollbrachte die Jugend im ‹FDJ-Aufgebot DDR 30›, zu dem der Zentralrat der FDJ Ende 1977 aufgerufen hatte. Erneut bewährte sich das Prinzip, der Jugend konkrete Aufgaben und Verantwortung zu übertragen, zum Beispiel in der ‹FDJ-Initiative Berlin›, an der 1979 12 500 junge Bauarbeiter aus allen Bezirken der DDR teilnahmen, in der ‹FDJ-Aktion Materialökonomie› und der ‹FDJ-Initiative Um- und Ausbau›, die großen volkswirtschaftlichen Nutzen brachten. In den Sommermonaten beteiligten sich rund 20 000 Studenten sowie 30 000 Berliner Schüler an der ‹FDJ-Initiative Berlin›.

Die erzielten Ergebnisse waren um so höher zu bewerten, als außergewöhnlich schwere Witterungsunbilden zum Jahreswechsel 1978/1979 und im Februar 1979 Schäden im Umfang von 10 Milliarden Mark verursachten. Viele Betriebe mußten die Produktion einstellen oder einschränken. Auch die Landwirtschaft, besonders die Viehzucht, hatte große Verluste. Dank beispielhafter Leistungen von Millionen Werktätigen und dem Einsatz von Angehörigen der Nationalen Volksarmee, der Volkspolizei und in der DDR stationierter Einheiten der Sowjetarmee konnten in kurzer Zeit die entstandenen Schäden größtenteils beseitigt werden.

Als wichtigster Schritt zur Vervollkommnung der Leitung und Planung erwies sich unter den Bedingungen der DDR die Entwicklung der bestehenden und die Bildung neuer Kombinate. Dieser 1966/1967 eingeleitete Prozeß wurde bis 1980 im wesentlichen abgeschlossen. Zu dieser Zeit bestanden in der zentralgeleiteten Industrie und im Bauwesen 129 Kombinate, die – von wenigen Ausnahmen abgesehen – alle Betriebe dieser Bereiche leiteten. Zu den erfolgreichsten Kombinaten gehörten der VEB Carl Zeiss Jena, das Petrolchemische Kombinat Schwedt, Robotron Dresden, das Werkzeugmaschinenkombinat ‹Fritz Heckert› Karl-Marx-Stadt und die Leuna-Werke ‹Walter Ulbricht›. Doch gab es weiterhin noch beträchtliche Leistungsunterschiede.

Die SED schenkte der Entwicklung der Kombinate große Aufmerksamkeit. Sie hob hervor, daß es sich hier um einen tiefgreifenden ökonomischen und politischen Prozeß und keinesfalls nur um organisatorische Veränderungen handelte. Die Kombinate ermöglichten es, die sozialistische Wirtschaftstätigkeit dort umfassend zu organisieren, wo sich der Reproduktionsprozeß vollzieht. Die Partei sorgte dafür, daß die Erfahrungen der leistungsfähigsten Kombinate gründlich ausgewertet wurden.

Die Intensivierung war auch der Hauptweg zur weiteren Entwicklung der sozialistischen Landwirtschaft. Die beträchtlichen Mittel, die der Staat in der Landwirtschaft investierte, mußten so effektiv wie möglich genutzt werden. Das hing vor allem davon ab, wie die Werktätigen in der Landwirtschaft moderne Produktionsmethoden beherrschen lernten. Die LPG und VEG mit ihren kooperativen Einrichtungen erwiesen sich als entwicklungsfähige Betriebe, um die Produktion zu intensivieren und die sozialistischen Produktionsverhältnisse planmäßig zu vervollkommnen. Die SED trat deshalb für die Festigung der LPG und VEG ein und wandte sich gegen Bestrebungen, sie rasch zu vergrößern oder den kooperativen Zusammenschluß zu forcieren. Sie wertete die Erfahrungen aus, die bei der Bildung erster Agrar-Industrie-Vereinigungen gesammelt wurden.

Den tiefgreifenden Veränderungen in der sozialistischen Landwirtschaft entsprachen die in den fünfziger Jahren eingeführten Musterstatuten der LPG nicht mehr. An der Aussprache über die Entwürfe neuer Musterstatuten der LPG Pflanzen- und Tierproduktion beteiligten sich über eine halbe Million Genossenschaftsbauern und Arbeiter. Im August 1977 bestätigte der Ministerrat die neuen Musterstatuten. Sie waren dazu angetan, die weitere Intensivierung und den Übergang zur industriemäßigen Produktion zu fördern und die innergenossenschaftliche Demokratie zu entwickeln.

Im Verlaufe des Fünfjahrplans 1976–1980 vollzog sich die Herausbildung moderner LPG und VEG der Pflanzen- und der Tierproduktion. 1980 bestanden rund 4000 LPG, etwa ein Drittel davon waren LPG Pflanzenproduktion, und 469 VEG. Die LPG bewirtschafteten 87,6 und die VEG 6,9 Prozent der landwirtschaftlichen Nutzfläche.

Dank der Wirtschaftspolitik der SED und der Anstrengungen der Werktätigen gelang es, trotz erschwerter Bedingungen das kontinuierliche Wirtschaftswachstum zu sichern. Lag von 1976 bis 1979 der durchschnittliche jährliche Zuwachs des produzierten Nationaleinkommens bei rund 3,7 Prozent, so wurde 1980 ein Zuwachs von 4,2 Prozent erreicht und damit die bisher größte volkswirtschaftliche Gesamtleistung erbracht. Der Zuwachs wurde fast vollständig durch steigende Arbeitsproduktivität bei absolut sinkendem Einsatz von Primärenergie und gleichbleibendem oder nur gering wachsendem Verbrauch von Rohstoffen und Materialien erreicht. Über 90 Prozent der höheren Arbeitsproduktivität in der Industrie beruhen auf der Nutzung der Ergebnisse von Wissenschaft und Technik.

Weitere Verwirklichung der Hauptaufgabe

Die Leistungen der Arbeiter, der Genossenschaftsbauern, der Angehörigen der Intelligenz und aller anderen Werktätigen ermöglichten es, die Hauptaufgabe in ihrer Einheit von Wirtschafts- und Sozialpolitik weiter zu verwirklichen, die Arbeits- und Lebensbedingungen der Werktätigen planmäßig zu verbessern.

Für rund 450000 vollbeschäftigte Mütter mit zwei Kindern verkürzte sich seit 1977 die wöchentliche Arbeitszeit ohne jegliche Lohnminderung auf 40 Stunden. Ab 1979 erhielten alle Werktätigen einen um mindestens drei Tage längeren Urlaub. Für rund 940000 Werktätige, vor allem Schichtarbeiter, Jugendliche und Lehrlinge, erhöhte sich der Erholungsurlaub um vier bis sechs Tage. Der Schwangerschafts- und Wochenurlaub wurde von 18 auf 26 Wochen verlängert.

Planmäßig wurde das Wohnungsbauprogramm verwirklicht. Am 6. Juli 1978 wurde in Berlin-Marzahn, dem größten Neubaugebiet der DDR, die millionste Wohnung übergeben, die seit 1971 fertiggestellt oder modernisiert worden war. Schwerpunkte des Wohnungsbaus waren neben Berlin die Bezirke Dresden, Halle, Karl-Marx-Stadt und Leipzig. Neubau, Modernisierung und Werterhaltung wurden enger miteinander verbunden, der Abriß erhaltungswürdiger Gebäude ausdrücklich untersagt, die planmäßige Rekonstruktion und vorbeugende Instandhaltung von Altbaugebieten verstärkt gefördert.

Die Pflege und Sanierung wertvoller historischer Bausubstanz, insbesondere die Rekonstruktion von Stadtkernen, erhöhte die Attraktivität alter Städte wie Bautzen, Erfurt, Gera, Greifswald, Halle, Schwerin, Stralsund oder Wismar. Auch das äußere Bild vieler kleiner Städte und Gemeinden veränderte sich mehr und mehr. Neue Stadtteile und Einkaufsstraßen entstanden. Architektonisch schöne alte Häuser wurden erneuert, hinter ihren restaurierten Fassaden befinden sich oft moderne Wohnungen; Parkanlagen, Kinderspielplätze und Kleinsportanlagen wurden vielfach im ‹Mach mit!›-Wettbewerb der Nationalen Front geschaffen.

Zu diesen Ergebnissen trug auch die Tätigkeit der Gemeindeverbände bei. Sie bewährten sich als eine Form des Zusammenwirkens der Volksvertretungen mit allen gesellschaftlichen Kräften im Territorium, einschließlich der volkseigenen Betriebe und LPG, im Interesse der Bürger. Ende 1978 gab es in der DDR annähernd 800 Gemeindeverbände, denen rund drei Viertel aller Städte, in der Regel solche bis zu 20000 Einwohnern, und Gemeinden angehörten. Die Gemeindeverbände arbeiten auf der Basis staatlicher Pläne, die langfristige gemeinsame Aufgaben enthalten, insbesondere zur Erhaltung und Modernisierung von Gebäuden und Wohnungen, zur Entwicklung der Produktion und des Verkehrswesens, zur Verbesserung der Arbeits- und Lebensbedingungen, zur Erholung und zum Umweltschutz. Ihrer Tätigkeit kam zugute, daß sich die Rechte und Möglichkeiten der örtlichen Volksvertretungen und ihrer Organe erweitert hatten. Ihr Haushaltsvolumen stieg. Sie verwalteten Ende der siebziger Jahre mehr als ein Drittel des volkseigenen Grundfonds, darunter den Wohnungsbestand.

Auch mit vielfältigen Maßnahmen zum Schutz der natürlichen Umwelt wurden die Lebensbedingungen der Werktätigen verbessert. Im Sinne des Landeskulturgesetzes vom Mai 1970 wurden die Anstrengungen verstärkt, um die Gewässer und die Luft reinzuhalten, den Lärm zu vermindern, industrielle Abprodukte und Siedlungsmüll schadlos zu beseitigen sowie abproduktfreie beziehungsweise -arme Technologien zu entwickeln. Seit der Gründung der DDR wurden über 160 Talsperren, Speicher und Rückhaltebecken errichtet und der Stauraum mehr als verdoppelt. Die Zahl der Naturschutzgebiete erhöhte sich von 160 im Jahre 1954 auf 735 im Jahre 1980. Über 400 Gebiete mit knapp 18 Prozent des Territoriums der DDR wurden zu Landschaftsschutzgebieten erklärt, darunter die Insel Hiddensee, der Spreewald und die Sächsische Schweiz. Auf der Grundlage langfristiger Konzeptionen wurden bis 1980 mehr als 50 000 Hektar ehemalige Braunkohleabbaugebiete wieder urbar gemacht, darunter nahezu alle ‹Altkippen› aus der kapitalistischen Vergangenheit. Dadurch entstanden neben land- und forstwirtschaftlich nutzbaren Flächen auch neue Erholungsgebiete, wie der Senftenberger See, der Knappensee bei Hoyerswerda, der Helenensee bei Frankfurt (Oder) und der Kulkwitzer See bei Leipzig. Einige Umweltprobleme können jedoch nur auf lange Sicht, unter Einsatz beträchtlicher Mittel und im Zusammenwirken mit anderen Staaten gelöst werden.

Daß die Politik der SED und der sozialistischen Staatsmacht auf das Wohl des Volkes gerichtet ist, kam auch zum Ausdruck in dem neuen Arbeitsgesetzbuch der DDR, das am 1. Januar 1978 in Kraft trat. In ihm wurde das grundlegende Menschenrecht, das Recht auf Arbeit, das in der DDR garantiert ist, weiter ausgestaltet.

Bei der weiteren Verwirklichung der Hauptaufgabe bewährte sich die traditionelle Zusammenarbeit der SED mit den befreundeten Parteien und den Massenorganisationen im Demokratischen Block und in der Nationalen Front der DDR. Die Parteitage der CDU, DBD, LDPD und NDPD sowie die regelmäßigen Gespräche Erich Honeckers mit den Parteivorsitzenden zeugten davon, daß diese Parteien einen stabilen Platz in der sozialistischen Gesellschaft der DDR haben und einen eigenständigen Beitrag zu ihrer Ausgestaltung leisten.

Ein wichtiger Schritt, um die Beziehungen zwischen dem sozialistischen Staat und den Kirchen auf der Grundlage des Prinzips der Trennung von Staat und Kirche weiterzuentwickeln, war das Treffen des Vorsitzenden des Staatsrates mit dem Vorstand der Konferenz der evangelischen Kirchenleitungen in der DDR im März 1978. Die Beziehungen gewannen an Offenheit, Verständnis und Bereitschaft zu konstruktiven Regelungen.

An der Seite der UdSSR für die weitere Stärkung der sozialistischen Gemeinschaft, für Frieden und kollektive Sicherheit

Nach dem IX. Parteitag verstärkte die DDR ihre Aktivitäten auf internationaler Ebene mit dem Ziel, den Freundschaftsbund mit der UdSSR und den anderen sozialistischen Ländern weiter zu festigen, zur internationalen Entspannung beizutragen und die Zusammenarbeit mit allen antiimperialistischen Kräften zu entwickeln.

Dem engen Zusammenwirken der befreundeten sozialistischen Staaten und Völker auf allen Gebieten des gesellschaftlichen Lebens und in der Außenpolitik dienten die 1977 abgeschlossenen Verträge über Freundschaft, Zusammenarbeit und gegenseitigen Beistand mit Bulgarien, der ČSSR, der Mongolischen Volksrepublik, Polen und Ungarn, der Vertrag über Freundschaft und Zusammenarbeit mit der Sozialistischen Republik Vietnam, die Deklaration über die Vertiefung der Freundschaft zwischen der DDR und Rumänien sowie zahlreiche Begegnungen führender Repräsentanten der Bruderländer. In den neuen Freundschafts- und Beistandsverträgen, die zur ‹dritten Generation› der Verträge zwischen den sozialistischen Staaten gehören, nahmen die Aufgaben zur sozialistischen ökonomischen Integration einen zentralen Platz ein.

Die DDR leistete ihren Beitrag zur Arbeit des RGW und seiner Organe. Nach der Aufnahme Vietnams im Juni 1978 gehörten dem RGW 10 Länder mit einer Bevölkerung von rund 420 Millionen Menschen an. Die Ratstagungen 1978 und 1979 beschlossen langfristige Zielprogramme des RGW, und zwar für die Sicherung der Roh- und Brennstoffversorgung, für die Entwicklung des Maschinenbaus und für die Landwirtschaft sowie für industrielle Konsumgüter und für das Transportwesen. Alle diese Gebiete sind für die gesamte Wirtschaft der RGW-Länder von großer Bedeutung. An der Verwirklichung der Zielprogramme wird angestrengt gearbeitet.

Die DDR beteiligte sich an den Maßnahmen der sozialistischen Gemeinschaft zur Unterstützung Vietnams, Äthiopiens, Angolas, Afghanistans, Laos', Kampucheas, Nikaraguas und anderer Länder bei der Beseitigung der schweren Folgen imperialistischer Aggressionen, kolonialer Ausbeutung und Unterdrückung. 1979 schloß die DDR Verträge über Freundschaft und Zusammenarbeit mit den Volksrepubliken Angola und Moçambique, dem Sozialistischen Äthiopien und der VDR Jemen und 1980 mit der Volksrepublik Kampuchea und der Republik Kuba. Die DDR übte weiterhin Solidarität mit allen antiimperialistischen Kräften und verstärkte ihre Zusammenarbeit mit den Entwicklungsländern. Ihre Exporte in diese Länder nahmen beträchtlich zu. Die DDR verurteilte die imperialistische Einmischung in Afrika und Lateinamerika. Sie bekräftigte ihren Standpunkt, daß die anhaltenden Spannungen im Nahen Osten nur beseitigt werden können, wenn die Festlegungen der UNO über den Rückzug Israels aus allen seit 1967 okkupierten Gebieten mit der Gewährleistung der nationalen Rechte des arabischen Volkes von Palästina, einschließlich seines Rechts auf Bildung eines eigenen Staates, sowie der Unabhängigkeit und Sicherheit aller Staaten dieser Region organisch verbunden werden.

Von der SED gingen viele Initiativen aus, die Zusammenarbeit mit den kommunistischen Parteien und anderen progressiven Kräften und Organisationen in den kapitalistischen Ländern zu entwickeln. Sie hatte wesentlichen Anteil an der Vorbereitung und Durchführung der Konferenz von 29 kommunistischen und Arbeiterparteien Europas, die im Juni 1976 in der Hauptstadt der DDR stattfand.

Viele Teilnehmer würdigten auch den Beitrag der SED zur Konferenz von 116 Parteien und Organisationen aus 103 Ländern ‹Der gemeinsame Kampf der Arbeiterbewegung und der nationalen Befreiungsbewegung gegen Imperialismus, für sozialen Fortschritt›, die im Oktober 1980 in Berlin stattfand.

Einen zentralen Platz in der außenpolitischen Tätigkeit der DDR nahm der Kampf um Frieden und Sicherheit, für die friedliche Koexistenz von Staaten gegensätzlicher Gesellschaftsordnung ein. Die DDR unterstützte den Vorschlag der Bukarester Tagung des Politischen Beratenden Ausschusses der Staaten des Warschauer Vertrages vom November 1976, daß sich alle Teilnehmer der europäischen Sicherheitskonferenz verpflichten sollten, nicht als erste Kernwaffen anzuwenden und die Entwicklung neuer Massenvernichtungswaffen zu verbieten, die Rüstungsausgaben und die Streikräfte zu reduzieren. Diese und andere Initiativen der Staaten des Warschauer Vertrages waren darauf gerichtet, die politische Entspannung durch die militärische Ausrüstung zu ergänzen.

Um die Schlußakte von Helsinki weiter zu realisieren, wurden von der DDR bis Ende 1980 mehr als 190 Abkommen und Vereinbarungen mit kapitalistischen Teilnehmerstaaten der Sicherheitskonferenz abgeschlossen, die nahezu alle Bereiche der Beziehungen umfaßten. Die Unterzeichnung eines Regierungsprotokolls über die vollzogene Markierung der Staatsgrenze zwischen der DDR und der BRD im November 1978 und weiterer wichtiger Vereinbarungen mit der BRD und dem Senat von Westberlin zu Verkehrs- und anderen Fragen bestätigten, daß bei strikter Achtung der Souveränität und der Nichteinmischung in die inneren Angelegenheiten auch komplizierte Probleme friedlich geregelt werden können.

Gleichzeitig mußte die DDR berücksichtigen, daß die internationale Klassenauseinandersetzung bedeutend härter und komplizierter wurde, da die NATO-Mächte, besonders die USA, die Aufrüstung und die Einführung neuer Massenvernichtungswaffen forcierten und den ideologischen Kampf weiter verschärften. Das im Mai 1978 vom NATO-Rat beschlossene Langzeitprogramm stellte den bis dahin umfassendsten Versuch dar, das militärische Kräfteverhältnis, insbesondere in Europa, zugunsten der imperialistischen Mächte zu verändern. Die im Herbst 1978 vor allem in der BRD durchgeführten NATO-Manöver, die in ihrem Ausmaß alle früheren übertrafen, sollten die Möglichkeit eines überraschend geführten Angriffsschlages gegen die sozialistische Gemeinschaft demonstrieren. Mit der Lüge von der ‹Bedrohung aus dem Osten› wurden die Aggressionsvorbereitungen getarnt und alle Abrüstungsvorschläge der UdSSR und der anderen sozialistischen Staaten abgelehnt.

An der Seite der UdSSR und der anderen Staaten der sozialistischen Gemeinschaft trat die DDR beharrlich für die Verwirklichung der weitreichenden Vorschläge der Moskauer Tagung des Politischen Beratenden Ausschusses der Staaten des Warschauer Vertrags vom November 1978 ein. Sie befürwortete Verhandlungen über die Einstellung der Produktion aller Arten von Kernwaffen und über die allmähliche Reduzierung der Kernwaffenvorräte bis hin zu ihrer völligen Vernichtung. Die DDR forderte, die Streikräfte nicht zu vergrößern und einen weltweiten Gewaltverzicht zu vereinbaren.

Wie einmütig das Volk der DDR die Friedenspolitik seines Staates unterstützt, bezeugte eine ‹Willenserklärung› zur Beendigung des Wettrüstens und zur Sicherung des Friedens, die im Oktober 1979 von über 13 Millionen Bürgern, das waren 96 Prozent aller DDR-Bürger über 14 Jahre, unterzeichnet wurde.

Gleichzeitig erforderten der Schutz des Friedens und der sozialistischen Errungenschaften angesichts der forcierten Aufrüstung der NATO ein höheres Niveau der Landesverteidigung. Die Streikräfte der DDR erfüllten deshalb zuverlässig ihre Bündnisverpflichtungen in der Organisation des Warschauer Vertrages. Im Oktober 1978 beschloß die Volkskammer das überarbeitete und neugefaßte Gesetz über die Landesverteidigung der DDR. Die gesetzlichen Regelungen zur Organisation der Landesverteidigung, einschließlich der Zivilverteidigung, wurden mit der Verfassung von 1974 in Übereinstimmung gebracht. Das Gesetz berücksichtigte militärpolitische und -wissenschaftliche Erkenntnisse und die Erfordernisse der Gegenwart und absehbaren Zukunft. Auf seiner Grundlage wurden im Wehrdienstgesetz vom März 1982 die bisherigen wehrdienstrechtlichen Bestimmungen zusammengefaßt, weitergeführt und präzisiert.

Die Entwicklung seit dem IX. Parteitag der SED bestätigte erneut, daß die Grundlage für alle Erfolge bei der weiteren Gestaltung der entwickelten sozialistischen Gesellschaft und im Kampf um den Frieden das Bündnis mit der Sowjetunion ist. Nach dem IX. Parteitag zeugten insbesondere zwei Ereignisse von dem engen Bruderbund zwischen der Sowjetunion und der DDR und von den neuen Dimensionen ihrer Zusammenarbeit.

Vom 26. August bis 3. September 1978 wurde das erste gemeinsame bemannte Weltraumunternehmen UdSSR-DDR durchgeführt. An der Seite seines sowjetischen Freundes, Oberst Waleri Bykowski, erfüllte Oberstleutnant Sigmund Jähn, der erste Kosmonaut der DDR, ehrenvoll seinen Auftrag im Rahmen des Interkosmosprogramms. Ein Bürger der DDR, ein Arbeitersohn und Kommunist war damit der erste Deutsche, der in den Kosmos flog. Bei diesem Unternehmen bewährten sich auch in der DDR entwickelte hochwertige Geräte, wie die Multispektralkamera MKF6 aus dem VEB Carl Zeiss Jena.

Der begeisterte Empfang, den das Volk der DDR den beiden Kosmonauten bereitete, als sie im September eine Rundreise durch die Republik unternahmen, zeugte davon, daß der gemeinsame Raumflug als ein neuer Höhepunkt in den brüderlichen Beziehungen zwischen der DDR und der UdSSR verstanden und gefeiert wurde.

Anfang Oktober 1978 wurde die Arbeit an dem bis dahin größten Jugendobjekt der DDR, der ‹Drushba-Trasse›, erfolgreich abgeschlossen. In vierjähriger Arbeit, die Können, Mut und Opferbereitschaft verlangte, hatten die 10 300 Trassenbauer, rund 6300 von ihnen waren Jugendliche und Mitglieder der FDJ, einen Rohrstrang von 268 Kilometer Länge in die Erde versenkt und dabei über 8 Millionen Kubikmeter Erdmassen bewegt. Die gemeinsame Errichtung der Erdgasleitung ‹Sojus› durch mehrere sozialistische Bruderländer trug zum Aufbau ihrer Energie- und Rohstoffbasis bei und zeugte von den großen Potenzen, die die sozialistische ökonomische Integration mobilisiert.

Mit der Sowjetunion abgeschlossene Wirtschaftsabkommen sicherten die Verwirklichung des Fünfjahrplans 1976–1980. Die DDR realisierte mehr als ein Drittel ihres gesamten Außenhandelsumsatzes mit der Sowjetunion. Von besonderer Bedeutung waren die mit der UdSSR vereinbarten umfangreichen Rohstofflieferungen, aber auch die Importe an Nahrungsmitteln und industriellen Konsumgütern. Die UdSSR deckte 1980 unter anderem den Bedarf der DDR an Erdgas zu 100 Prozent, an Erdöl, Holz und Baumwolle zu rund 90 Prozent, an Eisenerz und den wichtigsten Buntmetallen zu 60 bis 70 Prozent. Der Anteil der DDR am Import der UdSSR betrug bei Reisezugwagen 98 Prozent, bei Ausrüstungen für die erdölverarbeitende Industrie und bei Kranen annähernd zwei Drittel, bei polygraphischen sowie landwirtschaftlichen Maschinen und Ausrüstungen rund 40 Prozent. Von großer zukunftsweisender Bedeutung ist das Programm der Spezialisierung und Kooperation der Volkswirtschaften der DDR und der UdSSR für den Zeitraum von 1980 bis 1990, das im Oktober 1979 unterzeichnet wurde. Es ist mit den langfristigen Programmen des RGW koordiniert und zielt auf die weitere Verflechtung der Volkswirtschaften beider Länder.

Der X. Parteitag der SED

Vom 11. bis 16. April 1981 fand in Berlin der X. Parteitag der SED statt. Der SED gehörten zu diesem Zeitpunkt rund 2,2 Millionen Mitglieder und Kandidaten an. 57,6 Prozent von ihnen waren Arbeiter, 4,7 Prozent Genossenschaftsbauern und 22,1 Prozent Angehörige der Intelligenz. Ein Drittel aller Mitglieder und Kandidaten waren Frauen, ein Viertel jünger als 30 Jahre.

Erich Honecker, der den Bericht des Zentralkomitees erstattete, konnte davon ausgehen, daß der Weltsozialismus weiter erstarkt war. So übertraf das Wachstum des Nationaleinkommens und der Industrieproduktion der Länder des RGW in den siebziger Jahren das der kapitalistischen Industrieländer fast um das Zweifache. Von besonderer Bedeutung für die Sicherung des Friedens war, daß die Sowjetunion Anfang der siebziger Jahre das annähernde militärstrategische Gleichgewicht im Verhältnis zu den USA errungen hatte. Von der weiteren Veränderung des Kräfteverhältnisses zuungunsten des Imperialismus zeugten die im April 1978 eingeleiteten grundlegenden demokratischen Umgestaltungen in Afghanistan, der mit vietnamesischer Hilfe errungene Sieg der patriotischen Kräfte Kampucheas über das barbarische Pol-Pot-Regime im Januar 1979, der der physischen Vernichtung eines ganzen Volkes Einhalt gebot, der Sturz des Schahs in Iran einen Monat später und des Somoza-Regimes in Nikaragua im Juli 1979 und das Voranschreiten der nationaldemokratischen Revolution in Äthiopien. In El Salvador und anderen Ländern Mittelamerikas sowie im Süden Afrikas nahm der Befreiungskampf der Völker neue Dimensionen an.

Wie die SED feststellte, verlor der Imperialismus nicht 'nur äußere Positionen, sondern es verschärften sich auch seine inneren Widersprüche. Die kapitalistische Welt befand sich seit 1979 in der tiefsten und längsten Wirtschaftskrise seit der großen Krise von 1929 bis 1932. Sinkende Wachstumsraten der Produktion, anhaltende Inflation und Massenarbeitslosigkeit – in den kapitalistischen Industrieländern gab es Ende 1980 24 Millionen Arbeitslose – erschütterten das kapitalistische System.

Um den Prozeß der Schwächung äußerer und innerer Positionen des Imperialismus aufzuhalten und umzukehren, waren maßgebende Kräfte des Imperialismus, besonders in den USA, erneut zu einer aggressiven Politik der Konfrontation übergegangen. Im Dezember 1979 beschloß der NATO-Rat, ab Ende 1983 108 neue Abschußrampen für Pershing-II-Raketen und 464 Marschflugkörper in Westeuropa zu stationieren, die Mehrzahl in der BRD, wenn die Sowjetunion der Forderung, alle ihre Mittelstreckenraketen in Europa zu vernichten, nicht Folge leisten würde. Die internationalistische Hilfe der Sowjetunion für die Volksrevolution in Afghanistan im gleichen Monat wurde genutzt, um den kalten Krieg auf ideologischem Gebiet in bisher nicht gekanntem Ausmaß zu beleben. Die USA-Administration begann einen regelrechten Wirtschaftskrieg gegen die Sowjetunion. Sie boykottierte die Olympischen Sommerspiele 1980 in Moskau und übte Druck auf andere Staaten aus, sich der Konfrontationspolitik anzuschließen. Einflußreiche Politiker der USA erklärten offen, es gehe darum, die militärische Überlegenheit über die Sowjetunion und ihre Verbündeten zu erlangen. Ronald Reagan, seit Januar 1981 Präsident der USA, verkündete eine ‹neue Nuklearstrategie›. Sie kalkulierte einen atomaren Erstschlag zur ‹Enthauptung› der Sowjetunion und die Möglichkeit eines ‹begrenzten› Kernwaffenkrieges ein, als dessen Schauplatz Europa ausersehen ist.

In seiner ideologischen Diversion konzentrierte sich der Imperialismus auf die Volksrepublik Polen. Im Zusammenspiel mit der inneren Konterrevolution sollte die Volksmacht gestürzt und Polen aus der sozialistischen Gemeinschaft herausgebrochen werden. Dies sollte der Auftakt für eine grundlegende Veränderung der europäischen Nachkriegsordnung sein. Streiks in den Sommermonaten 1980 verschärften die Lage in Polen und brachten das Land an den Rand des wirtschaftlichen Ruins.

Die SED bekundete ihre Solidarität mit den patriotischen und internationalistischen Kräften des polnischen Volkes und leistete ihnen Hilfe. Der private Reiseverkehr mit Polen mußte zeitweilig eingeschränkt werden.

So verschärfte sich, wie der X. Parteitag feststellen mußte, Ende der siebziger/Anfang der achtziger Jahre die internationale Lage erneut. Mit seiner abenteuerlichen Konfrontations- und Hochrüstungspolitik drohte der Imperialismus, alle Ergebnisse der Entspannung zunichte zu machen und die Menschheit in ein atomares Inferno zu treiben.

Den Bruderbund mit der Sowjetunion und den anderen Staaten der sozialistischen Gemeinschaft ständig auszubauen, beharrlich für den Frieden, für die Einstellung des Wettrüstens zu wirken mit dem Ziel, eine Wende zur Abrüstung herbeizuführen, antiimperialistische Solidarität mit allen um ihre nationale und soziale Befreiung kämpfenden Völkern zu üben, konsequent um die Entwicklung von Beziehungen der friedlichen Koexistenz zu den kapitalistischen Ländern bemüht zu sein bezeichnete die SED als ihre vorrangigen außenpolitischen Ziele.

Der X. Parteitag konnte feststellen, daß sich die Einheit von

Wirtschafts- und Sozialpolitik auch unter erschwerten Bedingungen bewährt hatte. Das produzierte Nationaleinkommen betrug 1980 187 Milliarden Mark und lag damit um 22,4 Prozent höher als 1975. 90 Prozent des Zuwachses ergaben sich aus der Steigerung der Arbeitsproduktivität. Bei der industriellen Warenproduktion wurde ein Zuwachs von 32,2 Prozent erreicht, bei der Bauproduktion von 27 Prozent. Infolge der veränderten außenwirtschaftlichen Bedingungen – 1979 kam es erneut zu einer drastischen Erhöhung der Rohstoffpreise auf dem Weltmarkt –, aber auch beträchtlich höherer Aufwendungen für einheimische Rohstoffe und Energieträger, wurden die Planziele bei Erzeugnissen der Erdölverarbeitung, bei Walzstahl, Elektroenergie und anderen herabgesetzt. Die Landwirtschaft erzielte trotz vieler Erschwernisse das bisher höchste Produktionsergebnis in einem Fünfjahrplan. Sie verfügte 1980 über die bis dahin umfangreichsten Tierbestände. Die durchschnittlichen Hektarerträge erhöhten sich indessen nur langsam. Zur Stärkung der materiell-technischen Basis der Landwirtschaft wurden 25,4 Milliarden Mark investiert – ein Zehntel aller Investitionen in der Volkswirtschaft. Der Außenhandelsumsatz stieg 1980 gegenüber 1975 um 61 Prozent, allein der Umsatz mit nichtsozialistischen Ländern lag um 82 Prozent höher. 70 Prozent ihres Außenhandels tätigte die DDR mit sozialistischen Ländern. Im Export in diese Länder wurden wesentlich höhere Steigerungsraten erreicht als ursprünglich geplant. Das war auch ein Ausdruck der fortschreitenden ökonomischen Integration der Länder des RGW.

Die guten volkswirtschaftlichen Leistungen ermöglichten es, die sozialpolitischen Ziele ebenfalls im wesentlichen zu erfüllen. Das durchschnittliche monatliche Bruttoeinkommen der Arbeiter und Angestellten lag 1980 erstmals über 1000 Mark; es erhöhte sich von 889 Mark im Jahre 1975 auf 1030 Mark. Bei den Nettogeldeinnahmen der Bevölkerung betrug der Zuwachs 20,1 Prozent und beim Einzelhandelsumsatz 22 Prozent. Der Umfang der gesellschaftlichen Fonds wuchs von 37,1 Milliarden Mark 1975 auf 62,7 Milliarden Mark 1980. Insgesamt wurde 1976 bis 1980 für die gesellschaftlichen Fonds die gewaltige Summe von 234,2 Milliarden Mark aufgewandt. Für zahlreiche Werktätige erhöhte sich der Urlaub oder verkürzte sich die Arbeitszeit. Viele Veteranen der Arbeit erhielten höhere Renten. Ein besonderer Erfolg war, daß die Zahl der Arbeitsunfälle ständig gesenkt werden konnte, und zwar von 4 Prozent je 1000 Beschäftigte im Jahre 1971 auf 2,9 Prozent im Jahre 1980.

Beeindruckende Ergebnisse wurden im Wohnungsbau erzielt, dem Kernstück des sozialpolitischen Programms. Im Fünfjahrplan wurden 813 000 Wohnungen fertiggestellt, 63 000 mehr als geplant. 1980 dienten zehn Prozent des Nationaleinkommens allein dieser Aufgabe. Insgesamt verdoppelte sich in den siebziger Jahren der Umfang des Wohnungsbaus. 100 Milliarden Mark wurden dafür aufgewandt. Es wurden 1,4 Millionen Wohnungen neu gebaut oder modernisiert. In den vergangenen 10 Jahren verbesserten sich damit für rund 4,25 Millionen Bürger, das heißt für ein Viertel aller Bürger, die Wohnverhältnisse.

1980 verfügte die DDR über 6,5 Millionen Wohnungen, auf je 1000 Einwohner kamen annähernd 400. Die DDR hatte damit bereits einen höheren Stand erreicht als solche entwickelten kapitalistischen Länder wie die BRD, Frankreich und Großbritannien. Doch mußten noch immer viele Bürger, zum Beispiel ein Drittel der Einwohner Berlins, in Wohnungen leben, die veraltet waren und bauliche Mängel aufwiesen. Wie der X. Parteitag betonte, waren weiterhin große Anstrengungen nötig, um die Wohnungsfrage als soziales Problem zu lösen.

Da die Verschärfung der internationalen Lage auch hohe Anforderungen an die Wirtschaftskraft der DDR stellte, die Situation auf den internationalen Märkten angespannt blieb und durch Handelsrestriktionen der Reagan-Administration zusätzlich kompliziert wurde, stand die SED erneut vor der Frage, ob es möglich sei, den Kurs der Einheit von Wirtschafts- und Sozialpolitik weiter durchzuführen. Sie schenkte nicht jenen Gehör, die für ein Abbremsen des Tempos waren, sondern beschloß, die Politik der Hauptaufgabe in den achtziger Jahren fortzusetzen. Gleichzeitig betonte der X. Parteitag, daß die Sicherung des Erreichten und seine Mehrung einen weiteren bedeutenden wirtschaftlichen Leistungsanstieg verlangten. Die ökonomische Strategie der SED, die in zehn Punkten zusammengefaßt wurde, zielte darauf ab, die Triebkräfte des Sozialismus noch enger mit der wissenschaftlich-technischen Revolution zu verbinden, die in eine neue Etappe eingetreten war. Der gesamte Leistungszuwachs sollte durch eine beträchtliche Steigerung der Arbeitsproduktivität und die Senkung des spezifischen Energie- und Materialverbrauchs erreicht werden.

Das war eine weitreichende Entscheidung. Die SED nahm damit Kurs auf die umfassende Intensivierung der Produktion, bei der nicht nur Arbeitszeit und Arbeitsplätze eingespart werden, sondern auch Fonds, das heißt Rohstoffe, Energie und Material, und Nationaleinkommen wie industrielle Warenproduktion schneller wachsen als der Produktionsverbrauch. Unerläßlich dafür war, die Ergebnisse von Wissenschaft und Technik und den hohen Qualifizierungsgrad der Werktätigen noch zielstrebiger zu nutzen und in breitem Umfang solche Schlüsseltechnologien wie die Mikroelektronik und die Robotertechnik einzuführen. Zunehmende Bedeutung erlangte die wirtschaftliche und wissenschaftlich-technische Zusammenarbeit mit der Sowjetunion und den anderen Ländern des RGW.

Mit dieser ökonomischen Strategie stimmte die vom X. Parteitag beschlossene Direktive zum Fünfjahrplan für die Entwicklung der Volkswirtschaft der DDR in den Jahren 1981–1985 überein, zu der Günter Mittag und Willi Stoph sprachen. Der auf dieser Grundlage und nach Diskussionen mit den Werktätigen erarbeitete und bestätigte Plan sah vor, das Nationaleinkommen und die industrielle Warenproduktion um je 28 Prozent und die Arbeitsproduktivität in der Industrie um 29 Prozent zu erhöhen. Für den Fünfjahrplanzeitraum war ein Nationaleinkommen von insgesamt mehr als 1 Billion Mark geplant. Bei der Pflanzenproduktion sollten 1985 43,7 bis 44,2 Dezitonnen Getreideeinheiten je Hektar landwirtschaftlicher Nutzfläche erreicht werden. Das staatliche Aufkommen an Schlachtvieh sollte 2,4 Millionen Tonnen betragen. Der Export in das sozialistische Wirtschaftsgebiet sollte auf 150 Prozent anwachsen. Geplant waren der Neubau und die Modernisierung von 940 000 Wohnungen, die Erhöhung der Nettogeldeinnahmen der Bevölkerung sowie des Einzelhandelsumsatzes auf jeweils 120 Prozent und andere Maßnahmen zur weiteren Verbesserung der Arbeits- und Lebensbedingungen der Werktätigen. Zu gewährleisten war die ökonomische Sicherstellung der Landesverteidigung.

Der Parteitag bekräftigte den Grundsatz der SED, im Einklang mit dem materiellen auch das kulturelle Lebensniveau des Volkes zu erhöhen. Er hob besonders die große Rolle der Künste hervor, deren Beitrag unentbehrlich und unersetzbar für die sozialistische Bewußtseinsbildung und für ein sinnerfülltes Leben sei.

‹Wir sind in die achtziger Jahre eingetreten›, erklärte Erich Honecker, den das Zentralkomitee erneut zum Generalsekretär wählte, auf dem X. Parteitag. ‹Sie werden unserer Partei sowohl in nationaler als auch in internationaler Hinsicht neue, höhere Aufgaben stellen. Wir sind bereit, die Herausforderungen dieses Jahrzehnts anzunehmen. Ausgerüstet mit neuen Erfahrungen und Erkenntnissen, werden wir auch weiterhin mit Erfolg die entwickelte sozialistische Gesellschaft gestalten und so grundlegende Voraussetzungen für den allmählichen Übergang zum Kommunismus schaffen.›/28/

Zu Ehren von Karl Marx

Die Wahlen zur Volkskammer, zu den Bezirkstagen und zur Stadtverordnetenversammlung von Berlin im Juni 1981 bezeugten, daß die vom X. Parteitag der SED beschlossene Politik vom Volk der DDR getragen wird. Sie brachten die bisher größte Wahlbeteiligung. Die Kandidaten wurden vor ihrer Nominierung in den Arbeitskollektiven geprüft und vorgeschlagen. In den neugewählten Volksvertretungen erhöhte sich der Anteil der Arbeiter.

Als Träger der Wahlen bewährte sich erneut die Nationale Front der DDR. Nach dem Ableben von Erich Correns wählte der Nationalrat im Oktober 1981 den parteilosen Wissenschaftler Lothar Kolditz zu seinem Präsidenten. 1982 bestanden rund 18 000 Ausschüsse der Nationalen Front, denen 350 000 Bürger angehörten, darunter 157 000 Mitglieder der SED, 75 000 Angehörige von CDU, DBD, LDPD und NDPD und 118 000 parteilose Bürger. Damit erreichte die Nationale Front ihren bisher höchsten Grad von Organisiertheit. Die Ausschüsse nahmen auf das politische und gesellschaftliche Leben in den Städten und Gemeinden wesentlichen Einfluß, obwohl es weiterhin territoriale Unterschiede gab. Das Wirken der Ausschüsse trug entscheidend dazu bei, daß in der sozialistischen Bürgerinitiative ‹Schöner unsere Städte und Gemeinden – Mach mit!› immer bessere Ergebnisse erzielt wurden.

Das Jahr 1983 erklärte die SED aus Anlaß des 165. Geburtstages und 100. Todestages des Begründers des wissenschaftlichen Sozialismus zum Karl-Marx-Jahr. In zahlreichen Veranstaltungen und Veröffentlichungen wurden Leben und Werk des größten Sohnes des deutschen Volkes gewürdigt und für die Gegenwart nutzbar gemacht. Millionen Werktätige ehrten Karl Marx, indem sie durch neue Initiativen im sozialistischen Wettbewerb zur Stärkung der DDR beitrugen.

Von der Lebenskraft der weltverändernden Ideen von Karl Marx zeugte eindrucksvoll die Internationale Wissenschaftliche Konferenz ‹Karl Marx und unsere Zeit – der Kampf um Frieden und sozialen Fortschritt› im April 1983 in Berlin. Die Karl-Marx-Konferenz, an der 145 Parteien und Bewegungen aus 111 Ländern teilnahmen, wurde zum bis dahin größten antiimperialistischen Weltforum kommunistischer und anderer revolutionärer Vorhutparteien, national-revolutionärer und demokratischer, sozialistischer und sozialdemokratischer Parteien und Organisationen.

Die Veranstaltungen zum 500. Geburtstag von Martin Luther im selben Jahr und die Bach-Schütz-Händel-Ehrungen der DDR im Jahre 1985 sowie die Konstituierung des DDR-Komitees zum 750jährigen Bestehen Berlins im Februar 1985 machten ebenfalls deutlich, wie lebendig das progressive historische Erbe im sozialistischen deutschen Staat ist. ‹Unser Staat der Arbeiter und Bauern›, erklärte Erich Honecker, der den Vorsitz des Martin-Luther-Komitees der DDR und des Komitees zum 750jährigen Bestehen von Berlin übernahm, ‹verwirklicht die Ideale der besten Söhne des deutschen Volkes im Sinne seiner Politik zum Wohle des Menschen. Zu den progressiven Traditionen, die wir pflegen und weiterführen, gehören das Wirken und das Vermächtnis all derer, die zum Fortschritt, zur Entwicklung der Weltkultur beigetragen haben, ganz gleich, in welcher sozialen und klassenmäßigen Bindung sie sich befanden.›/29/

Wichtig für die weitere Ausgestaltung der sozialistischen Demokratie war das Gesetz über die örtlichen Volksvertretungen vom Juli 1985, das das entsprechende Gesetz aus dem Jahre 1973 ablöste. Es entsprach der erhöhten Verantwortung der örtlichen Volksvertretungen und jedes einzelnen Abgeordneten. Das Gesetz verpflichtete die örtlichen Staatsorgane, die Verwirklichung des Planes in den ihnen unterstellten Bereichen voll verantwortlich zu leiten und die Erfüllung aller volkswirtschaftlichen Aufgaben zu sichern. Es gewährleistete eine engere Verbindung der zentralen staatlichen Leitung und Planung mit örtlichen Initiativen. Die Stellung der annähernd 7600 Bürgermeister, von denen viele seit Jahrzehnten aufopferungsvoll arbeiteten, wurde weiter gestärkt.

Bewährung der ökonomischen Strategie für die achtziger Jahre

Im Sinne der ökonomischen Strategie der SED entwickelten sich die Industriezweige Elektrotechnik/Elektronik, Chemie und Maschinenbau im Fünfjahrplan 1981–1985 in besonders schnellem Tempo. Die materiell-technische Basis wurde nicht sosehr durch Neubau von Werken als vielmehr auf dem Wege der Modernisierung und Erneuerung vorhandener Einrichtungen erweitert. Im

Maschinenbau, aber auch in anderen Industriezweigen, hielten die Mikroelektronik und Robotertechnik Einzug. Von 1981 bis Ende 1985 stieg die Anzahl der eingesetzten Industrieroboter von 13 680 auf 56 601. Viel wurde getan, um veredelte Produkte herzustellen und die einheimische Rohstoffbasis umfassender zu nutzen, vor allem noch mehr Braunkohle zu fördern, andere Energieträger dadurch zu ersetzen und den Material-, Rohstoff- und Energieverbrauch überhaupt zu senken. Als Schlüsselfrage erwies sich dabei erneut, die Ergebnisse von Wissenschaft und Technik möglichst rasch für die Volkswirtschaft wirksam zu machen.

Die Akademie der Wissenschaften, deren Präsident seit 1979 Werner Scheler war, und die Universitäten und Hochschulen hatten daran zunehmenden Anteil. Seit 1985 wurde deren Zusammenarbeit mit der Volkswirtschaft, besonders den Kombinaten, auf feste vertragliche Grundlagen gestellt.

Wachsende Bedeutung für die Intensivierung der Volkswirtschaft der DDR erlangte die Zusammenarbeit mit der UdSSR und den anderen Ländern des RGW. Sie kam auch auf solch entscheidenden Gebieten voran wie der Entwicklung und Anwendung der Mikroelektronik, der Robotertechnik und Kernenergetik sowie bei der Einsparung und rationellen Nutzung von Brennstoffen, Energie und Rohstoffen. Die zunehmende Intensivierung der Produktion hat auch das Komplexprogramm des wissenschaftlich-technischen Fortschritts der Mitgliedsländer des RGW bis zum Jahre 2000 zum Ziel, das im Dezember 1985 unterzeichnet wurde. Die DDR unterstützte alle vereinbarten Maßnahmen nachdrücklich. Sie trat besonders für eine höhere Effektivität der Zusammenarbeit im RGW ein.

Allein mit der Sowjetunion bestanden 1985 mehr als 200 Abkommen auf ökonomischem Gebiet. Sie brachten die ganze Vielfalt und Langfristigkeit der beiderseitigen wirtschaftlichen und wissenschaftlich-technischen Beziehungen zum Ausdruck. Der Warenaustausch zwischen beiden Staaten stieg im Fünfjahrplan 1981–1985 auf über 300 Milliarden Valutamark gegenüber 177 Milliarden in den Jahren 1976–1980. Im Oktober 1984 wurde ein langfristiges Programm der Zusammenarbeit der DDR und der UdSSR in Wissenschaft, Technik und Produktion bis zum Jahre 2000 unterzeichnet, dessen Realisierung zur weiteren Verflechtung der Volkswirtschaften beider Länder führen wird. Es entspricht Erfordernissen zur Intensivierung der Produktion. Auch mit den anderen Staaten des RGW vereinbarte die DDR solche Programme.

Die DDR beteiligte sich an Maßnahmen zur Durchführung des Lebensmittel- und Konsumgüterprogramms sowie an solchen Objekten in der Sowjetunion, mit denen die Rohstoffversorgung der DDR auf lange Sicht gewährleistet wird. Dazu gehört die 4451 Kilometer lange Erdgasleitung Urengoi-Ushgorod, die trotz der Embargo-Politik der USA im August 1983 vorfristig fertiggestellt wurde. Auch der 137,5 Kilometer umfassende ‹DDR-Abschnitt› wurde vorfristig übergeben.

Zur Bewältigung der wachsenden Warenströme zwischen beiden Ländern trägt eine Eisenbahnfährverbindung zwischen dem Hafen Saßnitz/Mukran auf Rügen und dem Hafen Klaipeda in der Litauischen SSR wesentlich bei, mit deren Errichtung 1982 begonnen und die 1986 in Betrieb genommen wurde.

Der auf Intensivierung und höhere Effektivität gerichteten ökonomischen Strategie kam das hohe Qualifikationsniveau der Werktätigen der DDR sehr zugute. Von 1970 bis 1981 hatte sich die Anzahl der Berufstätigen mit Hoch- oder Fachschulabschluß in der Volkswirtschaft verdoppelt; sie war von 716 300 auf über 1,4 Millionen gestiegen. In der gleichen Zeit erhöhte sich die Zahl der Meister und Facharbeiter von 3,2 auf 4,7 Millionen. Am Ende des Fünfjahrplans verfügten 85 Prozent aller Berufstätigen über eine abgeschlossene Berufsausbildung, 21 Prozent über einen Hoch- oder Fachschulabschluß.

Diesen ‹goldenen Fonds› zu nutzen war eine vorrangige Aufgabe aller Leiter, der aber noch nicht überall voll entsprochen wurde.

Die ökonomische Strategie für die achtziger Jahre bestimmte mehr und mehr den Inhalt des sozialistischen Wettbewerbs. Viele Kollektive waren bemüht, mehr Erzeugnisse höchster Qualität herzustellen, die Produktionssteigerung mit gleichbleibendem oder verringertem Rohstoff-, Material- und Energieverbrauch zu erzielen, die Exportverpflichtungen zu erfüllen und durch Rationalisierung mit weniger Arbeitskräften auszukommen, die dadurch frei werdenden Arbeitskräfte konnten andere Aufgaben übernehmen. Ein Beispiel dafür lieferten die Werktätigen vom Stammbetrieb des VEB Petrolchemisches Kombinat Schwedt, die 1982 mit der Losung ‹Weniger produzieren mehr› an die Öffentlichkeit traten. Ihr Anliegen war, die zur Ausweitung der Produktion erforderlichen Arbeitskräfte selbst zu gewinnen. Mit dieser Initiative wurden 1978–1985 im Kombinat 7618 Arbeitskräfte freigesetzt, die qualitativ neue und höherwertige Aufgaben übernahmen.

Auch in der metallverarbeitenden Industrie und in anderen Industriezweigen wurden durch Investitionen und Rationalisierungsmaßnahmen mehr Arbeitsplätze eingespart als neu geschaffen. Doch gab es auch weiterhin Beispiele, daß beim Einsatz neuer Technik der Bedarf an Arbeitskräften wuchs.

In den vorderen Reihen des sozialistischen Wettbewerbs stand erneut die Jugend. Der Zentralrat der FDJ rief im September 1982 zum ‹Friedensaufgebot der Freien Deutschen Jugend› auf. In über 45 000 Jugendbrigaden, an den zentralen Jugendobjekten ‹FDJ-Initiative Berlin›, an der 1985 mehr als 20 000 Delegierte aus allen Bezirken teilnahmen, ‹Erdgastrasse Sowjetunion›, ‹Gasleitungsbau DDR›, ‹Elektrifizierung von Strecken der Deutschen Reichsbahn› und ‹Havelobst›, in Tausenden weiteren Jugendobjekten und mit den FDJ-Initiativen ‹Mikroelektronik› und ‹Industrieroboter› sowie in der Bewegung Messe der Meister von morgen vollbrachten junge Werktätige hervorragende Leistungen. 1985 war jeder zweite Neuerer unter den Produktionsarbeitern ein Jugendlicher.

Den überwiegenden Teil der Produktion in Industrie und Bauwesen erbrachten die zentralgeleiteten Kombinate. 1985 gab es in der Industrie 129 solcher Kombinate, in denen 2,7 Millionen Werktätige beschäftigt waren, und im Bauwesen 21 mit 255 000 Arbeitern und Angestellten. Seit Ende 1981 waren weitere Kombinate gebildet worden, die den Räten der Bezirke – in Berlin dem Magistrat – zugeordnet waren. 1985 gab es 143 bezirksgeleitete Kombinate in Industrie, Bau- und Verkehrswesen mit 505 000 Beschäftigten. Die bezirksgeleiteten Industriekombinate produzierten vorwiegend Konsumgüter.

Anfang 1983 beschlossen das Politbüro des ZK der SED und der Ministerrat der DDR Maßnahmen zur weiteren Vervollkommnung der Leitung, Planung und wirtschaftlichen Rechnungsführung. Sie entsprachen der entschiedenen Hinwendung zur intensiv erweiterten Reproduktion. Wichtigster Gradmesser für die Leistungsfähigkeit und -bewertung der Kombinate und Betriebe wurde ihr Beitrag zum Nationaleinkommen. Die Nettoproduktion, der Gewinn sowie die Erzeugnisse und Leistungen für die Bevölkerung und den Export wurden deshalb zu entscheidenden Maßstäben. Erste Erfolge der neuen Maßnahmen zeigten sich seit 1983 besonders in der beträchtlich anwachsenden Nettoproduktion.

Am Ende des Fünfjahrplans verfügten die Kombinate über 95 Prozent des Forschungs- und Entwicklungspotentials der DDR. Auch Außenhandelsbetriebe wurden bei Beibehaltung des staatlichen Außenhandelsmonopols den Kombinaten zugeordnet. Der Kreislauf der intensiv erweiterten Reproduktion war in den Kombinaten weitestgehend geschlossen. Alle wesentlichen Phasen des Reproduktionsprozesses wurden auf der Grundlage des staatlichen Plans einheitlich geleitet. Dies schuf außerordentlich günstige Möglichkeiten für die Intensivierung der Produktion, die Senkung der Selbstkosten und die Steigerung der Arbeitsproduktivität und der Exportleistungen.

1985 wurden mehr als zwei Drittel des Nationaleinkommens der DDR in den Industriekombinaten erzeugt. Die Kombinate und ihre Betriebe bewährten sich als Rückgrat der sozialistischen Planwirtschaft unter den Bedingungen der Intensivierung. Sie trugen entscheidend zur Realisierung der ökonomischen Strategie der SED, insbesondere zur Bewältigung der wissenschaftlich-technischen Revolution, bei.

Eine notwendige Ergänzung zu den die Volkswirtschaft bestimmenden Kombinaten bildete das genossenschaftliche und private Handwerk. 1985 waren 264 000 Werktätige, die Lehrlinge nicht gerechnet, im Handwerk (ohne Bauhandwerk) tätig, 110 000 waren private Handwerker. Mit Reparaturen und Dienstleistungen erbrachten sie einen wichtigen und unersetzlichen Beitrag zur Politik der Hauptaufgabe. Von 1975 bis 1985 verdoppelte sich der Wert der für die Bevölkerung erbrachten Dienstleistungen und Reparaturen. Die wachsende Zahl neu eröffneter Handwerksbetriebe, Einzelhandelsgeschäfte und Gaststätten und vielfältige staatliche Förderungsmaßnahmen zeugten davon, daß auch private Handwerker, Einzelhändler und Gewerbetreibende ihren gesicherten Platz im Sozialismus haben.

Wie in der Industrie wurde auch in der Landwirtschaft der Kampf um die Intensivierung der Produktion geführt. Die Genossenschaftsbauern und Landarbeiter waren bemüht, die Hektarerträge, vor allem bei Getreide und Futterpflanzen, zu steigern, um die Getreideimporte, die vom USA-Imperialismus als politisches Druckmittel mißbraucht wurden, schrittweise zu vermindern. Die SED bezeichnete das Getreideproblem in seiner Rangordnung in der internationalen Klassenauseinandersetzung als vergleichbar mit dem Erdölproblem. Höhere Hektarerträge in der Pflanzenproduktion waren auch eine wichtige Voraussetzung für die Entwicklung der Tierproduktion.

Besonders das Zusammenwirken von Pflanzen- und Tierproduktion, das zuweilen durch eine übermäßige Spezialisierung gestört war, wurde enger. Die Bildung überschaubarer territorialer Produktionseinheiten oder Arbeitsbrigaden in vielen LPG festigte die Verbindungen der Genossenschaftsbauern zum Dorf, erhöhte ihre Verantwortung für den Grund und Boden und verbesserte ihre Arbeits- und Lebensbedingungen. Auch die stärkere Förderung der individuellen Hauswirtschaften trug dazu bei.

Wie der XII. Bauernkongreß der DDR im Mai 1982 feststellte, bewährte sich das genossenschaftliche Eigentum auch im Ringen um die Intensivierung als Grundlage der sozialistischen Produktionsverhältnisse in der Landwirtschaft. Das im Juli 1982 beschlossene neue LPG-Gesetz bekräftigte die bedeutende Rolle der LPG und der Klasse der Genossenschaftsbauern in der entwickelten sozialistischen Gesellschaft. Davon zeugten auch das Anwachsen der Mitgliederzahl und der erhöhte gesellschaftliche Einfluß der VdgB als sozialistischer Massenorganisation der Genossenschaftsbauern und -gärtner. Gehörten der VdgB 1980 138 000 Mitglieder an, so 1985 bereits 529 000.

Zur weiteren Vertiefung der Kooperationsbeziehungen in der Landwirtschaft und zur Intensivierung der Produktion trugen besonders die Kooperationsräte bei. 1985 konnten ihnen bei voller Wahrung der juristischen Selbstständigkeit und ökonomischen Eigenverantwortung der LPG und VEG wirtschaftsleitende Funktionen übertragen werden. Zu dieser Zeit bestanden in der Landwirtschaft annähernd 1200 Kooperationen, in denen im allgemeinen ein Partner (LPG oder VEG) aus der Pflanzenproduktion und zwei bis drei Tierproduzenten zusammenarbeiteten. Eine 1984–1986 durchgeführte Agrarpreisreform, die besonders die Getreideerzeugung stimulierte, wirkte sich auf die Intensivierung der landwirtschaftlichen Produktion ebenfalls förderlich aus.

So entwickelte sich die sozialistische Volkswirtschaft der DDR auch unter den komplizierten außenpolitischen und außenwirtschaftlichen Bedingungen der ersten Hälfte der achtziger Jahre stabil und kontinuierlich. Wenngleich nicht in jedem Jahr alle Planziele erreicht wurden, waren die Wachstumsraten des Nationaleinkommens, der industriellen Warenproduktion und der Arbeitsproduktivität in der Industrie international beachtlich und zeugte die weitgehende Übereinstimmung von Ziel und Ergebnis von den großen Vorzügen der sozialistischen Planwirtschaft.

Von besonderer Bedeutung war, daß das Wirtschaftswachstum vor allem durch höhere Arbeitsproduktivität und Effektivität, bei einem absoluten Rückgang des Verbrauchs von Energie, Rohstoffen und Material erreicht wurde. Der Verbrauch an volkswirtschaftlich wichtigen Energieträgern, Roh- und Brennstoffen verringerte sich jährlich um 5,3 Prozent.

Auch die Genossenschaftsbauern und Landarbeiter erzielten

hervorragende Ergebnisse. Als 1982 bei Getreide mit 39,8 Dezitonnen pro Hektar wieder das ‹Rekordergebnis› von 1974 erreicht wurde, bezweifelten manche, daß solche Erfolge über längere Zeiträume möglich seien. Aber seit 1982 wurden jedes Jahr über 10 Millionen Tonnen Getreide erzeugt, und insgesamt konnte 1981–1985 ein durchschnittlicher Jahresertrag von 41,3 Dezitonnen pro Hektar erreicht werden, während es im vorangegangenen Fünfjahrplan im Jahresdurchschnitt 35,8 (und im Jahre 1949 18,1) Dezitonnen waren. 1985 erzielten die Genossenschaftsbauern und Landarbeiter eine in der DDR bisher einmalige und auch international beachtliche ‹Rekordernte›: Sie brachten 11,6 Millionen Tonnen Getreide, das heißt 46,2 Dezitonnen pro Hektar, bei Weizen sogar 52,9 Dezitonnen ein. Bei anderen Feldfrüchten waren die Ergebnisse ebenfalls sehr gut. Trotz Verlusten durch die Maul- und Klauenseuche im Jahre 1982 konnten die Tierbestände planmäßig entwickelt werden. Auch in der Landwirtschaft wurde die Produktionssteigerung bei einem günstigeren Verhältnis von Aufwand und Ergebnis, bei einem wesentlich effektiveren Einsatz der Fonds, erzielt. Die Anwendung moderner Technik und wissenschaftlicher Erkenntnisse, die genaue Beachtung der konkreten Bedingungen (schlagbezogene Höchstertragskonzeptionen und stallbezogene Höchstleistungskonzeptionen hießen die Stichworte) trugen entscheidend zur Leistungssteigerung bei.

Zum Wohle des Volkes

Mit der Wirtschaftspolitik war auch die Sozialpolitik erfolgreich. Sie wurde nicht im engen Sinne, sondern immer mehr als umfassende Gesellschaftspolitik verstanden und verwirklicht, zu der das Wohungsbauprogramm ebenso gehörte wie die Verbesserung der Arbeits- und Lebensbedingungen und der medizinischen Betreuung, die sozialen Beziehungen ebenso wie Bildungswesen und Kultur. Aus dieser komplexen Sozialpolitik erwuchsen dem Sozialismus neue Triebkräfte, sie beeinflußte die soziale Aktivität der Werktätigen wesentlich.

Das Wohnungsbauprogramm wurde in jedem Jahr übererfüllt. Der Neubau konzentrierte sich auf Häuser bis zu sechs Geschossen, die kostengünstiger sind als Hochhäuser. Im Februar 1984 bezog eine Berliner Arbeiterfamilie die zweimillionste Wohnung, die seit dem VIII. Parteitag der SED neu gebaut oder modernisiert worden war. Insgesamt entstanden seit 1971 2,4 Millionen Wohnungen, davon 988 880 – 48 000 mehr als vorgesehen – in den Jahren 1981 bis 1985. Das war die bisher größte Leistung in einem Fünfjahrplan. Für rund 7,2 Millionen Bürger verbesserten sich seit dem VIII. Parteitag die Wohnbedingungen. Der gesamte Wohnungsbestand der DDR erhöhte sich in dieser Zeit um rund 800 000, das heißt auf 6,8 Millionen Wohnungen. Allein die Hauptstadt Berlin kannte nunmehr drei neue Stadtbezirke: nach Berlin-Marzahn, wo bis Ende 1985 schon über 50 000 Wohnungen bezogen waren, auch Hohenschönhausen und Hellersdorf. 1990 werden in diesen Stadtbezirken, die praktisch neue Großstädte sind, annähernd 400 000 Bürger leben.

In den ersten Jahrzehnten war in der DDR vorwiegend extensiv, das heißt auf neuen Standorten gebaut worden. Dadurch konnten die Wohnverhältnisse vieler Menschen, vor allem Arbeiter, in einer relativ kurzen Zeit verbessert werden. Mit dem Übergang zur intensiv erweiterten Reproduktion in allen Bereichen der Volkswirtschaft wurde es notwendig und möglich, die Bautätigkeit stärker auf die intensive Stadtentwicklung zu konzentrieren. Vom Politbüro des ZK der SED und vom Ministerrat im Mai 1982 beschlossene Grundsätze für die sozialistische Entwicklung von Städtebau und Architektur in der DDR sahen unter anderem die weitere Förderung des innerstädtischen Bauens vor. Dadurch erhielt auch die Erhaltung und Modernisierung vorhandener Bauten, die fortan als eine dem Neubau gleichrangige Aufgabe galt, noch größeres Gewicht. 1985 waren 43 Prozent aller fertiggestellten Wohnungen modernisierte Wohnungen.

Die Hinwendung zum innerstädtischen Bauen bereicherte durch die harmonische Verbindung von Altem und Neuem das Bild einer wachsenden Anzahl von Städten, ließ sie schöner und attraktiver werden und half, landwirtschaftliche Nutzflächen und Erholungsgebiete zu erhalten. Neben der Rekonstruktion ganzer Straßenzüge und Wohnviertel, besonders in den Stadtzentren, wurden im Laufe des Fünfjahrplans auch repräsentative, architektonisch eindrucksvoll gestaltete Gesellschaftsbauten fertiggestellt, so 1981 das Haus der Kultur in Gera, das Neue Gewandhaus in Leipzig und das Sport- und Erholungszentrum am Berliner Friedrichshain und 1982 der Neubau der Charité in Berlin, das bisher bedeutendste Vorhaben des Hochschul- und Gesundheitswesens der DDR. 1983 empfingen das rekonstruierte Deutsche Theater und 1984 der neue Friedrichstadtpalast in Berlin ihre ersten Gäste. In alter Schönheit neu erstanden Meisterwerke der Architektur, wie das von Karl Friedrich Schinkel erbaute Schauspielhaus in Berlin und die Semperoper in Dresden, die 1984 beziehungsweise 1985 festlich eingeweiht wurden.

Von Jahr zu Jahr erhöhten sich die Zuwendungen aus den gesellschaftlichen Fonds, die Geldeinnahmen der Bevölkerung und der Einzelhandelsumsatz. Letzterer lag erstmals in jedem Jahr des Fünfjahrplans bei über 100 Milliarden Mark. Das Sortiment industrieller Konsumgüter konnte erweitert und die Qualität vieler Erzeugnisse verbessert werden. Seit 1984 nahm der Umsatz an Industriewaren, der in den drei Jahren zuvor im wesentlichen gleichgeblieben war, schneller zu als der von Nahrungs- und Genußmitteln. In den 1244 Kaufhallen, die es Ende 1985 gab, in zahlreichen Einzelhandelsgeschäften, darunter solchen von Kommissionshändlern und privaten Einzelhändlern, waren die im Binnenhandel Beschäftigten bemüht, eine kontinuierliche Versorgung der Bevölkerung zu sichern. Doch war die Nachfrage besonders bei hochwertigen Industriewaren häufig größer als das Angebot, und zum Beispiel bei Personenkraftwagen gab es lange Wartezeiten.

Lohnerhöhungen kamen unter anderen 260 000 Mitarbeitern des Gesundheitswesens zugute. Erhöht wurden die Mindestrenten und andere Renten für 2,2 Millionen Veteranen der Arbeit, die Lehrlingsentgelte und Stipendien sowie die Zuwendungen für werktätige Mütter und für Familien mit mehreren Kindern, besonders für solche mit schwerstgeschädigten Kindern. Für alle

Werktätigen, die im Dreischichtsystem arbeiten, und für Mütter mit zwei Kindern wurde die wöchentliche Arbeitszeit auf 40 Stunden herabgesetzt.

Einen unersetzlichen und wesentlichen Beitrag, um das Leben der Menschen inhaltsreicher und schöner zu gestalten, leisteten die Künste. Werke der schönen Literatur, die die großen Fragen nach dem Sinn des Lebens und dem Lebenswerten auf hohem künstlerischem Niveau erörterten, fanden Resonanz bei zahlreichen Lesern, so Jurij Brězans Roman ‹Das Bild des Vaters› (1982), in dem das würdevolle Leben und Sterben eines Steinbrucharbeiters geschildert wird, und Erwin Strittmatters Roman ‹Der Laden› (1983), der von den Leiden und Freuden einfacher Menschen zu Beginn des 20. Jahrhunderts handelt. Auf unvermindertes Interesse stieß das ‹Jahrhundertthema› der DDR-Literatur und Filmkunst, die Auseinandersetzung mit dem Faschismus, dem Autoren wie Stephan Hermlin in seiner autobiographischen Erzählung ‹Abendlicht› (1979) oder Regisseure wie Günther Rücker in dem nach einem Roman von Eva Lippold gestalteten Film ‹Die Verlobte› (1980) neue Seiten hinzufügten. Wachsenden Zuspruch fanden Museen und Kunstausstellungen, wie überhaupt die Beschäftigung mit dem geistig-kulturellen Erbe und mit der Geschichte umfassender, intensiver und vielfältiger wurde.

Enger und mannigfaltiger wurden die Beziehungen zum Kunstschaffen in der UdSSR und anderen sozialistischen Ländern. Besonders Werke der zeitgenössischen Sowjetliteratur fanden in der DDR weite Verbreitung. Die ‹Tage der Kultur der UdSSR› im Jahre 1985 in der DDR gestalteten sich wiederum zu einem kulturellen und kulturpolitischen Höhepunkt. Auch mit kapitalistischen und Entwicklungsländern erweiterte sich der Kulturaustausch wesentlich. Er gewann dem deutschen Arbeiter-und-Bauern-Staat und seiner sozialistischen Nationalkultur neue Freunde in vielen Ländern und bereicherte das geistig-kulturelle Leben in der DDR.

Es gibt nichts Wichtigeres als die Sicherung des Friedens

Da die Reagan-Administration und ihre Gefolgsleute in anderen NATO-Staaten zu Beginn der achtziger Jahre den Kurs der Hochrüstung und Konfrontation nicht nur fortsetzten, sondern eskalierten, spitzte sich die internationale Lage weiter zu. Noch nie seit dem zweiten Weltkrieg war der Frieden so bedroht. Ihren Beitrag zu leisten, um die Menschheit vor einem atomaren Inferno zu bewahren und eine Wende zur Abrüstung herbeizuführen, sah und sieht die DDR als ihre allerwichtigste Aufgabe an. Sie verstärkte deshalb ihre außenpolitischen Aktivitäten wesentlich.

Die DDR unterstützte die konsequente Friedenspolitik der Sowjetunion, sie begrüßte deren Verpflichtung, nicht als erste Kernwaffen einzusetzen, und rief die anderen Kernwaffenmächte auf, sich diesem Schritt anzuschließen. Im Sinne der Prager Deklaration der Teilnehmerstaaten des Warschauer Vertrags vom Januar 1983 trat sie für ein Abkommen über militärischen Gewaltverzicht zwischen den Warschauer Vertragsstaaten und der NATO, für den Verzicht auf Stationierung neuer Mittelstreckenraketen und die Reduzierung der vorhandenen in Europa ein. Staatsbesuche und Treffen mit den führenden Repräsentanten der UdSSR, Bulgariens, der ČSSR, Jugoslawiens, Kubas, Polens und Ungarns förderten das Zusammenwirken der sozialistischen Länder im Kampf um den Frieden und beim weiteren sozialistischen Aufbau.

Im Geiste des proletarischen Internationalismus unterstützte die DDR das polnische Nachbarvolk im Kampf gegen imperialistische Einmischung und innere Konterrevolution. Besuche einer polnischen Partei- und Staatsdelegation unter Leitung von Wojciech Jaruzelski, Erster Sekretär des Zentralkomitees der PVAP und Vorsitzender des Ministerrates der Volksrepublik Polen, im März 1982 in Berlin und einer Partei- und Staatsdelegation der DDR unter Leitung von Erich Honecker im August 1983 in Polen führten zu weitreichenden Vereinbarungen über die beiderseitige Zusammenarbeit. Eine große Ferienaktion im Sommer 1983, in deren Verlauf 100 000 Kinder und Jugendliche aus Polen in der DDR und 35 000 Jugendliche aus der DDR in Polen weilten, festigte besonders die Bindungen zwischen der jungen Generation beider Länder. Die Ferienaktion wurde in den folgenden Jahren fortgesetzt.

Die DDR begrüßte die sowjetisch-chinesischen Verhandlungen über eine Normalisierung der beiderseitigen Beziehungen und unternahm ihrerseits Schritte, um die Beziehungen zur Volksrepublik China weiter zu normalisieren.

Unter den internationalen Bedingungen zu Beginn der achtziger Jahre erlangte das gemeinsame Interesse der DDR und der befreiten Staaten in Afrika, Asien und Lateinamerika an Frieden, Sicherheit und Rüstungsbegrenzung als günstigste äußere Bedingung für eine eigenständige Entwicklung der Völker auf dem Wege des gesellschaftlichen Fortschritts zunehmendes Gewicht. Im September 1981 weilte Erich Honecker erstmals zu einem Staatsbesuch in einem lateinamerikanischen Land, den Vereinigten Mexikanischen Staaten. Dem folgten 1982 Staatsbesuche in Syrien, Zypern und Kuwait. Die im gleichen Jahr abgeschlossenen Verträge über Freundschaft und Zusammenarbeit mit der Demokratischen Republik Afghanistan und der Volksdemokratischen Republik Laos sowie der Freundschaftsbesuch des Ministerpräsidenten der unabhängigen Republik Simbabwe, Robert Mugabe, in der DDR im Mai 1983 zeugten von der engen Verbundenheit der DDR mit diesen Staaten und Völkern. Die DDR erweiterte ihre solidarische Zusammenarbeit mit Vietnam. Sie verurteilte die imperialistischen Anschläge gegen Grenada, Kuba, Libyen, Nikaragua und gegen die Befreiungsbewegung in El Salvador, gegen Moçambique und Angola, im Nahen und Mittleren Osten. Sie trat dafür ein, internationale Spannungsherde zu beseitigen und das Entstehen neuer Konflikte zu verhindern.

Mit konstruktiven Vorschlägen beteiligte sich die DDR an den Beratungen der Teilnehmerstaaten der Konferenz über Sicherheit und Zusammenarbeit in Europa, die von November 1980 bis September 1983 in Madrid stattfanden. Sie wertete das nach langwierigen Verhandlungen angenommene Schlußdokument als eine neue Chance, der Verschlechterung der internationalen Lage entgegenzuwirken und die Beziehungen zwischen den sozialistischen und den kapitalistischen Staaten Europas im Geiste der friedlichen Koexistenz auszugestalten.

Diesem Ziel diente auch der Staatsbesuch Erich Honeckers in Österreich im November 1980, der erste Besuch des Staatsoberhaupts der DDR in einem nichtsozialistischen europäischen Land. Er führte zu einer starken Belebung der politischen, wirtschaftlichen und geistig-kulturellen Beziehungen zwischen beiden Ländern. Der Staatsbesuch Erich Honeckers in Japan im Mai 1981 sowie der Meinungsaustausch von Mitgliedern des Politbüros des ZK der SED und der Regierung der DDR mit führenden Repräsentanten Belgiens, Dänemarks, Frankreichs, Griechenlands, Großbritanniens und anderer kapitalistischer Länder förderten ebenfalls die Entwicklung der gleichberechtigten, für beide Seiten vorteilhaften Zusammenarbeit. In einer Zeit, in der die USA und aggressive Kräfte der anderen NATO-Staaten die Konfrontation mit dem Sozialismus ständig verschärften, war das von besonderer Bedeutung.

Bei der Gestaltung ihrer Beziehungen zur BRD ließ sich die DDR davon leiten, daß beiden deutschen Staaten auf Grund der Erfahrungen der Geschichte und ihrer Lage an der Trennlinie zwischen Warschauer Vertrag und NATO eine besondere Verpflichtung zum Frieden obliegt. Beim Treffen Erich Honeckers mit dem Bundeskanzler der BRD, Helmut Schmidt, im Dezember 1981 am Werbellinsee erklärten beide Staatsmänner übereinstimmend, daß von deutschem Boden nie mehr ein Krieg ausgehen dürfe. In diesem Sinne war die DDR bemüht, mit der SPD-FDP-Koalition in Bonn den Prozeß der Normalisierung ihrer Beziehungen zur BRD weiterzuführen. Im Handel zwischen beiden Staaten, der sich zu Beginn der achtziger Jahre gegenüber 1975 verdoppelte, aber auch auf anderen Gebieten führte dies zu positiven Resultaten.

Das Bestreben, die Beziehungen zur BRD so zu gestalten, daß sie zur internationalen Entspannung und zur Sicherung des Friedens beitragen, bestimmte auch die Politik der DDR gegenüber der BRD nach der Bildung einer Koalitionsregierung aus CDU, CSU und FDP mit Helmut Kohl (CDU) als Bundeskanzler im Oktober 1982. Die DDR begrüßte die Erklärung der neuen Regierung, Kontinuität in der Politik gegenüber den sozialistischen Staaten zu wahren und die mit ihnen geschlossenen Verträge zu achten. Der Friedenssicherung widersprach jedoch, wie die DDR betonte, daß maßgebende Kräfte in der BRD die Politik der Hochrüstung und Konfrontation ohne Rücksicht auf die Lebensinteressen der europäischen Völker unterstützten, sich am ‹Kreuzzug gegen den Kommunismus›, zu dem die Reagan-Administration aufgerufen hatte, beteiligten und auf revanchistischen Doktrinen über das ‹Fortbestehen des Deutschen Reichs in den Grenzen von 1937› beharrten. Nur auf der Basis der in den siebziger Jahren abgeschlossenen Verträge und unter Beachtung der Normen des Völkerrechts können strittige Fragen in den Beziehungen zwischen DDR und BRD geregelt werden.

Um in der angespannten internationalen Lage wirksam zur Bewahrung des Friedens beizutragen, wurde der BRD vorgeschlagen, ebenso wie die DDR dafür zu wirken, daß bei den Verhandlungen zwischen der Sowjetunion und den USA über eine Begrenzung der nuklearen Rüstungen, die im Oktober 1980 in Genf begonnen hatten und im September 1983 in ihre entscheidende Runde eintraten, eine Vereinbarung getroffen wird, die unter Wahrung des annähernden militärischen Gleichgewichts zu einer echten Abrüstung führt. Damit würde Forderungen der weltweiten Friedensbewegung entsprochen, die auch in den kapitalistischen Ländern zu Beginn der achtziger Jahre Dimensionen erreichte wie nie zuvor, und ebenso den Lebensinteressen der Bevölkerung der BRD, die sich bei Befragungen zu 75 Prozent gegen die Aufstellung neuer Atomraketen der USA aussprach.

Entgegen dem Willen der Völker – so erlebten Bonn, Hamburg, London, Rom und andere Städte im Oktober 1983 die größten Friedenskundgebungen in ihrer Geschichte; allein in Bonn beteiligten sich eine halbe Million Rüstungsgegner – zeigten die USA bei den Genfer Verhandlungen keinerlei Kompromißbereitschaft, so daß diese scheiterten. Bereits im März hatte Präsident Reagan ein Programm zur Militarisierung des Kosmos verkündet. Als ‹Strategische Verteidigungsinitiative› (SDI) getarnt, sollte dies der entscheidende Schritt sein, um militärische Überlegenheit über die Sowjetunion zu erlangen. Im November begannen die USA mit der Stationierung von Pershing-II-Raketen und Cruise Missiles in Westeuropa. Dieser folgenschwere Schritt zwang die UdSSR und ihre Verbündeten zu Gegenmaßnahmen, um eine Zerstörung des annähernden militärstrategischen Gleichgewichts nicht zuzulassen. So wurde auf den Territorien der DDR und der ČSSR mit den Vorbereitungen zur Stationierung operativ-taktischer Raketen begonnen.

Auf die von vielen Menschen gestellte Frage, wie es angesichts der zugespitzten Lage weitergehen sollte, erklärte Erich Honecker namens der SED: ‹Der Kampf für die Abwendung eines nuklearen Weltkrieges, für die Beendigung des Wettrüstens wird jetzt erst recht fortgesetzt. Die Verpflichtung, alles für die Sicherung des Friedens zu tun, ist um so größer, und wir werden sie erfüllen. Das vorrangige Ziel der Außen- und Sicherheitspolitik der DDR bleibt es, ihren Beitrag zu leisten, damit ein nukleares Inferno verhindert und der Weltfrieden gesichert wird. Nach wie vor gibt es zur Politik der friedlichen Koexistenz von Staaten unterschiedlicher sozialer Ordnung keine vernünftige Alternative. Mehr denn je gilt es, die Kräfte für ihre Durchsetzung zu mobilisieren. Die weltweite Friedensbewegung ist nachdrücklich aufgerufen, ihr Handeln zu verstärken.›/30/

Die Regierung Kohl, die bedingungslos die Politik der Reagan-Administration unterstützte, und die Mehrheit von CDU/CSU und FDP im Bundestag der BRD, die am 22. November 1983 im Gegensatz zu den Fraktionen der SPD und der Grünen der Stationierung der USA-Raketen zustimmte, luden eine schwerwiegende Verantwortung auf sich. Ihre Entscheidung gefährdete auch das Anfang der siebziger Jahre entstandene Vertragswerk, einschließlich der Verträge zwischen beiden deutschen Staaten. Die DDR trat dafür ein, wie Erich Honecker betonte, ‹den Schaden möglichst zu begrenzen. Das bestehende Vertragssystem bleibt auch weiterhin eine gute Grundlage für die Entwicklung friedlicher Beziehungen zwischen den Staaten, wenn das bisher Erreichte gewahrt und im Einklang mit seinen Bestimmungen ausgebaut wird.›/31/

Gemeinsam mit den anderen Staaten des Warschauer Vertrags wirkte die DDR beharrlich dafür, die von den USA vorbereitete Militarisierung des Weltraums zu verhindern und das Wettrüsten auf der Erde zu beenden, die nuklearen Rüstungen zu begrenzen und zu reduzieren. Zugleich betonte sie, daß eine Abrüstung nach dem Prinzip der Gleichheit und der gleichen Sicherheit erfolgen muß.

Um der imperialistischen Hochrüstungspolitik wirksam begegnen zu können, hält es die DDR für notwendig, eine weltweite Koalition der Vernunft und des Realismus zu schaffen und mit all jenen zusammenzuwirken, die in einem atomaren Inferno die Hauptgefahr für die Menschheit sehen. In diesem Sinne führte Erich Honecker in den Jahren 1984 und 1985 Gespräche mit führenden Repräsentanten der neutralen Staaten Finnland, Malta, Österreich und Schweden, der NATO-Staaten BRD, Frankreich, Griechenland, Italien und Kanada. Bei diesen Unterredungen sowie bei zahlreichen weiteren Treffen von führenden Politikern der DDR mit solchen aus kapitalistischen Ländern und mit Vertretern der Wirtschaft wurde übereinstimmend die Verhinderung eines Kernwaffenkrieges als erste Aufgabe jeder verantwortungsbewußten Politik bezeichnet. In einer gemeinsamen Erklärung stellten Erich Honecker und der Bundeskanzler der BRD, Helmut Kohl, im März 1985 fest, daß die Unverletzlichkeit der Grenzen und die Achtung der territorialen Integrität und Souveränität aller Staaten in Europa grundlegende Bedingungen für den Frieden sind.

Von besonderer Bedeutung war die Annäherung der Standpunkte von SED und SPD in wichtigen Fragen des Weges zu einem gesicherten Frieden. Im Juni 1985 informierten Delegationen beider Parteien über einen gemeinsam erarbeiteten Rahmen für ein Abkommen zur Bildung einer von chemischen Waffen freien Zone in Europa, den die Regierungen der DDR und der ČSSR im September der BRD-Regierung als Verhandlungsvorschlag unterbreiten. SED und SPD sprachen sich ebenfalls dafür aus, atomwaffenfreie Zonen in Europa als Vorstufe zu einem von Kernwaffen freien Kontinent zu schaffen, und begannen mit der Ausarbeitung konkreter Vorschläge über eine solche Zone in Mitteleuropa. Diese Schritte, die auch von anderen sozialdemokratischen Parteien begrüßt wurden, bewiesen, daß es trotz politischer und ideologischer Gegensätze möglich ist, gemeinsam gangbare Wege zur Friedenssicherung zu finden.

Anläßlich des Aufenthalts von Partei- und Regierungsdelegationen der ČSSR, der Koreanischen Demokratischen Volksrepublik, mit der ein Vertrag über Freundschaft und Zusammenarbeit abgeschlossen wurde, Nikaraguas, Polens und Rumäniens sowie bei Staatsbesuchen in Algerien, Äthiopien, Jugoslawien, Polen und Ungarn in den Jahren 1984 und 1985 bekräftigte Erich Honecker die gemeinsamen Interessen zwischen der DDR und diesen Ländern im Kampf um Frieden und Sozialismus. Auch die Begegnung zwischen führenden Repräsentanten der DDR und der Volksrepublik China ergaben Übereinstimmung in dem Ziel, die beiderseitigen Beziehungen kontinuierlich weiterzuentwickeln und für den Frieden zu wirken. 1985 wurde ein langfristiges Handels- und Zahlungsabkommen für die Jahre 1985–1990 unterzeichnet, das den Ausbau der wirtschaftlichen Zusammenarbeit mit diesem großen sozialistischen Land vorsieht.

Zu einem neuen Höhepunkt in den Beziehungen DDR–UdSSR wurde der Freundschaftsbesuch Erich Honeckers in der Sowjetunion im Mai 1985. Bei der Begegnung mit Michail Gorbatschow, Generalsekretär des Zentralkomitees der KPdSU seit März 1985, brachten beide Generalsekretäre die Entschlossenheit zum Ausdruck, die Beziehungen zwischen der DDR und der UdSSR auf allen Gebieten weiter zu vertiefen. Die einseitige Einstellung sämtlicher Kernwaffenversuche der UdSSR ab 6. August 1985 wurde von der DDR begrüßt, die die anderen Kernwaffenmächte aufrief, sich der sowjetischen Initiative anzuschließen. Nachdrücklich unterstützte die DDR das im Januar 1986 von Michail Gorbatschow unterbreitete umfassende Abrüstungsprogramm, das vorsieht, bei einem Verbot aller kosmischen Angriffswaffen alle Atomwaffen und ihre Trägermittel bis zur Jahrtausendwende vollständig zu beseitigen.

Dieses Friedensprogramm fand die ungeteilte Zustimmung aller Klassen und Schichten des Volkes der DDR, aller Parteien und Organisationen, der Marxisten wie der Christen und der Bürger jüdischen Glaubens, der Deutschen wie der sorbischen Minderheit. Das großartige Ziel einer Welt ohne Atomwaffen bestärkte sie in der Entschlossenheit, alles zu tun, um zur Abrüstung und Entspannung, zu einem gesicherten Frieden beizutragen.

Wie tief der Wille zum Frieden im Volk der DDR verankert ist, verdeutlichte auch der Massenwettbewerb zur Vorbereitung auf den XI. Parteitag der SED, der unter der Losung geführt wurde: ‹Mein Arbeitsplatz – mein Kampfplatz für den Frieden.›

Der XI. Parteitag der SED

Vom 17. bis 21. April 1986 fand in Berlin der XI. Parteitag der SED statt.

Auf dem Parteitag waren 143 Abordnungen kommunistischer und Arbeiterparteien, revolutionär-demokratischer Parteien und Organisationen, nationaler Befreiungsbewegungen sowie sozialistischer und sozialdemokratischer Parteien vertreten. Das war die bisher stärkste Teilnahme ausländischer Delegationen an einem Parteitag der SED.

Erich Honecker, der den Bericht des Zentralkomitees erstattete, konnte feststellen, daß auch unter den Bedingungen harter Auseinandersetzungen um die Erhaltung des Friedens die Beschlüsse des X. Parteitags erfüllt wurden. Die sozialistische Gesellschaft in der DDR, sagte der Generalsekretär, ‹ist zwar noch nicht vollkommen, wir sind jedoch gut vorangekommen›/32/. Im Fünfjahrplan 1981–1985 wurde insgesamt ein Nationaleinkommen von 1,063 Billionen Mark erzeugt, ein Viertel mehr als im vorangegangenen Jahrfünft. Mit 233 Milliarden lag das produzierte Nationaleinkommen im Jahre 1985 um 24,6 Prozent höher als 1980. Das größere Nationaleinkommen wurde zu über 90 Prozent durch die Steigerung der Arbeitsproduktivität erwirtschaftet. Diese wuchs in der Industrie um 38 Prozent. Die Nettoproduktion der Industrie erhöhte sich wesentlich schneller als die Warenproduktion. Es gelang, den Übergang zur umfassenden Intensivierung zu vollziehen und einen tiefgreifenden Erneuerungsprozeß der Produktion einzuleiten. Das war die bedeutendste wirtschaftliche Leistung dieser Jahre. Auch in der Landwirtschaft wurde die Wende zur umfassenden Intensivierung erreicht.

Eine hervorragende volkswirtschaftliche Leistung war die Erhöhung des Außenhandelsumsatzes, vor allem der Exporte. Trotz des harten Konkurrenzkampfes auf dem kapitalistischen Weltmarkt stieg der Außenhandelsumsatz jährlich um rund 15 Prozent und lag 1985 um 50 Prozent höher als 1980. Von 1982 an konnte erstmals seit 1968 wieder in jedem Jahr eine aktive Bilanz im gesamten Außenhandel und bereits seit 1981 im Handel mit entwickelten kapitalistischen Ländern erzielt werden.

Im Sinne der Einheit von Wirtschafts- und Sozialpolitik wurde die beträchtlich gewachsene Wirtschaftskraft der DDR dafür genutzt, das materielle und kulturelle Lebensniveau des Volkes zu sichern und weiter zu erhöhen. Die konsequente Verwirklichung der Hauptaufgabe seit den historischen Beschlüssen des VIII. Parteitags der SED im Jahre 1971, die kontinuierliche ökonomische und soziale Entwicklung der DDR im Verlauf von nunmehr schon drei Fünfjahrplänen war ein unübersehbarer Beweis für die Leistungsfähigkeit ihrer sozialistischen Gesellschaftsordnung.

Ausgehend von dieser erfolgreichen Bilanz, beschloß der XI. Parteitag, den Kurs der Hauptaufgabe mit dem Blick auf das Jahr 2000 fortzusetzen. Die ökonomische Strategie der SED, die erneut in zehn Schwerpunkten zusammengefaßt wurde, zielt auf die umfassende und dauerhafte Verbindung der Vorzüge des Sozialismus mit der rasch voranschreitenden wissenschaftlich-technischen Revolution. Um ein Wachstum des Nationaleinkommens auf 125 Prozent bis 1990 zu erreichen und auf breiter Basis Spitzenergebnisse zu erzielen, ist eine noch engere Verbindung von Wissenschaft und Produktion, ist vor allem die umfassende und ökonomisch effektive Anwendung der modernen Schlüsseltechnologien erforderlich, damit so die Intensivierung der Volkswirtschaft vertieft und die Arbeitsproduktivität beträchtlich gesteigert wird. Die Aufgaben auf den Gebieten der Mikroelektronik, der Robotertechnik und der CAD/CAM-Lösungen, bei einer höheren stoffwirtschaftlichen Verwertung in der chemischen und der weiteren Erhöhung des Anteils veredelter Erzeugnisse in der metallurgischen Industrie, die neuen Aufgaben in der Landwirtschaft und in anderen Bereichen sowie die Konsequenzen für die Außenwirtschaft und für das Bildungswesen nahmen deshalb in den Beratungen des Parteitags breiten Raum ein. Dieser ökonomischen Strategie entspricht die vom Parteitag beschlossene Direktive zum Fünfjahrplan 1986–1990, die Günter Mittag und Willi Stoph begründeten.

Mit dem dynamischen und stabilen Wirtschaftswachstum sollen die materiellen und kulturellen Lebensbedingungen des Volkes weiter verbessert werden. Es ist vorgesehen, bis 1990 mehr als 1 Million Wohnungen neu zu bauen oder zu modernisieren und damit die Wohnungsfrage in ihrer sozialen Dimension zu lösen. Die Nettogeldeinnahmen der Bevölkerung und der Einzelhandelsumsatz sollen sich gegenüber 1985 um mehr als 20 Prozent erhöhen.

Die vom Parteitag formulierten außenpolitischen Ziele bestätigten, daß Kampf um die Sicherung des Friedens und Politik zum Wohle des Volkes in der Strategie der SED eine Einheit bilden. Angesichts der Zuspitzung der internationalen Lage durch maßgebende Kreise der USA und der anderen NATO-Staaten sah und sieht es die SED in Übereinstimmung mit dem vom XXVII. Parteitag der KPdSU im Februar 1986 beschlossenen Friedensprogramm als entscheidende Aufgabe an, ihren Beitrag zur Stärkung des Sozialismus und zur Minderung der Kriegsgefahr zu leisten. Sie wird sich weiterhin für den Aufbau des Bruderbundes mit der Sowjetunion und den anderen sozialistischen Staaten und für das gemeinsame Handeln aller Kräfte des Friedens, der Vernunft und des Realismus mit dem Ziel einsetzen, eine Gesundung der internationalen Lage und die Rückkehr zur Entspannung herbeizuführen. Die Friedenssicherung bleibt auch in den Beziehungen zwischen DDR und BRD die entscheidende Frage.

Einhellige Zustimmung bei den Delegierten, im Volk der DDR und bei den friedliebenden Menschen in aller Welt fand die von Michail Gorbatschow von der Tribüne des Parteitags verkündete neue Friedensinitiative der UdSSR, die nunmehr auch dem Abbau der konventionellen Waffen galt. Sie sieht eine bedeutende Reduzierung der Landstreitkräfte und der taktischen Luftstreitkräfte der europäischen Staaten sowie der in Europa stationierten entsprechenden Verbände der USA und Kanadas vor.

Das vom XI. Parteitag gewählte Zentralkomitee wählte Erich Honecker erneut zu seinem Generalsekretär. Zu Mitgliedern des Politbüros wurden gewählt: Hermann Axen, Hans-Joachim Böhme, Horst Dohlus, Werner Eberlein, Werner Felfe, Kurt Hager, Joachim Herrmann, Erich Honecker, Werner Jarowinsky, Heinz Keßler, Günther Kleiber, Egon Krenz, Werner Krolikowski, Siegfried Lorenz, Erich Mielke, Günter Mittag, Erich Mückenberger, Alfred Neumann, Günter Schabowski, Horst Sindermann, Willi Stoph, Harry Tisch; zu Kandidaten des Politbüros: Ingeburg Lange, Gerhard Müller, Margarete Müller, Gerhard Schürer, Werner Walde.

Die Beschlüsse des XI. Parteitags der SED leiteten eine neue Wegstrecke bei der Gestaltung der entwickelten sozialistischen Gesellschaft in der DDR und im Kampf um den Frieden ein. Sie bestärkten das Volk der DDR in der Gewißheit, in dieser bewegten, kampferfüllten Zeit auch den Anforderungen der Zukunft gewachsen zu sein.

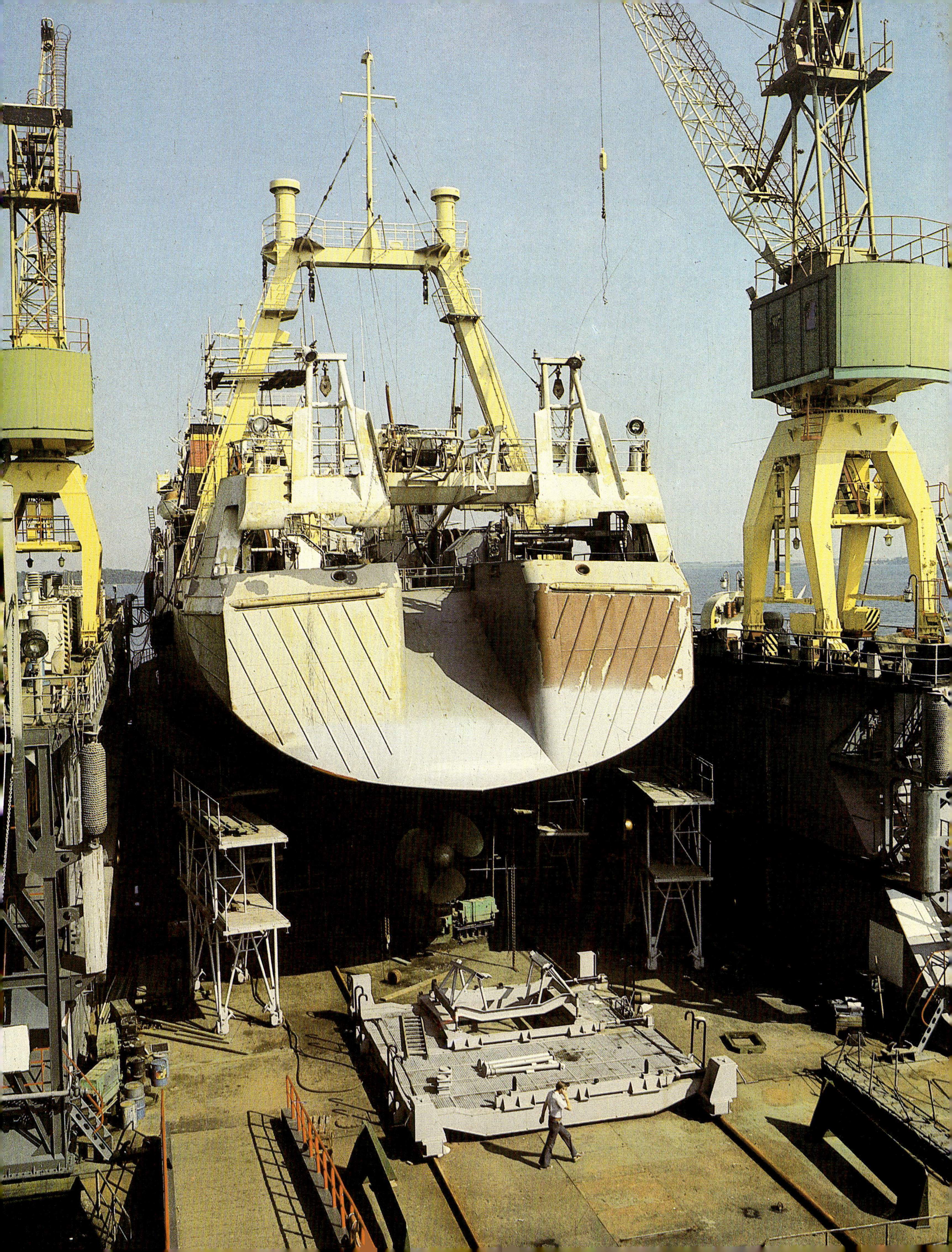

Eine neue Etappe

Vom 15. bis 19. Juli 1971 war die Berliner Werner-Seelenbinder-Halle Tagungsort des VIII. Parteitages der SED. Seine Beschlüsse gaben eine weitreichende Orientierung für die Entwicklung der sozialistischen Gesellschaft in der DDR. Zum Parteitag waren 2057 Delegierte mit beschließender und 74 mit beratender Stimme gewählt worden. Sie vertraten 1 845 280 Mitglieder und 64 579 Kandidaten der Partei, die in 72 207 Grundorganisationen organisiert waren. 94 Bruderparteien hatten ihre Vertreter nach Berlin gesandt

Leonid Iljitsch Breshnew, Generalsekretär des ZK der KPdSU, überreichte Erich Honecker, Erster Sekretär des ZK der SED, das Grußschreiben seiner Partei an den VIII. Parteitag der SED

Am 26. Mai 1972 unterzeichneten Dr. Michael Kohl, Staatssekretär beim Ministerrat der DDR, und Egon Bahr, Staatssekretär im Bundeskanzleramt der BRD, in der Hauptstadt der DDR, Berlin, einen Vertrag über Fragen des Transitverkehrs. Es war der erste staatliche Vertrag zwischen den beiden Staaten

Im Mai 1973 nahm eine Delegation der DDR unter Leitung des Ministers für Gesundheitswesen, Prof. Dr. Mecklinger (Mitte), an der Tagung der Weltgesundheitsorganisation in Genf teil

Mitglied der Weltorganisation

In seiner ersten Ansprache vor dem Forum der Vollversammlung der Vereinten Nationen sagte Otto Winzer: ‹Die Außenpolitik unseres Staates ist entsprechend den Grundsätzen der Charta der Vereinten Nationen auf Verständigung und friedliche Zusammenarbeit zwischen den Staaten ausgerichtet. Sie tritt entschieden dafür ein, Gewaltandrohung und Gewaltanwendung aus den zwischenstaatlichen Beziehungen für immer zu verbannen. Sie verurteilt koloniale und rassistische Unterdrückung und Ausbeutung der Völker. Sie übt Solidarität mit den um ihre Befreiung kämpfenden Völkern. In enger Verbundenheit mit der Union der Sozialistischen Sowjetrepubliken und anderen sozialistischen Staaten wird die Deutsche Demokratische Republik konstruktiv mit allen Staaten zur Erfüllung der Aufgaben der Vereinten Nationen zusammenarbeiten›

Die 28. UNO-Vollversammlung beschloß am 18. September 1973 die Aufnahme der DDR in die Weltorganisation. Der Chef des Protokolls der Vollversammlung geleitete den Außenminister der DDR, Otto Winzer, zu seinem Platz. Die von imperialistischen Mächten gegen die DDR verhängte diplomatische Blockade war endgültig zusammengebrochen

X. Festival

Walentina Nikolajewa-Tereschkowa, die erste Kosmonautin, und Angela Davis, die Kommunistin aus den USA, gehörten zu den gefeierten Ehrengästen des X. Festivals

Über 25 600 Repräsentanten verschiedener Strömungen der internationalen Jugendbewegung kamen vom 28. Juli bis 5. August 1973 aus 140 Ländern nach Berlin zu den X. Weltfestspielen der Jugend und Studenten. Die weit über 1500 politischen, kulturellen und sportlichen Veranstaltungen standen unter der Festivallosung ‹Für antiimperialistische Solidarität, Frieden und Freundschaft›. Am Abend des 5. August verlas Angela Davis auf dem Marx-Engels-Platz vor Zehntausenden FDJlern und ihren Gästen den Ruf der Jugend der Welt. In ihm hieß es: ‹Wir werden unsere Aktionen und unseren Kampf verstärken, wir werden unsere Anstrengungen vereinen und unsere Zusammenarbeit festigen, um das Streben nach Frieden und sozialem Fortschritt unaufhaltsam zu machen›

Berlins historische Straße Unter den Linden

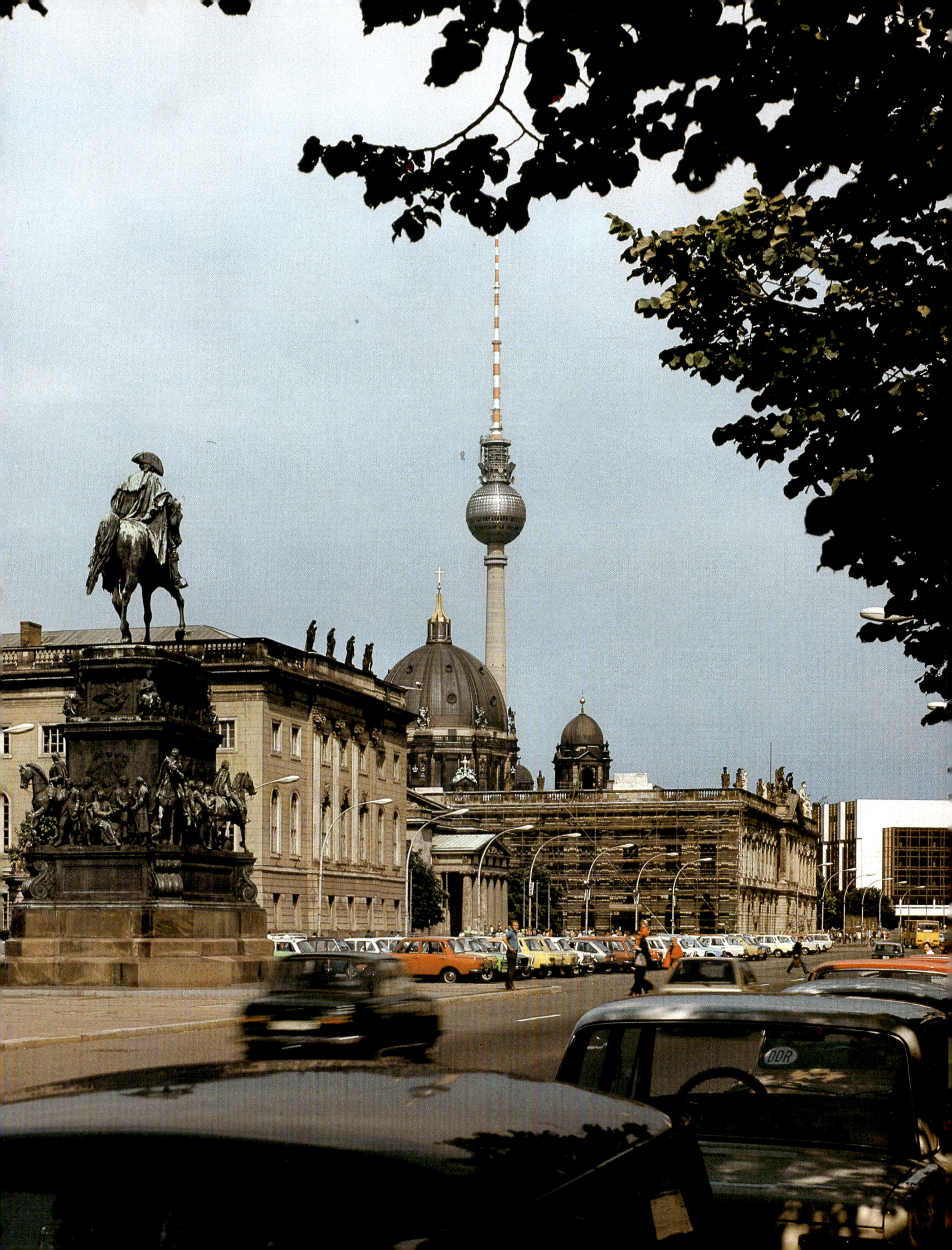
DDR

OS LAUBSDORF:
CHILE
WIR STÄRKEN DIE

DAS KOLLEKTIV Dr. SALVADOR ALLENDE
SALUDOS CAMARADA LUIS CORVALAN

Kraft der Solidarität

In Cottbus riefen Jugendliche zur Solidarität mit dem chilenischen Volk auf

Luis Corvalan, Generalsekretär der KP Chiles, besuchte Anfang 1977 die DDR. Die Kraft der internationalen Solidarität hatte das faschistische Regime in Chile gezwungen, ihn aus der Gefangenschaft zu entlassen

Auf Getreidefeldern Angolas bildeten Spezialisten aus der DDR Angolaner zu Facharbeitern aus

Auf einer machtvollen Massenkundgebung brachten Bürger Berlins am 14. September 1973 ihre Solidarität mit dem Volk Chiles zum Ausdruck

Solidaritätsaktion der Journalisten der Hauptstadt auf dem Berliner Alexanderplatz. Seit 1970 wird diese zur Tradition gewordene Veranstaltung jährlich Anfang September durchgeführt. Mit den Journalisten bekannten und bekennen sich Jahr für Jahr Tausende Bürger und Gäste Berlins in vielfältiger Weise zur internationalen Solidarität

Meister von morgen

Frauensonderklasse an der Schule der Konsumgenossenschaften in Kühlungsborn. Der Anteil der weiblichen Studierenden stieg in der DDR an den Fachschulen in den Jahren 1949 bis 1981 von 22,0 Prozent auf 72,7 Prozent und an den Hochschulen von 18,6 Prozent auf 48,8 Prozent

Schüler der 8. Klasse einer Rostocker Oberschule besuchten während einer Jugendstunde die astronomische Station ihrer Heimatstadt. Die 1965 eröffnete Station verfügt über Lehr- und Unterrichtsräume, ein Planetarium, Schul- und Amateurfernrohre, Spiegelteleskope und einen Refraktor für den Unterricht

Ein Jugendkollektiv aus dem VEB Suhler Fahrzeug- und Jagdwaffenwerk entwickelte eine Vorrichtung, mit deren Hilfe sich Montagearbeiten wesentlich erleichtern und beschleunigen lassen. In der DDR wuchs die Zahl der Teilnehmer an den Messen der Meister von morgen von 615 600 im Jahr 1970 auf 2 483 900 im Jahr 1980. Die Exponate erhöhten sich im gleichen Zeitraum von 128 300 auf 740 300

Sanssouci

Ende April 1945 gerieten Potsdams Schlösser und Gärten in die Kampflinie. Der faschistische Gauleiter von Brandenburg befahl die Zerstörung von Sanssouci. Das sowjetische Armee-Oberkommando erteilte Oberleutnant Jewgeni Fjodorowitsch Ludschuweit den Befehl, die Anlagen vor Zerstörungen zu bewahren. Am 28. April 1945 sandte der Oberleutnant einen Funkspruch an das faschistische Oberkommando, in dem er anbot, die Schlösser und Gärten nicht zu beschießen, sie nicht in die Kampfzone einzubeziehen. Das sowjetische Kommando hielt sich an diesen Funkspruch und führte seine Angriffsoperationen so, daß Park und Schlösser weitgehend verschont blieben. Oberleutnant Ludschuweit erhielt die Befehlsgewalt über die kulturhistorisch so wertvollen Anlagen. Er berichtete: ‹Ich war zwar Kommandant von Sanssouci, hatte aber in den ersten Tagen so gut wie gar keine Soldaten zur Verfügung. Die Kämpfe waren noch im Gange, und jeder Mann wurde gebraucht ... Ich nahm Leichtverwundete und Genesende in die ‹Parkarmee› auf. Und trotzdem reichte es nicht für die riesigen Flächen, die zu bewachen waren. Oft stand ich nachts auf, um zu kontrollieren, ob auch alles in Ordnung war. In der Zwischenzeit gingen die Arbeiten in und an Sanssouci weiter. Wir besorgten solche Kostbarkeiten wie Zement, begannen die Kuppel des Schlosses auszubessern ...› Am 20. Jahrestag der Befreiung verlieh die Stadt Potsdam an Professor Ludschuweit, ehemaliger Oberleutnant der Sowjetarmee, die Ehrenbürgerrechte

Neue Kammern im Park von Sanssouci

Neue Dimensionen

Schafherde des Gemeindeverbandes Großengottern. Der Schafbestand betrug 1955 in der Republik 1 807 400 Tiere, 1981 2 169 000 Tiere. Die Wollproduktion pro Schaf stieg im gleichen Zeitraum von 1,9 kg auf 2,9 kg

Großanlage für Rindermast. Der Rinderbestand in der Landwirtschaft der DDR wuchs von 3 614 700 Tieren im Jahr 1950 auf 5 749 200 im Jahr 1981. In der gleichen Zeit stieg die Milchproduktion pro Kuh von 1 891 kg auf 3 872 kg. Die gesamte Fleischproduktion der DDR erreichte 1981 die Höhe von 1 601 400 t. 1960 hatte sie noch 684 000 t betragen

Düngung aus der Luft. Agrarflieger düngten 1973 996 600 ha. Sie steigerten diese Leistung für die Landwirtschaft bis 1981 auf 2 483 700 ha. Für Düngung und Pflanzenschutz in der Land- und Forstwirtschaft wandten Piloten 1970 21 202 Flugstunden auf. 1981 waren es 103 653 Flugstunden

Helsinki

Aus der Schlußakte der Konferenz über Sicherheit und Zusammenarbeit in Europa vom 1. August 1975: ‹Die Teilnehmerstaaten werden gegenseitig ihre souveräne Gleichheit und Individualität sowie alle ihrer Souveränität innewohnenden und von ihr umschlossenen Rechte achten, einschließlich insbesondere des Rechtes eines jeden Staates auf rechtliche Gleichheit, auf territoriale Integrität sowie auf Freiheit und politische Unabhängigkeit. Sie werden ebenfalls das Recht jedes anderen Teilnehmerstaates achten, sein politisches, soziales, wirtschaftliches und kulturelles System frei zu wählen und zu entwickeln, sowie sein Recht, seine Gesetze und Verordnungen zu bestimmen ... Die Teilnehmerstaaten werden sich in ihren gegenseitigen Beziehungen sowie in ihren internationalen Beziehungen im allgemeinen der Androhung oder Anwendung von Gewalt, die gegen die territoriale Integrität oder politische Unabhängigkeit irgendeines Staates gerichtet oder auf irgendeine andere Weise mit den Zielen der Vereinten Nationen und mit der vorliegenden Erklärung unvereinbar ist, enthalten ... Die Teilnehmerstaaten betrachten gegenseitig alle ihre Grenzen sowie die Grenzen aller Staaten in Europa als unverletzlich und werden deshalb jetzt und in der Zukunft keinen Anschlag auf diese Grenzen verüben. Dementsprechend werden sie sich auch jeglicher Forderung oder Handlung enthalten, sich eines Teiles oder des gesamten Territoriums irgendeines Teilnehmerstaates zu bemächtigen›

Erich Honecker unterzeichnete am 1. August 1975 in Helsinki die Schlußakte der Konferenz über Sicherheit und Zusammenarbeit in Europa

Gegenseitiger Beistand

Aus dem Vertrag über Freundschaft, Zusammenarbeit und gegenseitigen Beistand zwischen der DDR und der UdSSR:

‹Artikel 1
Die hohen vertragschließenden Seiten werden in Übereinstimmung mit den Prinzipien des sozialistischen Internationalismus auch künftig die Beziehungen der ewigen und unverbrüchlichen Freundschaft und der brüderlichen gegenseitigen Hilfe auf allen Gebieten festigen›

‹Artikel 2
Die hohen vertragschließenden Seiten werden die Anstrengungen zur effektiven Nutzung der materiellen und geistigen Potenzen ihrer Völker und Staaten für die Errichtung der sozialistischen und kommunistischen Gesellschaft und die Festigung der sozialistischen Gemeinschaft vereinen›

‹Artikel 4
Die hohen vertragschließenden Seiten werden die weitere Entwicklung der brüderlichen Beziehungen zwischen allen Staaten der sozialistischen Gemeinschaft maximal fördern und stets im Geiste der Festigung ihrer Einheit und Geschlossenheit handeln. Sie erklären ihre Bereitschaft, die notwendigen Maßnahmen zum Schutz und zur Verteidigung der historischen Errungenschaften des Sozialismus, der Sicherheit und der Unabhängigkeit beider Länder zu treffen›

‹Artikel 5
Die hohen vertragschließenden Seiten werden auch künftig alle von ihnen abhängenden Maßnahmen zur konsequenten Verwirklichung der Prinzipien der friedlichen Koexistenz von Staaten mit unterschiedlicher Gesellschaftsordnung, zur Erweiterung und Vertiefung des Entspannungsprozesses in den internationalen Beziehungen ergreifen und danach streben, den Krieg endgültig aus dem Leben der Völker zu verbannen›

‹Artikel 6
Die hohen vertragschließenden Seiten betrachten die Unverletzlichkeit der Staatsgrenzen in Europa als wichtigste Voraussetzung für die Gewährleistung der europäischen Sicherheit und bringen die feste Entschlossenheit zum Ausdruck, gemeinsam und im Bündnis mit den anderen Teilnehmerstaaten des Warschauer Vertrages über Freundschaft, Zusammenarbeit und gegenseitigen Beistand vom 14. Mai 1955 und in Übereinstimmung mit ihm die Unantastbarkeit der Grenzen der Teilnehmerstaaten dieses Vertrages, wie sie im Ergebnis des zweiten Weltkrieges und der Nachkriegsentwicklung entstanden sind, einschließlich der Grenzen zwischen der Deutschen Demokratischen Republik und der Bundesrepublik Deutschland, zu gewährleisten›

Erich Honecker und Leonid Iljitsch Breshnew unterzeichneten am 7. Oktober 1975 in Moskau den Vertrag über Freundschaft, Zusammenarbeit und gegenseitigen Beistand zwischen der Deutschen Demokratischen Republik und der Union der Sozialistischen Sowjetrepubliken

Marktstraße in Cottbus. Die Bauten machen ein Stück Entwicklungsgeschichte dieser Bezirksstadt sichtbar. Cottbus wurde im 12. Jahrhundert gegründet. Das Tuchmachergewerbe dominierte im Mittelalter im Wirtschaftsleben der Stadt. Auf seiner Grundlage entwickelte sich im 19. Jahrhundert die Cottbuser Textilindustrie. Im zweiten Weltkrieg erlitt die Stadt schwere Schäden. Nach einer Gesamtkonzeption erfolgte schrittweise der sozialistische Aufbau. So entstand 1968 das Warenhaus Konsument und eröffnete 1975 die moderne Stadthalle

Thomas-Müntzer-Denkmal in Mühlhausen. Das Standbild wurde 1957 errichtet. 1975, zum 450. Jahrestag der Erhebung der revolutionären Bauern, ehrte die Bevölkerung der DDR auf vielfältige Art und Weise das Andenken der Kämpfer von 1525. Mühlhausen erhielt die offizielle Bezeichnung Thomas-Müntzer-Stadt

Bewährt in drei Jahrzehnten

Der Erste Sekretär des ZK der SED, Erich Honecker, empfing am 10. Juli 1975, zum 30. Jahrestag der Gründung des Demokratischen Blocks, die Vorsitzenden der befreundeten Parteien und der Massenorganisationen der DDR

Aus der Ansprache Erich Honeckers zum 30. Jahrestag des Demokratischen Blocks: ‹Wir haben von Anfang an unser Hauptanliegen in der Zusammenarbeit im Demokratischen Block – ganz im Gegensatz zur bürgerlichen Koalitionspolitik – nicht in einem Konkurrenzkampf zwischen den Parteien gesehen, sondern im Miteinander bei der Weckung und Entfaltung aller schöpferischen Kräfte unseres Volkes für den Aufbau der menschlichsten Ordnung, des Sozialismus. Die Kommunisten setzten sich von jeher dafür ein, die Demokratie zu erhalten, sie zu erweitern und reale Voraussetzungen für die demokratische Mitarbeit aller Bürger bei der Lösung der gesellschaftlichen Angelegenheiten zu schaffen. Die drei Jahrzehnte seit dem 14. Juli 1945 bewiesen, daß unser Demokratischer Block Millionen Menschen der verschiedenen sozialen Herkunft und Stellung sowie unterschiedlicher Weltanschauung zur demokratischen Mitarbeit aktiviert und ihr zielgerichtetes Zusammenwirken unter Führung der Arbeiterklasse und deren revolutionärer Vorhut beim Vorwärtsschreiten zum Kommunismus und im Klassenkampf gegen den Imperialismus gewährleistet›

45 000 000 Kubikmeter

Der Braunkohletagebau Jänschwalde wurde in den Jahren 1974 bis 1976 aufgeschlossen. Bevor die erste Kohle freilag, mußten 45 000 000 m³ Abraum im Bandbetrieb bewegt werden. Der Tagebau ist eine der 4 Abbaustätten des Braunkohlewerkes Cottbus, die mit einer Jahresleistung von rund 50 000 000 t Kohle die Kraftwerke Jänschwalde, Lübbenau und Vetschau, das Gaskombinat Schwarze Pumpe, verschiedene Brikettfabriken und andere Betriebe versorgen. 1982 deckte Braunkohle zu 67 Prozent den Primärenergieverbrauch der DDR; etwa vier Fünftel der Elektroenergie erzeugten die Kraftwerke mit Braunkohle

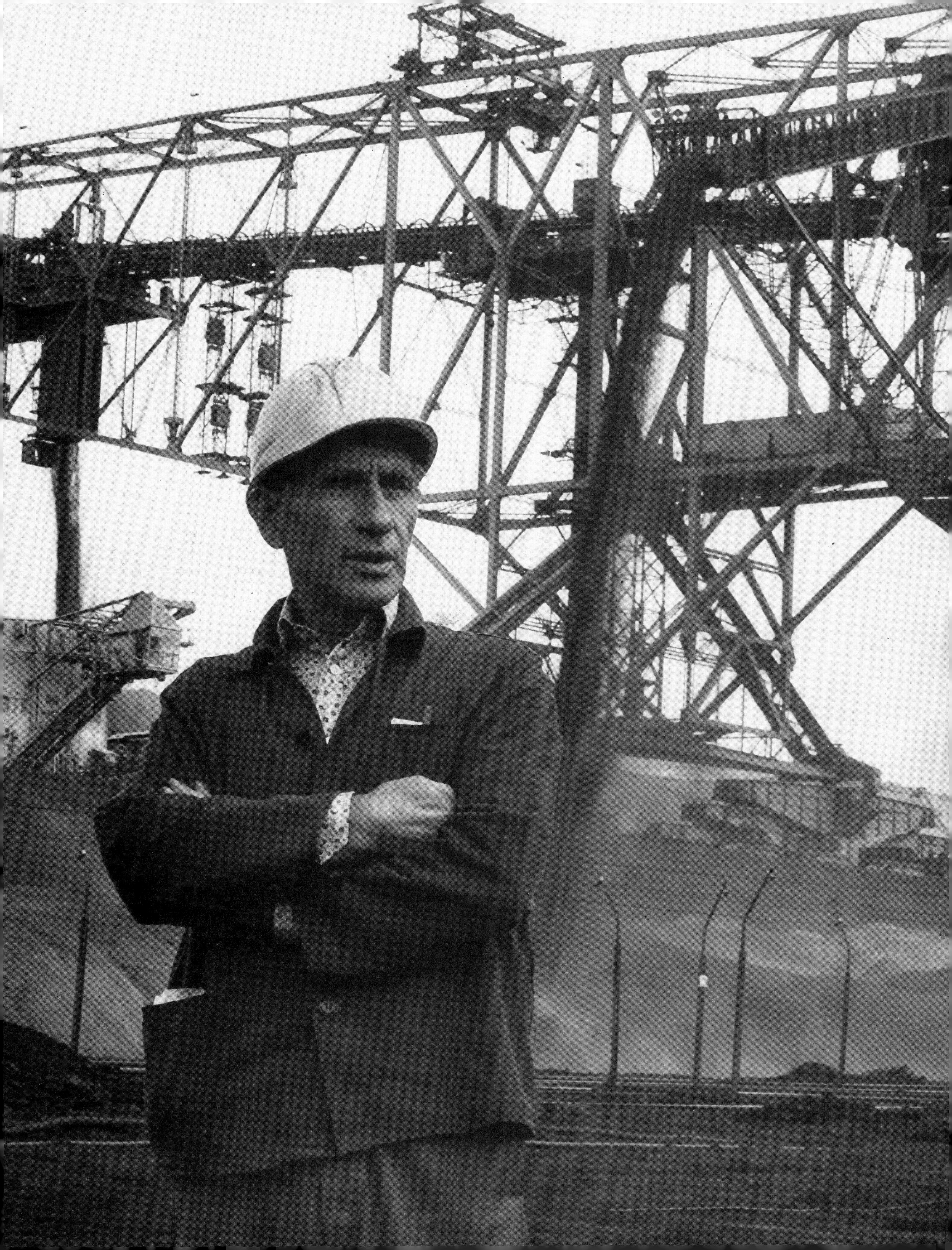

Wohnraum für Millionen

Umzug im Berliner Stadtbezirk Prenzlauer Berg. Dem vom VIII. Parteitag der SED beschlossenen Wohnungsbauprogramm entsprechend, verbesserten sich im Zeitraum von 1971 bis 1983 für rund 6 000 000 Bürger der DDR die Wohnverhältnisse durch Neubau und Modernisierung bedeutend. Geplant ist, bis 1990 für weitere 4 300 000 Bürger ein schöneres Zuhause zu schaffen

Im Park. Die umfassende medizinische Betreuung von Mutter und Kind führte von 1949 bis 1983 zu einem Rückgang der Säuglingssterblichkeit von 78,3 je 1000 Lebendgeborenen auf 11,4. Die Müttersterblichkeit ging von 20 Frauen je 10 000 Geburten auf 1,24 zurück

Neubauten in Magdeburg. Der Ort wurde das erste Mal im Jahr 805 als wichtiger Handelsplatz erwähnt. Im 10. Jahrhundert entstand aus dem Fernhandelsplatz eine städtische Siedlung. Am Ende des Dreißigjährigen Krieges war das mittelalterliche Magdeburg nur noch eine Trümmerstätte. Sein Wiederaufbau als Barockstadt ist eng mit dem Namen des Bürgermeisters Otto von Guericke verbunden. Im Januar 1945 vernichteten angloamerikanische Bomber 80 Prozent der Altstadt

Eine Großstadt wird geboren

Im Rahmen der ‹FDJ-Initiative Berlin› arbeitete eine Jugendbrigade am Bau des neuen S- und Fernbahnhofs Ahrensfelde mit

Kindergarten in Berlin-Marzahn

1975 fingen die Erschließungsarbeiten für das Neubaugebiet Berlin-Marzahn an. Im Dezember 1977 zogen die ersten der über 100 000 künftigen Bewohner in ihre neuen Heime. Neben den auf einer Fläche von 600 ha wachsenden Wohnvierteln begann die Anlage und Bepflanzung eines 200 ha großen Wohngebietsparks entlang der Wuhle-Niederung. Der Aufbau eines zu Marzahn gehörenden Gewerbestättengebietes vollzog sich auf einer Fläche von 90 ha

Der IX. Parteitag der SED tagte vom 18. bis 22. Mai 1976 im neu errichteten Palast der Republik. 2392 Delegierte mit beschließender und 127 mit beratender Stimme waren zum Parteitag gewählt worden. Sie vertraten die in 74 306 Grundorganisationen organisierten 1 914 382 Mitglieder und 129 315 Kandidaten. 103 kommunistische und Arbeiterparteien, nationaldemokratische und sozialistische Parteien aus 92 Ländern hatten ihre Vertreter zum Parteitag entsandt

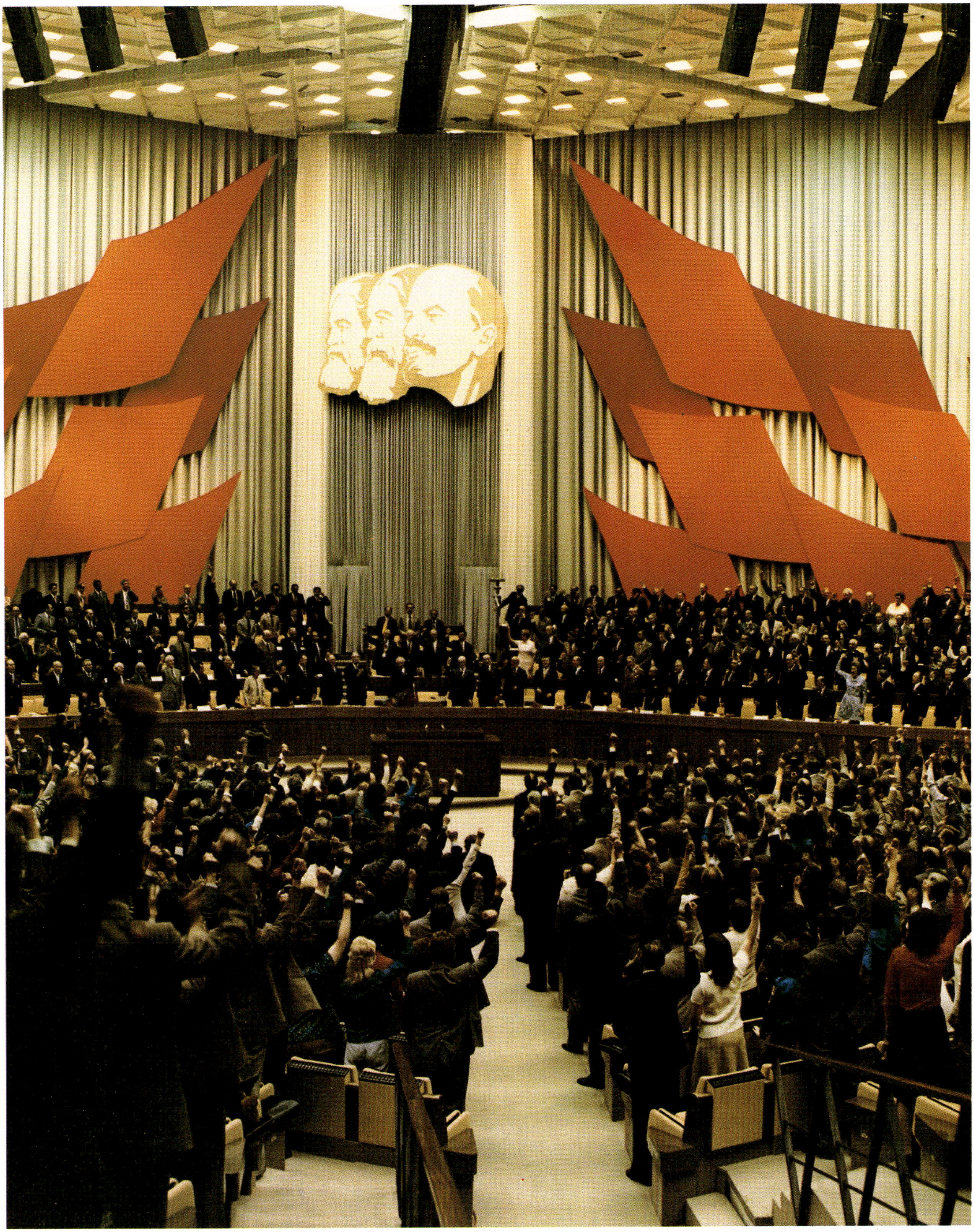

Haus des Volkes

Am 25. April 1976 übergaben die Bauleute den *Palast der Republik*, den sie in 32 Monaten fertiggestellt hatten

Ein Ball der Jugendbrigaden im Palast der Republik

Geraer Neubaugebiet. Der Ort wurde zum ersten Mal 995 in einer Urkunde erwähnt. Die der Stadt 1945 durch Luftangriffe zugefügten schweren Schäden sind durch ein umfangreiches Aufbauprogramm überwunden worden. Größere Neubaugebiete entstanden in den Stadtteilen Bieblach, Lusan und Langenberg

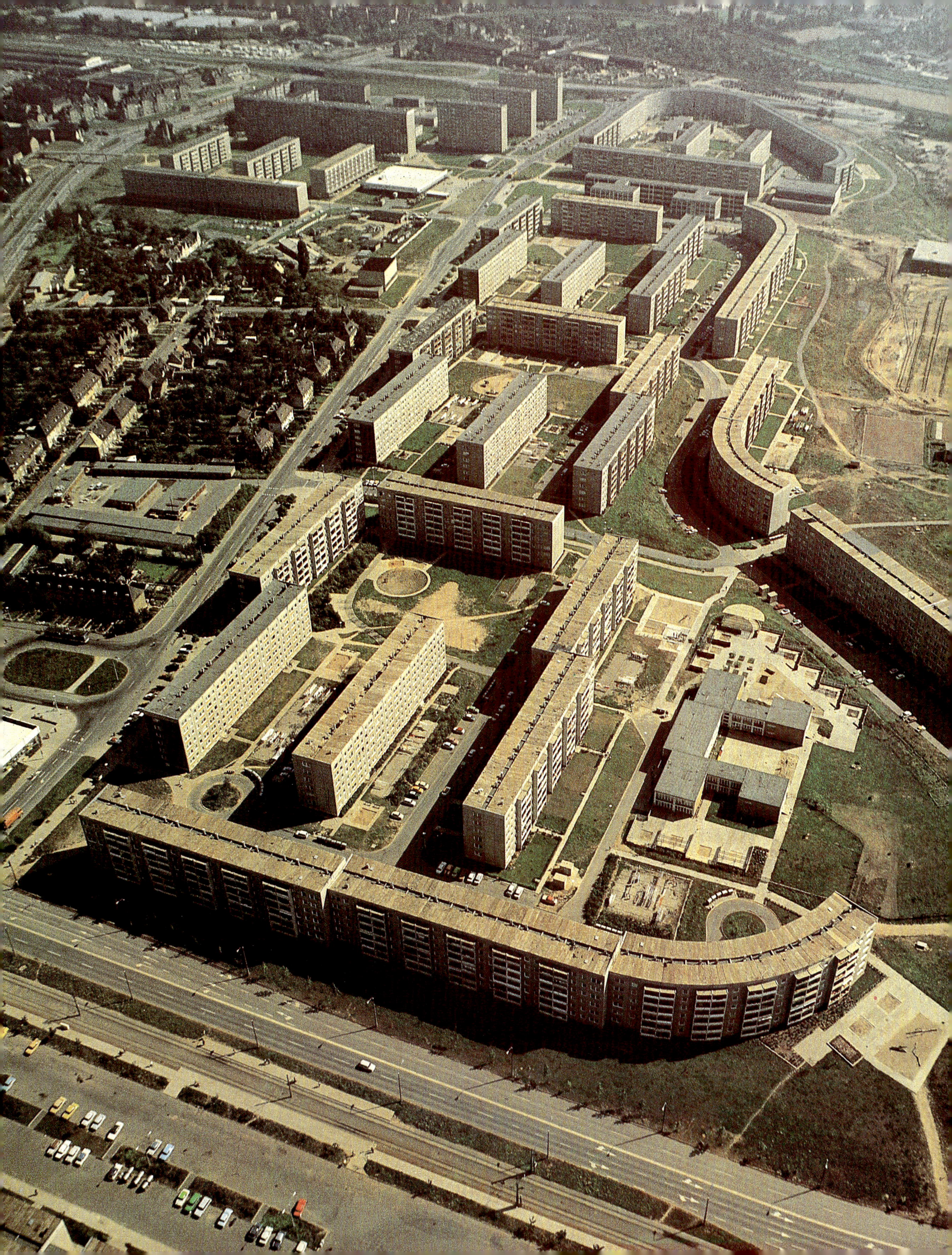

Spiel und Spaß

Volksfeste und -bräuche, die zum Teil auf sehr alte Traditionen zurückgehen, werden in vielen Orten der DDR gefeiert und gepflegt. Zu den bekanntesten gehören das Bautzener Osterreiten, Sommergewinn in Eisenach und auch der Wasunger Karneval. Wasungen ist eine kleine Stadt im oberen Werratal. Schon im Jahr 874 wurde sie in einer Urkunde erwähnt. Wasungen besitzt bemerkenswerte Fachwerkbauten, die teilweise noch aus dem 16. Jahrhundert stammen. In der Nähe der Stadt, bei Walldorf, liegt ein interessantes technisches Denkmal, die Sandsteinhöhle. Sie ist eine der größten künstlichen Höhlen Europas und entstand durch den Abbau von Sandstein, der zu Scheuersand zerklopft wurde. Wasungens Ruf ist zu einem großen Teil mit seiner schon über vierhundertjährigen Karnevalstradition zu erklären. In keinem anderen Ort der DDR gibt es eine solche lange Geschichte des Karnevals. Der Wasunger Brauch geht auf Fastnachtsspiele des Mittelalters zurück

Skifasching in Oberwiesenthal

Hexen zum Wasunger Karneval 1977

Dorffest im Hahngarten, dem Ziekkauer Freizeitzentrum

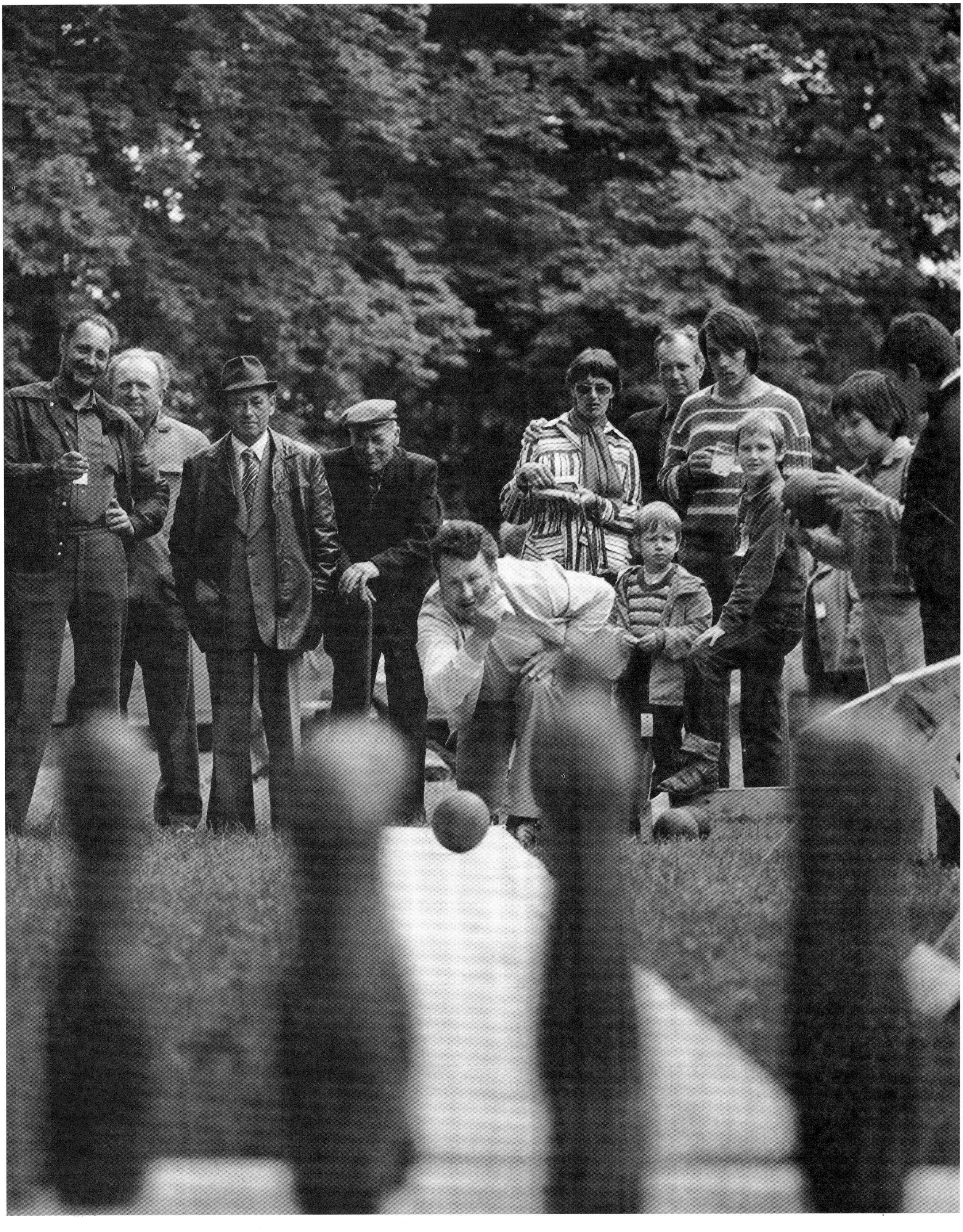

Höchster Repräsentant

Auf Wählervertreterkonferenzen berieten Wähler und Kandidaten während der Vorbereitung der Wahlen zur Volkskammer und zu den Bezirkstagen am 17. Oktober 1976 gemeinsame Ziele und Aufgaben. Im Karl-Marx-Städter Wahlkreis 60 kam der Spitzenkandidat dieses Kreises, Erich Honecker, mit seinen Wählern zusammen

Im Berliner Stadtbezirk Mitte wurde in den siebziger Jahren die Leipziger Straße zwischen Spittelmarkt und Friedrichstraße aufgebaut

Volkskammerpräsident Horst Sindermann gratuliert Erich Honecker zu seiner Wahl zum Vorsitzenden des Staatsrates der Deutschen Demokratischen Republik durch die Volkskammer am 29. Oktober 1976

315

Der erste deutsche Kosmonaut

Kommandant Oberst Waleri Bykowski und Forschungskosmonaut Oberstleutnant Sigmund Jähn starteten am 26. August 1978 mit dem Raumschiff Sojus 31 zu ihrem Weltraumunternehmen

Nach dem erfolgreichen Abschluß ihres Forschungsprogramms am 3. September 1978 kamen Waleri Bykowski und Sigmund Jähn in die DDR. Mit Jubel empfingen sie die Berliner am 21. September. Freude und Begeisterung begleiteten die beiden Kosmonauten während ihrer ganzen Reise durch die Republik

Stahlschmelzer im Edelstahlwerk in Freital

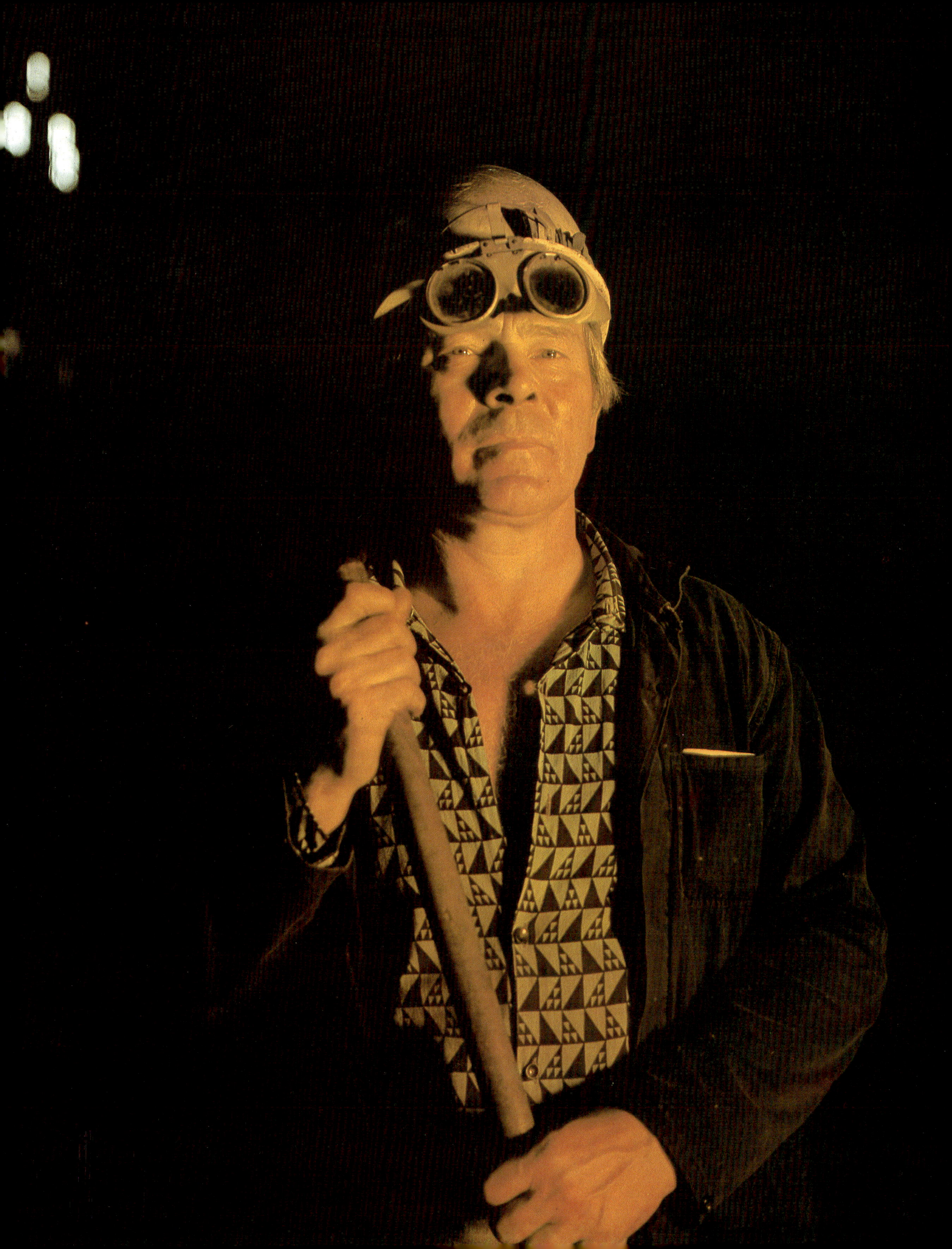

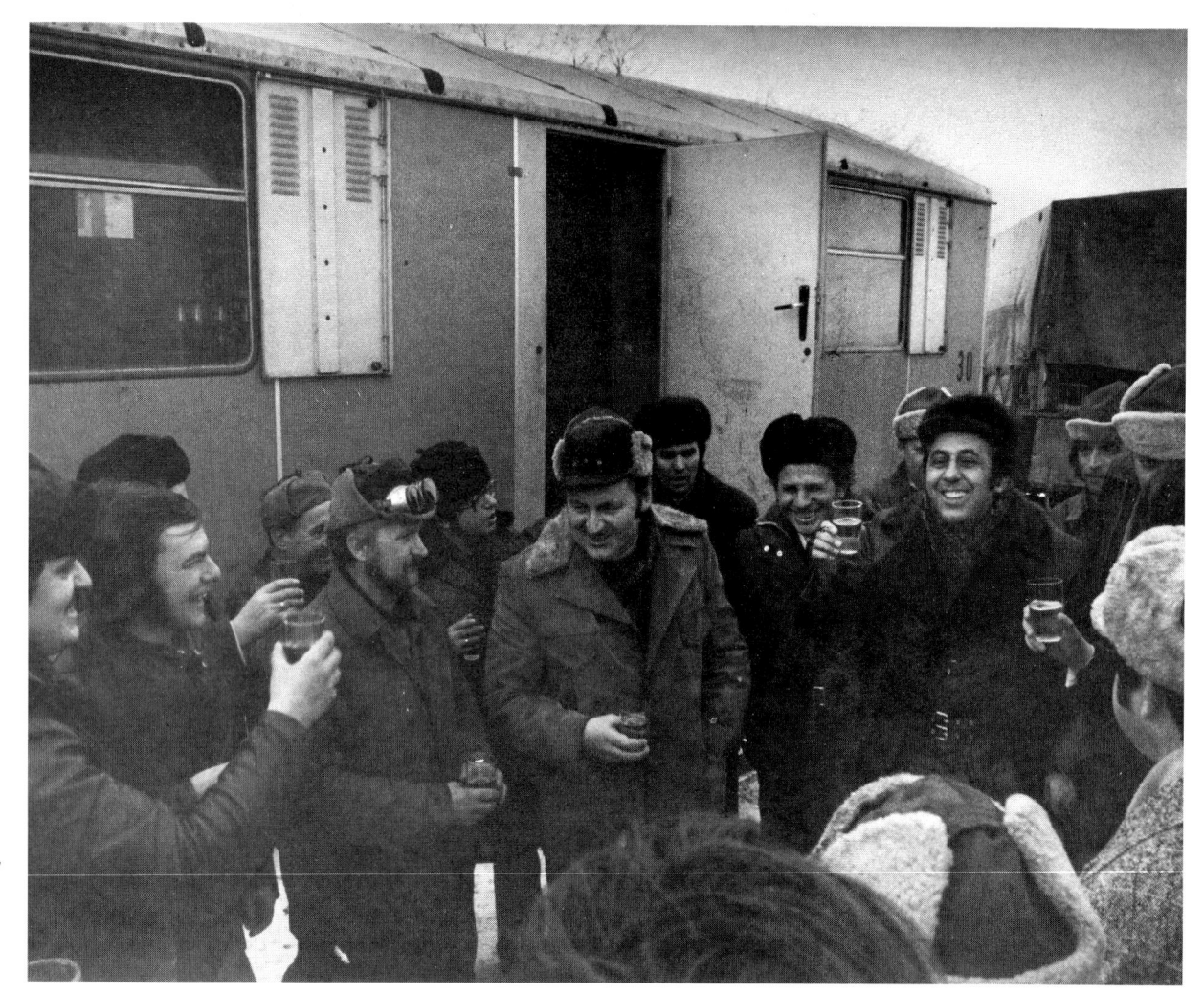

Trasse der Freundschaft

Unter Leitung des Ersten Sekretärs des Zentralrates der FDJ, Egon Krenz, besuchte im Januar 1976 eine FDJ-Delegation Baustellen an der Drushba-Trasse

Verlegung des Strangs einer Erdgasleitung. Die Erbauer der Drushba-Trasse erfüllten ihre Verpflichtung, den Bau der Gasleitung bis zum 29. Jahrestag der DDR abzuschließen

Die Karl-Marx-Straße führt parallel zur Oder durch einen Teil des neu erbauten Zentrums von Frankfurt. Im Frühjahr 1945, kurz vor ihrem Abzug, hatten die Faschisten die Innenstadt zu 90 Prozent zerstört

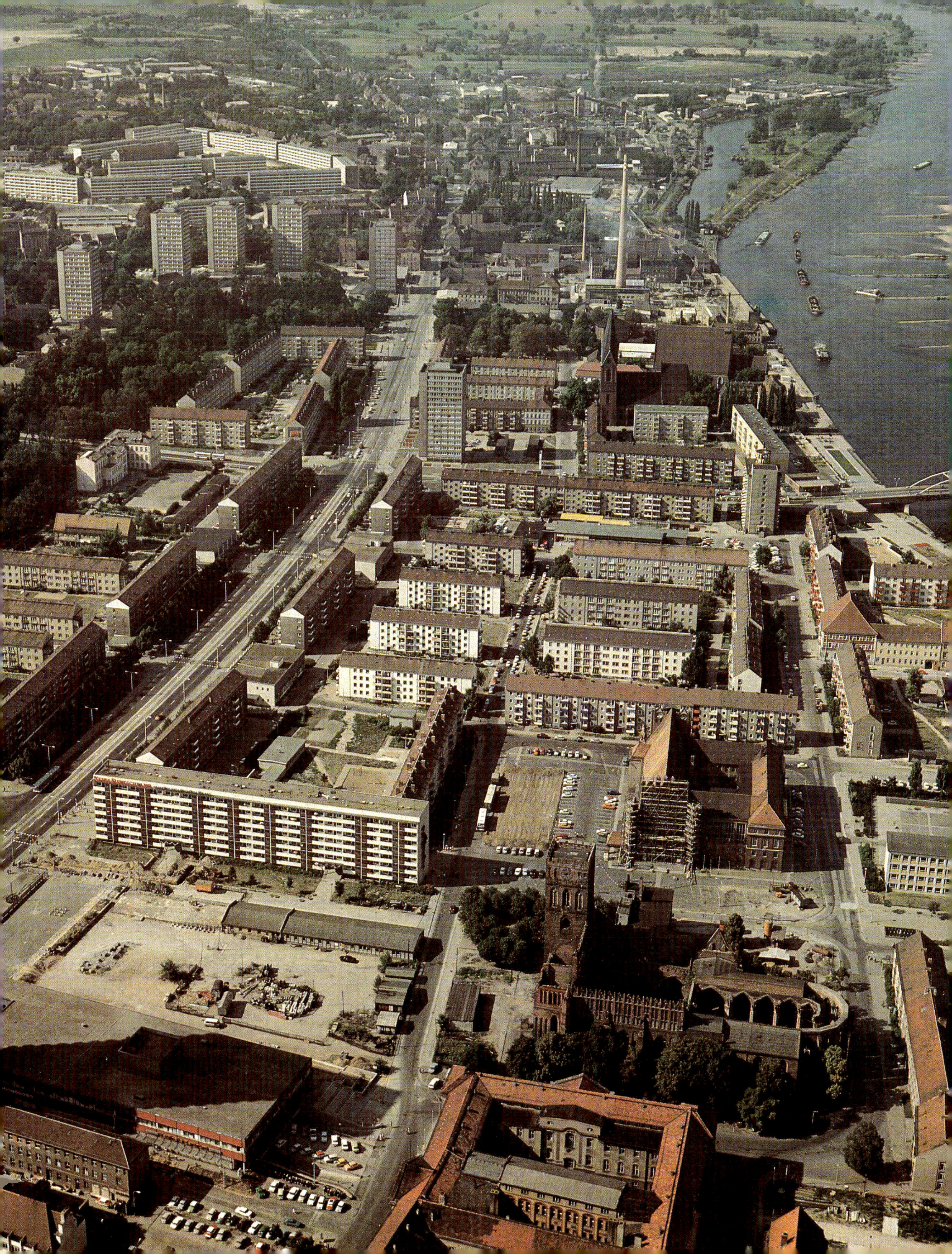

Theater und Autoren

Der Generalsekretär des ZK der SED, Erich Honecker, mit Hermann Kant und Anna Seghers im Mai 1978 auf dem VIII. Schriftstellerkongreß der DDR

‹Die Horatier und Kuratier› zeigte das Pantomimentheater vom Prenzlauer Berg Berlin 1982 während der 19. Arbeiterfestspiele im Bezirk Neubrandenburg vor dem Friedländer Tor der Bezirkshauptstadt

Am 24. Mai 1950, während des 1. Deutschlandtreffens, eröffnete Präsident Wilhelm Pieck die Republik der Jungen Pioniere in der Berliner Wuhlheide

Zum 30. Jahrestag der DDR wurde den Kindern und Jugendlichen der Pionierpalast ‹Ernst Thälmann› in der Wuhlheide übergeben. Über 300 Zirkel und Arbeitsgemeinschaften finden in ihm Platz. Schwimmhalle, Palisadendorf, Arboretum und Schulgarten bieten vielerlei Möglichkeiten zu interessanter Beschäftigung

Ein Paradies für Kinder

Handwerksleistungen

Überall in der Republik erbringen Handwerker wichtige Dienstleistungen und führen notwendige Reparaturen durch. Die genossenschaftlichen und privaten Handwerksbetriebe erbrachten 1972 Dienstleistungen und Reparaturen für die Bevölkerung im Wert von 1 969 000 M. 1982 waren es 3 876 000 M

Geigenbauer aus Markneukirchen, der Stadt der Instrumentenbauer

Das Glasbläserhandwerk ist besonders im Gebiet des Thüringer Waldes beheimatet

Die Waffenschmiede aus *Suhl* haben durch ihre handwerkliche Präzisionsarbeit und Kunstfertigkeit den Namen ihrer Stadt weltbekannt gemacht. Ein städtebaulicher Ideenwettbewerb von 1964 bildete die Grundlage für die Pläne zu Suhls Umgestaltung in eine moderne Bezirkshauptstadt

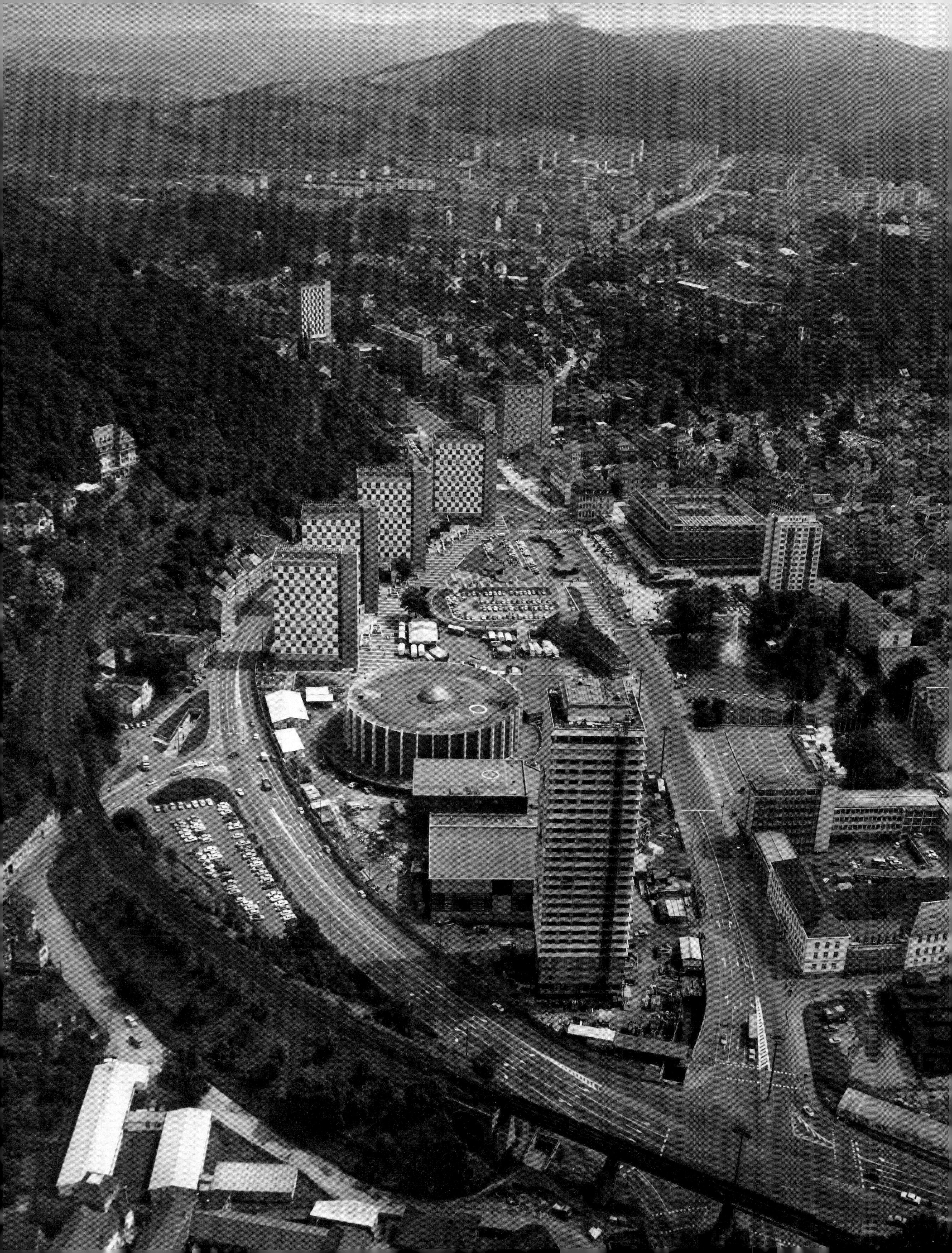

Parteibeschlüsse

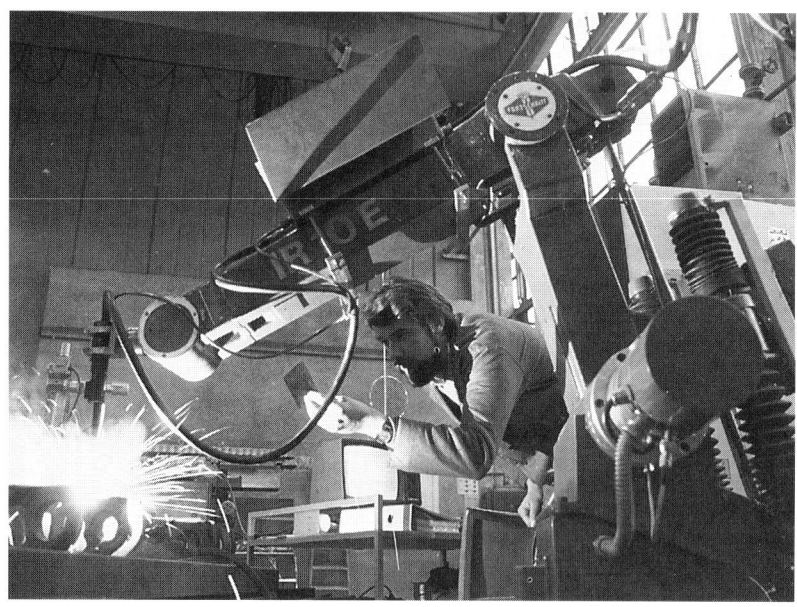

Schlüsselübergabe bei der Einweihung des Chirurgisch Orientierten Zentrums der Charité am 14. Juni 1982

Die SED widmete der Entwicklung und dem Einsatz von Robotern viel Aufmerksamkeit. Ende 1982 liefen im Zentralinstitut für Schweißtechnik Halle Versuche mit Gelenkrobotern bei automatisierten Schweißprozessen

Denkmal Robert Kochs vor dem neuen Chirurgisch Orientierten Zentrum. 1977 war der Grundstein für diesen Neubau im Gelände der Berliner Charité gelegt worden. Zu Ehren des X. Parteitages der SED stellten die Bauleute den ersten Bauabschnitt im März 1981 fertig. Nach Inbetriebnahme des Zentrums im Sommer 1982 verfügte die Charité unter anderem über 24 nach den neuesten wissenschaftlichen und technischen Erkenntnissen ausgerüstete Operationssäle mehr. In seiner Ansprache auf dem Meeting vom 14. Juni 1982 in der Charité sagte Erich Honecker: ‹Fertiggestellt wurde das bisher größte und bedeutendste Investitionsvorhaben des Hochschul- und Gesundheitswesens unserer Republik. Es zeugt davon, daß wir die vom X. Parteitag der SED beschlossene Wirtschafts- und Sozialpolitik konsequent verwirklichen›

Vom 11. bis 16. April 1981 legten die Teilnehmer des X. Parteitages der SED im Berliner Palast der Republik Rechenschaft über die geleistete Arbeit ab, berieten und beschlossen die künftigen Aufgaben der Partei. 2573 Delegierte mit beschließender und 118 mit beratender Stimme waren gewählt worden. Der Partei gehörten zu diesem Zeitpunkt 2 172 110 Mitglieder und Kandidaten an. Sie waren in 79 668 Grundorganisationen organisiert. Als Gäste kamen Vertreter von 125 kommunistischen und Arbeiterparteien, revolutionär-demokratischen und sozialistischen Parteien und Organisationen aus 109 Ländern nach Berlin

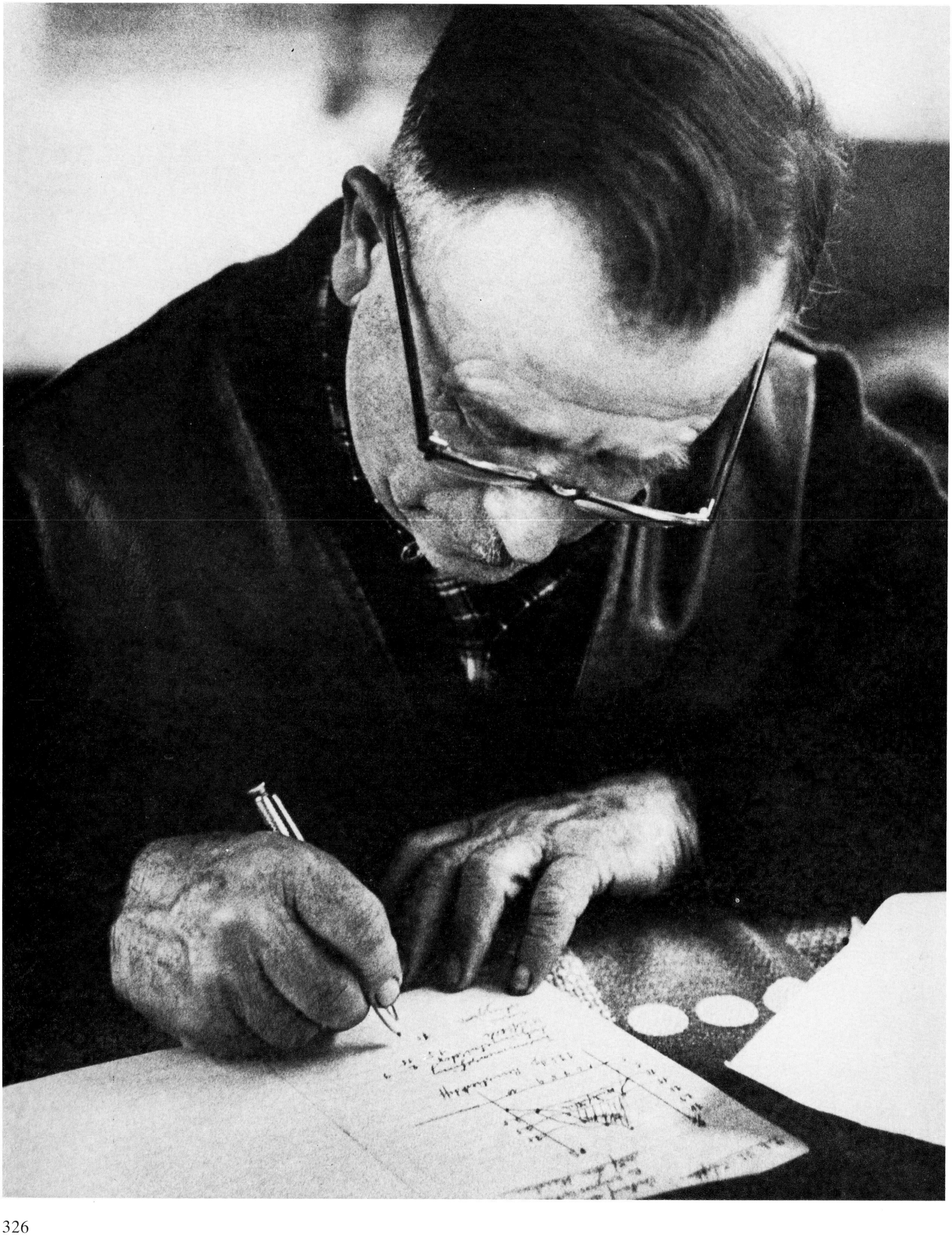

Wissen ist Macht

Abc-Schützen auf dem Schulweg

Für die Aus- und Weiterbildung auf dem Gebiet der Mikroelektronik produzierte das Kombinat Polytechnik neue Lehrmittel. Zu ihnen gehörte das Mikrorechner-Lernsystem ‹Polycomputer 880›

Studentensommer 1980. Künftige Juristen und Bauingenieure arbeiten im VEB Tiefbau Berlin

Anatomie-Vorlesung an der Humboldt-Universität Berlin

Forschung und Produktion

Bei der Fertigung von Taschenrechnern. Betriebe der DDR produzierten 1970 Halbleiterbauelemente im Wert von 104 700 000 M. Bis 1982 stieg dieser Wert auf 1 601 000 000 M an

Reaktor im Kernkraftwerk Lubmin. Der Anteil der mit Kernbrennstoff erzeugten Elektroenergie an der Gesamtproduktion betrug 1970 0,7 Prozent; 1982 10,5 Prozent. Der Verbrauch von Elektroenergie je 1000 M industrieller Bruttoproduktion sank von 292 kWh im Jahr 1960 auf 183 kWh im Jahr 1982

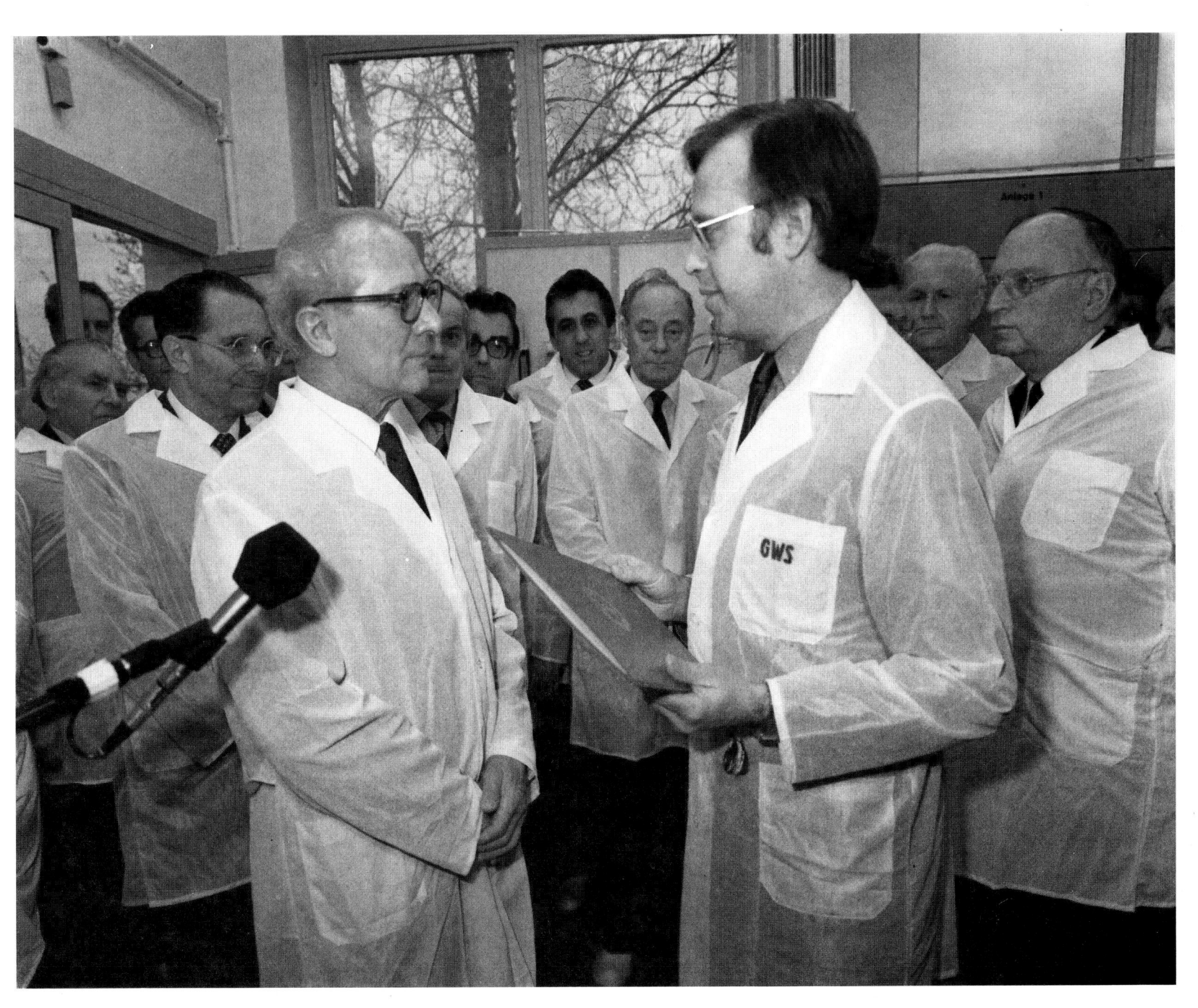

Mitglieder der Partei- und Staatsführung besuchten am 12. November 1981 unter Leitung von Erich Honecker die Akademie der Wissenschaften der DDR. Ein Mitarbeiter eines neuen Technikums für die technologische Entwicklung von Bauelementen überreichte Erich Honecker die Verpflichtung zur Fertigung der ersten Trägerscheibe für Bauelemente mit Halbleiteranordnungen. Die Überleitungszeit sollte bei diesem Projekt um ein Jahr verkürzt werden

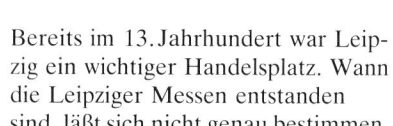

Mustermesse

Bereits im 13. Jahrhundert war Leipzig ein wichtiger Handelsplatz. Wann die Leipziger Messen entstanden sind, läßt sich nicht genau bestimmen. Aber schon Ende des 15. und zu Beginn des 16. Jahrhunderts besaßen diese Messen internationale Bedeutung

1946 kamen 172 478 Besucher zur Frühjahrsmesse nach Leipzig; 1980 waren es rund 500 000. Die Veranstalter der Messe können in der Gegenwart mit Gästen aus etwa 100 Ländern pro Messe rechnen

Die Außenhandelsbetriebe der DDR beteiligten sich 1982 an 271 Messen und Fachausstellungen im Ausland. Davon beschickten sie 106 in sozialistischen Staaten, 27 in Entwicklungsländern und 138 in kapitalistischen Industrieländern

Leipziger Frühjahrsmesse 1947

Leipziger Frühjahrsmesse 1982

Gelände der Technischen Messe, links der sowjetische Pavillon

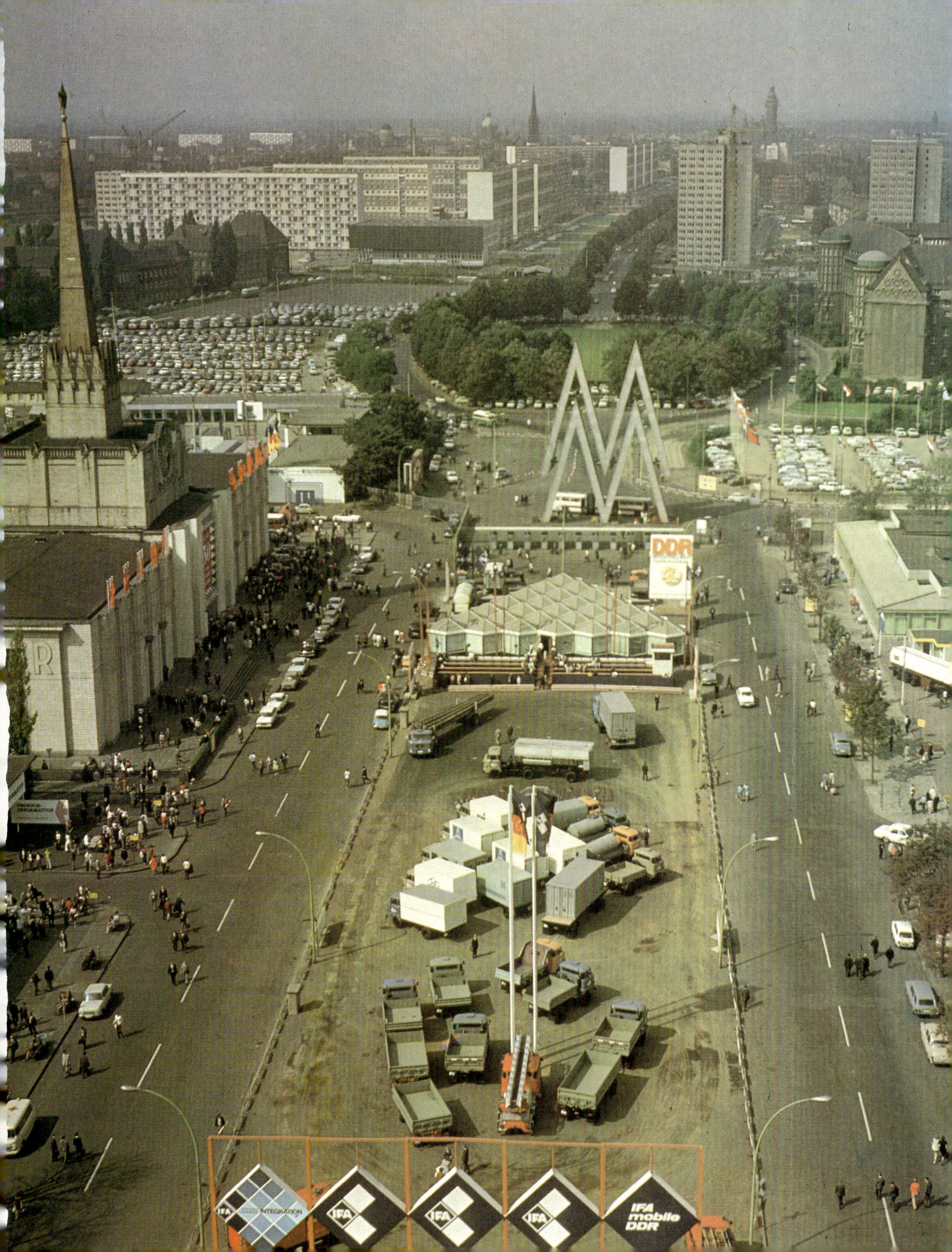

DDR
IFA
INTEGRATION
IFA
IFA
IFA
IFA mobile DDR

Schneller, höher, weiter

Radrennen der Jugend rund um den Alexanderplatz am 1. Mai 1983

Mehrkampf im Turnen während der IX. Kinder- und Jugendspartakiade in den Sommersportarten, August 1983 in Leipzig

4-mal-3-Kilometer-Staffel der 13-jährigen Mädchen am Fuß des Fichtelberges, IX. Kinder- und Jugendspartakiade in den Wintersportarten, Februar 1983 in Oberwiesenthal

Spezialsprunglauf der Altersklasse 12 im Februar 1983 in Oberwiesenthal

An den Kreisspartakiaden zur Vorbereitung der IX. Kinder- und Jugendspartakiade in den Sommersportarten 1983 nahmen 997 000 Mädchen und Jungen teil. Rund 10 000 von ihnen erreichten Leistungen, die ihnen den Start bei den Endkämpfen sicherten. An den Kreisspartakiaden in den Sommersportarten 1965 hatten sich 321 000 junge Sportler beteiligt. Bei den sehr stark vom Wetter abhängigen Kreisspartakiaden in den Wintersportarten schwankte die Zahl der Teilnehmer in den Jahren von 1970 bis 1983 zwischen 15 000 und 58 000. Die Breite des Kinder- und Jugendsports ist eine entscheidende Grundlage der Erfolge, die Sportler aus der DDR bei internationalen Wettbewerben erringen konnten. Sie belegten in den Jahren von 1953 bis 1985 bei Europameisterschaften 623 1. Plätze, 762 2. Plätze und 749 3. Plätze; bei Weltmeisterschaften erkämpften sie 629 1. Plätze, 559 2. Plätze und 559 3. Plätze. Bei den Olympischen Sommerspielen wurden Athleten der DDR von 1956 bis 1980 mit 123 Gold-, 118 Silber- und 111 Bronzemedaillen geehrt; bei den Winterspielen von 1956 bis 1984 errangen sie 34 Gold-, 29 Silber- und 30 Bronzemedaillen

1985 gab es 10 249 Sportgemeinschaften des Deutschen Turn- und Sportbundes der DDR mit 3 564 852 Mitgliedern. In diesen Sportgemeinschaften waren 255 029 Übungsleiter tätig, und 157 246 Schieds- und Kampfrichter sorgten für den fairen, den Regeln entsprechenden Ablauf der sportlichen Wettkämpfe. Der Staat gab 1985 für den Unterhalt von Sportstätten 508 700 000 M aus

Jedes Jahr im Januar demonstrieren Hunderttausende zur Gedenkstätte der Sozialisten auf dem Zentralfriedhof in Berlin-Friedrichsfelde

Am 15. Januar 1919 geschah der feige Mord an Rosa Luxemburg und Karl Liebknecht. Am gleichen Tag veröffentlichte ‹Die Rote Fahne› Liebknechts letzten Artikel. Er schrieb: ‹O gemach! Wir sind nicht geflohen, wir sind nicht geschlagen. Und wenn sie uns in Bande werfen – wir sind da und wir bleiben da! Und der Sieg wird unser sein... Noch ist der Golgathaweg der deutschen Arbeiterklasse nicht beendet – aber der Tag der Erlösung naht... Himmelhoch schlagen die Wogen der Ereignisse – wir sind es gewohnt, vom Gipfel in die Tiefe geschleudert zu werden. Aber unser Schiff zieht seinen geraden Kurs fest und stolz dahin bis zum Ziel. Und ob wir dann noch leben werden, wenn es erreicht wird – leben wird unser Programm; es wird die Welt der erlösten Menschheit beherrschen. Trotz alledem!›

Trotz alledem!

Schätze der Weltkultur

Das Berliner Pergamon-Museum entstand 1909 bis 1930. Es war das erste Architekturmuseum der Welt. Zu seinen Schätzen gehören das Markttor von Milet, das Ischtar-Tor, die Prozessionsstraße aus Babylon und die rekonstruierte Westseite des Altars von Pergamon

Der Pergamon-Altar zählt zu den meistbesuchten Sehenswürdigkeiten der Hauptstadt der DDR. 1945 war auch er eine Schutt- und Trümmerstätte

Die Oberlausitzer Wissenschaftsbibliothek in Görlitz besitzt eine große Zahl bibliophiler Kostbarkeiten

Das erste Konzert im neuen Leipziger Gewandhaus gaben die Künstler am 7. Oktober 1981 für die am Bau beteiligten Arbeiter, Ingenieure und Architekten. Offiziell wurde der auf Beschluß des IX. Parteitages der SED errichtete Bau mit seinen beiden Konzertsälen am 8. Oktober eingeweiht

Der lebendige Marx

Internationale Wissenschaftliche Konferenz des Zentralkomitees der Sozialistischen Einheitspartei Deutschlands ‹Karl Marx und unsere Zeit – der Kampf um Frieden und sozialen Fortschritt› im Berliner Palast der Republik vom 11. bis 16. April 1983

1848 hatten sich etwa 400 Gleichgesinnte um Karl Marx und Friedrich Engels geschart. 1982 arbeiteten und kämpften über 77 000 000 Menschen, die in nahezu 100 kommunistischen und Arbeiterparteien auf allen Kontinenten organisiert waren, im Geiste der Marxschen Lehren

Auf der internationalen Konferenz sagte Erich Honecker am 11. April 1983: ‹Es ist das historische Verdienst von Marx, der Menschheit die Erkenntnis vermittelt zu haben, daß ihre Zukunft nicht von irgendwelchen undefinierbaren Kräften abhängt. Sie wird auch nicht bestimmt vom Wunschdenken dieser oder jener ‹Marxtöter›, die zum Kreuzzug gegen den Marxismus unserer Epoche aufrufen, den Kommunismus mit Hilfe der modernen Inquisition verdammen und am liebsten in der Versenkung verschwinden lassen möchten, um den herrschenden Klassen ihrer Länder den Profit zu erhalten. Ausschlaggebend für die Entwicklung der Gesellschaft sind das Niveau der Produktion, ihre Art und Weise, die ökonomische Entwicklungsstufe eines jeden Volkes. In unserer Zeit ermöglicht die Existenz der UdSSR, des sozialistischen Weltsystems sogar den Völkern ökonomisch rückständiger Länder unter Vermeidung des kapitalistischen Entwicklungsweges den Übergang zur Schaffung der Grundlagen des Sozialismus›

337

Die DDR bemühte sich mit Erfolg, die internationale Verständigung und Zusammenarbeit auszubauen, freundschaftliche Beziehungen zu vertiefen und so dem Frieden zu dienen

Während des Staatsbesuches in Mexiko besichtigte Erich Honecker am 12. September 1981, begleitet vom mexikanischen Staatspräsidenten José Lopez Portillo, die Ruinenstadt Teotihuacan

Vom 27. Mai bis 1. Juni 1980 besuchte eine Partei- und Staatsdelegation der DDR unter Leitung von Erich Honecker die Republik Kuba

Frauen und Kinder begrüßten Erich Honecker am 31. Mai 1981 im Friedenspark von Nagasaki. Er hatte dort einen Kranz für die Opfer des Atombombenabwurfs durch die Luftwaffe der USA niedergelegt

Die Staatsoberhäupter der DDR und der Volksrepublik Moçambique, Erich Honecker und Samora Machel, statteten der Mittelschule ‹Francisco Manyanga› in Maputo am 24. Februar 1979 einen Besuch ab

Eine Partei- und Staatsdelegation der DDR traf am 16. August 1983 zu einem offiziellen Freundschaftsbesuch in der Volksrepublik Polen ein. Auf dem Warschauer Flughafen wurde Erich Honecker von Armeegeneral Wojciech Jaruzelski, Erster Sekretär des ZK der PVAP und Vorsitzender des Ministerrates der VR Polen, herzlich begrüßt

Verständigung, Freundschaft, Frieden

Zu einem freundschaftlichen Treffen mit dem Generalsekretär des ZK der KPTsch und Präsidenten der ČSSR, Gustáv Husák, reiste Erich Honecker vom 30. November bis 1. Dezember 1981 in die ČSSR

1938, nach der Besetzung Österreichs, richteten die Faschisten das KZ Mauthausen ein. 122 000 Menschen aus Deutschland und aus allen okkupierten Ländern Europas fielen hier den faschistischen Mördern zum Opfer. *Am 12. November 1980 ehrten Erich Honecker und der österreichische Bundespräsident Dr. Rudolf Kirchschläger die im KZ Mauthausen Gemordeten mit einer Kranzniederlegung*

Luther-Ehrung

Am 13. Juni 1980 konstituierte sich das Martin-Luther-Komitee der DDR zur Vorbereitung der Feierlichkeiten zu Ehren des 500. Geburtstags des Reformators im Jahr 1983

Am 21. April 1983 besichtigte Erich Honecker die restaurierte Wartburg bei Eisenach

Die älteste Urkunde, in der die *Lutherstadt Wittenberg* erwähnt wird, ist mit 1180 datiert. Im ausgehenden 15. und in der ersten Hälfte des 16. Jahrhunderts war die Stadt ein Zentrum europäischer Politik und Kultur. Ihr Name ist mit dem Wirken Martin Luthers, Philipp Melanchthons und Lucas Cranach d. Ä. verknüpft. Die Denkmalpfleger der DDR haben viele der historischen Gebäude in langwieriger und mühevoller Arbeit restauriert

Für ein atomwaffenfreies Europa

250 000 Teilnehmer des Friedenstreffens der Jugend sozialistischer Länder wandten sich am 22. Mai 1983 in Potsdam gegen den Raketenbeschluß der NATO

Alte Straße mit neuem Gesicht

Bezirkskunstausstellung 1982 in Neubrandenburg. Die Ausstellungen in den Bezirken dienten der Vorbereitung der IX. Kunstausstellung der DDR in Dresden. Über 1 000 000 Besucher aus dem In- und Ausland kamen nach Dresden, um die auf dieser Ausstellung gezeigten 3000 Werke von etwa 1500 Künstlern der DDR zu sehen. Ausstellungsorte waren das Albertinum, die Hallen am Fučik-Platz und der Pretiosensaal im Dresdener Schloß. Am 3. April 1983 schloß die IX. Kunstausstellung nach sechsmonatiger Dauer

Durch Dresdens Prager Straße rollte einst der ganze Fahrverkehr vom Hauptbahnhof zum Altmarkt. Nach dem verheerenden Luftangriff vom Februar 1945 blieben auch hier nur Trümmer zurück. Im Februar 1965 begann der Neuaufbau der Prager Straße. Es entstand eine breite und interessant gestaltete Fußgängerpromenade mit Einkaufsmöglichkeiten, Brunnen, Ruheplätzen, Gaststätten, Hotels, einem Filmtheater, einem Warenhaus und modernen Wohnungen. Die Verkehrsführung ist so angelegt, daß der Fahrzeugstrom am Rand des Stadtkerns vorbeigelenkt wird

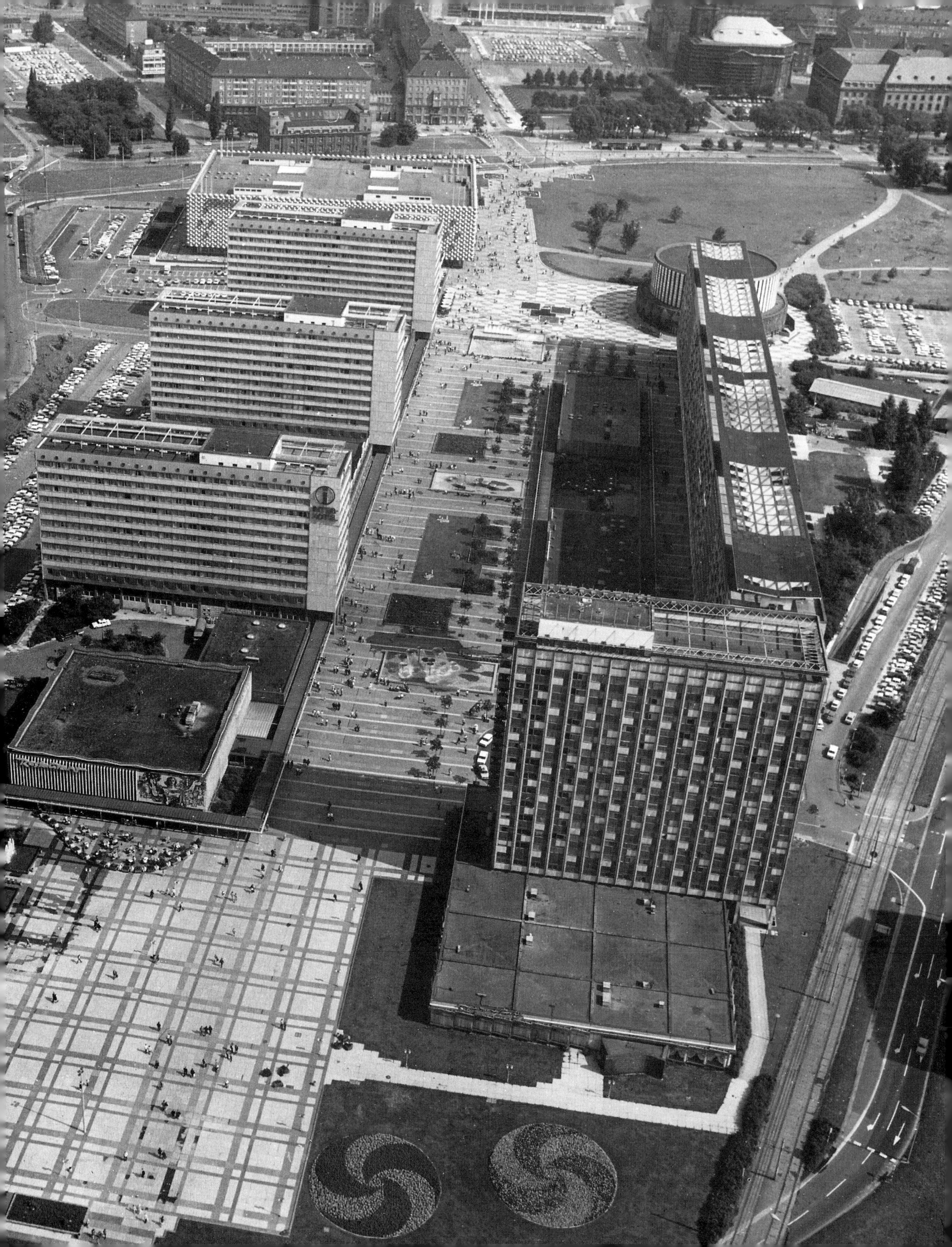

Vermächtnis der Roten Matrosen

Zum 30jährigen Bestehen der Kampfgruppen der Arbeiterklasse demonstrierten am 24. September 1983 10 000 Angehörige der bewaffneten Arbeiterformationen in der Berliner Karl-Marx-Allee Macht und Kraft ihrer Klasse

Denkmal für die in den Revolutionskämpfen 1918/1919 gefallenen und ermordeten Roten Matrosen im Berliner Friedrichshain

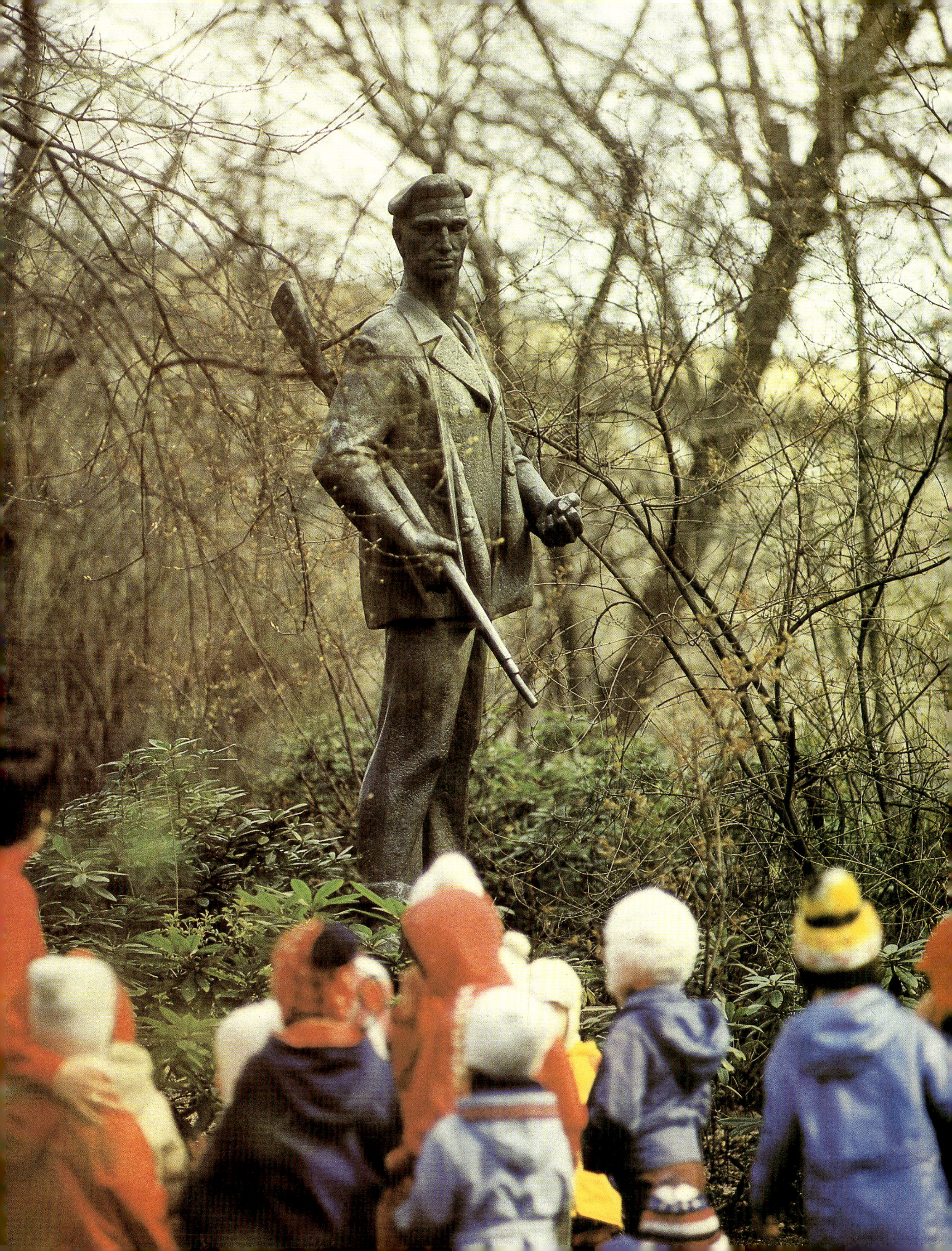

Zum Wohl der Bürger

Familienspaziergang in Berlin-Weißensee

1983 bestanden in der DDR 12 793 Kindergärten und -wochenheime. In ihnen betreuten 65 252 Erzieher 784 884 Kinder. Daneben gab es noch 28 Saisoneinrichtungen mit 275 Plätzen. Insgesamt konnten von 1000 Kindern im Kindergartenalter 911 in Vorschuleinrichtungen aufgenommen werden. Im gleichen Jahr verfügte die DDR über 7004 Kinderkrippen mit 321 811 Plätzen, 106 Dauerheime für Säuglinge und Kleinkinder mit 4538 Plätzen und 7 Saisoneinrichtungen mit 115 Plätzen. Ebenfalls 1983 betrugen die staatlichen Ausgaben für Einrichtungen der Volksbildung zur Betreuung und Erziehung der Vorschulkinder fast 1,25 Milliarden M. Spielzeug und Beschäftigungsmaterial für Vorschulkinder und Schüler in Schulhorten wurden zur gleichen Zeit für 42 100 000 M angeschafft

Die Einheit von Neubau, Rekonstruktion, Modernisierung und Werterhaltung prägte zunehmend das Baugeschehen in der DDR. 1979 entfielen auf je 100 neugebaute Wohnungen 39 modernisierte; 1983 waren es bereits 61. Ende 1984 befanden sich in den Bezirks- und Kreisstädten der DDR über 1600 technologische Linien und Spezialbrigaden vorwiegend für Modernisierungs- und Erhaltungsarbeiten im Einsatz. Der Ausstattungsgrad der Wohnungen mit Bad oder Dusche und mit Innentoilette stieg bis Mitte 1984 auf über 70 Prozent. Zu Beginn der siebziger Jahre hatte er noch 39 Prozent betragen. Gleichzeitig wurden die niedrigen Mieten von 0,80 bis 1,25 M je m^2 Wohnfläche beibehalten. Für den Neubau, die Modernisierung, Erhaltung und Bewirtschaftung von Wohnungen stellte der Staat von 1971 bis 1984 210 Milliarden M bereit

Fließstrecke für Schornstein- und Dachreparaturen in Leipzig

Wohnungsbau in der Cottbuser Altstadt, September 1984

Der Clown ist Kinderkrankenschwester, arbeitet auf Station 7 der Kinderklinik der Berliner Charité und gehört wie die anderen Schwestern und Ärzte ihrer Station zu den Veranstaltern eines Festes für ihre kleinen Patienten im Sommer 1984. Auf der Station werden nierenkranke Kinder behandelt, die hier oft viele Monate und manchmal Jahre verbringen müssen

Rund 4,1 Milliarden M aus dem Staatshaushalt kamen 1983 Krankenhäusern der DDR zugute. Und für Polikliniken, Ambulatorien und Arztpraxen betrugen die staatlichen Zuwendungen über 2,2 Milliarden M. Die Ausgaben für das Gesundheits- und Sozialwesen insgesamt (ohne Renten) erreichten 1983 die Höhe von über 11,1 Milliarden M. 1950 hatte sich diese Summe noch auf knapp 1,4 Milliarden M belaufen. Von den 1983 abgeschlossenen 206 451 Heilkuren erhielten Kinder 20 248 Plätze

708 km der Eisenbahnstrecken der DDR waren 1960 elektrifiziert. Dieses Netz dehnte sich bis 1983 auf 2096 km aus

Artisten

Monteure vom VEB Energiebau Dresden errichten im Bezirk Leipzig eine 110-kV-Leitung

1970 betrug der Verbrauch von Elektroenergie in der Industrie der DDR 46 597 GWh. Bis 1983 stieg er auf 65 625 GWh. Im gleichen Zeitraum sank der Verbrauch je 1000 M industrieller Bruttoproduktion von 256 kWh auf 179 kWh. Die Haushalte der DDR verbrauchten 1970 noch 7118 GWh, 1983 aber 13 247 GWh

Neue Heimstatt für die Musik

Am Wiederaufbau des Schauspielhauses Berlin, einem berühmten Schinkelbau, hatten Werktätige aus über 100 Betrieben der DDR Anteil. Es ist zentrales Gebäude des Ensembles am Platz der Akademie, dem ehemaligen Gendarmenmarkt. 1944 hatten anglo-amerikanische Bomber diesen Platz in eine Trümmerstätte verwandelt. Das Äußere des Hauses mit seinem reichen Figuren- und Reliefschmuck wurde restauriert oder originalgetreu nachgebildet. Die Innenräume erhielten eine der neuen Funktion als Konzerthaus entsprechende Ausstattung und Gestalt. *Diese Heimstatt sozialistischen Musiklebens öffnete am Vorabend des 35. Jahrestages der DDR, am 1. Oktober 1984, mit einem Festkonzert*

Der Generalsekretär des ZK der SED und Vorsitzende des Staatsrates der DDR, Erich Honecker, lud anläßlich des 35. Jahrestages der Republik verdienstvolle Genossen und Freunde zu einem Treffen am 2. Oktober 1984 im Palais Unter den Linden ein. Auf der Gartenterrasse stellten sich die Teilnehmer zu einem Erinnerungsfoto auf

Kampfgefährten

Am 4. Oktober 1984 fand am gleichen Ort ein Treffen mit antifaschistischen Widerstandskämpfern statt. In seinem Toast während dieses Treffens sagte Erich Honecker: ‹Für immer bleibt in der Geschichte der sozialistischen DDR mit goldenen Lettern verzeichnet, daß die deutschen Antifaschisten zu den Aktivisten der ersten Stunde gehörten ... Es ist ein Ruhmesblatt der DDR, daß an ihrer Spitze in vielen Positionen solche Kämpfer stehen, die in der Höhle des Faschismus selbst gewirkt oder den Reihen der Roten Armee, des Nationalkomitees ‹Freies Deutschland›, der französischen Résistance, der Volksbefreiungsarmeen Jugoslawiens und Griechenlands, der Partisanen Dänemarks, Norwegens und anderer angehört haben›

Kostbares Naß

Beregnungsanlage der LPG-Pflanzenproduktion ‹Orlatal›. Saalewasser wird in ein Staubecken im Kreis Pößneck gepumpt und durch ein weitverzweigtes Leitungssystem zu den Regnern geleitet. Besonders durch die künstliche Beregnung werden bei vielen landwirtschaftlichen Kulturen selbst in außergewöhnlich trockenen Sommern gute Erträge erzielt

8,6 Prozent der Genossenschaftsbauern und der Arbeiter der Landwirtschaft verfügten 1984 über ein Hoch- oder Fachschuldiplom, 6,5 Prozent besaßen einen Meisterbrief und 75,03 Prozent hatten ihre Facharbeiterausbildung abgeschlossen. Damit stieg der Anteil der Werktätigen mit abgeschlossener Berufsausbildung in der Landwirtschaft auf über 90 Prozent

Im Frühsommer 1986 waren die Arbeiten an der Trinkwassertalsperre bei Eibenstock abgeschlossen. Mit einem Speichervolumen von rund 77 000 000 m³ Wasser ist sie zweitgrößte Sperre dieser Art in der DDR. Sie entstand in unmittelbarer Nähe des ersten zentralen Jugendobjektes, der Talsperre Sosa, und trägt zur stabilen Wasserversorgung von rund 1 000 000 Bürgern des Bezirkes Karl-Marx-Stadt bei. Ihr Bau war das bedeutendste wasserwirtschaftliche Vorhaben seit Mitte der siebziger Jahre

Die vorhandene maximale Tageskapazität an Trink- und Brauchwasser stieg von 3 822 000 m³ im Jahr 1965 auf 8 020 000 m³ im Jahr 1985. Der Anteil der an die zentrale Wasserversorgung angeschlossenen Bevölkerung erhöhte sich im gleichen Zeitraum von 78,7 Prozent auf 91,4 Prozent. Den diese Versorgung nutzenden Bürgern wurden pro Kopf und Tag 1965 93,1 Liter Wasser und 1985 131,6 Liter Wasser abgegeben

Opernhaus mit Weltruf

Die Geschichte der Dresdener Semperoper ist reich an großen Theaterereignissen und geprägt vom Wirken hervorragender Künstler. Nach dem Luftangriff auf Dresden vom 13. Februar 1945 war auch von diesem weltbekannten Haus nur noch eine Ruine geblieben. Am 13. Februar 1985 feierten die Teilnehmer der festlichen Wiedereröffnung der Semperoper die Leistungen der Bauleute, die alte Schönheit hatten wiedererstehen lassen, und die der Künstler, die eine glanzvolle Aufführung von Carl Maria von Webers ‹Der Freischütz› geboten hatten

Das Gebäude der Semperoper ist Teil der berühmten Silhouette Dresdens

Detail der Foyerdecke im wiedererstandenen Dresdener Opernhaus

Freundschaft, Zusammenarbeit und gegenseitiger Beistand

Die höchsten Repräsentanten der Partei- und Staatsführungen der Teilnehmerländer des Warschauer Vertrages unterzeichneten am 26. April 1985 in Warschau das Protokoll über die Verlängerung der Gültigkeitsdauer des in Warschau am 14. Mai 1955 abgeschlossenen Vertrages über Freundschaft, Zusammenarbeit und gegenseitigen Beistand

Aus dem Protokoll vom 26. April 1985:
‹Artikel 1
Der in Warschau am 14. Mai 1955 abgeschlossene Vertrag über Freundschaft, Zusammenarbeit und gegenseitigen Beistand bleibt weitere 20 Jahre in Kraft. Für die vertragschließenden Seiten, die ein Jahr vor Ablauf dieser Frist der Regierung der Volksrepublik Polen keine Erklärung über die Kündigung dieses Vertrages übergeben, bleibt er weitere 10 Jahre in Kraft›

Aus der Verfassung der Deutschen Demokratischen Republik:
Artikel 7
‹1) Die Staatsorgane gewährleisten die territoriale Integrität der Deutschen Demokratischen Republik und die Unverletzlichkeit ihrer Staatsgrenzen einschließlich ihres Luftraumes und ihrer Territorialgewässer sowie den Schutz und die Nutzung ihres Festlandsockels.

(2) Die Deutsche Demokratische Republik organisiert die Landesverteidigung sowie den Schutz der sozialistischen Ordnung und des friedlichen Lebens der Bürger. Die Nationale Volksarmee und die anderen Organe der Landesverteidigung schützen die sozialistischen Errungenschaften des Volkes gegen alle Angriffe von außen. Die Nationale Volksarmee pflegt im Interesse der Wahrung des Friedens und der Sicherung des sozialistischen Staates enge Waffenbrüderschaft mit den Armeen der Sowjetunion und anderer sozialistischer Staaten›

Marschübung einer Einheit der Nationalen Volksarmee der DDR unter gefechtsnahen Bedingungen

Aus dem Gesetz über den Wehrdienst in der Deutschen Demokratischen Republik – Wehrdienstgesetz – vom 25. März 1982:
‹§ 1
(1) Durch den Wehrdienst sichert die Deutsche Demokratische Republik ihren Bürgern die Wahrnehmung ihres Rechtes und die Erfüllung ihrer Ehrenpflicht, den Frieden und das sozialistische Vaterland und seine Errungenschaften zu schützen.

(2) Mit dem Wehrdienst leisten die Bürger der Deutschen Demokratische Republik einen bedeutenden Beitrag zur Erhaltung und Festigung des Friedens, zur Stärkung der sozialistischen Staatsmacht und zum sicheren Schutz des Aufbaus und der Errungenschaften des Sozialismus vor jeglichen Angriffen seiner Feinde.
(3) Mit dem Wehrdienst ihrer Bürger stärkt die Deutsche Demokratische Republik als Teilnehmerstaat des Warschauer Vertrages die Einheit und Verteidigungsfähigkeit der sozialistischen Militärkoalition und trägt zur Erfüllung ihrer internationalen Bündnisverpflichtungen bei.

(4) Der Wehrdienst ist so zu gestalten, daß die Landesverteidigung jederzeit gewährleistet ist.
(5) Während der Mobilmachung und im Verteidigungszustand sind in bezug auf den Wehrdienst alle Maßnahmen zu treffen, damit die Deutsche Demokratische Republik unverzüglich jeden bewaffneten Überfall abwehren und ihre völkerrechtlichen Verpflichtungen erfüllen kann. Die für die Mobilmachung und den Verteidigungszustand notwendigen Maßnahmen sind rechtzeitig vorzubereiten›

Reisen für den Frieden

Vom 11. bis 13. September 1984 nahm der Generalsekretär des ZK der SED und Vorsitzende des Staatsrates der DDR, Erich Honecker, an den Feierlichkeiten zum 10. Jahrestag der Äthiopischen Volksrevolution teil. Vor seiner Abreise aus Addis Abeba kam es noch einmal zu einer freundschaftlichen Begegnung mit dem Generalsekretär des ZK der Arbeiterpartei Äthiopiens, Mengistu Haile Mariam

Der rumänische Partei- und Staatsführer, Nicolae Ceausescu, ehrte Erich Honecker am 21. August 1984 in Bukarest mit dem Orden ‹Stern der Sozialistischen Republik Rumänien› I. Klasse

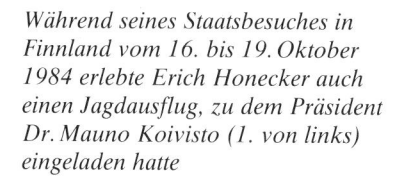

Während seines Staatsbesuches in Finnland vom 16. bis 19. Oktober 1984 erlebte Erich Honecker auch einen Jagdausflug, zu dem Präsident Dr. Mauno Koivisto (1. von links) eingeladen hatte

Auf dem Sofioter Flughafen wurde Erich Honecker am 21. Oktober 1985 vom bulgarischen Partei- und Staatsführer, Todor Shiwkow, herzlich empfangen. Erich Honecker war zu einer Tagung des Politischen Beratenden Ausschusses der Teilnehmerstaaten des Warschauer Vertrages angereist

Am 2. Oktober 1985 reiste Erich Honecker zu einem offiziellen Freundschaftsbesuch in die SFR Jugoslawien. Am Grab des großen jugoslawischen Staatsmannes und Parteiführers Josip Broz Tito legte er ein Blumengebinde nieder

Nach erfolgreichem Staatsbesuch in Griechenland wurde Erich Honecker am 11. Oktober 1985 von Präsident Christos Sartzetakis auf dem Athener Flughafen verabschiedet

Präsident Chadli Bendjedid gab am Abend des 17. Dezember 1984 in Algier einen Empfang für Erich Honecker, der zu einem dreitägigen Besuch der Demokratischen Volksrepublik Algerien eingetroffen war

Erich Honecker und Janos Kadar, die beiden höchsten Repräsentanten der DDR und der Ungarischen Volksrepublik, unterzeichneten am 29. Oktober 1985 in Budapest ein langfristiges Programm über wirtschaftliche und wissenschaftlich-technische Zusammenarbeit beider Länder bis zum Jahr 2000

Nutzen und Freude für Alt und Jung

Mit Spezialfahrrädern über Stock und Stein – das war ein Wettkampf nach dem Herzen junger Leute. *Etwa 30000 Teilnehmer und Zuschauer kamen am 6. April 1986 zum Berliner Anton-Saefkow-Platz, um die Massensportveranstaltung des DTSB zu erleben.* Sie war ein Höhepunkt in der Wettbewerbsstafette der sozialistischen Sportorganisation zum XI. Parteitag der SED

Ein Veteranenklub der Volkssolidarität besucht eine Plakatausstellung im Berliner Haus der Deutsch-Sowjetischen Freundschaft. Die Volkssolidarität betreute 1985 542 derartiger Klubs und 371 Treffpunkte. Jährlich führt sie weit über 400000 Veranstaltungen vorwiegend für Rentner durch. Der Staat wendet jährlich über 41000000 M für das tägliche Mittagessen älterer Bürger auf

FDGB-Ferienheim ‹Zur Bleiche› im Spreewald. Hier erholen sich in jedem Jahr über 3000 Urlauber. Das 685. Heim des FDGB übergaben die Bauleute am 12. Februar 1985 in Schwerin-Zippendorf.
1980 stellten FDGB-Feriendienst und Betriebe den Werktätigen etwa 3000000 Urlaubsmöglichkeiten bereit; 1985 waren es über 5000000

Täglicher Bedarf

Über 25 ha dehnt sich der Gewächshauskomplex neben dem Kraftwerk Vockerode aus. Dieser Standort ist wegen der leichten Versorgung mit Energie und Wärme günstig. Rund 3000 t Gurken, Tomaten, Paprika und anderes Treibhausgemüse ernten die Gärtner im Jahr. Zum XI. Parteitag der SED nahmen sich die Vockeroder Gärtner vor, bis 1990 bei gleicher Gewächshausfläche ihre Jahresproduktion auf rund 6000 t zu steigern. Das entspricht einer Menge von etwa 15 000 000 Gurken mehr

Einzelhandelsgeschäft der Konsumgenossenschaft in der thüringischen Gemeinde Frießnitz

Der jährliche Pro-Kopf-Verbrauch entwickelte sich von 1970 bis 1985 bei Fleisch und Fleischerzeugnissen von 66,1 kg auf 96,2 kg, bei Eiern von 239 Stück auf 305 Stück, bei Butter von 14,6 kg auf 15,7 kg, bei Trinkmilch von 98,5 l auf 105,6 l, bei Käse von 4,6 kg auf 8,7 kg, bei Brotgetreidemehl von 92,2 kg auf 93,6 kg, bei Speisekartoffeln von 153,5 kg auf 143,4 kg, bei Gemüse von 84,8 kg auf 104,4 kg und bei Obst von 55,5 kg auf 79,3 kg

Mit dem Blick auf das Jahr 2000

2571 Delegierte mit beschließender und 112 mit beratender Stimme waren zum XI. Parteitag der SED gewählt worden. Sie vertraten 2 304 121 Mitglieder und Kandidaten, die in 59 116 Grundorganisationen organisiert waren. *Das höchste Gremium der Partei tagte vom 17. bis zum 21. April 1986 im Berliner Palast der Republik.*

143 Delegationen von kommunistischen und Arbeiterparteien, revolutionär-demokratischen, sozialistischen und sozialdemokratischen Parteien und Organisationen waren angereist

Der Generalsekretär des ZK der KPdSU, Michail Gorbatschow, und weitere Mitglieder der sowjetischen Delegation zum XI. Parteitag der SED besichtigten am 16. April 1986 das neue Berliner Wohngebiet Ernst-Thälmann-Park. Der Generalsekretär des ZK der SED und Vorsitzende des Staatsrates der DDR, Erich Honecker, führte die Gäste

Ein Schlüssel zu Erfolgen

Ein freiprogrammierbarer Roboter entnimmt im Leipziger Drehmaschinenwerk aus einem mit Rechner ausgerüstetem Hochregal für die Produktion notwendige Teile und gibt sie an eine der 4 vollautomatischen Bearbeitungsstationen weiter. Der Roboter gehört zum bedienarmen, flexiblen Fertigungsabschnitt für prismatische Teile, der im April 1986 in Betrieb ging

Von 1981 bis 1985 wurde ein Nationaleinkommen von 1,087 Billionen Mark erzeugt. Es stieg erstmals schneller als der Produktionsverbrauch. Die Nutzung von wissenschaftlich-technischen Ergebnissen sparte jährlich im Durchschnitt 500 000 000 Stunden Arbeitszeit. Der Anteil automatisierter Ausrüstungen in der Industrie betrug Ende 1985 53 Prozent

Rekonstruktion im Altbaugebiet Brunos Warte in Halle

Zwischen dem VIII. und dem XI. Parteitag der SED wurden rund 2 400 000 Wohnungen gebaut oder modernisiert. Damit verbesserten sich für 7 200 000 Bürger die Wohnverhältnisse. Im einzelnen konnten in den Zeiträumen von 1971 bis 1975 608 666, von 1976 bis 1980 813 127 und von 1981 bis 1985 988 880 Wohnungen übergeben werden

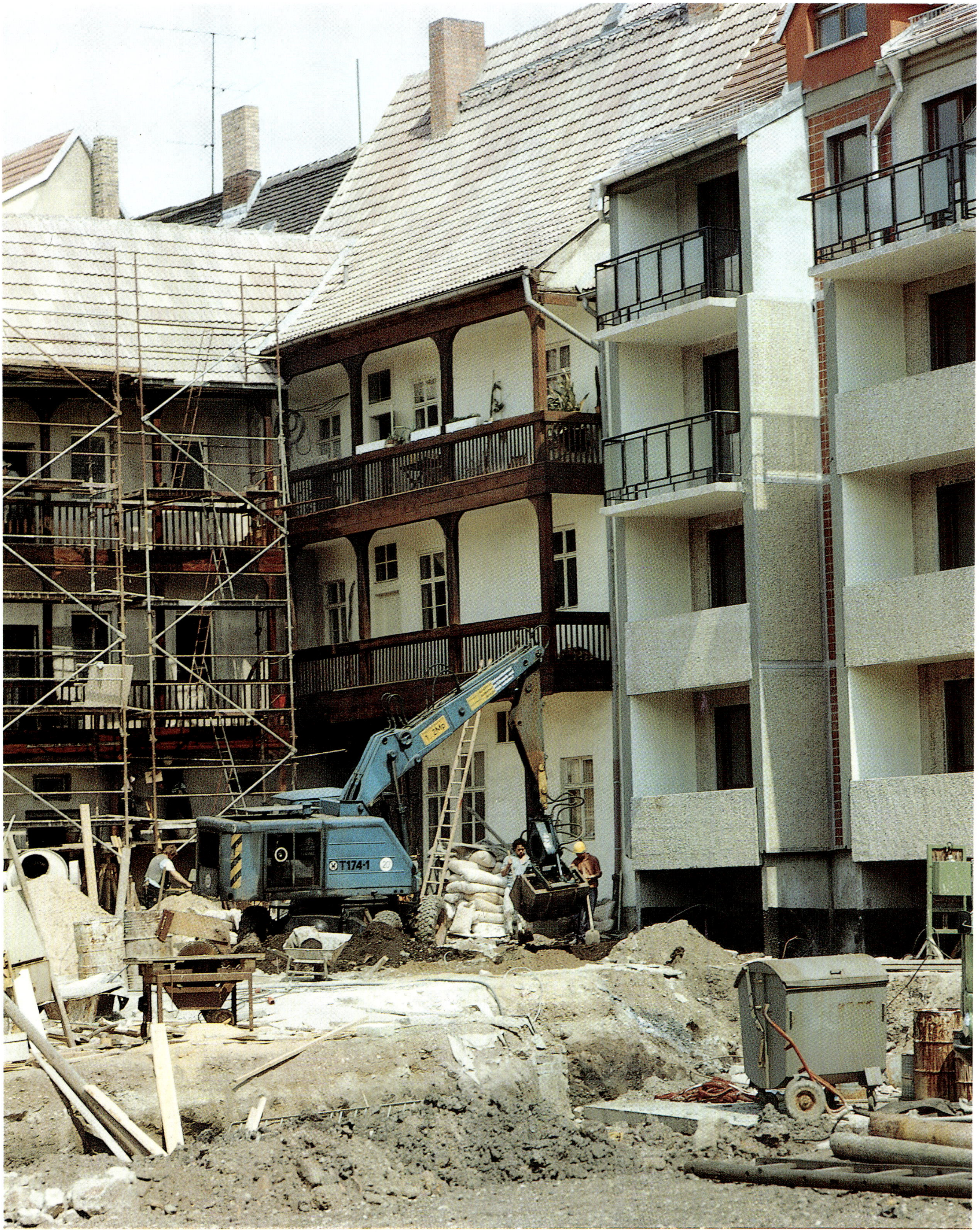
T174-1

Auferstanden aus Ruinen

Berlin, Unter den Linden 1945 und 1984 – Eine wechselvolle Geschichte prägt das Gesicht dieser Straße. 60 m breit und 1390 m lang, erstreckt sie sich vom Marx-Engels-Platz bis zum Brandenburger Tor. Die Bäume der ersten Lindenallee wurden hier 1647 gepflanzt. Im zweiten Weltkrieg erlitten Gebäude und Straßen schwere Schäden. Sorgfältige denkmalpflegerische Arbeit ließ wertvolle historische Bauten wieder erstehen. Unter den Linden ist heute Magistrale der Hauptstadt der DDR. Mit ihren Sehenswürdigkeiten lockt sie Touristen aus aller Welt an. Geschäfts- und Bürohäuser, wissenschaftliche und kulturelle Institutionen, Gedenkstätten und Botschaften, Hotels und Cafés, die breite Mittelpromenade und vor allem die Lindenbäume geben der Straße ihren so eigenen Charakter

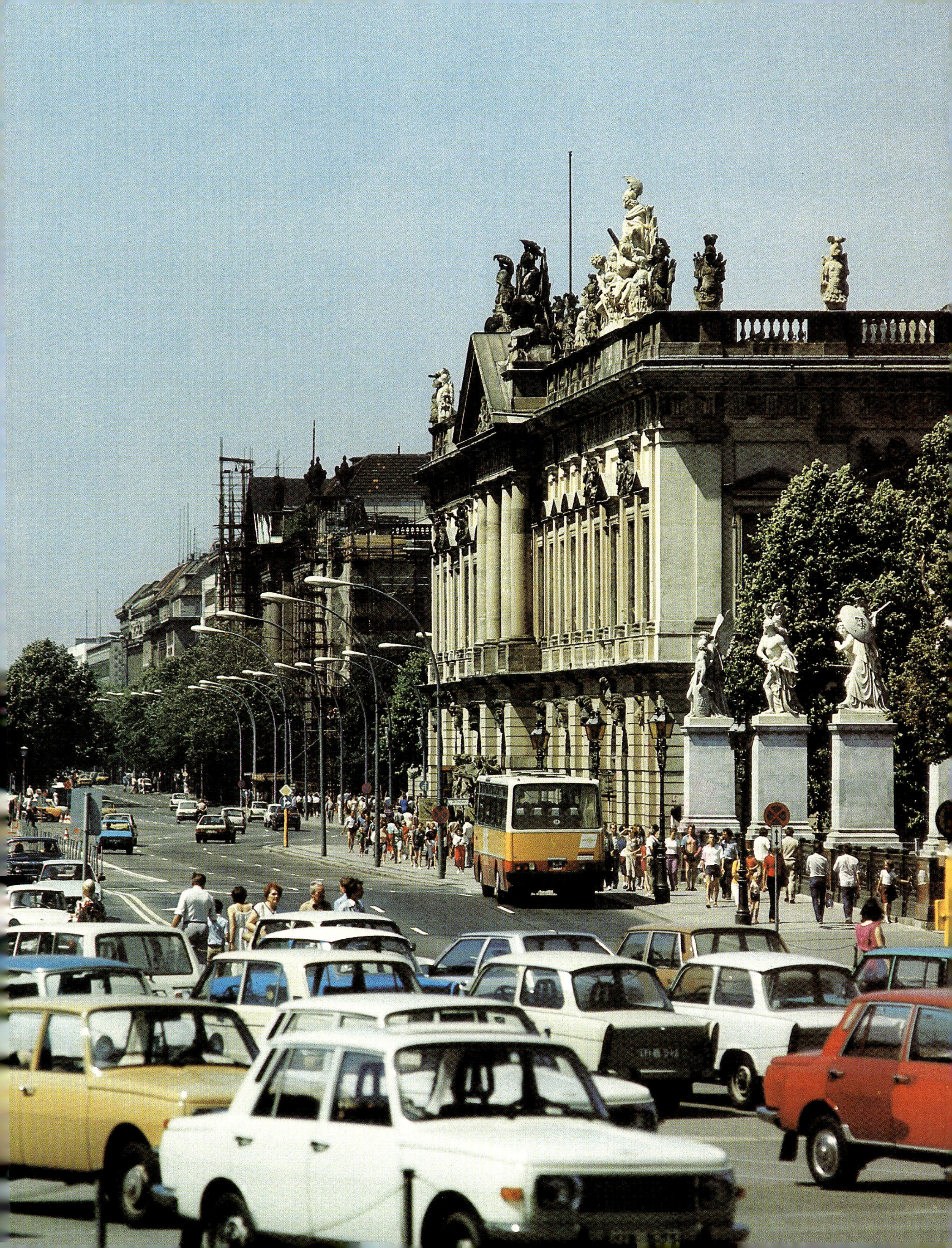

Anmerkungen

1 Die erste Stunde. Porträts. Hrsg. von Fritz Selbmann, Berlin (1969), S. 14.
2 Dokumente und Materialien zur Geschichte der deutschen Arbeiterbewegung. Hrsg. vom Institut für Marxismus-Leninismus beim ZK der SED, Reihe III, Bd. 1, Berlin 1959, S. 16/17.
3 Konrad Adenauer: Erinnerungen 1945–1953, Stuttgart (1965), S. 89.
4 Dokumente und Materialien..., Reihe III, Bd. 1, S. 526.
5 Zit. nach: Heinz Voßke/Gerhard Nitzsche: Wilhelm Pieck. Biographischer Abriß, Berlin 1975, S. 267.
6 Dokumente der Sozialistischen Einheitspartei Deutschlands, Bd. I, Berlin 1952, S. 8.
7 Erich Honecker: Auf sicherem Kurs. In: Erich Honecker: Reden und Aufsätze, Bd. 4, Berlin 1977, S. 295.
8 Aufbruch in unsere Zeit. Erinnerungen an die Tätigkeit der Gewerkschaften von 1945 bis zur Gründung der Deutschen Demokratischen Republik, Berlin 1975, S. 144.
9 Zit. nach: Herbert Bertsch: CDU/CSU demaskiert, Berlin 1961, Anhang, S. 654.
10 Franz Becker: Die große Wende in einer kleinen Stadt, Berlin 1969, S. 270.
11 Erich Honecker: Auf sicherem Kurs. In: Erich Honecker: Reden und Aufsätze, Bd. 4, S. 293.
12 Konrad Adenauer: Erinnerungen 1945–1953, S. 167.
13 Wilhelm Pieck: An der Wende der deutschen Geschichte. In: Wilhelm Pieck: Reden und Aufsätze, Bd. II, Berlin 1954, S. 303.
14 Dokumente zur Deutschlandpolitik der Sowjetunion, Bd. I, Berlin (1957), S. 239.
15 Dokumente zur Außenpolitik der Regierung der Deutschen Demokratischen Republik, Bd. I, Berlin (1954), S. 337.
16 Protokoll der Verhandlungen des III. Parteitages der Sozialistischen Einheitspartei Deutschlands. 20. bis 24. Juli 1950 in der Werner-Seelenbinder-Halle zu Berlin (Bd. 1), Berlin 1951, S. 341.
17 Dokumente der Sozialistischen Einheitspartei Deutschlands, Bd. IV, Berlin 1954, S. 73.
18 Süddeutsche Zeitung (München), 17. März 1952.
19 Heinrich Brandweiner: Die Pariser Verträge, Berlin 1956, S. 14.
20 Protokoll der Verhandlungen der 3. Parteikonferenz der Sozialistischen Einheitspartei Deutschlands. 24. März bis 30. März 1956 in der Werner-Seelenbinder-Halle zu Berlin (Bd. 1), Berlin 1956, S. 15.
21 Protokoll der Verhandlungen des V. Parteitages der Sozialistischen Einheitspartei Deutschlands. 10. bis 16. Juli 1958 in der Werner-Seelenbinder-Halle zu Berlin (Bd. 2), Berlin 1959, S. 1388.
22 Zit. nach: Autorenkollektiv unter Leitung von Manfred Uhlemann: Die führende Rolle der Bezirksparteiorganisation der SED bei der sozialistischen Umgestaltung der Landwirtschaft im Bezirk Potsdam 1952 bis 1961/62, Potsdam 1977, S. 76.
23 Kölnische Rundschau, 10. Juli 1961.
24 Dokumente zur Außenpolitik der Regierung der Deutschen Demokratischen Republik, Bd. IX, Berlin 1962, S. 296/297.
25 Dokumente der Sozialistischen Einheitspartei Deutschlands, Bd. IX, Berlin 1965, S. 209/210.
26 Internationale Beratung der kommunistischen und Arbeiterparteien Moskau 1969, Berlin 1969, S. 181.
27 Protokoll der Verhandlungen des VIII. Parteitages der Sozialistischen Einheitspartei Deutschlands. 15. bis 19. Juni 1971 in der Werner-Seelenbinder-Halle zu Berlin (Bd. 1), Berlin 1971, S. 34.
28 Protokoll der Verhandlungen des X. Parteitages der Sozialistischen Einheitspartei Deutschlands im Palast der Republik in Berlin, 11. bis 16. April 1981, Bd. 1, Berlin 1981, S. 30/31.
29 Neues Deutschland, 14./15. Juni 1980.
30 7. Tagung des ZK der SED, 24./25. November 1983. Erich Honecker: In kampferfüllter Zeit setzen wir den bewährten Kurs des X. Parteitages für Frieden und Sozialismus erfolgreich fort. Aus der Diskussionsrede, Berlin, 1983, S. 15/16.
31 Ebenda, S. 17/18.
32 Protokoll der Verhandlungen des XI. Parteitages der Sozialistischen Einheitspartei Deutschlands im Palast der Republik in Berlin. 17. bis 21. April 1986, S. 32.

Bildnachweis

Allgemeiner Deutscher Nachrichtendienst. Zentralbild: S. 26 (1), 27 (1), 28 (2), 31 (1), 42 (2), 46 (1), 47 (1), 48 (2), 49 (2), 54 (2), 56 (1), 58 (2), 60 (3), 61 (2), 62 (2), 64 (2), 72 (2), 74 (1), 75 (1), 76 (4), 79 (1), 80 (2), 81 (2), 86 (1), 88 (1), 90 (1), 91 (2), 92 (2), 94 (1), 95 (2), 117 (1), 119 (1), 121 (1), 122 (1), 125 (1), 126 (2), 128 (1), 130 (1), 132 (1), 133 (1), 134 (1), 137 (3), 140 (1), 142 (2), 144 (2), 147 (1), 148 (1), 150 (1), 152 (1), 153 (1), 157 (2), 158 (3), 159 (3), 160 (1), 161 (1), 162 (2), 164 (2), 166 (2), 167 (2), 168 (2), 171 (2), 172 (1), 174 (1), 176 (3), 177 (2), 180/181 (2), 182 (1), 184 (2), 185 (2), 204 (2), 205 (5), 206/207 (1), 210 (2), 212 (1), 214 (3), 222 (2), 224 (4), 225 (2), 226 (2), 229 (1), 240/241 (3), 245 (3), 251 (1), 256 (1), 289 (1), 290 (2), 291 (1), 292 (1), 294 (3), 296 (1), 300 (1), 303 (1), 306/307 (2), 308 (1), 309 (1), 312 (1), 315 (1), 316 (2), 318 (1), 320 (1), 321 (2), 322 (1), 324 (1), 325 (1), 327 (2), 329 (1), 330 (2), 332 (4), 333 (1), 335 (2), 336/337 (1), 338 (3), 339 (3), 340 (2), 341 (1), 344 (1), 347 (2), 348 (1), 350 (1), 352 (1), 353 (1), 354 (1), 355 (1), 356 (1), 358/359 (8), 360 (2), 362 (1), 363 (1), 364 (1); Berliner Verlag: S. 34/35 (1), 37 (2), 50 (2), 51 (1), 52/53 (1), 63 (1), 66 (1), 69 (1), 72 (1), 73 (1), 78 (1), 86 (1), 87 (1), 88 (1), 115 (1), 118 (1), 127 (1), 131 (1), 133 (1), 143 (1), 144 (1), 148 (1), 149 (1), 153 (1), 180/181 (1), 214 (1), 226 (2), 228 (1), 230 (1), 235 (2), 246 (1), 248 (1), 295 (2), 296 (2), 318 (1), 328 (1), 334 (2), 360 (1); Günther Bersch: S. 313 (1), 320 (1); Volkmar Billeb: S. 363 (1); Karl-Heinz Böhle: S. 298 (1); Ulrich Burchert: S. 306 (1), 357 (1); Detlev Christel: S. 304/305 (1); Heinz Dargelis: S. 295 (1), 349 (1); Günter Dießel: S. 308 (1); Dietz Verlag Berlin: S. 25 (1), 26 (1), 30 (1), 32 (1), 33 (2), 36 (1), 38 (3), 39 (2), 41 (1), 42 (2), 44/45 (1), 47 (2), 48 (1), 54 (2), 56 (1), 63 (1), 66 (2), 67 (2), 68 (3), 70 (1), 71 (1), 75 (2), 79 (2), 80 (1), 82 (3), 87 (1), 88 (1), 90 (1), 94 (1), 116 (1), 117 (1), 120 (1), 124 (1), 125 (2), 127 (3), 129 (1), 130 (2), 133 (2), 134 (1), 136 (1), 137 (1), 138 (1), 140 (1), 142 (2), 144 (1), 145 (2), 147 (3), 150 (2), 151 (1), 162 (1), 165 (2), 169 (1), 171 (1), 178 (2), 181 (1), 203 (1), 211 (1), 215 (2), 218 (4), 230 (1), 236 (1), 242 (1), 244 (1), 248 (1), 250 (1), 288 (1), 301 (1), 327 (1), 365 (1); Horst Ewald: S. 6/7 (1); Volker Ettelt: S. 222 (1); Karl-Heinz Friedrich: S. 312 (1); Günther Galinsky: S. 250 (1); Wienfried Glienke: S. 324 (2), 361 (2); Karl-Heinz Golka: S. 342 (1); Gerhard Große: S. 254 (1); Herbert Hensky: S. 29 (1), 47 (1), 56 (1), 57 (1), 69 (1), 79 (1), 86 (1), 87 (1), 96 (1), 128 (1), 134 (1), 140 (1); Institut für Marxismus-Leninismus beim ZK der SED. Zentrales Parteiarchiv: S. 37 (1), 40 (1), 43 (1), 55 (1), 56 (1), 57 (1), 175 (1); W. Kaiser: S. 298 (1); Gerhard Kiesling: S. 83 (1), 123 (1), 139 (1), 154 (1), 157 (1), 160 (1), 163 (1), 166 (2), 170 (1), 183 (2), 184 (1), 250 (1), 254 (1), 367 (1); Gerhard Kindt: S. 242 (1), 250 (1); Günter Krawutschke: S. 327 (1); Heinz Krüger: S. 256/257 (1); Peter Leske: S. 359 (1); Guntar Linde: S. 246 (1), 353 (1); Peter Meißner: S. 348 (1), 362 (1);

Rudi Merker: S. 87 (1); Klaus Morgenstern: S. 292 (1), 326 (1); Gerhard Murza: S. 244 (1), 245 (1); Museum Bautzen: S. 83 (1); Museum für Deutsche Geschichte: S. 37 (1), 61 (1), 74 (1); Museum für Geschichte der Stadt Leipzig: S. 40 (1), 55 (1); Brigitte Nevoigt: S. 322 (1); Klaus Oberst: S. 310 (1); Günter Pambor: S. 233 (1); Alfred Paszkowiak: S. 207 (1); Manuela Plonus: S. 321 (1); Helmut Reuel: S. 186 (1), 219 (1), 225 (1), 229 (1), 302 (1); F. W. Richter: S. 87 (1), 91 (1); Ingrid Rother: S. 233 (1); Sächsische Landesbibliothek Dresden. Deutsche Fotothek: S. 84/85 (2), 231 (1); Thomas Sandberg: S. 352 (1); Ernst Schäfer: S. 216 (1); Günther Schmerbach: S. 143 (2), 223 (1), 247 (1), 314 (1); Waltraud Schönholz: S. 345 (1); Horst E. Schulze: S. 173 (1), 206/207 (2), 212 (1), 237 (2); Werner Schulze: S. 351 (2), 365 (2); Erich Schutt: S. 249 (1), 294 (1), 302 (1); VEB Deutfracht/Seereederei Rostock: S. 287 (1); Bernd Sefzik: S. 5 u. 8 (1), 338 (1), 365 (1); Karl-Heinz Stana: S. 314 (1), 315 (1), 346 (1), 360 (1); Helfried Strauß: S. 292 (1); Heinz W. Sütterlin: S. 293 (1); Volker Tenner: S. 232 (1); Siegfried Thienel: S. 256 (1), 347 (1), 359 (1); Manfred Uhlenhut: S. 219 (1); Viadrina. Bezirksmuseum Frankfurt/Oder: S. 50 (1); Wilfried Walzel: S. 234 (1); Lothar Willmann: S. 65 (1) (Luftbild-Nr.: 155166), S. 89 (1) (Luftbild-Nr.: 130566), S. 93 (1) (Luftbild-Nr.: 244078), S. 135 (1), S. 141 (1) (Luftbild-Nr.: 206579), S. 146 (1) (Luftbild-Nr.: 153680), S. 155 (1) (Luftbild-Nr.: 189277), S. 156 (1) (Luftbild-Nr.: 011679), S. 172 (1), S. 179 (1) (Luftbild-Nr.: 030876), S. 208/209 (1) (Luftbild-Nr.: 13768), S. 213 (1) (Luftbild-Nr.: 209070), S. 216 (1) (Luftbild-Nr.: 103280), S. 217 (1) (Luftbild-Nr.: 105080), S. 220/221 (1) (Luftbild-Nr.: 404608), S. 227 (1) (Luftbild-Nr.: 134880), S. 237 (1), S. 238 (1), S. 239 (1), S. 252/253 (1) (Luftbild-Nr.: 135375), S. 243 (1) (Luftbild-Nr.: 108180), S. 255 (1) (Luftbild-Nr.: 084176), S. 258 (1), (Luftbild-Nr.: 208879), S. 299 (1), S. 307 (1), S. 310 (1), S. 311 (1) (Luftbild-Nr.: 127980), S. 317 (1), S. 319 (1) (Luftbild-Nr.: 206576), S. 322 (1), S. 323 (1) (Luftbild-Nr.: 0143279), S. 328 (1), S. 331 (1) (Luftbild-Nr.: 355688), S. 340 (1) (Luftbild-Nr.: 34267), S. 343 (1) (Luftbild-Nr.: 207879); Gerhard Zwickert: S. 364 (1);

Schutzumschlag: Allgemeiner Deutscher Nachrichtendienst. Zentralbild: (9), Berliner Verlag (1), Dietz Verlag Berlin (2), Herbert Hensky (2), Peter Meißner (1), Museum für Geschichte der Stadt Dresden (1), Günther Schmerbach (1), Lothar Willmann (1), Reproduktionsaufnahmen: Dietz Verlag/Renate und Horst Ewald

Heitzer, Heinz : Illustrierte Geschichte
der Deutschen Demokratischen Republik /
Heinz Heitzer ; Günther Schmerbach. –
3., durchges. Aufl. – Berlin : Dietz Verl., 1988. –
368 S. : zahlr. Ill. (z. T. farb.)

ISBN 3-320-01153-7

3., durchgesehene und ergänzte Auflage 1988
© Dietz Verlag Berlin 1984, 1988
Lizenznummer 1
LSV 0279
Lektor: Peter Bachmann
Gesamtgestaltung: Hans-Joachim Schauß
Printed in the German Democratic Republic
Gesamtherstellung: Druckerei Fortschritt Erfurt
Redaktionsschluß: April 1986
Best.-Nr.: 738 494 5

04500